Karola Knauthe

Rechtliche Rahmenbedingungen für die
Privatisierung von öffentlichen Wohnungsbaugesellschaften in deutsche REITs

Praxis und Theorie des Bau- und Immobilienrechts

Karola Knauthe

Rechtliche Rahmenbedingungen für die Privatisierung von öffentlichen Wohnungsbaugesellschaften in deutsche REITs

8

DER JURISTISCHE VERLAG
lexxion
BERLIN

Rainer Schröder (Hrsg.)

Bibliografische Informationen der Deutschen Bibliothek

Die Deutsche Bibliothek verzeichnet diese Publikation in der Deutschen Nationalbibliografie; detaillierte bibliografische Daten sind im Internet über http://dnb.ddb.de abrufbar.

ISBN: 978-3-93 98 04-23-9

www.lexxion.de
Umschlagentwurf: Christiane Tozman
Satz: typossatz GmbH Berlin

Wege entstehen dadurch, dass man sie geht.

Franz Kafka

Ich danke Herrn Prof. Dr. Dr. h.c. Ulrich Battis für die Betreuung dieser Arbeit, Herrn Prof. Dr. Rainer Schröder für die Möglichkeit, die Arbeit in seiner Reihe „Praxis und Theorie des Bau- und Immobilienrechts" zu veröffentlichen, und allen anderen, die mich unterstützt und immer wieder motiviert haben.

Die nachfolgende Abhandlung wurde im Sommer 2007 der Humboldt Universität zu Berlin als Dissertation vorgelegt. Der Gesetzesstand von Juni 2007 ist berücksichtigt.

Erstkorrektor war Prof. Dr. Dr. h.c. Ulrich Battis.
Zweitkorrektor war Prof. Dr. Rainer Schröder.

Berlin, im Juli 2007

Inhalt

A. Einleitung

Die Arbeit stellt die rechtlichen Rahmenbedingungen für die Privatisierung von öffentlichen Wohnungsbaugesellschaften in deutsche Real Estate Investment Trusts, deren Strukturmerkmale im Einzelnen ausgearbeitet werden, dar.

Real Estate Investment Trusts (nachfolgend REITs) wurden in Deutschland im Frühjahr 2007 rückwirkend zum 1.1.2007 eingeführt.[1] Das diesen zugrunde liegende Gesetz zur Schaffung deutscher Immobilien-Aktiengesellschaften mit börsennotierten Anteilen wurde vom Bundestag am 23.3.2007 in zweiter und dritter Lesung und vom Bundesrat am 30.3.2007 beschlossen.[2] Die Arbeit zielt vor diesem Hintergrund darauf ab, eine rechtliche Ausgestaltung für deutsche REITs zu entwickeln, die nicht nur den steuerpolitischen, sondern insbesondere auch den europarechtlichen Anforderungen gerecht wird, weshalb die zu entwickelnden Strukturmerkmale an manchen Punkten von dem Gesetz abweichen. Des Weiteren werden die tragenden und zum Teil kritischen Strukturen öffentlicher Wohnungsbaugesellschaften herausgearbeitet. Diesen soll nämlich mit der Arbeit – im Widerspruch zu dem verabschiedeten Gesetz – eine Möglichkeit zur Sanierung bzw. Renditesteigerung aufgezeigt werden, ohne zwangsläufig den totalen Ausverkauf mit sich zu bringen, wie er derzeit durch die Veräußerung der Wohnungsbaugesellschaften als Ganzes regelmäßig praktiziert wird. Diese Option bietet die Umwandlung der Gesellschaften in REITs, welche sich durch größere Spezialisierung und daraus resultierende Effizienzsteigerung in der Bewirtschaftung der Immobilien sowie durch ein gesteigertes Anlegerinteresse infolge deren Transparenz auszeichnen. Zudem gewähren derartige REITs der öffentlichen Hand die Aufrechterhaltung ihres Einflusses, so dass öffentlichrechtlich normierte Vorhaben, wie beispielsweise der Stadtumbau, umgesetzt, aber auch ihre soziale Verantwortung insbesondere im Hinblick auf den Versorgungsauftrag nicht eingeschränkt werden.

---

1 Vgl. Gesetz zur Schaffung deutscher Immobilien-Aktiengesellschaften mit börsennotierten Anteilen vom 28.5.2007, BGBl. I S. 914; Das Gesetz ist ein Artikelgesetz, dessen Art. 1 das Gesetz über deutsche Immobilien-Aktiengesellschaften mit börsennotierten Anteilen (REIT-Gesetz – REITG) beinhaltet. Art. 2 betrifft die Änderung des EStG, Art. 3 die des AStG, Art. 4 die des FVG, Art. 5 die des InvStG, Art. 6 die Neufassung geänderter Gesetze und Verordnungen und Art. 7 das Inkrafttreten. Gemäß Art. 6 Gesetz zur Schaffung deutscher Immobilien-Aktiengesellschaften mit börsennotierten Anteilen vom 28.5.2007, BGBl. I S. 914, kann das Bundesministerium der Finanzen die durch dieses Gesetz geänderten Gesetze und Verordnungen in der nunmehr geltenden Fassung im Bundesgesetzblatt bekannt machen.

2 Vgl. BTDrucks 16/4779 zugleich BRDrucks 191/07; BT Plenarprotokoll 16/89, 9040 (A) f.; BR Plenarprotokoll 832, 106 (C).

Aufgrund der in Politik und Wirtschaft auch nach der Verabschiedung des Gesetzes anhaltend geführten Diskussion über die Ausgestaltung deutscher REITs wird diese Arbeit neben den allgemeinen Merkmalen international bestehender REIT-Strukturen und der weltweiten Verbreitung von REITs nebst deren Einführung in Deutschland (Abschnitt A.) sowohl die Aufgabe von öffentlichen Wohnungsbaugesellschaften (Abschnitt B.) und deren Privatisierung (Abschnitt C.) als auch den national bestehenden Immobilienanlagemarkt (Abschnitt D.) und bestimmte ausländische REIT-Strukturen im Einzelnen beleuchten (Abschnitt E.). Anschließend wird darauf eingegangen, wie eine deutsche REIT-Struktur aussehen müsste (Abschnitt F.), wobei zum einen das Gesetz zugrunde gelegt und zum anderen auf die bisher nicht näher problematisierten europarechtlichen Vorgaben eingegangen wird. Im Folgenden werden dann die Vor- und Nachteile von REITs aufgeschlüsselt, um diese schließlich auf die Privatisierung von Wohnungsbaugesellschaften der öffentlichen Hand zu übertragen (Abschnitt G.). Das Fazit (Abschnitt H.) ist nicht nur abschließende Stellungnahme zur bestmöglichen rechtlichen Ausgestaltung deutscher REITs für die Privatisierung von öffentlichen Wohnungsbaugesellschaften, sondern auch Ausblick auf die weitere Entwicklung der öffentlichen Wohnungsbaugesellschaften in Deutschland sowie deren Chancen in einem vereinten Europa. Die Zusammenfassung in Thesen (Abschnitt I.) stellt noch einmal in Kurzfassung die Ergebnisse der Arbeit dar, wobei der Schwerpunkt auf der Bedeutung von REITs für die öffentlichen Wohnungsbaugesellschaften liegt.

I. Fokussierung auf öffentliche Wohnungsbaugesellschaften

Der Wohnimmobilienmarkt Deutschlands ist mit 39 Mio. Wohneinheiten der größte Europas.[3] Hiervon halten die Wohnungsbaugesellschaften der öffentlichen Hand ca. 9 %. Ihre volkswirtschaftliche Bedeutung ist also erheblich. Darüber hinaus genießen sie eine überragende politische Bedeutung, da insbesondere die sich vorrangig dem Sozialstaat verpflichtet fühlenden Parteien die Aufgabe der Wohnungsbaugesellschaften in der Sicherstellung preisgünstigen Wohnraums sehen.[4] Unabhängig davon, inwieweit die Gesellschaften dieser Rolle gerecht werden oder es zukünftig einer neuen Aufgabendefinition bedarf, worauf noch im Einzelnen näher einzugehen ist, stehen insbesondere

3 Vgl. Deutsche Bank Research, Wohnungsportfolios in Deutschland, 2005, 3 f.; Das in Wohnungen gebundene Nettoanlagevermögen beträgt mit über 3.000 Mrd. € ca. 50 % des Gesamtnettoanlagevermögens in Deutschland.

4 Vgl. BTDrucks 16/4046.

die Kommunen vor großen finanziellen Problemen, die gelöst werden müssen.[5] Die Entwicklung der letzten Monate und Jahre hat gezeigt, dass deshalb Kommunen die – häufig unrentabel geführten – Gesellschaften zur Sanierung ihres Haushalts veräußern.[6] Beispielhaft sei vor allem Dresden genannt, das durch den Verkauf seiner Wohnungsbaugesellschaft die vollständige Entschuldung der Stadt herbeiführte.[7] Auch das Bundesverfassungsgericht empfahl jüngst dem Land Berlin ein solches Vorgehen zur Haushaltssanierung.[8] Da der Verkauf von Wohnungsbaugesellschaften der öffentlichen Hand jedoch der sozialpolitischen Verantwortung im Rahmen des Versorgungsauftrags widersprechen könnte, werden teilweise weitere Veräußerungen von politischer Seite unterbunden.[9] Der deutsche REIT könnte einen Weg aufzeigen, Maßnahmen zur Sanierung der Wohnungsbaugesellschaften mit der gleichzeitigen Sicherung des Einflusses der öffentlichen Hand zur Wahrnehmung öffentlicher Belange zu verbinden.

II. Real Estate Investment Trusts (REITs)

Real Estate Investment Trusts, weltweit bekannt als REITs, sind eine Investitionsform für indirekte Immobilienanlagen.

1. Begriffsbestimmung

REITs stellen eine Mischform aus Immobilienaktiengesellschaften und offenen Immobilienfonds dar. Gesellschaftsrechtlich zumeist als Aktiengesellschaft ausgestaltet, unterliegen sie ähnlich wie offene Immobilienfonds verschiedenen Beschränkungen.[10] So darf die Tätigkeit eines REIT in der Hauptsache nur aus dem Erwerb, der Vermietung und Verpachtung sowie der Veräußerung von Im-

5 Vgl. Abschnitt B.

6 Vgl. Bundesministerium der Finanzen, Argumente für die Einführung deutscher REITs, 2006, 13.

7 Vgl. Abschnitt C. III.

8 Vgl. BVerfG, Urteil vom 19.10.2006 – 2 BvF 3/03.

9 Vgl. Senatskanzlei Berlin, Koalitionsvereinbarung für die Legislaturperiode 2006–2010, Abschnitt II. Ziff. 10; Durth, „Verkauf von Wohnungen wird in Berlin zum Politikum“, in Das Parlament 12/20.3.2006; politikerscreen.de, Spagat zwischen Sozialauftrag und Schuldentilgung, 2006, 2 f.

10 Vgl. Bone-Winkel, Entwicklung der REITs weltweit, 2005, 12; Cadmus, REITs, Ein Vorbild für deutsche Immobilien-Aktiengesellschaften?, in Rehkugler (Hrsg.), Die Immobilien-AG, Bewertung und Marktattraktivität, 2003, 197 f.

mobilien bestehen. Weitergehende aktive Tätigkeiten wie z. B. Projektentwicklungen für den eigenen Bestand sind in Grenzen zulässig, werden sie hingegen für Dritte erbracht, müssen sie in selbstständige Tochtergesellschaften ausgegliedert werden. Außerdem müssen REITs jährlich den überwiegenden Teil ihres Gewinns, zumeist 90 %, an die Anleger ausschütten. Im Gegenzug werden REITs steuerlich transparent behandelt, die Besteuerung findet also wie bei offenen Immobilienfonds allein auf Anlegerebene statt.[11] Weltweit zeichnen sich REITs durch einen hohen wirtschaftlichen Erfolg aus, der sich vor allem auf die Spezialisierung der Investitionen und des Managements zurückführen lässt.[12]

2. Internationale Entwicklung

Fast zeitgleich mit der Entstehung der ersten offenen Immobilienfonds in Deutschland im Jahr 1959 wurden die ersten REITs in den USA 1960 zugelassen. Ziel beider Länder war es, den Kleinanlegern die Option der indirekten Immobilienanlage im Rahmen eines diversifizierten Portfolios zu ermöglichen.[13] Steuerlich privilegierte Immobilieninvestmentaktiengesellschaften haben sich seither weltweit nach dem US-Vorbild – und nicht nach dem deutschen – in mehr als 20 Ländern verbreitet.[14] So folgten z. B. 1969 die Niederlande, 1985 Australien, 1994 Kanada, 1995 Belgien, 2000 Japan, 2002 Singapur und im Jahr 2003 Hong Kong und Frankreich.[15] Dubai verabschiedete ein REIT-Gesetz, das am 6.8.2006 in Kraft trat.[16] Großbritannien führte REITs zum 1.1.2007 ein.[17] Indien plant, kurzfristig nachzuziehen.[18] Auch Italien wird REITs noch im Jahr 2007 einführen.[19]

11 Vgl. HSH Nordbank, Der German Real Estate Investment Trust (REIT) und der deutsche Immobilienmarkt, 2005, 5 f.

12 Vgl. NAREIT, Frequently Asked Questions About REITs, 2004, 4.

13 Vgl. Schulte/Sotelo, „Deutsche REITs – Möglichkeiten und Voraussetzungen einer Realisierung", in Zeitschrift für Immobilienökonomie, Ausgabe 2/2004, S. 31, (35).

14 Vgl. Bundesministerium der Finanzen, REIT Strukturen weltweit; 2006, NAREIT, REITs: Spreading Around the World, 2004, 1 ff.; IFD, Finanzstandort Bericht Nr. 2, 2006, 56; Kensington Investment Group, Globalization of REITs, 2006, 3.

15 Vgl. Deutsche Bank AG, Der deutsche REIT, 2005, 23, 26, 28.

16 Vgl. REITs in Deutschland, Auch in Dubai gibt es nun REITs, 15.8.2006.

17 Vgl. section 145 (1) des Finance Act 2006 (nachfolgend FA 2006); HM Revenue and Customs, 2006 Pre-Budget Report, PBRN 3 (4).

18 Vgl. REITs in Deutschland, REITs bald auch in Indien, 19.6.2006.

19 Vgl. REITs in Deutschland, Italien führt REITs im Juni 2007 ein, 21.12.2006.

3. Einführung in Deutschland

Bereits Anfang 2005 sprach sich das Bundesministerium der Finanzen für die Einführung deutscher REITs aus.[20] Das Inkrafttreten des REIT-Gesetzes war ursprünglich für den 1.1.2006 vorgesehen. Aufgrund der vorgezogenen Wahlen zum Bundestag im September 2005 war dieser Zeitpunkt parlamentarisch nicht aufrechtzuerhalten. Die neue Bundesregierung hielt dann in ihrer Koalitionsvereinbarung fest, dass REITs eingeführt werden sollen, vorausgesetzt, es entständen dadurch keine Steuerausfälle.[21] Verschiedene Berater stellten daraufhin dem Bundesministerium der Finanzen zwei überarbeitete REIT-Modelle vor. Zum einen handelte es sich dabei um das Trustvermögensmodell, das weiterentwickelte Trennungsmodell, und zum anderen um das sog. Nießbrauchsmodell, das weiterentwickelte Einheitsmodell. Die britische Regierung trieb in der Zwischenzeit die REIT-Gesetzgebung im eigenen Land voran und entwickelte ein alternatives Modell, ebenfalls mit dem Ziel, Steuerausfälle zu vermeiden. Das Bundesministerium der Finanzen favorisierte das britische Modell und konzipierte darauf aufbauend einen vorläufigen Gesetzesentwurf.[22] Nach anschließender Rücksprache mit den Ministerien und Beratern aus der Wirtschaft folgte die überarbeitete Fassung des vorläufigen Gesetzesentwurfs als Referentenentwurf.[23] Nachdem insbesondere die Länder aus Sorge um mögliche Steuerausfälle und einige Politiker in Zusammenarbeit mit Mieterschutzverbänden aus Sorge um die Benachteiligung der Mieter z. B. durch Mieterhöhungen für eine erneute Überarbeitung des Referentenentwurfs sorgten, wurde der Gesetzesentwurf der Bundesregierung vom Bundeskabinett am 2.11.2006 verabschiedet.[24] Dieser sah bereits vor, dass das endgültige Gesetz zum 1.1.2007 rückwirkend in Kraft tritt.[25] Im Rahmen der Beratungen sprachen der Finanzausschuss, der Ausschuss für Innere Angelegenheiten, der Rechtsausschuss und der Wirtschaftsausschuss des Bundesrates diesem gegenüber ihre Empfehlungen aus. Auch der Bundesrat selbst gab bereits

---

20 Vgl. Bundesministerium der Finanzen, Pressemitteilung Nr. 9/2005.

21 Vgl. Die Bundesregierung, Koalitionsvertrag zwischen CDU/CSU und SPD, 2005, Zeile 3613–3619.

22 Vgl. Volckens, „Richtige Mischung", in Plan, Ausgabe 2/2006, S. 8, (9); Abschnitt E. IV. 2.; Abschnitt F. I. 3.

23 Vgl. Bundesministerium der Finanzen, Entwurf eines Gesetzes zur Schaffung deutscher Immobilien-Aktiengesellschaften mit börsennotierten Anteilen vom 25.9.2006; Das Bundesministerium der Finanzen folgte damit dem im Bundestag verabschiedeten Antrag der Fraktion der FDP zur Einführung von REITs in Deutschland; vgl. BTDrucks 16/1896, Ziff. 1 f.

24 Vgl. BTDrucks 16/4026, zugleich BRDrucks 779/06; Bundesministerium der Finanzen, Pressemitteilung Nr. 132/2006; Runde/Pronold, Heuschrecken vor der Wohnungstür?, 2006, 5 ff.

25 Vgl. BTDrucks 16/4026, Art. 7; Steinbrück, Reformen für den Finanzplatz Deutschland, 2006, 3.

seine, den Ausschussempfehlungen überwiegend entsprechende, Stellungnahme zu dem Gesetzesentwurf ab.[26] Der Stellungnahme folgte die Gegenäußerung der Bundesregierung, wobei auf beides nachfolgend näher einzugehen ist, da diese zu teilweise erheblichen Änderungen innerhalb des Gesetzgebungsverfahrens geführt haben.[27] Anschließend stellte die Fraktion DIE LINKE. einen Antrag, REITs nicht in Deutschland einzuführen, der im Rahmen der ersten Lesung des Gesetzesentwurfs im Bundestag am 18.1.2007 behandelt wurde.[28] Der Bundestag beschloss am Ende der Lesung die Überweisung des Gesetzesentwurfs, der Stellungnahme des Bundesrates, der Gegenäußerung der Bundesregierung sowie des Antrags der Fraktion DIE LINKE. an den Finanz-, den Rechts-, den Haushaltsausschuss, den Ausschuss für Verkehr, Bau und Stadtentwicklung und nachträglich an den Ausschuss für Wirtschaft und Technologie.[29] Der Finanzausschuss legte als federführender Ausschuss am 21.3.2007 seine Beschlussempfehlung und seinen Bericht vor, denen zufolge der Gesetzesentwurf in der von ihm geänderten Fassung zur Annahme sowie die Ablehnung des Antrags der Fraktion DIE LINKE. empfohlen wird.[30] Der Bundestag folgte in seiner zweiten und dritten Lesung ebenso wie der Bundesrat dieser Beschlussempfehlung, so dass das Gesetz zur Schaffung deutscher Immobilien-Aktiengesellschaften mit börsennotierten Anteilen rückwirkend zum 1.1.2007 in Kraft getreten ist.[31] Es ist jedoch davon auszugehen, dass das Gesetz auch zukünftig Änderungen unterworfen wird, zumal derzeit nicht nur Wohnungsbaugesellschaften in erheblichem Maße benachteiligt werden, sondern auch europarechtliche Bedenken gegen einige der Gesetzesregelungen sprechen.

---

26 Vgl. BRDrucks 779/1/06; BRDrucks 779/06 (Beschluss), auch Bestandteil der BTDrucks 16/4026.

27 Vgl. BTDrucks 16/4036.

28 Vgl. BTDrucks 16/4046; BT Plenarprotokoll 16/76, 7635 (C) ff.

29 Vgl. BT Plenarprotokoll 16/76, 7642 (C); BT Plenarprotokoll 16/85, 8497 (A).

30 Vgl. BTDrucks 16/4779, Beschlussempfehlung; Die anderen Ausschüsse haben ebenfalls für die Annahme des Gesetzesentwurfs sowie die Ablehnung des Antrags der Fraktion DIE LINKE. plädiert; vgl. BTDrucks 16/4779, Bericht, Ziff. V.

31 Vgl. Art. 7 Gesetz zur Schaffung deutscher Immobilien-Aktiengesellschaften mit börsennotierten Anteilen vom 28.5.2007, BGBl. I S. 914; BT Plenarprotokoll 16/89, 9040 (A) f.; BR Plenarprotokoll 832, 106 (C).

B. Öffentliche Wohnungsbaugesellschaften

Wohnungsbaugesellschaften der öffentlichen Hand halten ca. 3,674 Mio. der insgesamt ca. 39 Mio. Wohneinheiten Deutschlands in ihrem Bestand, deren Wert ca. 100–150 Mrd. € beträgt.[32]

I. Begriffsbestimmung

Zu den Wohnungsbaugesellschaften der öffentlichen Hand zählen sowohl die kommunalen Gesellschaften als auch die des Bundes und der Länder. Gesellschaftsrechtlich handelt es sich bei Wohnungsbaugesellschaften der öffentlichen Hand um Kapitalgesellschaften.[33] Überwiegend sind sie wie die Freiburger Stadtbau GmbH oder auch die ehemals öffentliche WOBA Dresden GmbH als GmbH, teilweise aber auch wie die GESOBAU AG in Berlin als AG ausgestaltet. Alleiniger Gesellschafter ist die öffentliche Hand, die ihren Einfluss sowohl durch die Auswahl der Geschäftsführung bzw. des Vorstands als auch in Form der Kontrolle über den Aufsichtsrat und die Gesellschafter bzw. die Hauptversammlung geltend macht.[34] Die Tätigkeit der öffentlichen Wohnungsbaugesellschaften unterlag ursprünglich der Gemeinnützigkeit. Aus dieser wurden sie jedoch 1990 entlassen, so dass ihre bis dahin geltende Steuerbefreiung entfallen ist.[35]

Die Zahl sowie die Größe des Bestandes der öffentlichen Wohnungsbaugesellschaften wuchsen aufgrund der extremen Wohnraumknappheit nach dem Zweiten Weltkrieg. Seither bestand ihre vornehmliche Aufgabe in der Versorgung der

---

32 Vgl. Statistisches Bundesamt, Wohneinheiten in Gebäuden mit Wohnraum und bewohnten Unterkünften, 2005, Stand: 13.8.2003; Bundesministerium der Finanzen, Argumente für die Einführung deutscher REITs, 2006, 10; Brüderle, Wie attraktiv und notwendig sind REITs für den Wirtschaftsstandort Deutschland?, Vortrag, 6.7.2006; Nord LB Volkswirtschaft, Real Estate Investment Trusts, 2005, 14; IFD Finanzstandort Bericht Nr. 2, 2006, 60.

33 Vgl. ZEW/ebs, Real Estate Investment Trusts (REITs), 2005, 171; Wohnungsbaugesellschaften in Form von Genossenschaften sind nicht Gegenstand dieser Arbeit.

34 Vgl. Senatskanzlei Berlin, Koalitionsvereinbarung für die Legislaturperiode 2006–2010, Abschnitt II. Ziff. 10; Ist die öffentliche Wohnungsbaugesellschaft als AG ausgestaltet, muss sie gemäß § 312 AktG einen Abhängigkeitsbericht erstellen.

35 Vgl. Art. 21 § 1 Nr. 2 Steuerreformgesetz 1990 vom 25.7.1988, BGBl. I S. 1093; Ernst & Young/Luther, Die Einführung des deutschen Real Estate Investment Trusts (G-REIT), 2006, 12; Abschnitt F. VII. 6.

Bevölkerung mit bezahlbarem Wohnraum.[36] Zwar ist der Staat nur verpflichtet, die Unterbringung von Obdachlosen zu gewährleisten, doch geht die Daseinsvorsorge darüber hinaus.[37] So umfasst diese insbesondere die Sicherstellung der Versorgung von Transferhilfeempfängern mit angepasstem Wohnraum, des Weiteren wird auf die zahlreichen und kostspieligen Programme des sozialen Wohnungsbaus verwiesen. Da öffentliche Wohnungsbaugesellschaften vielfach entsprechende Wohnungen in ihrem Bestand haben, wies der Staat häufig sozial schwache Haushalte in deren Wohnungen ein. Außerdem spielen öffentliche Wohnungsbaugesellschaften eine wichtige Rolle bei der Gestaltung des Mietpreisniveaus. Durch die Zurverfügungstellung von preisgünstigem Wohnraum weist der Mietspiegel, insbesondere der qualifizierte Mietspiegel i. S. d. § 558 d BGB, entsprechend niedrige Mieten aus, was dazu führt, dass Mieterhöhungen durch andere Eigentümer gemäß § 558 BGB nur beschränkt durchführbar sind. Folge dessen ist die Sicherstellung preisgünstigen Wohnraums für alle Mieter der jeweiligen Wohngegenden, in denen öffentliche Wohnungsbaugesellschaften verstärkt Wohnraum zur Verfügung stellen.

Neben der Gestaltung des Mietrechts beeinflussen öffentliche Wohnungsbaugesellschaften vor allem auch das Bauplanungs- und das Bauordnungsrecht.[38] Hier agieren sie häufig als Partner des Staates. Dies gilt auch hinsichtlich der in den letzten Jahren notwendig gewordenen Änderungen des besonderen Städtebaurechts, da soziale Verwerfungen in der Vergangenheit in bestimmten Wohngegenden zu einer hohen Segregation führten, die es aufzufangen galt.[39] Zudem verursachten nicht nur der demografische Wandel, sondern insbesondere auch die wirtschaftliche Strukturschwäche in bestimmten Gegenden Deutschlands einen erheblichen Leerstand im Wohnraumbestand. Vor diesem Hintergrund

---

36 Vgl. Voigtländer, Der öffentliche Wohnungsmarkt in Deutschland, 2007, 14 ff.; Knobloch, REITs – eine neue Asset-Klasse für den deutschen Kapitalmarkt?, 2006, 9; Runde/Pronold, Heuschrecken vor der Wohnungstür?, 2006, 16 f.; Olbrich, „Aktivierung des kommunalen Immobilienbesitzes in Dresden", in Immobilien & Finanzierung 2005, S. 760 (760 f.); McKinsey & Company Inc., Auf Schatzsuche, 2005, 41; Senatskanzlei Berlin, Koalitionsvereinbarung für die Legislaturperiode 2006–2010, Abschnitt II. Ziff. 10; SPD-Fraktion des Abgeordnetenhauses Berlin, Aufgaben der städtischen Wohnungsbaugesellschaften in Berlin, 2004, Ziff. 2.1, 3.3.3.5 f.

37 Vgl. VGH Mannheim, Beschluss vom 2.11.1994 – 1 S 2439/94; OVG Lüneburg, Urteil vom 25.3.2004 – 11 LC 333/03; Stadt Freiburg, Drucksache G-06/109.1, Ziff. 3; Stadt Freiburg, Bericht zur Haushaltskonsolidierung, 2006, Ziff. 6.1.

38 Vgl. Plesse, Wohnungsprivatisierung in den neuen Bundesländern, 1999, 28 ff.

39 Vgl. Articus, Aufgaben und Perspektiven für die Städte, 2005, Ziff. II. 6; Voigtländer, Der öffentliche Wohnungsmarkt in Deutschland, 2007, 28 f.

wurden die nachfolgend dargestellten Maßnahmen entwickelt, die zu einer Aufwertung der bestehenden Wohngebiete führen sollen.[40] Im Zentrum stehen dabei die öffentlichen Wohnungsbaugesellschaften.

Es gibt sowohl städtebauliche Sanierungs- als auch städtebauliche Entwicklungsmaßnahmen. Die Sanierungsmaßnahmen sind in den §§ 136–164 b BauGB geregelt, die Entwicklungsmaßnahmen finden sich in den §§ 165–171 BauGB.[41] Die städtebauliche Sanierungsmaßnahme dient gemäß § 136 Abs. 2 Satz 1 BauGB der Aufwertung eines Gebietes durch die Beseitigung von städtebaulichen Missständen, die sowohl in schlechten Arbeits-, Wohn- und Sicherheitsverhältnissen als auch in der fehlenden Funktionsfähigkeit des Umfeldes bestehen können, § 136 Abs. 3 BauGB. Hierzu zählen beispielsweise neben einer schlechten Bausubstanz auch die mangelnde wirtschaftliche und infrastrukturelle Erschließung. Voraussetzung ist, dass die Gemeinde eine Satzung erlässt, die das jeweilige Gebiet als Sanierungsgebiet ausweist, § 142 Abs. 1 BauGB.[42] Städtebauliche Entwicklungsmaßnahmen dienen gemäß § 165 Abs. 2 BauGB der Entwicklung spezifischer Ortsteile entsprechend der jeweiligen Zielsetzung aufgrund ihrer Bedeutung für Entwicklung und Ordnung im Gemeindegebiet.[43] Hierbei kann es sich sowohl um eine Neuordnung als auch um eine erstmalige Entwicklung handeln. Die Gemeinde erlässt hierfür eine Entwicklungssatzung, § 165 Abs. 6 BauGB. Für Planung und Durchführung der Maßnahme trägt die Gemeinde die Gesamtverantwortung. Sie kann aber die Vorbereitung und die Durchführung auf einen Planungsverband übertragen, § 166 Abs. 1 und 4 BauGB.[44]

Sowohl die städtebaulichen Sanierungsmaßnahmen als auch die städtebaulichen Entwicklungsmaßnahmen erfahren durch das am 1.1.2007 in Kraft getretene BauGB 2007 maßgebliche Vereinfachungen.[45] Das Gesetz verfolgt das Ziel, die Stadtentwicklung und die Umsetzung der Nachhaltigkeitsstrategie zu fördern, was insbesondere durch verfahrensrechtliche Vereinfachungen erfolgt.

---

40 Vgl. ARGEBAU, EAG Bau – Mustererlass, 2004, Ziff. 6.4.

41 Vgl. Battis, Öffentliches Baurecht und Raumordnungsrecht, 2006, 164, 175.

42 Vgl. Krautzberger, in: Battis/Krautzberger/Löhr, BauGB, 9. Aufl., § 136, Rn. 9 ff.; Die Durchführung der Sanierung kann gemäß § 157 BauGB auch durch private Sanierungsträger erfolgen; vgl. Krautzberger, in: Battis/Krautzberger/Löhr, BauGB, 9. Aufl., § 157, Rn. 4 ff.

43 Vgl. Krautzberger, in: Battis/Krautzberger/Löhr, BauGB, 9. Aufl., § 165, Rn. 7 ff.

44 Vgl. Krautzberger, in: Battis/Krautzberger/Löhr, BauGB, 9. Aufl., § 166, Rn. 2, 8.

45 Vgl. Gesetz zur Erleichterung von Planungsvorhaben für die Innenentwicklung der Städte vom 21.12.2006, BGBl. I S. 3316; BTDrucks 16/2496, Begründung, A. Allgemeines, I. Ausgangslage und Zielsetzung, III. Wesentliche Regelungen im Überblick; BTDrucks 16/1890, Ziff. I.

Insbesondere Planungsverfahren zur Ansiedlung verschiedener Wirtschaftszweige werden so erleichtert und beschleunigt.

Sanierungsmaßnahmen können auch in Form des neu eingeführten Stadtumbaus i. S. d. §§ 171 a–d BauGB auftreten.[46] Möglichkeiten dieser im Gegensatz zu den bestehenden Instrumentarien flexibleren Art der Maßnahme wurden bereits im Jahr 2002 angedacht.[47] Die gesetzlichen Grundlagen wurden hierfür jedoch erst mit dem EAG Bau 2004 geschaffen.[48] Hintergrund für die Einführung des Stadtumbaus zusätzlich zu den bestehenden Möglichkeiten der städtebaulichen Sanierungs- und Entwicklungsmaßnahmen ist neben der schwierigen Haushaltslage der öffentlichen Hand die demografische Entwicklung in Deutschland, derzufolge die Bevölkerung in Deutschland zurückgehen wird.[49] Zwar steigt die Lebenserwartung der Menschen, doch gehen die Geburtenraten kontinuierlich zurück. Auch die Zuwanderung wird dies langfristig nicht auffangen.[50] Darüber hinaus spielen wirtschaftliche Komponenten eine erhebliche Bedeutung, so dass insbesondere infrastrukturarme Gegenden von einem erheblichen Wegzug betroffen sind.[51] Dieses führt bereits jetzt zu erheblichen Leerständen in vielen

---

46 Vgl. Krautzberger in: Ernst/Zinkahn/Bielenberg/Krautzberger, BauGB, Vorb §§ 171 a-171 d Rn. 10 ff.; Battis, Öffentliches Baurecht und Raumordnungsrecht, 2006, 176 f.

47 Vgl. Bundesministerium für Verkehr, Bau- und Wohnungswesen, Novellierung des Baugesetzbuchs, 2002, 103 ff.

48 Vgl. Gesetz zur Anpassung des Baugesetzbuchs an EU-Richtlinien (Europarechtsanpassungsgesetz Bau – EAG Bau) vom 24.6.2004, BGBl. I S. 1359; Battis/Krautzberger/Löhr, „Die Änderungen des Baugesetzbuchs durch das Europarechtsanpassungsgesetz Bau (EAG Bau 2004)", in NJW 2004, S. 2553, (2558).

49 Vgl. Bundesministerium für Verkehr, Bau- und Wohnungswesen, Programme der Städtebauförderung, 2004, Ziff. 1.2, 1.3, 1.4; Häußermann, „Der Stadtumbauprozess – Möglichkeiten und Grenzen für eine Stadtentwicklung „von unten"", in vhw FW 2004, S. 229, (229 f.); Statistisches Bundesamt, Statistisches Jahrbuch 2006, 37 ff.; Statistisches Bundesamt, Bevölkerung Deutschlands bis 2050, 2006, 5 ff., 13 ff., 51 ff.

50 Vgl. Häußermann, „Der Stadtumbauprozess – Möglichkeiten und Grenzen für eine Stadtentwicklung „von unten"", in vhw FW 2004, S. 229, (229 f.); Statistisches Bundesamt, Statistisches Jahrbuch 2006, 37 ff.; Statistisches Bundesamt, Bevölkerung Deutschlands bis 2050, 2006, 5 ff., 13 ff., 51 ff.; Bundesministerium für Verkehr, Bau- und Wohnungswesen, Wohnungswirtschaftlicher Strukturwandel in den neuen Bundesländern, 2000, 13 ff.

51 Vgl. Krautzberger/Stüer, „Städtebaurecht 2004: Was hat sich geändert?", in DVBl 2004, S. 781, (787 f.); Krings-Heckemeier, Differenzierung der Wohnungsmärkte bei veränderten Nachfragestrukturen, in empirica AG (Hrsg.), Demographischer Wandel – Auswirkungen und Herausforderungen für die Städtepolitik, 2005, 7; HSH Nordbank, Wohnungsportfoliotransaktionen in Deutschland, 2006, 6 f.

Städten und Gemeinden.[52] Zwar wird der Wohnraumbedarf insgesamt noch bis zum Jahr 2015 steigen, was sich insbesondere auf die steigende Zahl der Einpersonenhaushalte, die Zunahme der Pro-Kopf-Fläche sowie auf den Rückgang der Neubautätigkeiten zurückführen lässt, doch wird danach der demografische Wandel verstärkt zu einem Wohnraumüberschuss führen, so dass auch die Leerstandsquoten steigen werden.[53]

Der Stadtumbau i. S. d. §§ 171 a–d BauGB kann selbstständig oder neben Sanierungs- oder Entwicklungsmaßnahmen durchgeführt werden, § 171 a Abs. 1 BauGB.[54] Durch Stadtumbaumaßnahmen sollen Gebiete, die von einem erheblichen Funktionsverlust betroffen sind, durch entsprechende Anpassungen nachhaltig zukunftsfähig umgestaltet werden, § 171 a Abs. 2 und 3 BauGB.[55] Danach handelt es sich bei Stadtumbaumaßnahmen insbesondere um den Rückbau leer stehender Bauwerke, soweit diese keiner Umnutzung zugeführt werden können.[56] So standen bereits im Jahr 2000 eine Million Wohnungen in Ostdeutschland leer, wovon die Hälfte aufgrund der schlechten Bausubstanz und Ausstattung nicht vermietbar war, mithin auch nicht mehr am Markt angeboten wurde.[57] Auch die Verbesserung der Siedlungsstruktur, der wirtschaftlichen und der infrastrukturellen Gegebenheiten ist Bestandteil von Stadtumbaumaßnahmen, da durch den Wegzug vielerorts eine Verödung in jeglicher Hinsicht eingetreten ist, die verhindert, dass Menschen wieder in die Gegend zuziehen. Stadtumbaumaßnahmen müssen nicht nur im öffentlichen Interesse sein, sondern insbesondere dem Allgemeinwohl dienen, auch wenn sie nicht erforderlich

52 In Berlin standen bereits im Jahr 2002 über 100.000 Wohnungen leer; vgl. SPD-Fraktion des Abgeordnetenhauses Berlin, Aufgaben der städtischen Wohnungsbaugesellschaften in Berlin, 2004, Ziff. 2.1.

53 Vgl. Articus, Aufgaben und Perspektiven für die Städte, 2005, Ziff. II.2; Krings-Heckemeier, Differenzierung der Wohnungsmärkte bei veränderten Nachfragestrukturen, in empirica AG (Hrsg.), Demographischer Wandel – Auswirkungen und Herausforderungen für die Städtepolitik, 2005, 6, 37 f.; Statistisches Bundesamt, Statistisches Jahrbuch 2006, 274 ff.

54 Vgl. ARGEBAU, EAG Bau – Mustererlass, 2004, Ziff. 6.4.2; Krautzberger, in: Battis/Krautzberger/Löhr, BauGB, 9. Aufl., § 171 a, Rn. 3 ff., 7; Sowohl der Stadtumbau als auch die Sanierungs- und die Entwicklungsmaßnahme sind Gesamtmaßnahmen.

55 Vgl. Krautzberger in: Ernst/Zinkahn/Bielenberg/Krautzberger, BauGB, § 171 a Rn. 18 ff.; Bei der Aufzählung der Ziele in § 171 a Abs. 3 BauGB handelt es sich um eine beispielhafte Aufzählung.

56 Vgl. Krautzberger in: Ernst/Zinkahn/Bielenberg/Krautzberger, BauGB, § 171 a Rn. 37 ff.

57 Vgl. McKinsey & Company Inc., Auf Schatzsuche, 2005, 42; Bundesministerium für Verkehr, Bau- und Wohnungswesen, Wohnungswirtschaftlicher Strukturwandel in den neuen Bundesländern, 2000, 2, 20 ff.

i. S. d. § 165 Abs. 3 Satz 1 Nr. 2 BauGB sein müssen.[58] Gemäß § 171 b BauGB muss vor der Umsetzung der Maßnahmen das Stadtumbaugebiet von der Gemeinde durch Beschluss festgesetzt werden. Zur Durchsetzung der Maßnahme stehen der Gemeinde gemäß § 171 d BauGB nach Erlass einer entsprechenden Satzung sowohl die Mittel des Städtebaurechts als auch zusätzlich zur Sicherung der sozialverträglichen Umsetzung der Genehmigungsvorbehalt zur Verfügung.[59]

Insbesondere bei der Umsetzung der Maßnahmen des Stadtumbaus stehen die öffentlichen Wohnungsbaugesellschaften den Gemeinden unterstützend zur Seite. Mit diesen betreiben sie gemeinsam aktiv den Rückbau, soweit Wohnraum unvermietbar geworden ist, und versuchen, das Umfeld für die Mieter insbesondere durch Sanierungen und die Verbesserung der wirtschaftlichen und infrastrukturellen Bedingungen aufzuwerten.[60] Im Gegensatz zum privaten Eigentümer bedarf es hierfür häufig keines Stadtumbauvertrags i. S. d. § 171 c BauGB i. V. m. § 11 BauGB, da insbesondere die Kostentragung sowie der Lastenausgleich für die durchzuführenden Maßnahmen zwischen der öffentlichen Hand auf Seiten der Gemeinde und der öffentlichen Hand als Alleingesellschafter der Wohnungsbaugesellschaft eher eine buchhalterische Frage als ein Streitpunkt ist. Etwas anderes gilt jedoch in den Fällen, in denen es sich um öffentliche Wohnungsbaugesellschaften handelt, die ernsthaft zur Ertragserwirtschaftung angehalten sind. Sie haben nämlich gleich einer privaten Wohnungsbaugesellschaft insbesondere im Zusammenhang mit Rückbaumaßnahmen ein erhebliches Interesse an der Verteilung der Kosten sowie an einem Lastenausgleich gegenüber den Wohnungsbaugesellschaften, die von dem aus dem Rückbau resultierenden Zuzug profitieren. Andererseits hat die Gemeinde ein Interesse daran, sowohl den Rückbau in zeitlicher Hinsicht verbindlich zu regeln als auch sich vor etwaigen Ansprüchen aus sog. Planungsschäden i. S. d. §§ 39–44 BauGB zu schützen.[61]

Hinsichtlich der Finanzierung des Stadtumbaus verweist § 171 b Abs. 4 BauGB auf die Fördermittelbestimmungen der §§ 164 a und b BauGB. Da außerdem der Wohnungsmarkt in Deutschland geteilt ist, und zwar nicht nur im Hinblick auf

58 Vgl. ARGEBAU, EAG Bau – Mustererlass, 2004, Ziff. 6.4.3.1.

59 Vgl. Krautzberger, in: Battis/Krautzberger/Löhr, BauGB, 9. Aufl., § 171 d, Rn. 1 ff.

60 Vgl. Bundesministerium für Verkehr, Bau- und Wohnungswesen, Wohnungswirtschaftlicher Strukturwandel in den neuen Bundesländern, 2000, 82.

61 Vgl. Krautzberger, in: Battis/Krautzberger/Löhr, BauGB, 9. Aufl., § 171 c, Rn. 4 ff.; ARGEBAU, EAG Bau – Mustererlass, 2004, Ziff. 6.4.3.3.

den verstärkten Zuzug in Ballungsgebiete sowie den entsprechenden Wegzug aus strukturärmeren Regionen, sondern insbesondere auch zwischen Ost und West, legte die Bundesregierung bereits im Jahr 2001 das Stadtumbauprogramm Ost für die Jahre 2002–2009 und im Jahr 2003 das Stadtumbauprogramm West für die Jahre 2004–2009 auf, über das die jeweils betroffenen Gemeinden erhebliche finanzielle Zuschüsse erhalten. Beide Stadtumbauprogramme sind keine reinen Förderprogramme, vielmehr handelt es sich beim Stadtumbau insgesamt um eine gesellschaftliche Zukunftsaufgabe, wie die Normierung im BauGB zeigt. Sie genießen durch die Programmatik der Bundesregierung lediglich finanzielle Vorteile gegenüber allgemeinen städtebaulichen Maßnahmen.[62]

Das Stadtumbauprogramm Ost dient dem Rückbau nicht zu vermietender Wohnungen sowie der Verbesserung der wirtschaftlichen Gegebenheiten für die Menschen in verödeten Gegenden, wie sie sich in den letzten Jahren zunehmend entwickelt haben. Das Stadtumbauprogramm West dient ebenfalls primär den Rückbaumaßnahmen mit der Zielsetzung, dass ein Ostdeutschland vergleichbarer Leerstand sich trotz der demografischen Entwicklung sowie des Wegzugs aus den strukturärmeren Gegenden nicht bilden kann, so dass es auch nicht zu einer Verödung kommt. Hintergrund der Aufgabendefinition im Rahmen der Stadtumbauprogramme sind die Empfehlungen der Kommission für den wohnungswirtschaftlichen Strukturwandel, die insbesondere ein Abrissprogramm sowie die Steuerung der zunehmenden Schrumpfung in den Städten und auf dem Land forderten.[63]

Des Weiteren regelt das BauGB seit dem EAG Bau in § 171 e BauGB Maßnahmen der Sozialen Stadt. Hierbei handelte es sich ursprünglich um das 1996 verabschiedete Bund-Länder-Programm „Soziale Stadt“, das seit 1999 sowohl in den alten als auch in den neuen Bundesländern Anwendung findet.[64] Dieser ursprünglich nur als Investitionsprogramm gedachte, durch die Festschreibung im BauGB aber zur allgemeinen Aufgabe erklärte Maßnahmenkatalog soll einer nachhaltigen Stadtentwicklung zugute kommen, mit der Folge, dass nicht nur

62 Vgl. Bundesministerium für Verkehr, Bau- und Wohnungswesen, Stadtumbau Ost, 2006, 9, 11, 13 ff., 31 ff.; Bundesministerium für Verkehr, Bau- und Wohnungswesen, Programme der Städtebauförderung, 2004, Ziff. 4; Bundesministerium für Verkehr, Bau- und Wohnungswesen, VV-Städtebauförderung 2006, Art. 5 ff.

63 Vgl. Bundesministerium für Verkehr, Bau- und Wohnungswesen, Wohnungswirtschaftlicher Strukturwandel in den neuen Bundesländern, 2000, 4, 18 f., 26, 87 f.

64 Vgl. Bundesministerium für Verkehr, Bau- und Wohnungswesen, Programme der Städtebauförderung, 2004, Ziff. 5; Krautzberger/Stüer, „Städtebaurecht 2004: Was hat sich geändert?“, in DVBl 2004, S. 781, (788); Krautzberger in: Ernst/Zinkahn/Bielenberg/Krautzberger, BauGB, § 171 a Rn. 5 ff.

einzelne Wohnverhältnisse, sondern auch das Wohnumfeld verbessert werden. Das Programm Soziale Stadt wird durch die jährlich abzuschließende Verwaltungsvereinbarung und durch den Leitfaden der ARGEBAU ergänzt.[65]

Das Programm bzw. die Maßnahmen i. S. d. § 171 e BauGB finden insbesondere in den Stadtteilen Anwendung, die von einer hohen Segregation, Arbeitslosigkeit und wirtschaftlichen Missständen geprägt sind sowie häufig eine vernachlässigte Bausubstanz aufweisen. Voraussetzung ist nur die Festlegung des Gebiets durch einen Beschluss der Gemeinde, § 171 e Abs. 3 und 4 BauGB. Wichtiger Bestandteil der zu ergreifenden Maßnahmen i. S. d. § 171 e Abs. 4 Satz 1 und Abs. 5 BauGB ist das sog. Quartiersmanagement, das ebenso wie der Stadtumbau auf einer Kooperation der öffentlichen Hand mit privaten Investoren und Anwohnern wie auch mit öffentlichen Wohnungsbaugesellschaften aufbaut.[66] Das Quartiersmanagement zeichnet sich durch die Einrichtung eines Stadtteilzentrums aus, das insbesondere der verbesserten Kommunikation zwischen den Anwohnern, den Eigentümern und der öffentlichen Hand dient. Das Quartiersmanagement soll außerdem die Nahversorgung der Gegend stärken, die Ansiedlung verschiedener Wirtschaftszweige sowie Hilfsleistungen für Arbeitslose fördern und verstärkte Integrationsmaßnahmen durchführen.

Die in dem jeweiligen Gebiet vertretenen öffentlichen Wohnungsbaugesellschaften unterstützen mit vielfältigen Maßnahmen das Quartiersmanagement.[67] Sie helfen u. a. bei der Errichtung von Informations- und Kommunikationssystemen ebenso wie bei der schnelleren Ergreifung von Maßnahmen, wie beispielsweise Reparaturen und Reinigungsmaßnahmen, zur Verbesserung der Wohn- und Lebenssituation der Anwohner. Darüber hinaus weist § 171 e Abs. 4 BauGB explizit die Möglichkeit auf, städtebauliche Verträge abzuschließen, um insbesondere Wohnungsbaugesellschaften zur aktiven Mitwirkung zu verpflichten.

---

65 Vgl. Löhr, in: Battis/Krautzberger/Löhr, BauGB, 9. Aufl. § 171 e, Rn. 3; Bundesministerium für Verkehr, Bau- und Wohnungswesen, VV-Städtebauförderung 2006, Art. 4; ARGEBAU, Leitfaden zur Ausgestaltung der Gemeinschaftsinitiative „Soziale Stadt", 2005, Ziff. 1 ff.; Krautzberger in: Ernst/Zinkahn/Bielenberg/ Krautzberger, BauGB, § 171 e Rn. 8.

66 Vgl. ARGEBAU, EAG Bau – Mustererlass, 2004, Ziff. 6.4.4; ARGEBAU, Leitfaden zur Ausgestaltung der Gemeinschaftsinitiative „Soziale Stadt", 2005, Ziff. 3; vgl. auch § 171 e Abs. 5 BauGB; Löhr, in: Battis/ Krautzberger/Löhr, BauGB, 9. Aufl., § 171 e, Rn. 16, 23 ff.; Becker/Franke/Löhr/Schuleri-Hartje, Das Programm Soziale Stadt: von der traditionellen Stadterneuerung zur integrativen Stadtteilentwicklung, in Deutsches Institut für Urbanistik (Hrsg.), Strategien für die Soziale Stadt, 2003, 10 ff.

67 Vgl. SPD-Fraktion des Abgeordnetenhauses Berlin, Aufgaben der städtischen Wohnungsbaugesellschaften in Berlin, 2004, Ziff. 3.3.2.2.

Im Ergebnis lässt sich daher feststellen, dass öffentliche Wohnungsbaugesellschaften neben der Bereitstellung von bezahlbarem Wohnraum im Rahmen der Daseinsvorsorge auch maßgeblichen Einfluss auf die Stadt- und Landentwicklung haben, da sie zusammen mit den Gemeinden notwendige Stadtentwicklungs- und Stadtumbaumaßnahmen oder solche der Sozialen Stadt umsetzen, so dass sich insbesondere der Anteil der Gegenden, die einer Verödung oder einer starken Segregation ausgesetzt sind, wieder reduziert.

II. Strukturelle Defizite

Öffentliche Wohnungsbaugesellschaften sind seit der Entlassung aus der Gemeinnützigkeit einer wirtschaftlichen Erfolgsorientierung verpflichtet und sollen Dividenden an ihre Eigentümer, d. h. an die öffentliche Hand abführen.[68] Dennoch will dieses vielfach nicht gelingen, was seine Ursache nicht nur in der Tatsache findet, dass sie auch nach der offiziellen Entlassung aus der Gemeinnützigkeit dieselbe in ihrer Satzung festgeschrieben finden und im Rahmen des Versorgungsauftrags über die normale Vermietung hinaus Wohnraum zur Verfügung stellen müssen.[69] Vielmehr weisen öffentliche Wohnungsbaugesellschaften erhebliche strukturelle Defizite auf. So bestehen in einzelnen Regionen Gesellschaften mit unterschiedlichen Ausrichtungen und Zielsetzungen in großer Anzahl, die in ihrer Geschäftstätigkeit nicht miteinander koordiniert werden. Hinzu kommt, dass der Zustand der Immobilien häufig schlecht ist und teilweise die Mieteinnahmen nicht einmal die Bewirtschaftungskosten decken.[70] Daher unterbleiben häufig notwendige Sanierungs- und Instandhaltungsmaßnahmen, Neubautätigkeiten sind gänzlich unmöglich.[71] Darüber hinaus werden ihnen zunehmend keine zusätzlichen fiskalischen Mittel mehr zur Verfügung gestellt, so dass sich ihre Vermögenssituation auch deshalb weiterhin verschlech-

68 Vgl. SPD-Fraktion des Abgeordnetenhauses Berlin, Aufgaben der städtischen Wohnungsbaugesellschaften in Berlin, 2004, Ziff. 3.1.

69 Vgl. Duvigneau, Die neue Rolle der Wohnungsunternehmen, 2001, 1, 6 f.

70 Vgl. Bundesministerium der Finanzen, Argumente für die Einführung deutscher REITs, 2006, 2006, 11; Ballwieser, Fit for REIT? Chancen für den öffentlichen Sektor, 2005, 2; Frics, „Wohnimmobilien im Fokus der Investoren – Was wird gesucht? (Teil 1)", in Der Immobilienbrief 2005, Nr. 80, S. 4, (5); McKinsey & Company Inc., Auf Schatzsuche, 2005, 41; Deutsche Bank Research, Wohnungsportfolios in Deutschland, 2005, 19 f.

71 Articus, Aufgaben und Perspektiven für die Städte, 2005, Ziff. I.1.

tert.[72] Der schlechte Zustand des Wohnungsbestandes führt zu einer überdurchschnittlichen Leerstandsquote, so dass die Mieteinnahmen weiter sinken.[73] Dies wird auch nicht dadurch aufgefangen, dass die Mieten überwiegend an den Mietspiegel angepasst sind, und die Vermietung von Wohnraum an Transferhilfeempfänger zunehmend in Form der Subjekt- und nicht mehr der Objektförderung erfolgt, da es für den Staat günstiger ist, billigen Wohnraum bei privaten Vermietern anzumieten.[74] Vor diesem Hintergrund haben auch einige Kommunen und Länder die Anzahl der belegungsgebundenen Wohneinheiten vor allem in ihrem eigenen Bestand deutlich reduziert. Die Folge ist, dass die Wohnungen an jeden Bewerber und nicht nur an unterstützungsbedürftige Haushalte vergeben werden können, sobald sie frei werden.[75] Das bedeutet, dass sich die öffentlichen Wohnungsbaugesellschaften nach innen und nach außen neu strukturieren müssen.

Soweit die öffentlichen Wohnungsbaugesellschaften im Wege von Stadtumbaumaßnahmen ihren Beitrag leisten, erfolgt dies zumeist aus dem eigenen Interesse, so zusätzliche Mittel zur Sanierung ihrer maroden Finanzen zu generieren. Auch Projekte wie das Quartiersmanagement werden umgesetzt, um primär der eigenen Verpflichtung, mehr Kundenorientierung zu zeigen, nachzukommen.[76]

Obgleich vielfach Umstrukturierungen der öffentlichen Wohnungsbaugesellschaften vorgenommen wurden, haben diese bisher nicht zu einer Effizienzsteigerung beigetragen, möglicherweise, weil sie häufig eher nach politischen Kriterien als unter wirtschaftlichen Aspekten erfolgten. Dafür mahnen ihre Gesellschafter aber weiterhin regelmäßig die Konzentration der Wohnungsbaugesellschaft auf ihre Kernaufgaben an.[77]

---

72 Vgl. Krings-Heckemeier, Differenzierung der Wohnungsmärkte bei veränderten Nachfragestrukturen, in empirica AG (Hrsg.), Demographischer Wandel – Auswirkungen und Herausforderungen für die Städtepolitik, 2005, 35.

73 Vgl. SPD-Fraktion im Abgeordnetenhaus Berlin, Aufgaben der städtischen Wohnungsbaugesellschaften in Berlin, 2004, Ziff. 2.1.

74 Vgl. Stadt Freiburg, Drucksache G-06/109.1, Ziff. 3.

75 Vgl. SPD-Fraktion des Abgeordnetenhauses Berlin, Aufgaben der städtischen Wohnungsbaugesellschaften in Berlin, 2004, Ziff. 2.1.

76 Vgl. Duvigneau, Die neue Rolle der Wohnungsunternehmen, 2001, 2 f.

77 Vgl. Senatskanzlei Berlin, Koalitionsvereinbarung für die Legislaturperiode 2006–2010, Abschnitt II. Ziff. 10.

III. Privatisierungstendenzen

Obwohl die Zeiten der Wohnraumknappheit heute noch nicht überall der Vergangenheit angehören, ist das Ausmaß doch deutlich geringer als in den Nachkriegszeiten, entspricht der Bestand doch derzeit dem der Haushalte.[78] Dennoch besteht insbesondere in Ballungsräumen, wie z. B. in westdeutschen Großstädten, eine über dem Angebot liegende Nachfrage nach Wohnraum.[79] Im Gegenzug besteht in den Wegzugsgebieten, die sich überwiegend in Ostdeutschland befinden, sowie in Gegenden, die bereits heute infolge des demografischen Wandels eine geringere Bevölkerungsdichte aufweisen, eine hohe Leerstandsquote. So erfolgt insbesondere in den Gegenden, in denen der Leerstand dominiert, ein starker Rückbau des Wohnungsbestandes, während in den Ballungszentren trotz der insgesamt gesunkenen Neubautätigkeit vielfach Neubauten notwendig sind, um den Bedarf zu decken. Soweit Wohnungsbaugesellschaften von diesen Entwicklungen betroffen sind, besteht das Problem, dass sie infolge ihrer überwiegend schlechten Finanzlage nicht in der Lage sind, Neubauten zu errichten. Im Rahmen des Rückbaus können sie zwar zumeist eine Kostenübernahme durch die öffentliche Hand erreichen und einen Lastenausgleich erhalten. Dennoch führt der Rückbau bei ihnen insgesamt zu einem negativen Saldo. Auch hinsichtlich der städtebaulichen Ordnung sind öffentliche Wohnungsbaugesellschaften zwar häufig die Partner des Staates, dennoch führen insbesondere die Maßnahmen des Stadtumbaus und der Sozialen Stadt zu erheblichen Kosten auf Seiten der Gesellschaften, die diese häufig nur schwer tragen können. Soweit sie sich den Maßnahmen jedoch verschließen, führt dies zu einem noch höheren Leerstand. Daraus resultieren erneute Mieteinbußen, so dass sich die wirtschaftliche Situation der Gesellschaften weiterhin verschlechtert, was wiederum zu einer Reduzierung der notwendigen Sanierungs- und Instandhaltungsmaßnahmen des Wohnungsbestandes führt. Daher versucht die öffentliche Hand, die selbst mit einer schwierigen Haushaltslage konfrontiert ist, als Alleingesellschafterin ihrer Wohnungsbaugesellschaften diesen Kreislauf mit Hilfe von Privatisierungen zu

78 Vgl. Deutsche Bank Research, Wohnungsportfolios in Deutschland, 2005, 4 f.; Brauer, Einführung in die Immobilienwirtschaft, in BDO Deutsche Warentreuhand AG (Hrsg.), Praxishandbuch Real Estate Management, 2005, 19; HSH Nordbank, Wohnungsportfoliotransaktionen in Deutschland, 2006, 3.

79 Vgl. McKinsey & Company Inc., Auf Schatzsuche, 2005, 42; Krings-Heckemeier, Differenzierung der Wohnungsmärkte bei veränderten Nachfragestrukturen, in empirica AG (Hrsg.), Demographischer Wandel – Auswirkungen und Herausforderungen für die Städtepolitik, 2005, 7.

durchbrechen. Diese Tendenz wird sich in Zukunft insbesondere aufgrund der wirtschaftlichen Folgen des demografischen Wandels sogar verstärken.[80]

Soweit es im Rahmen der Privatisierung einer Absicherung der Mieter bedarf, sind die Erwerber sowohl durch das mittlerweile sehr sozial ausgestaltete Mietrecht als auch durch bauplanungs- und bauordnungsrechtlichen Vorschriften gebunden. Dennoch muss die öffentliche Hand gerade im Rahmen von Privatisierungen der Wohnungsbaugesellschaften ihrer ordnungs- und sozialpolitischen Verantwortung gerecht werden. Dies gilt nicht nur im Hinblick auf die Bereitstellung von Wohnraum für die sozial schwächeren Mitglieder unserer Gesellschaft, sondern auch hinsichtlich der strukturärmeren Regionen, die mit Hilfe der Stadtumbaumaßnahmen oder des Programms Soziale Stadt durch Investitionen aufgewertet werden. Daher sind die ihre Wohnungsbaugesellschaften veräußernden Kommunen dazu übergegangen, die Erwerber zur Übernahme der bestehenden oder, soweit notwendig, neu zu begründenden Verpflichtungen im Rahmen der Maßnahmen des Stadtumbaus und der Sozialen Stadt, speziell auch hinsichtlich der Fortführung des Quartiersmanagements, zu verpflichten. Außerdem werden die Erwerber zur Einhaltung einer Sozialcharta verpflichtet, die je nach den Bedürfnissen der Mieter der jeweiligen Wohnungsbaugesellschaft sowie den Verhältnissen des Wohnungsbestandes und des Umfeldes individuell ausgestaltet wird. So hat insbesondere die Stadt Dresden den Erwerber der WOBA Dresden GmbH auf eine sehr umfassende Sozialcharta verpflichtet, auch die Stadt Freiburg plante dies im Rahmen des anvisierten Verkaufs der Freiburger Stadtbau GmbH.[81]

Die Dresdner Sozialcharta sieht für den Mieterschutz vor, dass im Mietrecht und in den einzelnen Mietverträgen geregelte Mieterrechte eingehalten werden müssen. Auch ist der Erwerber für einen Zeitraum von fünf, teilweise sogar von zehn Jahren hinsichtlich etwaiger Mieterhöhungen beschränkt. Soweit Mieten deutlich unterhalb des Mietspiegels liegen, dürfen diese maximal auf 70 % des oberen Wertes erhöht werden. Mit den Mietern ist einzelvertraglich abzusichern,

---

80 Vgl. BTDrucks 12/5620, 15, 51 f.; Deutsche Bank Research, Wohnungsportfolios in Deutschland, 2005, 18 ff.; Beyerle, Der deutsche Immobilienmarkt im Visier ausländischer Investmentgesellschaften, 2005, 11, 16; Schulz-Wulkow/Kohl/von Goldbeck/Glöckner, G-REIT – Ein neuer Weg zum Kapitalmarkt, 2006, 3; Ewald, Privatisierung staatlicher Aufgaben, 2004, 31; HSH Nordbank, Wohnungsportfoliotransaktionen in Deutschland, 2006, 13.

81 Vgl. Landeshauptstadt Dresden, Beschluss-Nr. V0821-SR18-05, Ziff. 6; Stadt Freiburg, Drucksache G-06/109.2, Ziff. 3; zum erfolgreichen Verkauf der WOBA Dresden GmbH sowie zur gescheiterten Veräußerung der Freiburger Stadtbau GmbH: vgl. Abschnitt C. III.

dass für zehn Jahre Eigenbedarfskündigungen oder Kündigungen wegen einer nicht angemessenen wirtschaftlichen Verwertung ausgeschlossen sind und über 60jährige Mieter und Schwerbehinderte ein lebenslanges Wohnrecht haben. Luxussanierungen sind einzelvertraglich auszuschließen. Die Maßnahmen zur Instandhaltung der Wohnungen sind fortzuführen. Soweit Wohnungen von einem Rückbauprogramm erfasst sind, müssen Ersatzwohnungen aus dem Bestand der Gesellschaft angeboten bzw. vermittelt werden. Auch ist der Vorrang der Mieterprivatisierung gegenüber anderen Privatisierungen festgeschrieben, wobei den Mietern ein Angebot zu machen ist, das 15 % unter dem Marktpreis liegt. Eine Ausnahme gilt nur für die Fälle, die sich bereits im Zeitpunkt der Privatisierung der Wohnungsbaugesellschaft im Verkaufsbestand befinden.

Der Arbeitnehmerschutz für die Mitarbeiter der Wohnungsbaugesellschaft sieht die vertragliche Vereinbarung eines fünfjährigen Kündigungsschutzes gegen betriebsbedingte Kündigungen sowie die Übernahme bzw. Vereinbarung von Haustarifverträgen ab dem Übernahmezeitpunkt durch den Erwerber vor.

In städtebaulicher Hinsicht schreibt die Sozialcharta die Übernahme der Verpflichtungen aus dem Stadtumbauprogramm einschließlich des Rückbaus vor.

Aus wirtschaftlichen Gründen muss die Wohnungsbaugesellschaft ihre Unternehmenstätigkeit mit Sitz in Dresden beibehalten, mindestens 35.000 Wohnungen für zehn Jahre im Bestand halten und ortsansässige, vor allem mittelständische Unternehmen mit der Auftragsvergabe betrauen, soweit dies gesetzlich zulässig ist. Hinsichtlich eines Weiterverkaufs von Gesellschaftsanteilen oder Wohnungsbeständen unterliegt der Erwerber erheblichen Beschränkungen, zudem besteht im Falle des Weiterverkaufs zunächst eine Andienungspflicht gegenüber der Stadt Dresden.

Zur Sicherung der Einhaltung der vertraglichen Verpflichtungen normiert die Sozialcharta die Festsetzung von erheblichen Vertragsstrafen für den Fall der Zuwiderhandlung. Des Weiteren hat die Stadt das Recht, den Oberbürgermeister oder einen Vertreter in den Aufsichtsrat zu entsenden. Auch wird ein „Beirat Wohnen" im Stadtrat eingerichtet, dem mindestens ein Vertreter der Gesellschaft angehört. Letztlich ist der Erwerber verpflichtet, im Falle eines Weiterverkaufs von Gesellschaftsanteilen oder Wohnungsbeständen die Einhaltung der Sozialcharta durch den nachfolgenden Erwerber vertraglich abzusichern.

Die Freiburger Sozialcharta sieht darüber hinaus den Vertrag über die Veräußerung der Gesellschaft als Vertrag zugunsten Dritter vor, mit der Folge, dass die Mieter hieraus unmittelbare Rechte geltend machen können. Auch wird der Freiburger Mietspiegel explizit als Obergrenze für Mieterhöhungen festgeschrieben. Die Bestanderhaltungsverpflichtung des Erwerbers gilt bis 2020 und umfasst

75 % des Wohnungsbestandes. Auch sind Blockverkäufe nicht zulässig. Sollte jedoch eine Ausnahme in Betracht kommen, bedarf es der Zustimmung der Stadt Freiburg. Diese lässt sich außerdem Belegungsrechte für weitere 20 Jahre zusichern. Hinsichtlich des Arbeitnehmerschutzes der Mitarbeiter der Wohnungsbaugesellschaft wird der Erwerber zusätzlich zur Übernahme der Verpflichtungen aus dem Sozialplan verpflichtet. Zur Kontrolle und Beratung muss ein Ausschuss eingerichtet und soll der Mieterbeirat beibehalten werden. Die Übernahme der Freiburger Sozialcharta muss nicht nur im Falle eines Weiterverkaufs vertraglich abgesichert werden, sondern auch im Falle von Verschmelzungen, Umwandlungen, Spaltungen oder Formwechseln.

Diese zwei Beispiele einer Sozialcharta zeigen, dass die vom Erwerber im Rahmen der Privatisierung einzugehenden Verpflichtungen sehr umfassend sein können, die Erwerber diesen aber auch zustimmen. Demzufolge ist auch nicht davon auszugehen, dass die Zusagen von ihnen nicht eingehalten werden, zumal kein Erwerber ein Interesse daran hat, Vertragsstrafen zu zahlen. Auch müsste er potenziellen Zweiterwerbern gegenüber Preisabschläge dafür in Kauf nehmen, dass er seinen vertraglichen Verpflichtungen nicht nachgekommen ist und der Zweiterwerber aufgrund der Nachfolgeklausel diese Versäumnisse nachholen muss. Folglich können die Verpflichtungen der öffentlichen Hand im Rahmen der Daseinsvorsorge auf diesem Weg verlässlich von Privaten übernommen werden, während die öffentliche Hand ihre wirtschaftliche Situation durch die Veräußerung der Wohnungsbaugesellschaft verbessern kann.[82]

82 Vgl. HSH Nordbank, Wohnungsportfoliotransaktionen in Deutschland, 2006, 13.

C. Privatisierung

Die Umwandlung einer Wohnungsbaugesellschaft der öffentlichen Hand in einen deutschen REIT kann nur im Rahmen einer Privatisierung erfolgen.

I. Begriffsbestimmung

Grundsätzlich ist der Staat verpflichtet, Staatsaufgaben, die der Gemeinwohlverantwortung unterliegen, selbst zu erfüllen bzw. deren Erfüllung zu gewährleisten.[83] Dies bedeutet, dass der Staat nicht gezwungenermaßen seine Aufgaben selbst erfüllen muss, er kann sich vielmehr einer Kooperation mit Privaten oder einer Aufgabenübertragung auf Private bedienen, soweit er dabei die notwendige Kontrollfunktion beispielsweise durch öffentlich-rechtliche Vorgaben behält.[84]

Etwas anderes gilt jedoch hinsichtlich der sog. Kernaufgaben des Staates, die dieser im Gegensatz zu den Gewährleistungsaufgaben nur selbst erfüllen darf. Zwar sieht das Grundgesetz derartige Kernaufgaben nicht vor, doch müssen insbesondere die Aufgaben zur Friedenssicherung und zur Wahrung der Sicherheit nach dem Prinzip der Rechtsstaatlichkeit hierzu gezählt werden.[85] Demnach dürfen weder das Militär noch die Polizei – zumindest soweit es um Maßnahmen der Freiheitsentziehung oder der Gewaltanwendung geht – von Privaten über-

83 Vgl. Burgi, Funktionale Privatisierung und Verwaltungshilfe, 1999, 26 ff., 145 f., 194 ff.; Schoch, „Privatisierung von Verwaltungsaufgaben", in DVBl. 1994, S. 962, (974); Hoffmann-Riem, Verfahrensprivatisierung als Modernisierung, in Hoffmann-Riem/Schneider (Hrsg.), Verfahrensprivatisierung im Umweltrecht, 1996, 19; Kämmerer, Privatisierung, 2001, 476 ff.; Wahl, Herausforderungen und Antworten, 2006, 77 f.; zur Definition der Aufgabe: Burgi, Funktionale Privatisierung und Verwaltungshilfe, 1999, 41 ff.; Weiß, Privatisierung und Staatsaufgaben, 2002, 22 ff., 291 ff.; teilweise wird auch die „Staatsaufgabe" im obigen Sinn als „öffentliche Aufgabe" bezeichnet, die „Kernaufgabe" nach hiesigem Verständnis ist dann die „Staatsaufgabe"; vgl. hierzu beispielsweise Di Fabio, „Privatisierung und Staatsvorbehalt, Zum dogmatischen Schlüsselbegriff der öffentlichen Aufgabe", in JZ 1999, S. 585, (586 f., 592).

84 Vgl. Schuppert, Verwaltungswissenschaft, 2000, 835 ff.; Kämmerer, Privatisierung, 2001, 157 ff., 164 ff.; Wahl, Herausforderungen und Antworten, 2006, 80; Weiß, Privatisierung und Staatsaufgaben, 2002, 399 ff.; Finger, Keine Privatisierung ohne Regulierung, in von Weizsäcker/Young/Finger (Hrsg.), Grenzen der Privatisierung, Wann ist des Guten zu viel?, Bericht an den Club of Rome, 2006, 277, 285.

85 Teilweise wird zur Herleitung des Privatisierungsverbots der Kernaufgaben Art. 33 Abs. 4 GG herangezogen; vgl. Di Fabio, „Privatisierung und Staatsvorbehalt, Zum dogmatischen Schlüsselbegriff der öffentlichen Aufgabe", in JZ 1999, S. 585, (591).

nommen werden.[86] Mit den gleichen Erwägungen hat Bundespräsident Köhler das Gesetz zur Privatisierung der Flugsicherung nicht ausgefertigt.[87] Auch die Finanzverwaltung wird vielfach zu den Kernaufgaben gezählt, da ansonsten der Staatshaushalt nicht mehr sicher kontrolliert werden könnte, selbst wenn der Staat Überwachungsmechanismen bei der Privatisierung einführen würde.[88] Ausnahmsweise dürfen jedoch auch im Bereich der Kernaufgaben Privatisierungen erfolgen, wenn es sich um abgegrenzte Aufgabenbereiche handelt, die nicht durch eine Übertragung der Hoheitsbefugnisse gekennzeichnet sind.[89] Im Übrigen ist die Staatlichkeit einer Aufgabe einem ständigen Wandel unterzogen, so dass auch die Art der Aufgaben, die der Staat – ob als Kern- oder Gewährleistungsaufgabe – zur Erfüllung an sich zieht, sich regelmäßig ändern.[90]

Der Privatisierung von Staatsaufgaben sind jedoch über den Bereich der Kernaufgaben hinaus Grenzen gesetzt. So muss vorher geprüft werden, ob der Nutzen in jedem Fall einen etwaigen Schaden überwiegt.[91] Dies gilt insbesondere für das Verhältnis zwischen Effizienzsteigerung einerseits und sozialer Verantwortung andererseits. Die Privatisierung darf nämlich nicht dazu führen, dass soziale Verwerfungen auftreten.[92] Vielmehr muss der Staat dann die Aufgaben selbst wahrnehmen, wenn er nicht durch entsprechende Vertragsgestaltungen derartige Entwicklungen verhindern kann. Alternativ besteht auch die Option, nur Aufgabenteilbereiche zu privatisieren, andere Teilbereiche hingegen selbst wahrzunehmen. Ein solches Vorgehen ist insbesondere im Bereich der Grund-

---

86 Vgl. Bull, Vom Staatsdiener zum öffentlichen Dienstleister, 2006, 53; Müller/Stähler, Zur Privatisierung der „inneren Sicherheit" in Frankfurt am Main, in von Weizsäcker/Young/Finger (Hrsg.), Grenzen der Privatisierung, Wann ist des Guten zu viel?, Bericht an den Club of Rome, 2006, 138; Di Fabio, „Privatisierung und Staatsvorbehalt, Zum dogmatischen Schlüsselbegriff der öffentlichen Aufgabe", in JZ 1999, S. 585, (590 ff.).

87 Vgl. Bundespräsidialamt, Pressemitteilung, 24.10.2006.

88 Vgl. Bull, Vom Staatsdiener zum öffentlichen Dienstleister, 2006, 33.

89 Vgl. Di Fabio, „Privatisierung und Staatsvorbehalt, Zum dogmatischen Schlüsselbegriff der öffentlichen Aufgabe", in JZ 1999, S. 585, (592).

90 Vgl. Hoffmann-Riem, Verfahrensprivatisierung als Modernisierung, in Hoffmann-Riem/Schneider (Hrsg.), Verfahrensprivatisierung im Umweltrecht, 1996, 22 ff.; insbesondere hinsichtlich des Gewaltmonopols: Burgi, Funktionale Privatisierung und Verwaltungshilfe, 1999, 188 ff.

91 Vgl. Bull, Vom Staatsdiener zum öffentlichen Dienstleister, 2006, 99; von Weizsäcker/Young/Finger/Beisheim, Was lernen wir aus der Privatisierung, in von Weizsäcker/Young/Finger (Hrsg.), Grenzen der Privatisierung, Wann ist des Guten zu viel?, Bericht an den Club of Rome, 2006, 336 f.

92 Vgl. Kessler/Alexander, Ist eine Privatisierung der Grundversorgung sinnvoll?, in von Weizsäcker/Young/Finger (Hrsg.), Grenzen der Privatisierung, Wann ist des Guten zu viel?, Bericht an den Club of Rome, 2006, 191, 197 ff.; Bull, Vom Staatsdiener zum öffentlichen Dienstleister, 2006, 31, 96.

versorgung sinnvoll. Daneben bedarf es aber eines Regulierungssystems, das die Sicherstellung der Interessen des Staates dauerhaft gewährleistet.[93] Dies ist durch vertragliche Gestaltungen darstellbar, soweit gleichzeitig die Überwachung durch staatliche Kontrollinstanzen auf der Basis vertraglich oder gesetzlich normierter Mechanismen vorgesehen ist. So geschieht es bisher schon im Rahmen des sog. Controlling gegenüber Gesellschaften der öffentlichen Hand, jedoch nur teilweise gegenüber privaten Dienstleistern, denen öffentliche Aufgaben übertragen wurden. Daneben könnte auch ein privater, aber dennoch verpflichtender, Kodex entwickelt werden, dem sich diejenigen unterwerfen, die die Wahrnehmung öffentlicher Aufgaben vom Staat übernommen haben.[94]

Insbesondere aufgrund des Wandels, dem die vom Staat an sich gezogenen Aufgaben unterliegen, normiert das Grundgesetz auch kein Privatisierungsverbot.[95] Umgekehrt lässt sich aus dem Grundgesetz aber auch keine Privatisierungspflicht oder auch nur ein Privatisierungsgebot herleiten.[96] Dennoch entspricht es der politischen Leitlinie der letzten zwei Jahrzehnte, sich zunehmend von Staatseigentum und Staatsaufgaben zu trennen.[97] Dies lässt sich nicht nur mit den bestehenden Problemen der öffentlichen Haushalte, sondern auch mit den Vorgaben des Europäischen Rechts erklären. So normiert zwar Art. 295 EGV grundsätzlich, dass das EG-Recht dem nationalen Eigentumsrecht gegenüber neutral sei, jedoch normieren Art. 4 Abs. 1 EGV und Art. 98 EGV den Grundsatz der offenen Marktwirtschaft, also auch den freien Wettbewerb, sowie der marktwirtschaftlichen Ausrichtung der Politik der Mitgliedstaaten, wobei diese Grundsätze gemäß Art. 86 EGV auch für öffentliche Unternehmen gelten.[98]

---

93 Vgl. Finger, Keine Privatisierung ohne Regulierung, in von Weizsäcker/Young/Finger (Hrsg.), Grenzen der Privatisierung, Wann ist des Guten zu viel?, Bericht an den Club of Rome, 2006, 281 ff., 285; Schneidereit/von Weizsäcker, Privatisierung und Demokratie auf kommunaler Ebene, in von Weizsäcker/Young/Finger (Hrsg.), Grenzen der Privatisierung, Wann ist des Guten zu viel?, Bericht an den Club of Rome, 2006, 289 f.

94 Vgl. Beisheim, Private Steuerungs-Initiativen: Freiwillige Regeln zur Gestaltung von Privatisierung?, in von Weizsäcker/Young/Finger (Hrsg.), Grenzen der Privatisierung, Wann ist des Guten zu viel?, Bericht an den Club of Rome, 2006, 303, 306 ff.

95 Vgl. Schoch, „Privatisierung von Verwaltungsaufgaben", in DVBl. 1994, S. 962, (971).

96 Vgl. Burgi, Funktionale Privatisierung und Verwaltungshilfe, 1999, 224 ff.; Kämmerer, Privatisierung, 2001, 175 ff.

97 Vgl. BTDrucks 12/5620, 15, 51 f.; Kämmerer, Privatisierung, 2001, 540 ff.

98 Vgl. Schweitzer, in: GH Art. 295 Rdnr. 2 ff. (28. EL Okt. 2005); Bandilla, in: GH Art. 4 Rdnr. 9 (15. EL Jan. 2000); Bandilla, in: GH Art. 98 Rdnr. 3 ff. (15. EL Jan. 2000); Pernice/Wernicke, in: GH Art. 86 Rdnr. 5 ff., 20 ff. (21. EL April 2003).

Außerdem finden die Vorschriften zum Beihilferecht gemäß Art. 87 ff. EGV auch auf wirtschaftliche Aktivitäten des Staates Anwendung.[99] Hieraus lässt sich zwar ebenfalls keine allgemeine Privatisierungspflicht herleiten, dennoch schränken die EG-rechtlichen Vorgaben das einzelstaatliche Handeln insofern ein, als es kaum Sonderrechte im Wirtschaftsleben genießt, vielmehr den Regeln des freien Wettbewerbs unterworfen ist. Dies wird auch dadurch bestätigt, dass zunehmend das europäische Sekundärrecht Privatisierungen vorschreibt.[100] Darüber hinaus ist der Staat selbst gemäß Art. 98 EGV i. V. m. Art. 4 Abs. 3 EGV verpflichtet, alles Notwendige zu unternehmen, um gesunde Staatsfinanzen aufweisen zu können. Es lässt sich daher aus dem europäischen Recht zumindest ein relatives Privatisierungsgebot herleiten.

Der Begriff der Privatisierung ist nicht feststehend, er umschreibt aber allgemein den Vorgang der Verlagerung staatlicher Aufgaben in den Bereich der Privatwirtschaft.[101] Unterschieden wird zwischen der Organisationsprivatisierung, der Vermögensprivatisierung, der materiellen Privatisierung und der funktionalen Privatisierung.[102]

Die Organisationsprivatisierung umschreibt den Vorgang, in dem der Staat sich nicht seiner Aufgaben entledigt, sondern diese nur auf private Rechtsträger überträgt, deren alleiniger Gesellschafter der Staat bleibt.[103] Dies ist bei den öffentlichen Wohnungsbaugesellschaften 1990 bei der Entlassung aus der Gemeinnützigkeit durch Umwandlung in Kapitalgesellschaften erfolgt.

Eine Vermögensprivatisierung liegt in den Fällen vor, in denen der Staat sein Eigentum auf Private überträgt, also z. B. Wohnungsbaugesellschaften oder Liegenschaften an private Investoren veräußert.[104]

---

99 Vgl. v. Wallenberg, in: GH Art. 87 Rdnr. 43 (24. EL Sept. 2004).

100 Vgl. Weiß, Privatisierung und Staatsaufgaben, 2002, 390 ff.; Das europäische Sekundärrecht hat insbesondere zur Öffnung der Energie-, Post- und Telekommunikationsmärkte geführt.

101 Vgl. Kämmerer, Privatisierung, 2001, 8 ff., 16 ff.; Weiß, Privatisierung und Staatsaufgaben, 2002, 29; Ewald, Privatisierung staatlicher Aufgaben, 2004, 14, 16 ff.; Wahl, Herausforderungen und Antworten, 2006, 80.

102 Vgl. Schuppert, Verwaltungswissenschaft, 2000, 370 ff.

103 Vgl. Schoch, „Privatisierung von Verwaltungsaufgaben", in DVBl. 1994, S. 962, (962).

104 Vgl. Schuppert, Verwaltungswissenschaft, 2000, 371; Weiß, Privatisierung und Staatsaufgaben, 2002, 35 f.

Die materielle Privatisierung ist die reinste Form der Privatisierung. Hier überträgt der Staat seine Aufgaben an Private, denen nachfolgend allein die Entscheidung dafür obliegt, wie sie die Aufgaben erfüllen.[105]

Die funktionale Privatisierung stellt die gängigste Form der Privatisierung dar. Hierbei verbleibt die Verantwortlichkeit für die Aufgaben beim Staat, jedoch bedient dieser sich so genannter Verwaltungshelfer, d. h. Privater, die für den Staat die Aufgabenerfüllung übernehmen.[106] Häufig findet sich die funktionale Privatisierung in der Form der Public Private Partnership, kurz PPP, wieder.[107]

Privatisierungen treten jedoch nicht nur in einer der beschriebenen Reinformen auf.[108] Unter dem Aspekt, dass der Staat Garant für die Aufgabenwahrnehmung ist, finden häufig Teilprivatisierungen und Mischformen zwischen den verschiedenen Privatisierungsformen statt. Teilprivatisierungen zeichnen sich dadurch aus, dass der Staat nur einen Teil seiner Aufgaben oder beispielsweise seiner Gesellschaftsanteile überträgt.[109] So werden gerade öffentliche Wohnungsbaugesellschaften nicht immer komplett veräußert, sondern in manchen Fällen nur teilprivatisiert. Auch handelt es sich bei Veräußerungen von Wohnungsbaugesellschaften vielfach um eine Mischung aus einer Vermögensprivatisierung und einer materiellen Privatisierung. Die Erwerber erhalten nämlich zumeist nicht nur die Gesellschaftsanteile gegen Zahlung eines Kaufpreises. Sie müssen außerdem durch die Bindung an eine Sozialcharta oder eine vergleichbare Verpflichtungserklärung die ursprünglich vom Staat übernommene Aufgabe wahrneh-

---

105 Vgl. Ewald, Privatisierung staatlicher Aufgaben, 2004, 17; Schoch, „Privatisierung von Verwaltungsaufgaben", in D VBl. 1994, S. 962, (962); zur Definition der Aufgabe: Weiß, Privatisierung und Staatsaufgaben, 2002, 22 ff.

106 Vgl. Hoffmann-Riem, Verfahrensprivatisierung als Modernisierung, in Hoffmann-Riem/Schneider (Hrsg.), Verfahrensprivatisierung im Umweltrecht, 1996, 12 ff.; Schuppert, Verwaltungswissenschaft, 2000, 371 f., 840 ff.; Schoch, „Privatisierung von Verwaltungsaufgaben", in DVBl. 1994, S. 962, (963); Weiß, Privatisierung und Staatsaufgaben, 2002, 43 f.; Häufig findet sich die funktionale Privatisierung in Form der sog. Verfahrensprivatisierung.

107 Vgl. Burgi, Funktionale Privatisierung und Verwaltungshilfe, 1999, 97 ff.; Schuppert, Verwaltungswissenschaft, 2000, 373; Ewald, Privatisierung staatlicher Aufgaben, 2004, 21 f.; Finger, Rechtsformen der Infrastruktur zwischen öffentlich und privat, in von Weizsäcker/Young/Finger (Hrsg.), Grenzen der Privatisierung, Wann ist des Guten zu viel?, Bericht an den Club of Rome, 2006, 183.

108 Vgl. Wahl, Herausforderungen und Antworten, 2006, 84.

109 Vgl. Schoch, „Privatisierung von Verwaltungsaufgaben", in DVBl. 1994, S. 962, (963).

men, die Wohnungen sozialverträglich zu bewirtschaften.[110] Auf diesem Weg versucht die öffentliche Hand, vor allem im Bereich des sozialen Wohnungsbaus ihrer Verantwortung zur Daseinsvorsorge gegenüber sozial benachteiligten Mietern gerecht zu werden. Zudem kann die öffentliche Hand über derartige Verpflichtungserklärungen zumindest mittelfristig ihrer Verantwortung hinsichtlich der zukunftsorientierten städtebaulichen Planung gerecht werden, indem sie den Erwerber zur Umsetzung der notwendigen Strukturmaßnahmen z. B. im Rahmen des Quartiersmanagements verpflichtet.[111]

II. Differenzierung zwischen Privatisierung durch Veräußerung an Endinvestoren und an Zwischeninvestoren

Für die vorliegende Arbeit, die allein die Frage der Privatisierung von Wohnungsbaugesellschaften der öffentlichen Hand behandelt, muss weiterhin zwischen der Privatisierung durch Veräußerung der Wohnungsbaugesellschaft an Endinvestoren oder Eigentümerhaushalte und der Privatisierung durch Veräußerung an Zwischeninvestoren unterschieden werden.

Die Privatisierung durch Veräußerung an Endinvestoren zeichnet sich dadurch aus, dass Privatinvestoren das Eigentum der öffentlichen Hand erwerben und anschließend langfristig gewinnoptimierend verwalten. Die Privatisierung durch Veräußerung an Eigentümerhaushalte bezeichnet den Erwerb der jeweiligen Wohneinheit durch deren Bewohner zur langfristigen Eigennutzung.

Die Privatisierung durch Veräußerung an Zwischeninvestoren hingegen beschreibt den Erwerb des öffentlichen Eigentums durch Investoren, z. B. Private Equity-Unternehmen, die es anschließend schnellstmöglich gewinnmaximierend weiterverkaufen. Zwischeninvestoren erwerben in der Regel große Immobilienportfolios, Einzelimmobilien hingegen sind keine Zielobjekte. Der Anlagehorizont der Zwischeninvestoren variiert zwischen kurzfristig für die

110 Vgl. Brauer, Einführung in die Immobilienwirtschaft, in BDO Deutsche Warentreuhand AG (Hrsg.), Praxishandbuch Real Estate Management, 2005, 19; Egger, Sozialverträgliche Wohnungsprivatisierung, in BDO Deutsche Warentreuhand AG (Hrsg.), Praxishandbuch Real Estate Management, 2005, 564 ff.

111 Vgl. Hoffmann-Riem, Verfahrensprivatisierung als Modernisierung, in Hoffmann-Riem/Schneider (Hrsg.), Verfahrensprivatisierung im Umweltrecht, 1996, 24 ff.; Schuppert, Verwaltungswissenschaft, 2000, 93 ff., 98 ff.; Kämmerer, Privatisierung, 2001, 493 f.; Franke, Quartiersmanagement – Schlüsselinstrument integrierter Stadtteilentwicklung, in Deutsches Institut für Urbanistik (Hrsg.), Strategien für die Soziale Stadt, 2003, 171 ff.

renditestarken Objekte des erworbenen Immobilienportfolios und mittelfristig für die verlustbringenden Objekte, da es bei diesen vor dem gewinnbringenden Weiterverkauf zumeist erst weiterer Investitionen bedarf. Einen langfristigen Anlagehorizont haben Zwischeninvestoren im Gegensatz zu Endinvestoren und Eigentümerhaushalten aber nicht. Vielmehr tritt der private Investor mit langfristigem Anlagehorizont bei der Privatisierung durch Veräußerung an einen Zwischeninvestor erst in der zweiten Stufe der Veräußerungskette auf.[112]

III. Historie

Erst lange, nachdem Unternehmen anfingen, ihre Betriebswohnungen an Investoren zu veräußern, begann die öffentliche Hand mit der Privatisierung ihres Immobilienvermögens.[113] Diese erfolgte entweder durch die Kommunen bzw. Länder oder über die Bundesanstalt für Immobilienaufgaben, auf die diese Aufgabe übertragen wurde.[114] So wurden alleine mit großvolumigen Portfolien in den letzten vier Jahren 600.000 Wohnungen im Wert von fast 25 Mrd. € überwiegend an Private Equity-Unternehmen verkauft.[115] Ziele waren jeweils die Haushaltskonsolidierung sowie die Einsparung zukünftiger Instandhaltungsaufwendungen.[116]

Beispielsweise sei in diesem Zusammenhang Dresden angeführt. Die Stadt war so hoch verschuldet, dass sie im sozialen und kulturellen Bereich zu erheblichen Sparmaßnahmen gezwungen gewesen wäre, um den Schuldendienst zu bedienen.[117] Vor diesem Hintergrund entschied sich der Stadtrat mit Beschluss vom 9.3.2006 zu der Veräußerung der im Eigentum der Stadt befindlichen Woh-

112 Vgl. Deutsche Bank Research, Wohnungsportfolios in Deutschland, 2005, 25 f.; Morgan Stanley Bank AG, Investing in German Residential Property, 2006, 27 ff.; Beyerle, Der deutsche Immobilienmarkt im Visier ausländischer Investmentgesellschaften, 2005, 8 f.

113 Vgl. BTDrucks 12/5620, 52; Frics, „Wohnimmobilien im Fokus der Investoren – Was wird gesucht? (Teil 1)", in Der Immobilienbrief 2005, Nr. 80, S. 4, (6).

114 Berlin hat z. B. die Immobilien zur weiteren Veräußerung auf den Liegenschaftsfonds Berlin GmbH & Co. KG übertragen; Die Bundesanstalt für Immobilienaufgaben ist eine Anstalt des öffentlichen Rechts.

115 Vgl. Bundesministerium der Finanzen, Argumente für die Einführung deutscher REITs, 2006, 13.

116 Vgl. Plesse, Wohnungsprivatisierung in den neuen Bundesländern, 1999, 30 ff.

117 Vgl. Landeshauptstadt Dresden, Verkauf der WOBA Dresden GmbH, 2005, 3 f., 8.

nungsbaugesellschaft WOBA Dresden GmbH an einen Finanzinvestor.[118] Die Gesellschaft wies eine überdurchschnittlich hohe Leerstandsquote in Höhe von 17,8 %, der Durchschnitt in Dresden lag bei 12,8 %, auf, was zu einem erheblichen Sanierungsrückstau führte, da auch hierfür die notwendigen Mittel fehlten.[119] Der Investor wurde hingegen im Rahmen der Sozialcharta nicht nur auf einen erheblichen Mieterschutz und die Umsetzung des Stadtumbaus inklusive etwaiger Rückbaumaßnahmen, sondern auch auf erhebliche Sanierungsmaßnahmen, unter Ausschluss von Luxussanierungen, verpflichtet.[120] So hat Dresden durch den Verkauf seines gesamten Bestandes von 48.000 Wohneinheiten mit einem Verkaufserlös von 981,7 Mio. € die vollständige Entschuldung der Stadt erreicht.[121] Die sozialen Verpflichtungen wurden hingegen nicht aufgegeben, sondern vielmehr im Rahmen der Privatisierung auf den Erwerber übertragen.

Anders verhielt es sich hingegen im Fall des geplanten Verkaufs der Freiburger Stadtbau GmbH. Infolge der extrem schwierigen Haushaltslage der Stadt, die zu einer wiederholten Nichtgenehmigung des Haushaltes führte sowie weitere Investitionen unmöglich macht, entschied der Gemeinderat in Anlehnung an die Empfehlungen der Stadtkämmerei mit Beschluss vom 18.7.2006, die Beteiligung an ihrer Wohnungsbaugesellschaft, der Freiburger Stadtbau GmbH, zu veräußern.[122] Der Erlös von mindestens 510 Mio. € sollte die Schulden der Stadt tilgen. Gleichzeitig mit dem Beschluss über die Veräußerungsbereitschaft wurde allerdings auch die Durchführung eines Bürgerentscheids über die Veräußerung entsprechend dem am 23.6.2006 eingereichten Bürgerbegehren beschlossen.[123] Der am 12.11.2006 durchgeführte Bürgerentscheid führte zu einer Ablehnung der Veräußerung der Freiburger Stadtbau GmbH, so dass diese nicht erfolgen

---

118 Vgl. Landeshauptstatt Dresden, Dresdner Amtsblatt 11/2006.

119 Vgl. Landeshauptstadt Dresden, Verkauf der WOBA Dresden GmbH, 2005, 9.

120 Vgl. Landeshauptstadt Dresden, Beschluss-Nr. V0821-SR18-05, Ziff. 6; Abschnitt B. III.; Landeshauptstatt Dresden, Dresdner Amtsblatt 11/2006.

121 Vgl. Landeshauptstadt Dresden, Dresdner Amtsblatt 11/2006.

122 Vgl. Stadt Freiburg, Drucksache G-06/109 Ziff. 1.5; Stadt Freiburg, Drucksache G-06/109.1, Ziff. 1, 3 ff.; Stadt Freiburg, Bericht zur Haushaltskonsolidierung, 2006, Ziff. 1, 5, 9; Stadt Freiburg, Drucksache G-06/109.2, Ziff. 2 ff.; Stadt Freiburg, Drucksache G-06/109.3, Ziff. 2; 7; Stadt Freiburg, Beschlüsse, 7. Sitzung des Gemeinderates vom 18.7.2006, Beschlüsse zu den Tagesordnungspunkten 4, 4.1, 4.2, 4.3; Ursprünglich war angedacht, zusätzlich die städtischen Wohnungsbestände ebenfalls teilweise zu veräußern.

123 Vgl. Stadt Freiburg, Drucksache G-06/142, Ziff. 1 f.; Stadt Freiburg, Beschlüsse, 7. Sitzung des Gemeinderates vom 18.7.2006, Beschluss zu Tagesordnungspunkt 5.

kann, da der Bürgerentscheid die rechtliche Wirkung eines endgültigen Gemeinderatsbeschlusses hat.[124]

Die Gegner des Verkaufs der Freiburger Stadtbau GmbH beriefen sich auf die bekannten Argumente, beispielsweise den fehlenden Schutz einer Sozialcharta, steigende Mieten, Reduzierung der Instandhaltungsaufwendungen, verstärkte Segregation, weniger Einfluss der Stadt auf die Stadtentwicklung sowie höhere Aufwendungen für Wohngeld bei geringeren Einnahmen durch den Verlust der Mieteinkünfte.[125] Soweit danach angeblich die Vereinbarungen der Sozialcharta nicht eingehalten werden müssen, da diese nicht gesetzlich vorgeschrieben ist, muss dem entgegengehalten werden, dass gerade aus diesem Grund erhebliche Vertragsstrafen für den Fall der Nichteinhaltung der Vertragsklauseln vereinbart werden.[126] Auch steigende Mieten sind nur im gesetzlichen Rahmen erlaubt. Ist aber der Mietspiegel erreicht, so kann auch ein Erwerber keine weiteren Erhöhungen vornehmen, so dass das Argument ins Leere geht, da die Mieten der Wohnungen der Freiburger Stadtbau GmbH dem Mietspiegel angepasst wurden.[127] Hinsichtlich der Instandhaltungsaufwendungen ist die Argumentation ebenfalls unschlüssig, besteht doch gerade auf Seiten der öffentlichen Hand, und speziell in Freiburg, ein erheblicher Sanierungsstau, da die finanziellen Mittel nicht ausreichen, der Erwerber hingegen zur Sanierung verpflichtet werden kann.[128] Hinsichtlich einer verstärkten Segregation ebenso wie der Stadtentwicklung bedarf es allein einer vertraglichen Verpflichtung der Erwerber, die Stadtumbauprogramme weiter zu verfolgen bzw. neue zu unterstützen.[129] Ein Verkauf bedingt zwangsläufig den Verlust der Mieteinnahmen, doch erhält die Stadt im Gegenzug den Kaufpreis. Kann die Stadt die Gesellschaft nicht veräußern und erhält folglich nicht den Kaufpreis, ist sie hingegen gezwungen,

---

124 Vgl. Stadt Freiburg, Drucksache G-06/199, Ziff. 2 f.; Die Vorschriften für den Bürgerentscheid finden sich in § 21 GO Baden Württemberg. Das erforderliche Quorum liegt bei 25 % der Stimmberechtigten.

125 Vgl. Bürgerinitiative „Wohnen ist Menschenrecht", Auswirkungen des Verkaufs der städtischen Wohnungen, der Stadtbauwohnungen und der Stadtbau, 2006, Ziff. 1 ff.; Rausch, „Heuschrecken grasen ab und ziehen weiter" – Panikmache oder Prophezeiung?", in Sozialextra, Oktober 2006, S. 37, (39 f.).

126 Vgl. Stadt Freiburg, Drucksache G-06/109.2, Ziff. 3.17; Stadt Freiburg, Bericht zur Haushaltskonsolidierung, 2006, Ziff. 8.2.1.

127 Vgl. Stadt Freiburg, Drucksache G-06/109.1, Ziff. 3; Stadt Freiburg, Bericht zur Haushaltskonsolidierung, 2006, Ziff. 5.5.

128 Vgl. Stadt Freiburg, Drucksache G-06/109, Ziff. 1.5.2; Stadt Freiburg, Bericht zur Haushaltskonsolidierung, 2006, Ziff. 5.9.

129 Vgl. Stadt Freiburg, Drucksache G-06/109.2, Ziff. 3.11.

weitere erhebliche Einschnitte bei sozialen und kulturellen Einrichtungen, wie beispielsweise Schulen, Kindergärten und Theatern, vorzunehmen.[130] Soweit darüber hinaus von steigenden Sozialausgaben infolge mehr und höherer Wohngeldzahlungen ausgegangen wird, wird verkannt, dass beispielsweise Freiburg längst überwiegend von der Objekt- zur Subjektförderung, also von der Bereitstellung von Wohnraum zu der von Wohngeld für einkommensschwache Haushalte, übergegangen ist. Vor allem aber bewohnt nur ein Fünftel der Transferhilfeempfänger Freiburgs Wohnungen der Stadtbau GmbH, und die Stadt plante, sich Belegungsrechte einräumen zu lassen.[131]

Auch wenn der Verkauf der Freiburger Stadtbau GmbH infolge des Bürgerentscheids gescheitert ist, überzeugen die vorgebrachten Argumente nicht. Vielmehr läuft eine Stadt Gefahr, zunehmend Opfer der Schuldenspirale zu werden. In vielen anderen Städten hat sich gezeigt, dass der Verkauf von öffentlichen Wohnungsbaugesellschaften wirtschaftlich vorteilhaft ist, da so die Schulden- und Zinslast der öffentlichen Hand gesenkt wird, so dass insbesondere für soziale und strukturelle Maßnahmen wieder finanzielle Mittel zur Verfügung stehen.[132]

IV. Perspektive

Infolge leerer Kassen werden auch in Zukunft der Bund, die Länder und vor allem viele Kommunen ihre Wohnungsbestände veräußern.[133] Das Marktpotenzial der Privatisierung der Wohnungsbaugesellschaften wird derzeit, ohne von einem vollständigen Verkauf auszugehen, auf 20 Mrd. € innerhalb der nächsten Jahre geschätzt.[134]

---

130 Vgl. Stadt Freiburg, Drucksache G-06/109, Ziff. 1.5.3.

131 Vgl. Stadt Freiburg, Drucksache G-06/109.1, Ziff. 3; Stadt Freiburg, Drucksache G-06/109.2, Ziff. 3.10; Stadt Freiburg, Bericht zur Haushaltskonsolidierung, 2006, Ziff. 5.6.

132 Stadt Freiburg, Drucksache G-06/109, Ziff. 2.7; Stadt Freiburg, Bericht zur Haushaltskonsolidierung, 2006, Ziff. 5.8.

133 Vgl. HSH Nordbank, Wohnungsportfoliotransaktionen in Deutschland, 2006, 13.

134 Vgl. Just, Ist die Einführung von REITs in Deutschland ökonomisch sinnvoll?, 2004, 15; Andere Analysen schätzen das Marktpotenzial mit bis zu 11 Mrd. EUR geringer, aber dennoch sehr hoch ein; vgl. beispielsweise Roland Berger Strategy Consultants, REITs- Chancen für den deutschen Immobilien- und Finanzmarkt, 2006, 20.

In Anlehnung an den wirtschaftlichen Erfolg Dresdens bei der Privatisierung der WOBA Dresden GmbH prüft Leipzig ebenfalls die Veräußerung eines großen Wohnungsportfolios, wenn auch nicht der gesamte Wohnungsbestand veräußert werden soll. Hamburg hat ein zweites Immobilienpaket angeboten. Bereits das erste Paket brachte der Stadt einen Erlös in Höhe von 815,5 Mio. € ein.[135] Hessen verkauft in einer zweiten Tranche Landesimmobilien im Wert von 768 Mio. €, nachdem bereits die erste Tranche einen Erlös in Höhe von 1,07 Mrd. € erbrachte.[136] Die Stadt Heidenheim hat sich für ca. 40 Mio. € von den letzten Anteilen der ursprünglich kommunalen Wohnungsbaugesellschaft getrennt. Die Landesregierung Baden-Württembergs plant sogar, ihren gesamten Immobilienbestand im Wert von insgesamt 20 Mrd. € zu privatisieren.[137] Der Bund will Immobilien im Wert von 8,3 Mrd. €, zu denen 58.000 Wohnungen zählen, durch die Bundesanstalt für Immobilienaufgaben veräußern.[138] Nachdem Berlin seinen Wohnungsbestand in den letzten Jahren von ursprünglich 400.000 Wohnungen auf 275.000 Wohnungen reduzierte, wird das Land erneut dazu übergehen müssen, Wohnungsbestände der öffentlichen Hand zu veräußern. So hat gerade erst das Bundesverfassungsgericht den Anspruch Berlins auf weitere Finanzhilfen des Bundes mit dem Hinweis darauf verneint, dass Berlin ausreichend Erlöspotenziale beispielsweise durch die Veräußerung von Wohnungsbaugesellschaften hat, deren vollständige Privatisierung zu Einnahmen von 5 Mrd. € führen würde.[139]

VI. Zielkonflikte (Versorgungsauftrag vs. Kapitalmarktorientierung)

Auch wenn die Privatisierungstendenzen der öffentlichen Hand insbesondere im Bereich der Wohnimmobilien offensichtlich sind, so lässt sich dennoch nicht bestreiten, dass dadurch auch neue Probleme entstehen. Wie insbesondere in

135 Vgl. REITs in Deutschland, Wohnungen: Das Beispiel Dresden macht Schule, 15.3.2006; REITs in Deutschland, Leipzig prüft Privatisierung von Wohnungen, 19.5.2006; Freie und Hansestadt Hamburg, Der Verkauf der ersten beiden Portfolios von Büro- und Gewerbeimmobilien bringt Hamburg 815,5 Millionen Euro, 31.1.2006.

136 Vgl. REITs in Deutschland, Hessen verkauft landeseigene Immobilien an Österreicher, 21.11.2006; REITs in Deutschland, Hessen verkauft landeseigene Immobilien, 10.11.2006.

137 Vgl. REITs in Deutschland, Baden-Württemberg privatisiert Landesimmobilien, 20.4.2006.

138 Vgl. REITs in Deutschland, Bund will eigene Immobilien über REITs zu Geld machen, 12.6.2006.

139 Vgl. politikerscreen.de, Spagat zwischen Sozialauftrag und Schuldentilgung, 2006, 2; BVerfG, Urteil vom 19.10.2006 – 2 BvF 3/03.

der Diskussion um den Verkauf der Freiburger Stadtbau GmbH regelmäßig angemahnt, besteht der Versorgungsauftrag der öffentlichen Hand zur Sicherstellung von Wohnraum für zahlungsschwache oder diskriminierte Mieter auch nach der Privatisierung weiter.[140] Dieser kann jedoch nur dann durch den Staat selbst erfüllt werden, wenn es die Haushaltslage der öffentlichen Hand erlaubt. Der Verschuldungsgrad ist jedoch nicht nur auf Bundes-, sondern auch auf Länder- und Kommunalebene so hoch, dass auch die öffentliche Hand gezwungen ist, sich kapitalmarktorientierter zu verhalten. Dies könnte dadurch erfolgen, dass die Wohnungsbaugesellschaften selbst gewinnoptimierend wirtschaften, was jedoch oftmals auch an der passiven Eigentümerschaft und dem dadurch fehlenden Renditeinteresse des Managements scheitert.[141] Zum anderen besteht die Möglichkeit, sich gleich anderen Marktteilnehmern von unwirtschaftlichen Gütern zu trennen. Da weder Wohnimmobilien noch die sie verwaltenden Wohnungsbaugesellschaften in den Bereich der Kernaufgaben des Staates fallen, ist eine Privatisierung derselben grundsätzlich möglich.[142] Allerdings darf dabei der Versorgungsauftrag nicht gänzlich in den Hintergrund treten, weshalb zu prüfen ist, ob Möglichkeiten bestehen, einerseits Kapitalerträge zu realisieren und andererseits einen gewissen Einfluss der öffentlichen Hand zu sichern. Insbesondere im Bereich der Daseinsvorsorge, zu der die Bereitstellung von Wohnraum zu zählen ist, muss die Privatisierung sozialverträglich erfolgen. Folglich müssen vertragliche Gestaltungen wie beispielsweise eine Sozialcharta gefunden werden, die soziale Härten verhindern. Zusätzlich sollten Belegungsrechte vertraglich vereinbart werden, so dass der öffentlichen Hand die Möglichkeit verbleibt, einen bestimmten Teil des Wohnungsbestandes weiterhin an sozial schwächere Mieter zu vergeben. Allerdings ist dies nur soweit notwendig, wie sich nicht die Subjektförderung, also die Vergabe von Wohngeld an einkommensschwache Haushalte, gegenüber der Objektförderung, d. h. der Förderung mittels Bereitstellung von Wohnraum, weiterhin durchsetzt. Gerade die jüngere Vergangenheit hat gezeigt, dass die Subjektförderung stärker am jeweiligen

---

140 Vgl. Kämmerer, Privatisierung, 2001, 426; Plesse, Wohnungsprivatisierung in den neuen Bundesländern, 1999, 21 f., 28 f.; Schoch, „Privatisierung von Verwaltungsaufgaben", in DVBl. 1994, S. 962, (968); Deutsche Bank Research, Wohnungsportfolios in Deutschland, 2005, 20 ff.; politikerscreen.de, Spagat zwischen Sozialauftrag und Schuldentilgung, 2006, 2; Brauer, Einführung in die Immobilienwirtschaft, in BDO Deutsche Warentreuhand AG (Hrsg.), Praxishandbuch Real Estate Management, 2005, 19; Abschnitt C. III.

141 Vgl. ZEW/ebs, Real Estate Investment Trusts (REITs), 2005, 171; Ewald, Privatisierung staatlicher Aufgaben, 2004, 27 f.

142 Vgl. Di Fabio, „Privatisierung und Staatsvorbehalt, Zum dogmatischen Schlüsselbegriff der öffentlichen Aufgabe", in JZ 1999, S. 585, (592).

Bedarf ausgerichtet eingesetzt werden kann. Dieser strukturelle Wandel der Wohnungswirtschaft vermeidet außerdem etwaige Fehlbelegungen von gebundenem Wohnraum, sollte die Födernotwendigkeit wegfallen. Die öffentliche Hand kann daneben einen Mindestbestand an Wohnungen halten, der notwendig ist, um auch die Haushalte mit Wohnraum zu versorgen, die sonst Gefahr laufen, keinen Mietvertrag zu erhalten.[143] Des Weiteren bedarf es eines Kontrollsystems, das die Einhaltung der Vertragsklauseln gewährleistet, da allein eine Strafbewehrung diese nicht garantieren kann. Nur unter Beachtung dieser Grundsätze ist die Privatisierung einer öffentlichen Wohnungsbaugesellschaft mit dem Versorgungsauftrag der öffentlichen Hand vereinbar.

143 Vgl. Voigtländer, Der öffentliche Wohnungsmarkt in Deutschland, 2007, 19 ff., 25 ff.; Runkel, Schwierige Privatisierung kommunaler Wohnungen, 2006, 49; HSH Nordbank, Wohnungsportfoliotransaktionen in Deutschland, 2006, 14; Plesse, Wohnungsprivatisierung in den neuen Bundesländern, 1999, 24; Bull, Vom Staatsdiener zum öffentlichen Dienstleister, 2006, 31, 96; Finger, Keine Privatisierung ohne Regulierung, in von Weizsäcker/Young/Finger (Hrsg.), Grenzen der Privatisierung, Wann ist des Guten zu viel?, Bericht an den Club of Rome, 2006, 281 ff., 285; Schneidereit/von Weizsäcker, Privatisierung und Demokratie auf kommunaler Ebene, in von Weizsäcker/Young/Finger (Hrsg.), Grenzen der Privatisierung, Wann ist des Guten zu viel?, Bericht an den Club of Rome, 2006, 290.

D. Indirekter Immobilienmarkt

Wie bereits festgestellt, sind REITs eine indirekte Form der Immobilienanlage. Insofern bedarf es zunächst einer Analyse der bereits existierenden Formen der indirekten Immobilienanlage, um anschließend die Vorteile eines REIT herausarbeiten zu können.

I. Abgrenzung zum direkten Immobilienanlagemarkt

Der direkte Immobilienanlagemarkt zeichnet sich durch das Halten einer bestimmten Immobilie inklusive des Tragens des damit verbundenen Risikos aus. Im Gegensatz dazu hält der Anleger einer indirekten Immobilienanlage Anteile an einem diversifizierten Immobilienportfolio, wodurch sein Risiko, sollte ein Objekt nicht den Erwartungen entsprechen, deutlich verringert wird.[144] Dies ist insbesondere für managementintensive Immobilien, wie z. B. Wohnungen, von großem Vorteil, weshalb sich auch in diesem Bereich eine überdurchschnittliche Belebung des Marktes abzeichnet.[145] Andererseits halten gerade deutsche Unternehmen einen überdurchschnittlich hohen Anteil ihrer selbst genutzten Immobilien im eigenen Bestand. Aktuell beläuft sich dieser Eigenbesitzanteil auf 73 % im Wert von ca. 1.500 Mrd. €. In den USA beträgt der Eigenbesitzanteil nur 25 %, in Großbritannien 54 %.[146] Insofern findet sich ein paralleles Verhalten zur öffentlichen Hand. Für beide, Unternehmen wie öffentliche Hand, könnte daher eine Ausgliederung der Immobilien in indirekte Anlageformen – wie z. B. REITs – sinnvoll sein.

II. Immobilienaktiengesellschaften

Dem REIT in seiner gesellschaftsrechtlichen Grundstruktur am ähnlichsten ist die Immobilienaktiengesellschaft, da beiden als Gesellschaftsform eine Kapital-

144 Vgl. Maurer/Sebastian, Immobilienaktiengesellschaften als finanzwirtschaftliche Substitute für Immobiliendirektanlagen, 1998, 1 f.

145 Vgl. Sireo Research, Immobilienmärkte unter der Lupe, 2006, 4.

146 Vgl. Bundesministerium der Finanzen, Argumente für die Einführung deutscher REITs, 2006, 1; Eurohypo AG, German REITs: Germany joining the party?, 2006, 5.

gesellschaft in Gestalt der Aktiengesellschaft zugrunde liegt. Daher soll die Immobilienaktiengesellschaft als Erstes untersucht werden.

1. Begriff und Funktionen

Die Immobilienaktiengesellschaft (nachfolgend Immobilien-AG) ist als solche nicht legal definiert und grenzt sich insoweit von anderen indirekten Immobilienanlageformen ab.[147]

Die ersten Immobilien-AGs entstanden dadurch, dass Unternehmen ihre Geschäftstätigkeit einstellten oder Umstrukturierungsmaßnahmen erfolgten, in deren Zusammenhang der Immobilienbestand in gesonderte Gesellschaften, so auch in Aktiengesellschaften, ausgegliedert wurde.[148]

2. Rechtsform

Die Immobilien-AG ist eine Aktiengesellschaft i. S. d. Aktiengesetzes. Sie genießt insofern keinerlei Sonderstatus gegenüber anderen Aktiengesellschaften.

3. Unternehmenstätigkeit

Der Tätigkeitsschwerpunkt einer Immobilien-AG besteht in dem Erwerb, der Verwaltung und der Veräußerung von Immobilien sowie damit zusammenhängender Dienstleistungen.[149] Die Unternehmenstätigkeiten können aber darüber hinausgehen, da die Immobilien-AG insofern keinerlei Restriktionen unterworfen ist. Daneben zeichnen sich Immobilien-AGs durch ein internes Management, d. h. durch die Selbstverwaltung, aus.

---

147 Nicht zu verwechseln ist die Immobilien-AG mit der Investmentaktiengesellschaft i. S. d. §§ 96 ff. InvG, der jegliche Investition in Immobilien untersagt ist, § 96 Abs. 2 InvG.

148 Vgl. Maurer/Sebastian, Immobilienaktiengesellschaften als finanzwirtschaftliche Substitute für Immobiliendirektanlagen, 1998, 4 f.

149 Vgl. Rehkugler, Die Immobilien-AG, in Rehkugler (Hrsg.), Die Immobilien-AG, Bewertung und Marktattraktivität, 2003, 5 f.

4. Steuerrechtliche Behandlung

Steuerrechtlich wird die Immobilien-AG gleich jeder anderen Aktiengesellschaft behandelt. Sie ist mit den laufenden Erträgen sowohl körperschaftsteuerpflichtig, § 1 Abs. 1 Nr. 1 KStG, als auch grundsätzlich gewerbesteuerpflichtig, § 2 Abs. 1 und 2 GewStG. Allerdings erfolgt bei einer reinen Immobilien-AG eine Gewerbesteuerbefreiung gemäß § 9 Nr. 1 Satz 2, 3 GewStG.[150]

Auf Anlegerebene handelt es sich um Einkünfte aus Kapitalvermögen i. S. d. § 20 Abs. 1 Nr. 1 EStG. Es greift daher für natürliche Personen das Halbeinkünfteverfahren ein, § 3 Nr. 40 lit. d EStG. Soweit es sich bei den Anlegern um Kapitalgesellschaften handelt, erhalten sie ab einer Beteiligung an der Gesellschaft von mindestens 10 % eine Ermäßigung der Steuerbelastung auf 5 % des Gewinns, § 8 b Abs. 5 KStG, wenn die Voraussetzungen gemäß § 9 Nr. 2 lit. a GewStG oder gemäß § 7 GewStG vorliegen.[151] Veräußerungsgewinne aus dem Verkauf der Anteile sind nach Ablauf der Spekulationsfrist von einem Jahr für natürliche Personen steuerbefreit, § 23 Abs. 2 Satz 1 EStG, Kapitalgesellschaften müssen nur 5 % des Gewinns versteuern, § 8 b Abs. 2 KStG. Bei einer Beteiligung unter 10 % fällt für Kapitalgesellschaften außerdem Gewerbesteuer an, § 8 Nr. 5 i. V. m. § 9 Nr. 2 lit. a GewStG.[152]

5. Kontrollmechanismen

Die Immobilien-AG unterliegt keiner regulären Aufsicht mit Ausnahme der Börsenaufsicht durch die Bundesanstalt für Finanzdienstleistungsaufsicht im Falle der Börsennotierung, § 3 Abs. 2 AktG.

---

150 Vgl. Güroff in Glanegger/Güroff, GewStG, § 9 Anm. 18 ff.

151 Vgl. Dötsch/Pung in Dötsch/Jost/Pung/Witt, Kommentar zum KStG und EStG, § 8 b KStG Tz 7 ff.; Stock/Teske, „Einführung des REIT in Deutschland – Ein allgemeiner Überblick über den Stand der Diskussion –“, in DB 2005, S. 187, (190).

152 Vgl. Dötsch/Pung in Dötsch/Jost/Pung/Witt, Kommentar zum KStG und EStG, § 8 b KStG Tz 7a; Betriebliche Anleger bzw. natürliche Personen mit einer Beteiligung von mindestens 1 % innerhalb der letzten fünf Jahre sind ebenfalls gewerbesteuerpflichtig. Die Veräußerungsgewinne stellen dann nämlich Einkünfte aus Gewerbebetrieb dar, es greift aber das Halbeinkünfteverfahren ein, § 17 Abs. 1, § 3 Nr. 40 EStG.

6. Performance

Historisch bedingt ist der Streubesitz bei der durchschnittlichen Immobilien-AG gering, auch leidet sie an einer sehr geringen Transparenz.[153] Daneben wird die Immobilien-AG entgegen dem internationalen Standard nicht auf der Grundlage des Net Asset Value (NAV) sondern auf Basis des Unternehmensergebnisses bewertet.[154] Diese Bewertungsmethode genießt jedoch auf Anlegerseite – insbesondere am internationalen Kapitalmarkt – kein Vertrauen, weil die angewandten Bilanzierungsgrundsätze nicht auf Immobilien zugeschnitten und mithin ungeeignet sind, und die Methode der Marktwertermittlung auf Unsicherheiten stößt, da diese nur schwer einer Überprüfung zugänglich sind.[155] Letztlich entscheidend ist aber die Tatsache, dass die Immobilien-AG im Gegensatz z. B. zum offenen Immobilienfonds keinerlei steuerliche Privilegien erhält. So erklärt sich auch, dass der Anteil der Immobilien-AGs in Deutschland im internationalen Vergleich sehr niedrig ist und das gesamte Investitionsvolumen börsennotierter Immobilien-AGs weniger als 10 Mrd. € beträgt.[156]

III. Offene Immobilienfonds

Steuerrechtlich vergleichbar mit dem typischen REIT ist der offene Immobilienfonds, da beide steuerlich transparent behandelt werden, also nicht auf Gesellschaftsebene steuerpflichtig sind. Aus steuerrechtlichen Gesichtspunkten ist der offene Immobilienfonds folglich von besonderer Bedeutung.

---

153 Vgl. Knobloch, Euro Finance Week, Vortrag, 25.10.2004; Cadmus, Projekt G-REIT, 2006, 13.

154 Vgl. Rehkugler, Die Immobilien-AG, in Rehkugler (Hrsg.), Die Immobilien-AG, Bewertung und Marktattraktivität, 2003, 14 ff.; Krolle, Bewertung der Immobilien-AG über das Unternehmensergebnis, in Rehkugler (Hrsg.), Die Immobilien-AG, Bewertung und Marktattraktivität, 2003, 38 ff.; Thomaschowski/Rehkugler/Nack, Der Net Asset Value als Bewertungskonzept, in Rehkugler (Hrsg.), Die Immobilien-AG, Bewertung und Marktattraktivität, 2003, 58 ff.; Der Net Asset Value spiegelt das Reinvermögen der Gesellschaft inklusive der stillen Reserven wieder, wobei das Vermögen zu Marktwerten angesetzt wird. Das Unternehmensergebnis stellt hingegen einen zeitlich begrenzten Rückblick auf Basis nationaler Bilanzierungs- und Bewertungsvorschriften dar.

155 Vgl. Schulz-Wulkow/Kohl/von Goldbeck/Glöckner, G-REIT – Ein neuer Weg zum Kapitalmarkt, 2006, 12.

156 Vgl. DEGI Research, Immobilienanlageprodukte in Deutschland, 2005, 31; Eurohypo AG, German REITs: Germany joining the party?, 2006, 3 f.; HSH Nordbank, Der German Real Estate Investment Trust (REIT) und der deutsche Immobilienmarkt, 2005, 33; Deutsche Bank AG, Der deutsche REIT, 2005, 12.

1. Begriff und Funktionen

Der offene Immobilienfonds dient als Anlageinstrument für die risikoarme indirekte Immobilienanlage. Er soll insbesondere dem privaten Kleinanleger offen stehen, so dass auch er die Vorteile eines diversifizierten Portfolios nutzen kann.[157]

Der erste offene Immobilienfonds wurde bereits 1959 aufgelegt. Nach dessen Implementierung in das KAGG im Jahr 1969 stieg das Anlegerinteresse merklich.[158] Heute stellt der offene Immobilienfonds die bekannteste Form der indirekten Immobilienanlage dar.

2. Rechtsform

Der offene Immobilienfonds ist ein nicht-rechtsfähiges Sondervermögen, das von einer Kapitalanlagegesellschaft in der Rechtsform einer GmbH oder AG treuhänderisch für die Anleger verwaltet wird, §§ 2 Abs. 2, und 6, 6 Abs. 1 InvG, §§ 30 Abs. 1, 75 InvG.[159] Das Stamm- bzw. Grundkapital der Kapitalanlagegesellschaft muss gemäß § 11 Abs. 2 InvG mindestens 2,5 Mio. € betragen und ist strikt von dem Sondervermögen, das die Anlegergelder sowie das Immobilienvermögen umfasst, zu trennen. Deshalb muss eine Depotbank mit der Verwaltung der Anlegergelder beauftragt werden sowie bestimmten Geschäften der Kapitalanlagegesellschaft zustimmen bzw. diese überwachen, §§ 20 ff., 26 ff., 71 InvG. Die rechtliche Struktur zeichnet sich außerdem durch das sog. Open-End-Prinzip aus. Es können also unbegrenzt viele Anleger börsentäglich Anteile an dem Sondervermögen erwerben. Zusätzlich haben die Anleger das Recht, börsentäglich ihre Anteile zu einem vorher festgelegten Wert zurückzugeben, § 37 InvG.[160]

---

157 Schmitt, Offene Immobilienfonds, 2001, 1.

158 Assmann/Schütze Hdb. KapitalanlageR/Strohm § 20 Rdnr. 207; Lemnitzer, Aktuelle Aspekte der Prüfung von offenen Immobilienfonds, 2006, 2; Schmitt, Offene Immobilienfonds, 2001, 5; Das KAGG wurde mit Wirkung zum 1.1.2004 durch das InvG ersetzt.

159 Vgl. Beckmann, Investment-Handbuch 410 § 2 Rz. 6 f.; Hickl, Vergleich von offenen Immobilienfonds und Immobilien-Aktiengesellschaften, in Rehkugler (Hrsg.), Die Immobilien-AG, Bewertung und Marktattraktivität, 2003, 168; Schulz/Petersen/Keller, „Offene Fragen bei der Besteuerung von Immobilienvermögen und deren Anlegern", in DStR 2004, S. 1853, (1853).

160 Vgl. Stock/Teske, „Einführung des REIT in Deutschland – Ein allgemeiner Überblick über den Stand der Diskussion –", in DB 2005, S. 187, (189).

3. Unternehmenstätigkeit

Die Kapitalanlagegesellschaft ist grundsätzlich in ihrer Unternehmenstätigkeit für das Immobiliensondervermögen auf immobiliennahe Anlagemöglichkeiten beschränkt, §§ 66 ff. InvG. Auch muss die Risikomischung den gesetzlichen Vorgaben entsprechen, § 73 InvG.[161] Danach darf keine Immobilie werthaltiger als 15 % des gesamten Sondervermögens sein und die Summe der Immobilienwerte, die einzeln mehr als 10 % des Sondervermögenswertes darstellen, darf nicht 50 % dessen überschreiten. Des Weiteren müssen täglich 5 % des Vermögens verfügbar sein, um etwaigen Rückkaufverpflichtungen nachzukommen. Maximal 49 % des Wertes des Sondervermögens darf in Liquiditätsanlagen investiert werden, § 80 InvG. Der Fremdkapitaleinsatz ist auf 50 % beschränkt, § 82 Abs. 3 InvG.

4. Steuerrechtliche Behandlung

Die steuerrechtliche Behandlung offener Immobilienfonds zeichnet sich durch den nur an wenigen Punkten durchbrochenen Grundsatz der Transparenz aus, so dass die Besteuerung der Einkünfte auf Anlegerebene erfolgt. Ziel des Transparenzgrundsatzes ist die Gleichstellung der direkt in eine Immobilie investierenden Anleger mit den Anlegern, die indirekt in ein Sondervermögen investieren. Daher ist das Sondervermögen gemäß § 11 Abs. 1 InvStG i. V. m. § 1 Abs. 1 Nr. 5 KStG als fingiertes Zweckvermögen sowohl von der Körperschaft- als auch von der Gewerbesteuer befreit.[162]

Einkommensteuerpflichtigen Anlegern werden die ausgeschütteten und die ausschüttungsgleichen, d. h. thesaurierten, Erträge als Einkünfte aus Kapitalvermögen i. S. d. § 20 Abs. 1 Nr. 1 EStG zugerechnet, § 2 Abs. 1 Satz 1 InvStG. Der Zeitpunkt der Einkünfteerzielung entspricht dem des Zuflusses beim Anleger. Soweit es sich um ausschüttungsgleiche Einkünfte handelt, gelten diese am Ende

---

161 Vgl. Beckmann, Investment-Handbuch 410 § 1 Rz. 44 ff., § 2 Rz. 52 ff.; Der Begriff der Immobilie wird in § 2 Abs. 4 Nr. 5 InvG definiert.

162 Vgl. BTDrucks 15/1553, 120; Bundesministerium der Finanzen, 8. Investmentsteuergesetz, GZ IV C 1 – S 1980 – 1 – 87/05, Rz. 212 ff.; Hickl, Vergleich von offenen Immobilienfonds und Immobilien-Aktiengesellschaften, in Rehkugler (Hrsg.), Die Immobilien-AG, Bewertung und Marktattraktivität, 2003, 179 ff.; Zeller, „Einkünfteermittlung bei Investmentfonds", in DStR 2005, S. 899, (899); Schulz/Petersen/Keller, „Offene Fragen bei der Besteuerung von Immobilienvermögen und deren Anlegern", in DStR 2004, S. 1853, (1854).

des Geschäftsjahres als zugeflossen, § 2 Abs. 1 Satz 2 InvStG.[163] Gewinne aus der Veräußerung von Immobilien sind für den privaten Anleger außerhalb der zehnjährigen Spekulationsfrist steuerfrei, § 23 Abs. 1 Nr. 1 EStG i. V. m. § 2 Abs. 3 Nr. 1 Satz 1 Halbsatz 1 InvStG. Stammen die Veräußerungsgewinne aus dem Verkauf der Fondsanteile, fällt die Einkommensteuer nur an, wenn der Verkauf innerhalb eines Jahres erfolgt, § 23 Abs. 1 Nr. 2 EStG. Betrieblichen Anlegern werden die laufenden Einkünfte als solche aus Gewerbebetrieb zugerechnet, körperschaftsteuerpflichtige Anleger unterliegen mit ihren Einkünften dem KStG. Daher sind auch Gewinne aus der Immobilienveräußerung grundsätzlich steuerpflichtig, unterliegen aber dem Halbeinkünfteverfahren gemäß § 3 Nr. 40 EStG bzw. der Steuerreduzierung auf 5 % des Gewinns gemäß § 8 b Abs. 2, Abs. 3 KStG, § 2 Abs. 2, Abs. 3 Nr. 1 Satz 1 Halbsatz 2 InvStG. Veräußerungsgewinne aus dem Verkauf von Fondsanteilen sind in Höhe des Aktiengewinns steuerfrei, § 8 InvStG, allerdings fällt Gewerbesteuer an.[164]

Soweit die ausgeschütteten Erträge auch von anderen Gesellschaften bezogene Dividenden umfassen, unterliegen diese für private und betriebliche Anleger gemäß § 2 Abs. 2 InvStG i. V. m. § 3 Nr. 40 EStG dem Halbeinkünfteverfahren, für körperschaftsteuerpflichtige Anleger greift § 8 b Abs. 5 KStG ein, so dass allein 5 % des Gewinns zu versteuern sind.

5. Kontrollmechanismen

Gemäß § 5 InvG führt die Bundesanstalt für Finanzdienstleistungsaufsicht die Aufsicht sowohl über die Kapitalanlagegesellschaft als auch über die Depotbank, welche ihrerseits bereits gewisse Aufsichtsfunktionen ausübt.[165] Daneben unterliegt die Kapitalanlagegesellschaft der Aufsicht durch ihren Aufsichtsrat, § 6 Abs. 2 InvG i. V. m. §§ 90, 111 ff. AktG. Der von der Kapitalanlagegesellschaft zu berufende Sachverständigenausschuss ist für die Bewertung des Vermögens zuständig, § 77 InvG.[166] Außerdem muss die Kapitalanlagegesellschaft einen lau-

---

163 Vgl. § 2 Abs. 1 Satz 1 und 2 InvStG; Zeller, „Einkünfteermittlung bei Investmentfonds", in DStR 2005, S. 899, (901).

164 Vgl. Sradj/Mertes, „Neuregelungen bei der Besteuerung von Investmentvermögen", in DStR 2004, S. 201, (204); Bundesministerium der Finanzen, 8. Investmentsteuergesetz, GZ IV C 1 – S 1980 – 1– 87/05, Rz. 32 ff., 165 ff.

165 Vgl. Abschnitt D. III. 3.

166 Vgl. Hickl, Vergleich von offenen Immobilienfonds und Immobilien-Aktiengesellschaften, in Rehkugler (Hrsg.), Die Immobilien-AG, Bewertung und Marktattraktivität, 2003, 169.

fend aktualisierten ausführlichen Verkaufsprospekt erstellen, der von der Bundesanstalt für Finanzdienstleistungsaufsicht zu genehmigen und anschließend dem Publikum zugänglich zu machen ist, § 42 InvG.

6. Performance

Der offene Immobilienfonds ist einerseits eine sehr sichere Anlageform, da das Verlustrisiko aufgrund der strengen Anlagevorschriften gering ist, andererseits ist auch die Rendite entsprechend geringer.[167] Dies liegt insbesondere an der notwendigen Risikomischung, die eine Spezialisierung des Fonds nicht ermöglicht, sowie der hohen Fristentransformation, d. h. der einerseits langfristigen Anlage in Immobilien aber andererseits kurzfristigen Rücknahmeverpflichtung der Anteile, die zu einer risikoaversen Anlagepolitik führt.[168] Hinzu kommen die mangelnde Transparenz gegenüber dem einzelnen Anleger sowie die fragwürdige, weil nicht am Net Asset Value orientierte Bewertung des Vermögens durch den Sachverständigenausschuss und die fehlende Sekundärmarktbewertung. Letzteres sowie die international unbekannte Struktur des offenen Immobilienfonds begründen auch die mangelnde Akzeptanz an internationalen Kapitalmärkten, weshalb auch das investierte ausländische Kapital nur 5 % des Gesamtvolumens beträgt.[169]

Andererseits sind aber die steuerrechtliche Behandlung sowie die Tatsache, dass die Rendite relativ sicher ist, die Rückkaufkurse feststehen und börsentäglich die Möglichkeit der Anteilsrückgabe besteht, Grund genug, um den offenen Immobilienfonds als für den sicherheitsorientierten Privatanleger geeignete Anlageform zu qualifizieren.[170] So erklären sich auch die durchschnittlich hohen Nettomittelzuflüsse, die zu einem Gesamtvolumen von 85–100 Mrd. €

---

167 Soweit dennoch offene Immobilienfonds in den letzten Jahren erhebliche Probleme hatten und teilweise sogar geschlossen werden mussten, findet sich die Ursache hierfür insbesondere in fehlerhaften Wertgutachten der Sachverständigen, die zu einer erheblichen Überbewertung der Immobilien geführt haben. Nach Feststellung dieser Tatsache kam es zu einer verstärkten Anteilsrückgabe durch die Anleger, was wiederum einen hohen Mittelabfluss auf Seiten der Fonds und somit eine für Neuinvestitionen zu geringe Liquiditätsdecke zur Folge hatte.

168 Vgl. DEGI Research, Immobilienanlageprodukte in Deutschland, 2005, 20; Schulte/Sotelo, „Deutsche REITs – Möglichkeiten und Voraussetzungen einer Realisierung", in Zeitschrift für Immobilienökonomie, Ausgabe 2/2004, S. 31, (35 f.)

169 Vgl. Bundesministerium der Finanzen, Argumente für die Einführung deutscher REITs, 2006, 19.

170 Vgl. Knobloch, REITs – eine neue Asset-Klasse für den deutschen Kapitalmarkt?, 2006, 7.

geführt haben, mithin offene Immobilienfonds ein großes Gewicht am Markt für indirekte Immobilienanlagen haben.[171]

IV. Geschlossene Immobilienfonds

Neben dem offenen Immobilienfonds hat sich der geschlossene Immobilienfonds in Deutschland etabliert. Allerdings unterscheidet er sich in wesentlichen Punkten von REITs, da es sich bei ihm gesellschaftsrechtlich nicht um eine Kapitalgesellschaft handelt, der Anlegerkreis begrenzt ist und auch die Investitionen in Immobilien vorher festgelegt werden und schließlich die Beteiligung an einem derartigen Fonds nur in einem sehr eingeschränkten Maße fungibel ist. Allein die steuerrechtliche Behandlung ist vergleichbar, da die Besteuerung jeweils auf Anlegerebene erfolgt.

1. Begriff und Funktionen

Der geschlossene Immobilienfonds wendet sich an eine beschränkte Zahl Anleger, die eine oder mehrere vorher bestimmte Immobilien erwerben bzw. errichten wollen. Sobald das notwendige Kapital dafür eingesammelt ist, wird der Fonds geschlossen.[172]

Geschlossene Immobilienfonds werden seit den 1970er Jahren aufgelegt und genossen insbesondere in den 1990er Jahren eine große Beliebtheit, da sie Steuersparmodelle eines bis dahin unbekannten Ausmaßes ermöglichten, die der Gesetzgeber mittlerweile allerdings schrittweise abgebaut hat.[173]

---

171 Vgl. DEGI Research, Immobilienanlageprodukte in Deutschland, 2005, 31; Beck/Droste/Zoller, „Ausbau des deutschen Immobilien-Investmentmarktes zur europäischen Marktführerschaft", in Kreditwesen 2004, S. 192, (193); Deutsche Bank AG, Der deutsche REIT, 2005, 12.

172 Vgl. Assmann/Schütze Hdb. KapitalanlageR/Strohm § 20 Rdnr. 214; Stock/Teske, „Einführung des REIT in Deutschland – Ein allgemeiner Überblick über den Stand der Diskussion –", in DB 2005, S. 187, (191).

173 Vgl. Blümich/Stuhrmann, § 21 Rz. 265 ff.; Mast, Immobilienaktien/REITs, 2005, 7; Loipfinger/Nickl/Richter, Geschlossene Immobilienfonds, 1994, 25 ff.

2. Rechtsform

Geschlossene Immobilienfonds sind Personengesellschaften, in der überwiegenden Zahl Kommanditgesellschaften in Form der GmbH und Co. KG, seltener GbRs. Die Anteilsinhaber beteiligen sich als Kommanditisten oder über einen Treuhänder an der KG.[174]

3. Unternehmenstätigkeit

Die Tätigkeit der geschlossenen Immobilienfonds beschränkt sich auf die Errichtung oder den Erwerb der Zielimmobilien sowie deren anschließende Verwaltung. Es handelt sich überwiegend um vermögensverwaltende Kommanditgesellschaften. Das Management wird in der Regel extern durch dem Initiator verbundene Unternehmen durchgeführt. Im Gegensatz zum offenen Immobilienfonds unterliegen geschlossene Fonds keinerlei Anlagebeschränkungen. Auch sind sie nicht verpflichtet, Anteile börsentäglich zurückzukaufen. Vielmehr erfolgt der Handel nach Schließung des Fonds alleine über den kaum existenten Zweitmarkt.[175]

4. Steuerrechtliche Behandlung

Da der geschlossene Immobilienfonds eine Personengesellschaft, also kein selbstständiges Steuersubjekt ist, findet die Besteuerung automatisch auf Anlegerebene statt.[176]

Einkommensteuerpflichtigen Anlegern werden die laufenden Einkünfte als Einkünfte aus Vermietung und Verpachtung bzw. betrieblichen Anlegern als Einkünfte aus Gewerbebetrieb zugerechnet. Veräußerungsgewinne sind nur vor Ablauf der Zehn-Jahres-Frist steuerpflichtig, § 23 Abs. 1 EStG, soweit es sich nicht auch hierbei um Einkünfte aus Gewerbebetrieb handelt. In diesem Fall fällt daneben auch Gewerbesteuer an, soweit diese nicht i. S. d. § 9 Nr. 1 Satz 2 GewStG gekürzt werden kann.

---

174 Vgl. Stock/Teske, „Einführung des REIT in Deutschland – Ein allgemeiner Überblick über den Stand der Diskussion –", in DB 2005, S. 187, (190).

175 Vgl. ZEW/ebs, Real Estate Investment Trusts (REITs), 2005, 115 f.

176 Vgl. Stock/Teske, „Einführung des REIT in Deutschland – Ein allgemeiner Überblick über den Stand der Diskussion –", in DB 2005, S. 187, (191).

Körperschaftsteuerpflichtige Anleger unterfallen mit den laufenden Einkünften und den Veräußerungsgewinnen der Körperschaftsteuer sowie der Gewerbesteuer, soweit diese nicht gemäß § 9 Nr. 1 Satz 2 GewStG gekürzt werden kann.

5. Kontrollmechanismen

Geschlossene Immobilienfonds unterliegen keiner investmentrechtlichen Aufsicht. Allerdings sind sie seit dem 1.7.2005 verpflichtet, einen Verkaufsprospekt zu veröffentlichen, der von der Bundesanstalt für Finanzdienstleistungsaufsicht genehmigt werden muss, §§ 8 ff. VerkaufsprospektG.[177]

6. Performance

In Bezug auf die Marktkapitalisierung sehr erfolgreich, leiden geschlossene Immobilienfonds dennoch an der fehlenden Fungibilität ihrer Anteile. Daneben lässt die Struktur des geschlossenen Fonds fast keinen Streubesitz zu und es fehlt häufig an ausreichender Transparenz, so dass das Risiko relativ groß ist. Auch wenn die Mittelzuflüsse sowie die Marktkapitalisierung selbst mit ca. 160 Mrd. € relativ hoch sind, lehnen zumindest internationale Investoren das Instrument ab.[178]

V. Immobilienspezialfonds

Als besondere Form der offenen Immobilienfonds wurde der Immobilienspezialfonds für institutionelle Anleger eingeführt.

---

177 Eingeführt durch Art. 2 AnSVG, Gesetz zur Verbesserung des Anlegerschutzes (Anlegerschutzverbesserungsgesetz – AnSVG) vom 28.10.2004, BGBl. I S. 2630 i. V. m. Verordnung für Vermögensanlage-Verkaufsprospekte (Vermögensanlagen-Verkaufsprospektverordnung – VermVerkProspV) vom 16.12.2004, BGBl. I S. 3464.

178 Vgl. Deutsche Bank AG, Der deutsche REIT, 2005, 12; HSH Nordbank, Der German Real Estate Investment Trust (REIT) und der deutsche Immobilienmarkt, 2005, 30 f.; Bundesministerium der Finanzen, Argumente für die Einführung deutscher REITs, 2006, 19.

1. Begriff und Funktionen

Der Immobilienspezialfonds zeichnet sich dadurch aus, dass er wie der offene Immobilienfonds schwerpunktmäßig in Immobilien investiert. Im Gegensatz zum offenen Immobilienfonds steht der Immobilienspezialfonds jedoch nur institutionellen Investoren offen, deren Anzahl je Spezialfonds zudem gesetzlich begrenzt ist. Insofern tritt er als Ergänzung, und nicht in Konkurrenz zum offenen Immobilienfonds am Kapitalmarkt auf.[179]

Die ersten Immobilienspezialfonds wurden bereits in den 1970er Jahren aufgelegt.[180]

2. Rechtsform

Der Immobilienspezialfonds ist gleich dem offenen Immobilienfonds ein Sondervermögen, das von einer Kapitalanlagegesellschaft verwaltet wird, allerdings wird er für einen bis maximal 30 institutionelle Investoren aufgelegt, § 2 Abs. 3 i. V. m. § 91 InvG. Auch beim Spezialfonds bedarf es einer Depotbank, der dieselben Aufgaben wie beim offenen Fonds zugewiesen werden.[181]

3. Unternehmenstätigkeit

Immobilienspezialfonds investieren schwerpunktmäßig in Immobilien. Anders als beim offenen Publikumsfonds können die Investoren die Kapitalanlagegesellschaft über den von ihnen gewählten Anlageausschuss beraten, so dass eine fokussiertere Anlagestrategie ermöglicht wird.[182] Die Spezialfonds sind aber hinsichtlich der Risikostreuung ebenso stark reglementiert wie die offenen Immobilienfonds. Allein einige Erleichterungen wie das fehlende Erfordernis, die Genehmigung der Bundesanstalt für Finanzdienstleistungsaufsicht für die

---

179 Vgl. HSH Nordbank, Der German Real Estate Investment Trust (REIT) und der deutsche Immobilienmarkt, 2005, 33.

180 Vgl. Bundesministerium der Finanzen, Argumente für die Einführung deutscher REITs, 2006, 19.

181 Vgl Abschnitt D. III. 3.

182 Vgl. Kücherer, „Wachsende Bedeutung“, in Plan, Ausgabe 3/2005, S. 4, (7); HSH Nordbank, Der German Real Estate Investment Trust (REIT) und der deutsche Immobilienmarkt, 2005, 32; Beckmann, Investment-Handbuch 410 § 2 Rz. 15 ff.

Vertragsbedingungen einzuholen oder eine Mindestliquidität von 5 % vorzuhalten, erleichtern die Geschäftstätigkeit.[183]

4. Steuerrechtliche Behandlung

Der Immobilienspezialfonds ist wie der offene Immobilienfonds sowohl von der Körperschaft- als auch von der Gewerbesteuer befreit, § 11 Abs. 1 InvStG. Die Besteuerung erfolgt nur auf Ebene der Anleger. Es wird insofern auf die obigen Ausführungen zur steuerrechtlichen Behandlung der Anleger eines offenen Immobilienfonds verwiesen. Es sind jedoch nur die Regeln für körperschaftsteuerpflichtige Anleger zu berücksichtigen, da nur diese in einen Immobilienspezialfonds investieren können.[184]

5. Kontrollmechanismen

Der Immobilienspezialfonds unterliegt der Kontrolle durch die Bundesanstalt für Finanzdienstleistungsaufsicht, § 5 InvG.

6. Performance

Immobilienspezialfonds zeichnen sich durch die fehlende Handelbarkeit ihrer Anteile aus, da ihnen nicht nur der Zweitmarkt fehlt, sondern sie zusätzlich dem Zustimmungserfordernis durch die Kapitalanlagesellschaft zur Anteilsübertragung unterliegen, § 92 InvG. Auch ist die Unternehmenstätigkeit zu stark reglementiert, als dass es dem Fonds möglich wäre, kurzfristig notwendige Marktanpassungen oder rein spezialisierte Investitionsstrategien zu verfolgen.[185] Dennoch sind die steuerlich vorteilhafte Regelung und die relativ hohe Transparenz für viele institutionelle Investoren der Anreiz, verstärkt in Immobilienspezial-

183 Die Abweichungen sind in § 93 ff InvG, insbesondere in § 95 InvG, geregelt. Die Fondsbranche tendiert darüber hinaus aus Anlegerschutzgesichtspunkten eine freiwillige Verpflichtung dahingehend einzugehen, dass zukünftig Liquidität in Höhe von 10 % vorgehalten werden soll.

184 Vgl. Abschnitt D. III. 5; § 91 Abs. 1 InvG.

185 Vgl. DEGI Research, Immobilienanlageprodukte in Deutschland, 2005, 23; HSH Nordbank, Der German Real Estate Investment Trust (REIT) und der deutsche Immobilienmarkt, 2005, 32 f.; Bundesministerium der Finanzen, Argumente für die Einführung deutscher REITs, 2006, 19.

fonds zu investieren, wobei die gesetzliche Beschränkung der Anlegerzahl auf maximal 30 Investoren je Spezialfonds kein Hindernis darstellt. So beträgt das Nettoanlagevermögen derzeit 20 Mrd. €.[186] Der Anteil des ausländischen Kapitals ist jedoch mit 1 Mrd. € wiederum sehr gering. Dies lässt den Schluss zu, dass der Spezialfonds international wenig Anerkennung findet.

VI. Entwicklungstrends

Der geschlossene Immobilienfonds stellt eine Spezialform der indirekten Immobilienanlage dar, die nicht mit den anderen Formen zu vergleichen ist. Da geschlossene Immobilienfonds außerdem das größte Gesamtvolumen aufweisen und sich der Zweitmarkt entwickelt, werden sie sich weiterhin am Markt etablieren.

Die Immobilien-AG zeichnet sich durch besonders große unternehmerische Freiheit aus. Obwohl sie steuerlich keinerlei Vorteile genießt, werden die fehlende Regulierung der Unternehmenstätigkeit und insbesondere die Option zur Börsennotierung auch zukünftig für viele Investoren vorzugswürdig sein.

Der offene Publikumsimmobilienfonds und der offene Immobilienspezialfonds sind vor allem aufgrund ihrer steuerlichen Privilegierung eine interessante Anlagealternative. Andererseits werden sie nicht allein den Markt bestimmen, da die strikte Regulierung der Unternehmens- und Anlagetätigkeit, die hohe Fristentransformation und die fehlende Möglichkeit der Börsennotierung und somit eingeschränkte Handelbarkeit Investoren immer veranlassen werden, auch andere Investitionsvehikel zu nutzen.

Grundsätzlich lässt sich aber vor allem festhalten, dass dem Markt der indirekten Immobilienanlageprodukte zukünftig eine wachsende Bedeutung zukommt, da nicht nur institutionelle Investoren, sondern auch Privatanleger verstärkt in diese Anlageformen investieren werden.[187]

186 Vgl. REITs in Deutschland, Konkurrenz oder neuer Absatzmarkt – oder beides?, 27.12.2006.

187 Vgl. REITs in Deutschland, Studie sieht REITs im Aufwind, 5.10.2006.

E. Real Estate Investment Trusts im internationalen Vergleich

Die bestehenden indirekten Anlageformen für Immobilien in Deutschland sind zwar einerseits vielfältig, andererseits entsprechen sie aber nicht dem internationalen Standard.[188] Vielmehr ist dieser von den sich weltweit durchsetzenden REITs nach dem US-Vorbild gekennzeichnet. Insofern besteht in Deutschland Nachholbedarf, den Anlagemarkt zu erweitern, um international konkurrenzfähig zu bleiben. In einem vereinten Europa und bei fortschreitender Globalisierung ziehen Anleger mit ihrem Kapital sonst ins europäische oder außereuropäische Ausland.[189] Vor diesem Hintergrund, und um eine realistische Best-Practice-Empfehlung abgeben zu können, werden zunächst die für Deutschland wichtigsten internationalen REIT-Strukturen analysiert.

I. Beschränkung auf den US-REIT, den französischen REIT und den UK-REIT

Die Analyse internationaler REIT-Strukturen beschränkt sich in dieser Arbeit auf den US-REIT, den französischen REIT (SIIC) sowie den UK-REIT. Der US-REIT ist das Basismodell für alle anderen weltweit entstandenen REIT-Strukturen. Der französische REIT ist derzeit das Erfolgsmodell auf dem europäischen Kontinent. Der UK-REIT wurde zwar erst zum 1.1.2007 eingeführt, doch ist es dessen Struktur, die dem deutschen Gesetzgeber überwiegend als Vorbild diente. Dennoch sollen die anderen existierenden REIT-Strukturen in dieser Arbeit nicht gänzlich unbeachtet bleiben. Einige von ihnen werden vielmehr im Rahmen der Vorschläge für einen deutschen REIT als Vorbild oder aber auch als Risiko beispielhaft herangezogen.

---

188 Vgl. BTDrucks 16/4026, A. Allgemeiner Teil, I. Ziel des Gesetzes.

189 Vgl. Reiss, Global Property Investment, 2005, 3; Bundesministerium der Finanzen, Argumente für die Einführung deutscher REITs, 2006, 3 f.

II. US-REIT

In den USA gibt es keine offenen Immobilienfonds, wie sie das Investmentgesetz in Deutschland vorsieht. So erklärt sich, dass sich US-REITs durch einige vergleichbare Merkmale auszeichnen.

1. Begriff und Funktionen

Die Bezeichnung Real Estate Investment Trust bzw. REIT stammt aus den USA und steht für die einzige dort existierende steuertransparente indirekte Immobilienanlageform. Ziel der Einführung von REITs in den USA war neben der Belebung der Immobilienwirtschaft die Öffnung des indirekten Immobilienanlagemarkts für Kleinanleger.[190]

REITs wurden 1960 durch den Real Estate Investment Trust Act als Bestandteil der Excise Tax Bill in den USA eingeführt. In der Anfangsphase konnten sie sich jedoch nur schwer etablieren, da ihnen allein die passive Bestandshaltung, nicht aber die weitergehende Entwicklung des Immobilienbestandes erlaubt war. So gab es 1971 insgesamt nur 34 REITs mit einer Marktkapitalisierung von 1,494 Mrd. US$. Nachdem sich der REIT-Markt auch in den folgenden Jahren nicht belebte, hat der Kongress ab 1986 mehrere Gesetze verabschiedet, die vor allem der Klarstellung einzelner Bestimmungen dienten, beispielsweise im Hinblick auf ausländische Einkünfte, und die bestehenden Einschränkungen der Unternehmenstätigkeit reduzierten.[191] So wurde beispielsweise die unmittelbare Bewirtschaftung der Immobilien durch den REIT zugelassen, Pensionsfonds die Investition in REITs gestattet, das Halten von bis zu 100 % an einer steuerpflichtigen Tochtergesellschaft durch den REIT erlaubt, der ihrerseits die Übernahme der aktiven Bewirtschaftung gestattet wurde. Auch wurde die Aus-

190 Vgl. EPRA, Global REIT Survey, 2004, 45; NAREIT, Frequently Asked Questions About REITs, 2004, 2; NAREIT, Promoting More Flexible Investment in Property, 2004, 1; Volckens/Panzer, „Der US-Amerikanische Real Estate Investment Trust – Rechtliche Rahmenbedingungen und Funktionsweise", in IStR 2005, S. 104, (104).

191 Vgl. 1986: Tax Reform Act; 1993: Omnibus Budget Reconciliation Act; 1997: REIT Simplification Act; 1999: REIT Modernization Act als Teil des Work Incentives Improvement Act; 2004: REIT Improvement Act als Teil des American Jobs Creation Act; 2006: REIT Investment Diversification and Empowerment Act; NAREIT, Changing With the Times, 2004, 1 ff.; Hughes, Viewing UK-REITs in a global context, in White Page ltd. (Hrsg.), REITs – Real Estate Investment Trusts, A new route up the property ladder, 2006, 57; Deutsche Bank Research, Was Europa von US-REITs lernen kann, 2006, 2 f.

schüttungsverpflichtung des REIT von 95 % auf 90 % reduziert, was zu einer Stärkung der Kapitalbasis der Gesellschaften führte. Hinzu kam die Einführung der De-minimis-Schwelle, so dass REITs nicht mehr unverzüglich ihren Status verloren, sobald beispielsweise die vorgeschriebenen Vermögens- oder Stimmrechtsgrenzen überschritten waren, sondern zunächst nur eine Strafzahlung erfolgt. Neuerdings dürfen die Beteiligungen von REITs an steuerpflichtigen Tochtergesellschaften nicht mehr nur 20 % sondern 25 % des Anlagevermögens betragen und auch die Haltefristen für Immobilien sind von vier auf zwei Jahre reduziert worden.

1997, dem Höhepunkt des Immobilienbooms, gab es 211 REITs mit einer Marktkapitalisierung von 140,534 Mrd. US$. Nach dem Einbruch der Kapitalmärkte in den Jahren 2000/01 erholte sich der REIT-Markt relativ schnell und wies Ende 2006 183 REITs mit einer Marktkapitalisierung in Höhe von 438,071 Mrd. US $ auf.[192] Daneben gibt es derzeit ca. 800 nicht börsennotierte US-REITs, für die allerdings Daten über die Marktkapitalisierung nicht verfügbar sind.[193]

2. Rechtsform

Der US-REIT ist keine selbstständige Gesellschaftsform. Es handelt sich vielmehr um ein steuerrechtliches Privileg, weshalb sich die gesetzlichen Regeln auch im US-Einkommensteuerrecht finden.[194] Der REIT-Status stellt eine Option für jede grundsätzlich unbeschränkt körperschaftsteuerpflichtige Gesellschaft (Corporations, Associations und Trusts), deren Anteile handelbar sind, dar, wenn

192 Vgl. NAREIT, Historical REIT Industry Market Capitalization, 2007, 1 f.; Cadmus, REITs, ein Vorbild für deutsche Immobilienaktiengesellschaften?, in Rehkugler (Hrsg.), Die Immobilien-AG, Bewertung und Marktattraktivität, 2003, 199; Schulz-Wulkow/Kohl/von Goldbeck/Glöckner, G-REIT – Ein neuer Weg zum Kapitalmarkt, 2006, 8; Die Daten, wie auch alle nachfolgenden, beziehen sich ausschließlich auf börsennotierte REITs.

193 Vgl. Cadmus, Projekt G-REIT, 2006, 3; NAREIT, Frequently Asked Questions About REITs, 2004, 3; NAREIT, Historical REIT Industry Market Capitalization, 2007, 2; NAREIT, Promoting More Flexible Investment in Property, 2004, 7; Zur Ermittlung der Anzahl nicht börsennotierter REITs wird auf die Erhebungen des Internal Revenue Service (IRS) im Rahmen der jährlichen Steuererklärungen zurückgegriffen, da anderweitige Daten nicht verfügbar sind.

194 Vgl. Sec. 856–859 des Internal Revenue Code (nachfolgend IRC); Volckens/Panzer, „Der US-Amerikanische Real Estate Investment Trust – Rechtliche Rahmenbedingungen und Funktionsweise", in IStR 2005, S. 104, (104).

sie vor allem die nachfolgenden Merkmale erfüllt.[195] Zur Erlangung des Status muss die Option gegenüber dem Internal Revenue Service (IRS), der Finanzbehörde, ausgeübt werden (sog. REIT Election). Die Gesellschaft kann die Option aber jederzeit widerrufen und so den REIT-Status aufheben.[196]

a. Anlegerstruktur

Die Anlegerstruktur des US-REIT sieht historisch bedingt einen hohen Streubesitz vor. So müssen die Gesellschaftsanteile außer im Gründungsjahr an 335 Tagen im Jahr von mindestens 100 Anteilseignern gehalten werden. Weiterhin dürfen maximal 50 % des Grundkapitals im Besitz von fünf oder weniger Anteilseignern sein.[197]

b. Management

US-REITs können sowohl extern durch einen oder mehrere Geschäftsführer bzw. Treuhänder (externally-advised) oder intern durch einen Vorstand bzw. Verwaltungsrat (internally-advised) geführt werden. Gleiches gilt für die Frage, wer die operativen Tätigkeiten des REIT, also z. B. die Bewirtschaftung der Immobilien, übernimmt. So besteht die Möglichkeit, externe Firmen zu engagieren (externally-managed) oder eigene Mitarbeiter mit der Aufgabe zu betrauen (internally-managed). Die gelisteten REITs werden überwiegend intern geführt, da der Kapitalmarkt sonst zu Abstrafungen neigt. Nicht gelistete REITs neigen hingegen dazu, sich externer Berater und Verwalter zu bedienen.[198]

c. Börsennotierung

Der US-REIT ist nicht zur Börsennotierung verpflichtet. Er kann entweder als publicly traded REIT, Non-Exchange traded REIT oder private REIT am Markt auftreten. Der publicly traded REIT ist regulär an der Börse gelistet und wird von der Aufsichtsbehörde SEC (Securities Exchange Commission) kontrolliert. Er muss sich außerdem den strengen Corporate Governance-Regeln des Sarbanes-Oxley Act unterwerfen.[199] Der Non-Exchange traded REIT ist zwar

---

195 Vgl. Sec. 856 (a) (2), (3), Sec. 856 (b), Sec. 856 (c) IRC; NAREIT, Frequently Asked Questions About REITs, 2004, 2.

196 Vgl. Sec. 856 (c) (1) IRC; Die Statuswahl erfolgt durch Ausfüllen des sog. Form 1120-REIT; Sec. 856 (g) (2) IRC.

197 Vgl. Sec. 856 (a) (5), (6) IRC.

198 Vgl. Sec. 856 (a) (1) IRC; NAREIT, Promoting More Flexible Investment in Property, 2004, 9.

199 Vgl. Steih/Wader, Sarbanes-Oxley Act, 2002, 16 ff.; Reiss, Global Property Investment, 2005, 3; Der Sarbanes-Oxley Act trat 2002 in den USA in Kraft.

nicht an der Börse notiert, wird aber dennoch von der SEC kontrolliert. Hingegen ist der private REIT nicht bei der SEC registriert und seine Papiere werden nicht an der Börse gehandelt.[200] Daraus resultieren auch unterschiedliche Publizitätspflichten, denen die für den REIT-Status optierende Gesellschaft jeweils unterworfen ist.

d. Kapital

Der Status des US-REIT verlangt weder ein Mindestkapital, noch sieht er eine Beschränkung des Fremdkapitals vor.[201] Allerdings zeigen die Erfahrungen, dass die Fremdkapitalquote durchschnittlich zwischen 40 % und 50 % der Marktkapitalisierung liegt.[202]

3. Unternehmenstätigkeit

US-REITs treten hinsichtlich ihrer Unternehmenstätigkeit in drei verschiedenen Formen am Markt auf. Daneben erfüllen sie aber alle weiteren Kriterien, die zur Erlangung des REIT-Status notwendig sind.

Die überwiegende Zahl der in den USA am Markt vertretenen REITs sind Equity REITs. Sie investieren das Kapital in den Erwerb von Immobilien, um anschließend langfristig Erträge aus deren Vermietung bzw. Verpachtung und Entwicklung zu erwirtschaften.[203] Sie zeichnen sich überwiegend durch einen hohen Grad an Spezialisierung in einem bestimmten Immobiliensegment aus und agieren häufig lokal. Es handelt sich um die Reinform der REITs. Die Marktkapitalisierung der 138 Ende des Jahres 2006 gelisteten Equity REITs betrug 400,741 Mrd. US$.[204]

Daneben existierten 2006 38 gelistete Mortgage REITs mit einer Marktkapitalisierung von 29,195 Mrd. US$. Ihre Tätigkeit besteht in der Darlehensvergabe an Eigentümer oder Projektentwickler von Immobilien zumeist gegen Sicher-

---

200 Vgl. NAREIT, The REIT Story, 2003, 3; NAREIT, Frequently Asked Questions About REITs, 2004, 3; 2004 gab es nur 20 Non-Exchange traded REITs.

201 Vgl. Schulz-Wulkow/Kohl/von Goldbeck/Glöckner, G-REIT – Ein neuer Weg zum Kapitalmarkt, 2006, 15; Volckens/Panzer, „Der US-Amerikanische Real Estate Investment Trust – Rechtliche Rahmenbedingungen und Funktionsweise", in IStR 2005, S. 104, (108).

202 Vgl. NAREIT, Promoting More Flexible Investment in Property, 2004, 11.

203 Vgl. Deutsche Bank AG, Der deutsche REIT, 2005, 18.

204 Vgl. NAREIT, Historical REIT Industry Market Capitalization, 2007, 2.

heiten in Form von Anteilen an den Immobilien oder dem Erwerb von mortgage backed securities.[205]

Letztlich agieren die Hybrid REITs am Markt, deren Bedeutung jedoch relativ gering ist. So gab es im Jahr 2005 nur 7 gelistete Hybrid REITs mit einer Marktkapitalisierung von 8,134 Mrd. US$.[206] Diese kleine Gruppe kombiniert die Tätigkeit der Equity REITs und der Mortgage REITs.

a. Anlagevorschriften

Um für den REIT-Status optieren zu können, müssen bestimmte Einnahme- und Anlageschwellen eingehalten werden, was teils jährlich, teils vierteljährlich nachzuweisen ist.[207]

Die Einnahmeschwellen sehen vor, dass mindesten 95 % der gesamten Bruttoeinnahmen aus Miet- bzw. Pachtzinsen oder Grundpfandrechtszinsen, Veräußerungsgewinnen, Gewinnabführungen der Tochtergesellschaften, Dividendeneinkünften oder Zinsen aus Staatsanleihen stammen müssen. 75 % aller Bruttoeinkünfte müssen allein aus Miet-, Pacht- oder Hypothekenzinsen bzw. Zinsen aus Staatsanleihen oder aus Veräußerungsgewinnen stammen.[208] Veräußerungsgewinne dürfen nur aus dem Verkauf von Immobilien stammen, wenn sie länger als zwei Jahre im Bestand der Gesellschaft waren, wenn die in den zwei Jahren getätigten Aufwendungen nicht 30 % des erzielten Nettoerlöses überschritten haben und der REIT nicht mehr als sieben Immobilien oder mehr als 10 % seines Immobilienvermögens in Höhe des Marktwertes innerhalb eines Jahres veräußert hat.[209]

Die Anlageschwellen sehen vor, dass mindestens 75 % des Anlagevermögens in Immobilien bzw. Grundpfandrechten, Barmitteln oder Staatsanleihen investiert sein müssen.[210] Die Kapitalbeteiligungen an besteuerbaren REIT-Tochter-

---

205 Vgl. Schulz-Wulkow/Kohl/von Goldbeck/Glöckner, G-REIT – Ein neuer Weg zum Kapitalmarkt, 2006, 7; NAREIT, Historical REIT Industry Market Capitalization, 2007, 2; Mortgage backed securities sind hypothekarisch gesicherte Anleihen.

206 Vgl. Volckens/Panzer, „Der US-Amerikanische Real Estate Investment Trust – Rechtliche Rahmenbedingungen und Funktionsweise", in IStR 2005, S. 104, (105); NAREIT, Historical REIT Industry Market Capitalization, 2007, 2;

207 Vgl. NAREIT, Forming and Operating a Real Estate Investment Trust, 2004, 2.

208 Vgl. Sec. 856 (c) (2), (3) IRC; Es handelt sich hierbei um den 95- und 75 % Income-Test.

209 Vgl. Sec. 857 (b) (6) (C) IRC; Immobilienverkäufe, die darüber hinausgehen, führen zwar nicht zum Statusverlust, aber der Erlös muss zu 100 % auf Gesellschaftsebene versteuert werden, da es sich aus steuerlicher Hinsicht um Einkünfte aus sog. prohibited transactions handelt. Auf Anteilseignerebene gilt dann entsprechend ein reduzierter Steuersatz.

210 Vgl. Sec. 856 (c) (5) (A) IRC; Es handelt sich hierbei um den 75 % Asset-Test.

gesellschaften (sog. taxable REIT subsidiaries, kurz TRS) dürfen nicht mehr als 25 % des Anlagevermögens und die Kapitalbeteiligungen an Drittunternehmen nicht mehr als jeweils 5 % des Anlagevermögens betragen. Außerdem darf der REIT zwar 100 % der Anteile einer TRS, jedoch nicht mehr als 10 % der Stimmrechte oder des Grundkapitals eines Drittunternehmens halten.[211]

b. Ausschüttungsvorschriften

US-REITs müssen 90 % ihres zu versteuernden Nettogewinns, d. h. nach Abschreibungen, jährlich an die Anleger ausschütten.[212] Veräußerungsgewinne aus dem Immobilienverkauf können hingegen stehengelassen werden.[213]

4. Steuerrechtliche Behandlung

Im Gegenzug für die Einhaltung der obigen Kriterien genießt der US-REIT selbst Steuerprivilegien.

a. Gesellschaftsebene

Grundsätzlich unterliegen REITs der Körperschaftsteuerpflicht. Die an die Anleger ausgeschütteten Dividenden werden jedoch als Betriebsausgaben abgezogen.[214] So unterliegen allein die zu maximal in Höhe von 10 % thesaurierten Gewinne der Besteuerung.[215] Ausgeschüttete Veräußerungsgewinne werden ebenfalls auf Gesellschaftsebene als Betriebsausgaben von der Steuerbemessungsgrundlage abgezogen, vorausgesetzt, es handelt sich um privilegierte Veräußerungsgewinne, d. h. solche, die den genannten Voraussetzungen entsprechen.[216] Soweit die Veräußerungsgewinne jedoch aus sog. prohibited transactions i. S. d. Sec. 857 (b) (6) IRC stammen, also außerhalb der Beschränkungen erzielt wurden, verliert die Gesellschaft zwar nicht ihren Status, sie ist aber auf Gesellschaftsebene mit diesen Einkünften steuerpflichtig.

Bei Umwandlung in einen REIT müssen die stillen Reserven gehoben und versteuert werden. Allein, wenn es sich um Immobilien handelt, die länger als zehn

211 Vgl. Sec. 856 (c) (4) IRC.

212 Vgl. Sec. 857 (a) (1) und (b) (2) IRC; NAREIT, Frequently Asked Questions About REITs, 2004, 6.

213 Vgl. EPRA, Global REIT Survey, 2004, 49.

214 Vgl. Sec. 857 (b) (2) (B) und Sec. 857 (b) (3) (A) (ii) IRC; Steuer- und Kalenderjahr sind gleichbedeutend.

215 Vgl. Sec. 857 (b) (1).

216 Vgl. Abschnitt E. II. 3. a.

Jahre vor dem Umwandlungsstichtag im Bestand der Gesellschaft waren und alle vor der Umwandlung erwirtschafteten Gewinne an die Gesellschafter innerhalb des ersten Jahres nach Statuserlangung ausgeschüttet werden, entfällt die Steuerpflicht.[217]

Im Übrigen erheben die meisten Staaten bei Erwerb von Immobilien eine Grunderwerbsteuer.[218]

b. Anlegerebene

Die auf Unternehmensebene steuerfrei ausgeschütteten Gewinne inklusive der Veräußerungserlöse unterhalb der prohibited transaction-Grenze gelten auf Anlegerebene als Dividenden. Sie unterliegen als solche der individuellen Einkommens- bzw. Körperschaftsbesteuerung. Für als Dividenden ausgeschüttete Veräußerungsgewinne aus dem auf Gesellschaftsebene steuerpflichtigen Verkauf von Immobilien gilt ein reduzierter Steuersatz von 15 % bzw. 25 %.[219] Ebenso werden Dividenden, die der REIT zuvor von einer besteuerbaren Tochtergesellschaft erhalten hat und an die Anleger ausschüttet, sowie Veräußerungsgewinne aus dem Anteilsverkauf nur mit 15 % versteuert.

Ausländische Anteilseigner unterliegen einer Quellensteuer von 30 % für Dividenden und von 35 % für ausgeschüttete Veräußerungsgewinne. Soweit Doppelbesteuerungsabkommen niedrigere Steuersätze vorsehen, gelten diese nur für die Dividendenbesteuerung.[220]

c. REIT-Tochtergesellschaften

Es existieren zwei verschiedene Typen von REIT-Tochtergesellschaften. Zum einen gibt es die sog. Qualified REIT Subsidiaries (QRS), d. h. nicht besteuerbare Tochtergesellschaften, deren Anteile zu 100 % von dem REIT gehalten werden und die ebenso wie der REIT in der Unternehmenstätigkeit beschränkt sind. Sie gelten nicht als eigenständige Gesellschaft, sondern werden dem REIT mit allen Anteilen, Verbindlichkeiten etc. zugerechnet. Folglich werden sie auch steuerlich wie der REIT selbst behandelt.[221]

---

217 Vgl. EPRA, Global REIT Survey, 2004, 51.

218 Das US-Steuersystem ist in Bundes- und Einzelstaatensteuern aufgeteilt.

219 Vgl. EPRA, Global REIT Survey, 2004, 52.

220 Vgl. Sec. 871 (a), 881, 1441, 1442.

221 Vgl. Sec. 856 (i) IRC.

Daneben bestehen die sog. Taxable REIT Subsidiaries (TRS), d. h. besteuerbare Tochtergesellschaften, für die der REIT und die Tochtergesellschaft gemeinschaftlich den Status der TRS gewählt haben. Sie sind in ihrer Unternehmenstätigkeit nicht beschränkt und gelten als eigenständige Gesellschaft. Steuerlich werden sie wie jede andere Kapitalgesellschaft behandelt, sind folglich körperschaftsteuerpflichtig.[222] Die TRS schütten die Dividenden entsprechend der Beteiligung des REITs an diesen aus, der sie wiederum an die Anteilseigner weiterleitet. Die steuerlichen Privilegien greifen mithin auf Ebene des REITs ein.

5. Kontrollmechanismen

Das steuerliche Privileg wird US-REITs nur gewährt, wenn diese alle Voraussetzungen nicht nur bei Statuserlangung, sondern auch in der Folgezeit erfüllen. Insofern unterliegen sie verschiedenen Kontrollen.

a. Börsenaufsicht

Publicly traded und Non-Exchange traded REITs werden von der US-Börsenaufsicht, der SEC, nicht nur in Bezug auf die Einhaltung der Corporate Governance sowie der Wertpapierhandelsvorschriften überprüft.[223] Sie müssen außerdem vierteljährlich bzw. jährlich ihre Finanzberichte vorlegen, in denen die Einnahmen, Anlagen sowie Ausschüttungen einzeln aufgeschlüsselt sind.[224] Eine weitergehende Investmentaufsicht besteht hingegen nicht.

b. Steuerbehördenaufsicht

Daneben werden alle US-REITs, also insbesondere auch die nicht börsennotierten REITs, von der Steuerbehördenaufsicht des IRS vierteljährlich bzw. jährlich auf die Einhaltung der Vorschriften bei Abgabe der Finanzberichte und Steuererklärungen überprüft. Nur wenn diese Prüfung positiv ausfällt, wird dem REIT für den jeweiligen Veranlagungszeitraum der Betriebsausgabenabzug in Höhe der Ausschüttungen und somit die mindestens 90 %ige Steuerfreiheit des normalerweise zu versteuernden Gewinns gewährt.[225]

---

222 Vgl. Sec. 856 (l) IRC; Volckens/Panzer, „Der US-Amerikanische Real Estate Investment Trust – Rechtliche Rahmenbedingungen und Funktionsweise", in IStR 2005, S. 104, (107).

223 Die US-amerikanischen Corporate Governance-Regeln basieren auf dem Sarbanes-Oxley Act aus dem Jahr 2002.

224 Vgl. NAREIT, The REIT Story, 2003, 3; NAREIT, Frequently Asked Questions About REITs, 2004, 10.

225 Vgl. Sec. 856 (c) (1), Sec. 856 (g) IRC.

c. Testverfehlungen
Grundsätzlich führt die Verfehlung eines der durch die Aufsichtsbehörden durchgeführten Tests zum Statusverlust als REIT für mindestens fünf Jahre.[226] Folge dessen ist, dass die Tätigkeit der Gesellschaft zwar weitergeführt werden kann, aber die steuerlichen Privilegien entfallen. Da jedoch von dem REIT nicht zu beeinflussende Wirtschaftsfaktoren zu Testverfehlungen führen können, tritt der Statusverlust erst ab dem Überschreiten der sog. De-minimis-Schwelle ein. Das bedeutet, dass geringfügige Verfehlungen gegen die Einkunfts-, Anlage- und Ausschüttungsvorschriften oder gegen die Vermögens- oder Stimmrechtsgrenze für Beteiligungen des REIT, soweit sie unverschuldet sind und der REIT aktive Strukturmaßnahmen einleitet bzw. die Ausschüttung innerhalb von 30 Tagen nachholt, zunächst nur Strafzahlungen geleistet werden müssen, der Status als REIT jedoch beibehalten werden kann.[227]

6. Performance

US-REITs sind sehr erfolgreich.[228] So erhöhte sich die Marktkapitalisierung aller REITs allein innerhalb des Jahres 2006 um 107,4 Mrd. US$. Neben der Professionalität der meisten REITs in der Immobilienbewirtschaftung sowie der Spezialisierung auf bestimmte Segmente schafft insbesondere die tägliche Bewertung am Markt sowie durch Rating-Agenturen großes Vertrauen auf Anlegerseite.[229] Obwohl die Zinserhöhungen der US-Notenbank Ende 2005 und Anfang 2006 zeitweilig zu einer deutlichen Schwächung des REIT-Marktes geführt haben, war die Performance der REITs auch in den ersten Quartalen des Jahres 2006 unvergleichlich besser als die anderer Immobilienwerte. Ursache hierfür war insbesondere die hohe Nachfrage am Zweitmarkt.[230]

---

226 Vgl. Sec. 856 (b) IRC; Sec. 856 (g) (1) und (3) IRC; Die Sperrfrist von fünf Jahren greift nicht in den Fällen ein, in denen nachweisbar kein Vorsatz bestand, die Tests zu verfehlen, Sec. 856 (g) (4) IRC.

227 Vgl. NAREIT, Promoting More Flexible Investment in Property, 2004, 16 ff.

228 Vgl. NAREIT, Press Release, REITs Deliver Market Leading Performance For Seventh Consecutive Year, 2007.

229 Vgl. NAREIT, REITs Outperform Leading U.S. Benchmarks, 2006, 1; NAREIT, Frequently Asked Questions About REITs, 2004, 8; Zu beachten ist, dass alle Daten nur für börsennotierte REITs zur Verfügung stehen.

230 Vgl. Haupt, US-REITs: Frisches Geld lässt die Party weitergehen, 2006, 1 f.; REITs in Deutschland, Gute Entwicklung bei US-REITs, 7.9.2006; REITs in Deutschland, REITs setzen ihren Höhenflug fort, 4.10.2006.

Andererseits werden aber zunehmend börsennotierte REITs delistet. So reduzierte sich die Anzahl börsennotierter REITs von 197 im Jahr 2005 auf 183 im Jahr 2006, wobei vor allem die Zahl der Equity REITs von 152 auf 138 abnahm. Diese Entwicklung findet ihre Ursache hauptsächlich in finanziellen Problemen der Gesellschaften, die u. a. aus der Pflicht zur Einhaltung des Sarbanes-Oxley Act resultieren. Dieser sieht nämlich nicht nur interne, sondern auch externe Kontrollmechanismen sowie strenge Publizitätsvorschriften zur Sicherung des Anlegerschutzes vor, die sehr kostenintensiv sind.[231] Zudem führen die steigenden Zinsen dazu, dass Investoren REITs aufkaufen und ein sog. Going Private durchführen, um einem Kursrisiko vorzubeugen.

III. Französischer REIT

Der französische REIT stellt innerhalb Europas das derzeit auf Seiten der Investoren bevorzugte Modell dar. Insofern ist er auch für die Ausgestaltung eines deutschen REIT von besonderer Bedeutung.[232]

1. Begriff und Funktionen

Frankreich führte im Jahr 2003 seine Version eines REIT, die société d'investissement immobilier cotée, kurz SIIC, ein, um im europäischen Wettbewerb aufgrund des Fehlens einer steuerprivilegierten Immobilienanlageform nicht weiter ins Hintertreffen zu geraten.[233] Außerdem wollte Frankreich mit Hilfe der Besteuerung der stillen Reserven, die bei Einbringung in eine SIIC gehoben werden müssen, seine Staatsfinanzen sanieren.[234]

Der organisme de placement collectif en immobilier, kurz OPCI, d. h. der offene Immobilienfonds nach deutschem Vorbild, der als Pendant zum REIT gesehen

231 Vgl. REITs in Deutschland, Trend zur Privatisierung bei US-REITs hält an, 27.6.2006; Reiss, Global Property Investment, 2005, 3.

232 Vgl. HSBC Trinkaus & Burkhardt, Shaping the G-REIT, 2005, 16.

233 Vgl. Gesetz Nummer 2002–1575 vom 30.12.2002; Art. 208 C des Code Général des Impôts (nachfolgend CGI); ZEW/ebs, Real Estate Investment Trusts (REITs), 2005, 75.

234 Vgl. Loyens & Loeff/EPRA, European REIT Regimes and the Impact of the EC Treaty Freedoms, 2005, 8.

werden kann, wurde in Frankreich erst 2005 eingeführt.[235] Die Anleger der bis dahin existierenden SIIC waren mehrheitlich ausländische und institutionelle Investoren, was seine Ursache u. a. darin fand, dass die SIIC abgesehen vom ersten Börsengang keinen Streubesitz aufweisen musste sowie zwingend börsennotiert sein muss.[236] Initiatoren von SIIC, die deren Anteile gezielt Kleinanlegern anboten, sowie die Zahl der Kleinanleger, die Anteile über den Börsenhandel erwarben, befanden sich dadurch in der Minderheit.[237] Da aber insbesondere im Hinblick auf die Altersvorsorge der indirekte Immobilienanlagemarkt auch inländischen Kleinanlegern eröffnet werden soll, entschloss sich die französische Regierung zur Einführung der OPCI.

Nach Einführung der SIIC im Jahr 2003 gab es jedoch in der Anfangsphase verschiedene Ungereimtheiten, wie z. B. die Ungleichbehandlung zwischen Gesellschaften, die ihr Immobilienvermögen in eine SIIC eingebracht hatten und damit steuerlich privilegiert wurden, einerseits und der nicht privilegierten Verschmelzung von zwei SIIC andererseits.[238] Auch die Nichtprivilegierung von Finanzierungsleasing-Tätigkeiten sowie die der fehlenden Steuervergünstigung für die Einbringung von Immobilien in eine SIIC durch Dritte führten zu Problemen. Infolge dessen hat die französische Regierung in einer ersten Gesetzesänderung für alle Veranlagungszeiträume ab 2004 und in einer zweiten Gesetzesänderung für alle Veranlagungszeiträume ab 2005 bzw. 2006 Erleichterungen vorgenommen, die jedoch bis zum 31.12.2007 begrenzt sind.[239] Die dritte Novellierung folgte bereits zum 1.1.2007.[240] Die Änderungen beziehen sich auf die Reglementierung des Streubesitzes sowie die Besteuerung von körperschaftsteuerpflichtigen Anlegern, die mehr als 10 % der Anteile einer SIIC halten.

---

235 Vgl. Verordnung Nummer 2005–1278 vom 13.10.2005; Art. L214-89 ff. des Code Monétaire et Financier.

236 Sowohl auf die Frage des Streubesitzes als auch auf die zwingende Börsennotierung wird nachfolgend näher eingegangen; vgl. Abschnitt E. III. 2. a. und b.

237 Vgl. Adelle, „L'OPCI; un nouveau fonds immobilier sur le marché français", in Échanges Mai 2006, N° 232, S. 42, (42 ff.); EPRA, Progress on REIT Regimes in Europe, 2006, 8.

238 Vgl. Jeanjean/Pancrazio, „Les SIIC face à l'externalisation", in Immobilier et Bourse 2004, N° 38, S. 31, (33).

239 Vgl. Gesetz Nummer 2004–1484 vom 30.12.2004, Art. 26 Abs. 1 lit. a und b; Gesetz Nummer 2005–1720 vom 30.12.2005, Art. 28 a XXVIII.

240 Vgl. Gesetz Nummer 2006–1771 vom 30.12.2006, Art. 138 II.

2. Rechtsform

Der Status als SIIC ist keine selbstständige Rechtsform, sondern analog dem US-amerikanischem System eine Option, die Gesellschaften unter bestimmten Voraussetzungen ausüben können, um steuerliche Privilegien zu erhalten. Die Option muss gegenüber dem Finanzministerium ausgeübt werden und ist unwiderruflich.[241] Voraussetzung ist, dass es sich bei der Gesellschaft um eine Publikumsaktiengesellschaft, d. h. eine SA bzw. eine ausländische AG, oder eine Kommanditgesellschaft auf Aktien, d. h. eine SCA bzw. eine ausländische KGaA, handelt. Die Gesellschaft muss weiterhin in Frankreich körperschaftsteuerpflichtig sein. Die Steuerpflicht kann sowohl durch eine Betriebsstätte als auch durch in Frankreich belegene Immobilien begründet werden.[242]

Tochtergesellschaften einer SIIC können ebenfalls unwiderruflich für den Status einer SIIC optieren, wenn 95 % ihrer Gesellschaftsanteile von der Muttergesellschaft direkt oder indirekt gehalten werden und sowohl Mutter- als auch Tochtergesellschaft insbesondere die weiteren Merkmale erfüllen.[243]

a. Anlegerstruktur

Ursprünglich war für eine Gesellschaft mit dem Status einer SIIC kein Streubesitz vorgeschrieben.[244] Insofern unterschied sich die SIIC von dem US-amerikanischen REIT grundlegend.[245] Allerdings führte dies dazu, dass fast keine Privatanleger an den existierenden SIIC beteiligt sind. Um dieser Entwicklung entgegenzuwirken, sieht die am 1.1.2007 in Kraft getretene Änderung des Gesetzes einen Streubesitz von 40 % des Aktienkapitals vor. Darüber hinaus muss die Gesellschaft bereits vor der Börsennotierung einen Streubesitz von 15 % aufweisen.[246]

241 Vgl. Art. 208 C Abs. 3 CGI.

242 Vgl. Art. 208 C Abs. 1 CGI; Schimmelschmidt/Tauser/Lagarrigue, „Immobilieninvestitionen deutscher Investoren in französische REITs", in IStR 2006, S. 120, (121).

243 Vgl. Art. 208 C Abs. 2 CGI.

244 Vgl. EPRA, Global REIT Survey, 2004, 11.

245 Vgl. jedoch hierzu unter Abschnitt E. III. 2. c.

246 Vgl. Art. 208 C Abs. 1 CGI; Für bestehende REITs sieht das Gesetz eine Übergangsfrist bis Anfang 2009 vor; vgl. Art. 208 C Abs. 3 CGI.

b. Management

Das Management einer SIIC kann sowohl intern als auch extern geführt werden.[247] Die überwiegende Zahl der SIIC wird aber intern geführt, zumal es sich bei ihnen um ehemalige Immobilienaktiengesellschaften handelt, die diese Struktur bereits vor ihrer Umwandlung aufwiesen.

c. Börsennotierung

Die SIIC, nicht aber deren für den SIIC-Status optierenden Tochtergesellschaften, unterliegen der Pflicht zur Börsennotierung am geregelten Markt in Frankreich.[248] Eine Notierung im europäischen Ausland ist hingegen nicht möglich, weshalb vielfach die Europarechtskonformität dieser Regelung in Frage gestellt wird.[249]

d. Kapital

Voraussetzung für die Erlangung des Status einer SIIC ist ein Grundkapital von mindestens 15 Mio. €. Die Aufnahme von Fremdkapital ist hingegen nicht reglementiert. Die SIIC ist nur verpflichtet, das Fremdkapital jährlich den unterschiedlichen Tätigkeitsbereichen zuzuordnen und gegenüber den Anlegern auszuweisen. Die durchschnittliche Fremdkapitalquote der französischen SIIC liegt bei 47 %.[250]

3. Unternehmenstätigkeit

Die Unternehmenstätigkeit der SIIC ist grundsätzlich auf passive Tätigkeiten beschränkt. Dennoch bestehen Ausnahmen in gewissem Umfang für aktive Tätigkeiten.

---

247 Vgl. HSH Nordbank, Der German Real Estate Investment Trust (REIT) und der deutsche Immobilienmarkt, 2005, 12.

248 Vgl. Art. 208 C Abs. 1 CGI; Dietz, „REITs in Frankreich, Ein Erfolgsmodell seit 2003", in Die Bank, REITs – Sonderbeilage, 2006, S. 4 (4).

249 Vgl. hierzu auch Abschnitt F. I. 6. b.

250 Vgl. EPRA, Progress on REIT Regimes in Europe, 2006, 7; Schimmelschmidt/ Tauser/Lagarrigue, „Immobilieninvestitionen deutscher Investoren in französische REITs", in IStR 2006, S. 120, (121); HSH Nordbank, Der German Real Estate Investment Trust (REIT) und der deutsche Immobilienmarkt, 2005, 13.

a. Anlagevorschriften

Der Hauptzweck der Unternehmenstätigkeit muss in dem Erwerb bzw. der Errichtung von Immobilien sowie der Vermietung bzw. Verpachtung bestehen. Es handelt sich um die privilegierten Haupttätigkeiten einer SIIC. Finanzierungsleasinggeschäfte, ursprünglich nicht zugelassen, gelten inzwischen auch als privilegierte Haupttätigkeit, soweit sie nicht mehr als 50 % der Buchwerte der SIIC umfassen. Weitergehende Nebentätigkeiten sind steuerlich nicht privilegiert, aber in Höhe von 20 % der Buchwerte zulässig, ohne dass die Gesellschaft ihren Status als SIIC verliert.[251]

b. Ausschüttungsvorschriften

Die SIIC ist verpflichtet, 85 % der Einkünfte aus Vermietung und Verpachtung nach Abschreibungen sowie 100 % der von für den SIIC-Status optierenden Tochtergesellschaften bezogenen Dividenden innerhalb des der Einnahme folgenden Jahres an die Anleger auszuschütten. Veräußerungsgewinne müssen zu 50 % innerhalb von zwei Jahren nach deren Realisierung ausgeschüttet werden. Einkünfte aus nicht privilegierten Nebentätigkeiten unterliegen hingegen keiner Ausschüttungsverpflichtung.[252]

4. Steuerrechtliche Behandlung

Die steuerrechtliche Behandlung ist für die Gesellschaft einerseits und die Anteilseigner andererseits zu differenzieren.

a. Gesellschaftsebene

Die für den SIIC-Status optierende Gesellschaft bleibt grundsätzlich steuerpflichtig. Soweit sie aber die Beschränkungen der Unternehmenstätigkeit sowie die Ausschüttungskriterien erfüllt, sind die steuerlich privilegierten Einkünfte, also Einkünfte aus Vermietung und Verpachtung, Finanzierungsleasing, Veräußerungsgewinne und die von für den SIIC-Status optierenden Tochtergesellschaften bezogenen Dividenden, auf Unternehmensebene steuerbefreit. Auch Einkünfte aus ausländischem Immobilienvermögen fallen unter die Steuerbefreiung, jedoch kann die SIIC diese unwiderruflich ausklammern.[253] Nicht

251 Vgl. Art. 208 C Abs. 2 CGI; Kohl, Steuerlicher Belastungsvergleich in einzelnen Ländern, 2005, 10.

252 Vgl. Art. 208 C Abs. 2 CGI.

253 Vgl. EPRA, Global REIT Survey, 2004, 13; Soweit ausländische Einkünfte ausgeklammert werden, besteht auch keine Ausschüttungspflicht.

privilegierte Nebentätigkeiten unterliegen hingegen dem regulären Körperschaftsteuersatz.[254]

Die Gesellschaft muss bei erstmaliger Ausübung der Option zum SIIC-Status ihre stillen Reserven heben und zum halben Ertragsteuersatz von 16,5 % auf vier Jahre verteilt versteuern, wobei Verlustvorträge verrechnet werden können.[255] Seit der vorletzten Gesetzesänderung sind außerdem Verschmelzungen zweier SIIC steuerneutral sowie die Einbringung von Immobilien in die SIIC zum ermäßigten Steuersatz möglich.[256] Hinsichtlich der so steuerlich begünstigt eingebrachten Immobilien unterliegt die SIIC jedoch einer Haltefrist von fünf Jahren. Werden Immobilien innerhalb der für sie jeweils geltenden Haltefrist von der SIIC veräußert, so führt dies zwar nicht zum Statusverlust, aber es werden 25 % Steuern auf den Veräußerungserlös erhoben.

Soweit die Einbringung von Immobilien als Kauf ausgestaltet wird, genießt die SIIC seit 2006 unter dem SIIC 3 Regime zwar den Vorteil, dass sie nicht gezwungen ist, in der Hauptversammlung die notwendigen Mehrheiten zu erlangen, ein Wertgutachten von einem unabhängigen Gutachter sowie die Genehmigung der französischen Börsenaufsicht einzuholen, ein Immobilienerwerb mithin vereinfacht wird, jedoch ist sie dafür in Höhe von 5,09 % grunderwerbsteuerpflichtig und nicht nur in deutlich geringerer Höhe abgabenpflichtig.[257]

b. Anlegerebene

Die Besteuerung findet grundsätzlich auf Anlegerebene nach dem jeweils individuellen Steuersatz statt. Dies gilt sowohl für auf Gesellschaftsebene steuerbefreite als auch für steuerpflichtige Einkünfte, soweit diese ausgeschüttet werden.[258] Handelt es sich um natürliche Personen, so findet das Halbeinkünfteverfahren, d. h. eine 50 %ige Besteuerung, Anwendung. Die Gewinne aus der Veräußerung von Anteilen an einer SIIC werden pauschal mit 16 % besteuert. Anleger, die der Körperschaftsteuer unterliegen, genießen das Schachtelprivileg ab einer Beteiligung in Höhe von 5 % für mindestens zwei Jahre. Dann nämlich sind Ausschüttungen zu 95 % steuerbefreit, müssen mithin nur in Höhe von 5 %

254 Vgl. Art. 208 C Abs. 2 CGI; Kohl, Steuerlicher Belastungsvergleich in einzelnen Ländern, 2005, 12.

255 Vgl. Art. 219 Abs. 4 CGI; EPRA, Global REIT Survey, 2004, 19.

256 Vgl. Gesetz Nummer 2005–1720 vom 30.12.2005, Art. 28 a XXVIII; EPRA, Progress on REIT Regimes in Europe, 2006, 7; Es fallen aber zusätzlich zu der Steuerbelastung in Höhe von 16,5 % Sozialsteuern in Höhe von 0,55 % an.

257 Vgl. EPRA, Progress on REIT Regimes in Europe, 2006, 8.

258 Steuerrechtlich werden die Ausschüttungen als Dividenden qualifiziert.

versteuert werden. Bei kleineren Beteiligungen wird die Körperschaftsteuer für alle ausgeschütteten Dividenden in voller Höhe fällig.[259]

Ausländische Anteilseigner unterliegen grundsätzlich einer Quellensteuer in Höhe von 25 %, soweit die von Frankreich vereinbarten Doppelbesteuerungsabkommen den Steuersatz nicht reduzieren. Gewinne aus Beteiligungsveräußerungen werden normalerweise in Frankreich mit 16 % versteuert, vorausgesetzt die Doppelbesteuerungsabkommen teilen nicht dem Ansässigkeitsstaat des Anlegers das Besteuerungsrecht zu. Soweit Kapitalgesellschaften Anteile an der SIIC halten, vertritt die französischen Regierung die Auffassung, die Mutter-Tochter-Richtlinie sei für steuerbegünstigte Einkünfte wegen deren Steuerfreistellung nicht anwendbar, unstreitig aber greifen die Vorzüge der internationalen Schachtelbeteiligungen i. S. d. Art. 10 Abs. 2 des OECD-Musterabkommens.[260] Daraus folgt der Verlust des Quellenbesteuerungsrechts gegenüber ausländischen Kapitalgesellschaften, wenn diese eine größere Beteiligung an der SIIC halten, mithin allein der Ansässigkeitsstaat der Kapitalgesellschaft das Besteuerungsrecht innehat.[261] Dies hatte zur Folge, dass die am 1.1.2007 in Kraft getretene Gesetzesänderung normiert, dass Anleger mit Ausnahme der Privatanleger ab einer Beteiligung von 10 % der Besteuerung in Höhe von 20 % auf die Ausschüttungen unterworfen werden.[262]

c. Tochtergesellschaften

Tochtergesellschaften unterliegen, soweit sie für den SIIC-Status optiert haben, den gleichen Besteuerungsregeln wie deren Muttergesellschaft.[263]

---

259 Vgl. Kohl, Steuerlicher Belastungsvergleich einzelner Länder, 2005, 12 f.

260 Vgl. Mutter-Tochter-Richtlinie, Richtlinie 90/435 EWG vom 23.7.1990, ABl. L 225 vom 20.8.1990, S. 6, geändert durch die Änderungsrichtlinie, Richtlinie 2003/123/EG vom 22.12.2003, ABl. L 7 vom 13.1.2004, S. 41–44, Gemäß Art. 2 c der Mutter-Tochter-Richtlinie ist für deren Anwendbarkeit die Körperschaftsteuerpflicht der ausschüttenden Gesellschaft Voraussetzung; Schimmelschmidt/Tauser/Lagarrigue, „Immobilieninvestitionen deutscher Investoren in französische REITs", in IStR 2006, S. 120, (124).

261 Die entscheidende Beteiligungshöhe variiert zwischen den Doppelbesteuerungsabkommen. Spätestens ab einer Beteiligung in Höhe von 25 % scheidet eine Besteuerung aber aus.

262 Vgl. Art. 208 C Abs. 2 CGI.

263 Vgl. Art. 208 C Abs. 1, 2 CGI.

5. Kontrollmechanismen

Die SIIC werden von der Autorité des Marchés Financières, kurz AMF, der französischen Börsen- und Finanzmarktaufsicht, beaufsichtigt.[264] Daneben unterliegen Geschäftstätigkeit und Ausschüttung der Kontrolle durch die Finanzbehörden, hingegen nicht einer Kontrolle durch die Investmentaufsicht.

Werden die Anlage- und Ausschüttungsvorschriften von der SIIC in einem Jahr nicht eingehalten, so verliert die Gesellschaft für das jeweilige Jahr ihr Steuerprivileg. Verliert die Gesellschaft endgültig ihren Status als SIIC, z. B. durch ein Delisting oder die Nichteinhaltung der 20 %-Grenze für die nicht privilegierten Nebentätigkeiten, dann ist sie ab dem Jahr des Statusverlusts regulär körperschaftsteuerpflichtig. Erfolgt der Statusverlust innerhalb von zehn Jahren nach dessen Erlangung, dann sind die zum reduzierten Steuersatz gehobenen stillen Reserven nachträglich unter Anrechnung der geleisteten Zahlungen vollständig zu versteuern.[265] Nur die Tochtergesellschaften, die ihren SIIC-Status verlieren, müssen die ehemals gehobenen stillen Reserven nicht nachversteuern. Sie unterliegen jedoch ebenso wie die Muttergesellschaft ab dem Jahr des Statusverlusts der regulären Besteuerung.[266]

6. Performance

Die Einführung der SIIC hat zu einer deutlichen Belebung des Immobilienmarkts in Frankreich geführt. Auch die Hebung der stillen Reserven, beispielsweise durch die Ausgliederung von Immobilien aus Unternehmen, ist im Sinne der Haushaltssanierung sehr erfolgreich gewesen. International besonders wegen der liberalen Vorschriften geschätzt, haben viele ausländische Investoren inzwischen Gesellschaften mit dem SIIC-Status in Frankreich an die Börse gebracht.[267] Auch die vielfach diskutierte Problematik der Steuerausfälle für Frankreich aufgrund der bestehenden Doppelbesteuerungsabkommen ist tatsächlich

---

264 Vgl. Schimmelschmidt/Tauser/Lagarrigue, „Immobilieninvestitionen deutscher Investoren in französische REITs“, in IStR 2006, S. 120, (120).

265 Vgl. Art. 208 C Abs. 4 CGI.

266 Vgl. EPRA, Global REIT Survey, 2004, 15.

267 Vgl. Dietz, „REITs in Frankreich, Ein Erfolgsmodell seit 2003“, in Die Bank, REITs – Sonderbeilage, 2006, S. 4 (6); Hughes/Arissen, SIIC II will drive the French market further, 2005, 4; REITs in Deutschland, Erster deutscher REIT wird ein Franzose, 22.3.2006; REITs in Deutschland, REITs setzen ihren Höhenflug fort, 4.10.2006.

nicht so gravierend, wie teilweise angenommen wird. Vielmehr übersteigen die Steuermehreinnahmen seit Einführung der SIIC bei weitem die Verluste aufgrund fehlender Besteuerungsrechte gegenüber ausländischen Anlegern.[268] Darüber hinaus wird die Neuerung des Gesetzes hinsichtlich der Besteuerung der mit mindestens 10 % beteiligten körperschaftsteuerpflichtigen Anleger das Steueraufkommen weiter erhöhen.

IV. UK-REIT

Der britische REIT diente dem deutschen Gesetzgeber in seiner gesellschaftsrechtlichen Ausgestaltung als Vorbild für den deutschen REIT. Zudem gilt er als die größte Konkurrenz für den Erfolg deutscher REITs, weshalb er nachfolgend im Einzelnen untersucht werden soll.

1. Begriff und Funktionen

Der Immobilienmarkt in Großbritannien ist mit allein über 120 gelisteten Immobiliengesellschaften, sog. property companies, ausgereift.[269] Diese Tatsache in Verbindung mit dem Ziel der Förderung der inländischen Wirtschaftskraft sowie der Wettbewerbsfähigkeit des britischen Immobilienmarkts hat die britische Regierung zum Anlass genommen, mehrere Konsultationen zur möglichen Einführung des UK-REIT durchzuführen, die letztlich zu einem sehr pragmatischen Gesetz geführt haben, in dem auch die ursprünglich vorgesehene Bezeichnung Property Investment Fund, kurz PIF, zugunsten derer als REIT aufgegeben wurde.[270]

---

268 Vgl. Voigtländer, REITs in Frankreich auch für den Fiskus ein gutes Geschäft, 2006, 1 f.; Dietz, „REITs in Frankreich, Ein Erfolgsmodell seit 2003", in Die Bank, REITs – Sonderbeilage, 2006, S. 4 (5).

269 Vgl. Beck, „REITs ein weltweit erfolgreicher Trend", in Der Immobilienbrief 2004, Nr. 72, S. 11 (11).

270 Vgl. HM Treasury/Inland Revenue, Promoting more flexible investment in property, 2004, 7; HM Treasury/Inland Revenue, UK Real Estate Investment Trusts: a discussion paper, 2005, 3; HM Treasury, Budget 2006, Ziff. 3.11.7, A. 66; NAREIT, Promoting more flexible investment in property, 2004, 4; section 103 (3) FA 2006.

UK-REITs wurden zum 1.1.2007 durch den Finance Act 2006, Part 4, eingeführt.[271] Der diesem nachfolgende Pre-Budget Report 2006 sieht darüber hinaus einige Änderungen der Bestimmungen des Finance Act vor, wie beispielsweise Vereinfachungen für neu gegründete REITs in deren Anfangsphase, auf die nachfolgend im Einzelnen eingegangen wird.[272]

2. Rechtsform

UK-REIT kann jede Kapitalgesellschaft werden, die nur eine Art von Stammaktien ausgibt und sowohl ihren Satzungssitz als auch ihren Verwaltungssitz im Vereinigten Königreich (nachfolgend UK) hat.[273] Eine Doppelansässigkeit ist auch nicht innerhalb Europas zulässig. Eine Ausnahme besteht nur für die Fälle, in denen Doppelbesteuerungsabkommen die Gesellschaft trotz anderweitiger Ansässigkeit als im UK steueransässig erachten. Die Kapitalgesellschaft darf außerdem nicht den Status einer sog. open-ended investment company, vergleichbar mit einem offenen Immobilienfonds, noch den einer sog. close company, d. h. den einer von fünf oder weniger Gesellschaftern kontrollierten Gesellschaft, haben.[274] Erfüllt sie diese sowie die weiteren Voraussetzungen, kann sie durch die jederzeit widerrufliche Notifizierung gegenüber den Kommissaren des Schatzamtes Ihrer Majestät für den Status als REIT optieren.[275] Da Gesellschaften jedoch langfristig an den Status als REIT gebunden werden sollen, hat der early exit, also der Ausstieg vor Ablauf von zehn Jahren nach Statuserlangung, insofern steuerliche Nachteile, als dass Immobiliengeschäfte der letzten zwei Jahre sowohl hinsichtlich der Berücksichtigung von Gewinnen als auch von Verlusten keine steuerlichen Privilegien genießen.[276]

---

271 Die Vorschriften des Finance Act 2006 (inklusive Schedules 16, 17 FA 2006) werden ergänzt durch die am 1.11.2006 verabschiedeten Regularien, die weitere Präzisierungen sowohl zu Verstößen gegen die Statusvoraussetzungen, Gruppen-REITs, Joint Ventures und zur Bemessung und Beitreibung von Steuern; vgl. HM Revenue and Customs, 2006 Pre-Budget Report, PBRN 3 (4); HM Revenue and Customs, Explanatory Memorandum To Statutory Instruments (nachfolgend SI) 2864–2867, Regulations SI 2006/2864–2006/2867.

272 Vgl. HM Revenue and Customs, 2006 Pre-Budget Report, PBRN 3 (3), (14) ff.

273 Vgl. section 106 (3), (7) FA 2006; Stimmrechtslose Vorzugsaktien sind von dieser Regel nicht betroffen.

274 Vgl. section 106 (4), (6) FA 2006.

275 Vgl. sections 109, 110, 128 FA 2006; Das Schatzamt Ihrer Majestät in UK ist der deutschen Steuer- und Zollverwaltung vergleichbar.

276 Vgl. section 132 FA (2006).

a. Anlegerstruktur

Ursprünglich war die Beschränkung der Anlegerstruktur dahingehend vorgesehen, dass kein Anleger, unabhängig davon, ob es sich um eine natürliche oder um eine juristische Person handelt, 10 % oder mehr der Gesellschaftsanteile bzw. der Stimmrechte direkt oder indirekt an einem REIT halten darf.[277] Hintergrund dieser geplanten Regelung war, dass das Schatzamt versuchte, etwaige Steuervergünstigungen auf Anlegerseite infolge der Doppelbesteuerungsabkommen sowie der Mutter-Tochter-Richtlinie auszuschließen.[278] Da vielfach europarechtliche Bedenken gegen diese Beschränkung geltend gemacht wurden, vor allem aber die bestehenden Gesellschaften darauf hingewiesen haben, dass sie mehrheitlich dieser Anforderung infolge der bestehenden Anlegerstruktur nicht kurzfristig nachkommen können, sieht das Gesetz nunmehr eine andere Regelung vor. Hiernach dürfen zwar Gesellschafter direkt oder indirekt 10 % oder mehr der Anteile oder Stimmrechte an einem REIT halten, ohne dass der REIT seinen Status verliert. Allerdings büßt er seine Steuerprivilegien ein, soweit er an diese Gesellschafter Ausschüttungen vornimmt.[279] Eine Ausnahme gilt nur für die Fälle, in denen der REIT nachweisen kann, dass er alles Notwendige unternommen hat, um solche Ausschüttungen nicht vorzunehmen. Da die Gesellschafter, die 10 % oder mehr der Anteile bzw. Stimmrechte halten, als wesentlich beteiligt im körperschaftsteuerlichen Sinne gelten, betrifft diese Regelung keine natürlichen Personen, auch wenn sie entsprechende Beteiligungen halten.[280]

b. Management

Das Gesetz sieht keine Beschränkung auf ein internes Management vor. Die meisten Gesellschaften zeichnen sich aber durch ein solches aufgrund ihrer rechtlichen Struktur, die vergleichbar mit einer deutschen GmbH oder einer Aktiengesellschaft ist, aus.

---

277 Vgl. HM Revenue and Customs, Real Estate Investment Trusts: Draft Clauses, 2006, section 4 (8).

278 Eine detaillierte Darstellung zu dieser Thematik erfolgt im Rahmen der Untersuchung zum deutschen REIT; vgl. Abschnitt F. I. 1.

279 Vgl. section 114 FA 2006; Regulation SI 2006/2864 (4); Nabarro Nathanson, How To Become A UK-REIT, 2006, 3 f.

280 Vgl. Luck/Cant, How to qualify as a UK-REIT, in White Page ltd. (Hrsg.), REITs – Real Estate Investment Trusts, A new route up the property ladder, 2006, 26.

c. Börsennotierung

Die Gesellschaft muss an einer anerkannten Börse notiert sein.[281] Hierzu zählen auch anerkannte Börsen im europäischen Ausland. Nicht anerkannt ist hingegen der Alternative Investment Market (AIM) der Londoner Börse, da er nur einer geringen Regulierung unterworfen ist und daher der Anlegerschutz, der an den anerkannten Börsen gewährleistet wird, nicht sichergestellt werden kann.[282] Hintergrund dieser Entscheidung ist der Anlegerschutz, der nur an den anerkannten Börsen gewährleistet wird. Die Zulassung von am AIM gelisteten Gesellschaften würde hingegen auch die Zulassung der an anderen, u. U. noch geringer regulierten Börsen notierten Gesellschaften innerhalb Europas bedingen. Dennoch sind Interessenvertreter derzeit bemüht, die Notierung an einer anerkannten Börse als Voraussetzung für den REIT zu verhindern, da diese Kosten in Höhe von ca. 10 % des Gesellschaftsvermögen bei kleineren Immobiliengesellschaften verursacht, die noch nicht oder nur am AIM gelistet sind. Diese Kosten sind jedoch für die wenigsten Gesellschaften tragbar, so dass ihnen der Weg in den REIT allein deshalb versperrt sein wird.[283]

Neu gegründete Gesellschaften müssen jedoch im Zeitpunkt der Anmeldung als REIT noch nicht börsennotiert sein, vorausgesetzt sie können versichern, dass sie kurzfristig, spätestens ab dem Zeitpunkt, in dem sie als REIT am Markt auftreten, an einer anerkannten Börse notiert sein werden.[284]

d. Kapital

Das Verhältnis zwischen erwirtschafteten Erträgen und aufzuwendenden Zinsen ist auf 1:1,25 begrenzt.[285] Die Fremdfinanzierung ist auch durch die Auf-

---

281 Vgl. section 106 (5) FA 2006; section 841 (1) des Income and Corporation Tax Act (ICTA) definiert den Begriff der anerkannten Börse; UK-REITs müssen sich infolge ihrer Börsennotierung auch an die Börsenvorschriften, wie beispielsweise 25 % Streubesitz im Zeitpunkt des ersten Börsengangs, die Höhe des Mindestkapitals und die Prospekt- und Publikationspflichten, halten; vgl. Luck, The Listing Rules, in White Page ltd. (Hrsg.), REITs – Real Estate Investment Trusts, A new route up the property ladder, 2006, 30 ff.; London Stock Exchange plc., Listing a UK-REIT on the London Stock Exchange, 2006, 2 ff.

282 Vgl. REITs in Deutschland, UK-REITs ohne AIM-Gesellschaften, 14.7.2006; REITs in Deutschland, Großbritannien: Debatte um Ausschluss von AIM-Gesellschaften von REITs, 22.5.2006.

283 Vgl. REITs in Deutschland, Verband: UK-REIT für Neugründungen unattraktiv, 12.6.2006; REITs in Deutschland, Branchenverbände in Großbritannien trommeln für AIM-gelistete REITs, 10.7.2006.

284 Vgl. HM Revenue and Customs, 2006 Pre-Budget Report, PBRN 3 (15).

285 Vgl. section 115 FA 2006; HM Revenue and Customs, 2006 Pre-Budget Report Notes, PBRN 3 (9); Es handelt sich um den sog. Interest Cover-Test.

nahme von Darlehen gestattet, vorausgesetzt es handelt sich nicht um partiarische Darlehen.[286]

3. Unternehmenstätigkeit

Der Schwerpunkt der Unternehmenstätigkeit muss in der Vermietung und Verpachtung von Immobilien, d. h. der qualifizierten bzw. Ring-fenced-Tätigkeit, bestehen.[287] Die Ausübung anderer nicht qualifizierter bzw. Non-Ring-fenced-Tätigkeiten ist zulässig, soweit sie nur eine untergeordnete Rolle spielen.

a. Anlagevorschriften

Um sicherzustellen, dass die Einkünfte des REIT vornehmlich aus qualifizierten Tätigkeiten generiert werden, unterliegt die Gesellschaft sowohl dem 75 % Asset-Test als auch dem 75 % Income-Test. Danach müssen 75 % des Anlagevolumens in Immobilien investiert sein und 75 % der Einkünfte aus der Vermietung und Verpachtung der den qualifizierten Tätigkeiten zugeordneten Immobilien stammen.[288] Außerdem müssen die Mieten während jedes Geschäftsjahres aus mindestens drei Immobilien bezogen werden.[289] Der Wert jeder einzelnen Immobilie darf 40 % des den qualifizierten Tätigkeiten zugeordneten Grundvermögens nicht überschreiten, wobei Immobilie in diesem Zusammenhang jede selbständige wirtschaftliche Einheit bedeutet. Es darf sich allerdings bei den Immobilien, die der qualifizierten Tätigkeit dienen, nicht um von der Gesellschaft selbst oder von einer verbundenen Gesellschaft genutzte Immobilien handeln.[290]

Für neu gegründete Gesellschaften gilt insofern eine Ausnahme, als sie diese Voraussetzungen des Asset Test noch nicht bei Eintritt in den REIT-Status erfüllen müssen. Stattdessen fällt für die Rechnungsperiode, in der die Voraussetzungen noch nicht erfüllt sind, eine zusätzliche Steuer in Höhe von 2 % der Wertsteigerung auf Basis der Marktwerte an. Erfüllt die Gesellschaft nach Ab-

---

286 Vgl. section 106 (8) FA 2006.

287 Vgl. sections 104, 107 (1), section 113 FA 2006; Luck/Cant, How to qualify as a UK-REIT, in White Page ltd. (Hrsg.), REITs – Real Estate Investment Trusts, A new route up the property ladder, 2006, 23.

288 Vgl. section 108 (2), (3) FA 2006; Es finden die internationalen Rechnungslegungsstandards Anwendung. Soweit diese ein Wahlrecht zwischen Kostenbasis und Marktwert einräumen, muss auf den Marktwert abgestellt werden.

289 Vgl. section 107 (3) FA 2006.

290 Vgl. section 107 (4), (5), (6), (7) FA 2006; Dammann/Stoschek, „Großbritannien, Einführung von UK-REITs beschlossen", in Die Bank, REITs – Sonderbeilage, 2006, S. 8 (9).

lauf eines Jahres den Asset Test nicht, dann wird sie steuerrechtlich so behandelt, als hätte sie nie den Status eines REIT angenommen.[291]

b. Ausschüttungsvorschriften
Der UK-REIT muss 90 % seines innerhalb des Veranlagungszeitraumes aus qualifizierten Tätigkeiten generierten Gewinns innerhalb von zwölf Monaten nach Ende des Wirtschaftsjahres, spätestens jedoch vor Abgabe der Steuererklärung, in Form von Dividenden an die Anleger ausschütten.[292] Eine Ausnahme besteht nur für die Fälle, in denen die Ausschüttung nach nationalem Recht nicht zulässig oder zur Vermeidung einer zusätzlichen Steuerpflicht des REIT infolge einer Beteiligung des Anlegers von 10 % oder mehr notwendig ist.[293] Eine Pflicht zur Ausschüttung der Veräußerungsgewinne besteht nicht.[294]

Die Gewinnermittlung folgt mit einigen im Gesetz geregelten Ausnahmen den allgemeinen Vorschriften.[295] Jedoch müssen die Einkünfte aus qualifizierten und aus nicht qualifizierten Tätigkeiten einzeln ausgewiesen werden.[296]

4. Steuerrechtliche Behandlung

Die steuerrechtliche Behandlung muss einerseits für die Gesellschafts- und andererseits für die Anlegerebene betrachtet werden.

a. Gesellschaftsebene
Grundsätzlich ist eine Gesellschaft, die den Status eines UK-REIT hat, mit ihren Einkünften aus qualifizierter Tätigkeit von der Körperschaftsteuer befreit.[297] Hierzu zählen sowohl die Mieteinkünfte als auch die Veräußerungsgewinne. Hingegen unterliegen die nicht qualifizierten Tätigkeiten der Regelbesteue-

---

291 Vgl. HM Revenue and Customs, 2006 Pre-Budget Report, PBRN 3 (16), (17).

292 Vgl. section 107 (8) FA 2006; Schedule 18 (14) FA 1998; HM Revenue and Customs, 2006 Pre-Budget Report, PBRN 3 (6).

293 Vgl. section 107 (9), section 114 FA 2006.

294 Vgl. Freedman, UK-REITs – key tax-related issues, in White Page ltd. (Hrsg.), REITs – Real Estate Investment Trusts, A new route up the property ladder, 2006, 38.

295 Vgl. section 120 FA 2006.

296 Vgl. section 123 FA 2006.

297 Vgl. section 103 (1), section 111 (1), (5), section 119 (1), section 124 (1) FA 2006.

rung.[298] Soweit Gewinne aus der Veräußerung von Immobilien generiert werden, die nicht nur den qualifizierten Tätigkeiten gedient haben, entfällt anteilig die Steuerbefreiung.[299]

Für Einkünfte aus im Ausland gelegenen Immobilien sehen die Doppelbesteuerungsabkommen in der Regel kein Besteuerungsrecht Großbritanniens vor. Diese Einkünfte müssen somit im Belegenheitsstaat der Immobilie versteuert werden.

Bei Überführung des Immobilienvermögens durch Umwandlung einer Gesellschaft in einen UK-REIT werden 2 % Entry Charge des Bruttomarktwertes der Immobilienanlagen fällig.[300] Diese Zahlung kann wahlweise, jedoch unwiderruflich, auch auf vier Jahre gestreckt werden. Dann müssen im ersten Jahr 0,5 %, im zweiten 0,53 %, im dritten 0,56 % und im vierten Jahr 0,6 % geleistet werden, die Gesamtbelastung erhöht sich mithin auf 2,19 %.[301] Die Übertragung einzelner Immobilien in den UK-REIT wird mit 4 % Grunderwerbsteuer belegt.[302]

b. Anlegerebene

Auf Gesellschaftsebene steuerbefreite laufende Einkünfte und Veräußerungsgewinne, soweit diese ausgeschüttet werden, werden auf Anlegerebene besteuert.[303] Hierfür wird bereits auf Gesellschaftsebene eine Quellensteuer einbehalten.[304] Für ausländische Anteilseigner wird die entsprechende Steuerpflicht fingiert.[305] Die Verrechnung mit etwaigen Verlustvorträgen scheidet auf Anleger-

---

298 Vgl. section 119 (2), section 124 (3), section 125 FA 2006.

299 Vgl. section 124 (2) FA 2006.

300 Vgl. section 112 (1), (3) FA 2006; HM Revenue and Customs, 2006 Pre-Budget Report, PBRN 3 (7); Verlustvorträge bleiben grundsätzlich außer Betracht; vgl. section 112 (4), FA 2006.

301 Vgl. section 112 (5), (6) FA 2006.

302 Vgl. Dammann/Stoschek, „Großbritannien, Einführung von UK-REITs beschlossen", in Die Bank, REITs – Sonderbeilage, 2006, S. 8 (10).

303 Vgl. section 121 (1) FA 2006; Bei körperschaftsteuerpflichtigen Anlegern handelt es sich um Einkünfte aus Geschäften i. S. d. Schedule A des ICTA, bei unbeschränkt einkommensteuerpflichtigen Anlegern handelt es sich um Einkünfte aus Immobiliengeschäften, bei beschränkt einkommensteuerpflichtigen Anlegern um Dividendeneinkünfte.

304 Vgl. section 122 (1) FA 2006; Regulation SI 2006/2867.

305 Vgl. section 121 (2) FA 2006.

ebene aus. Gewinne aus Anteilsveräußerungen werden auf Anlegerebene regulär besteuert.[306]

c. Tochtergesellschaften

Ursprünglich nicht vorgesehen, mittlerweile aber im Gesetz enthalten, ist die Möglichkeit der Gruppenbildung eines UK-REIT, wenn die ganze Gruppe, also nicht die einzelne Tochtergesellschaft, den 75 % Asset- und den 75 % Income-Test besteht.[307] Dies führt dazu, dass den Einkünften, die die Muttergesellschaft von den Töchtern bezieht, die steuerlichen Privilegien eines REIT zugute kommen. Qualifizierungsvoraussetzung ist nur, dass die Obergesellschaft selbst die Voraussetzungen eines UK-REITs erfüllt und mit 75 % an den Tochtergesellschaften beteiligt ist, und diese u. U. wiederum mit 75 % an anderen Gesellschaften etc. beteiligt sind.[308] Des Weiteren müssen die beteiligten Gesellschaften effektive 51 % Tochtergesellschaften der Obergesellschaften sein, dürfen höchstens Mitglied einer Gruppe sein und es darf sich weder um Versicherungsgesellschaften noch um offene Investmentfonds handeln.[309] Hält hingegen die Obergesellschaft eine Beteiligung von weniger als 75 % an der Tochtergesellschaft, gilt diese Beteiligung als non-Ring-fenced, so dass die Einkünfte auf Gesellschaftsebene versteuert werden müssen.[310]

Daneben besteht auch die Möglichkeit der Bildung von Joint Ventures zur Nutzung der Steuervorteile. Insbesondere können diese auch mittelbar über Gesellschaften mit beschränkter Haftung geschlossen werden.[311]

5. Kontrollmechanismen

Da der UK-REIT an einer anerkannten europäischen Börse gelistet sein muss, unterliegt er der regulären Börsenaufsicht des jeweiligen Landes. In Großbritannien obliegt diese Aufgabe der Financial Services Authority (FSA), die die UK

306 Vgl. Dammann/Stoschek, „Großbritannien, Einführung von UK-REITs beschlossen", in Die Bank, REITs – Sonderbeilage, 2006, S. 8 (11).

307 Vgl. section 134 (1), Schedule 17 FA 2006; Regulation SI 2006/2865.

308 Vgl. section 134 (2), (4) (b) FA 2006; section 838 ICTA.

309 Vgl. section 134 (3), (4) (a), (c), (d), (5) FA 2006; section 170 TCGA (Taxation of Chargeable Gains Act) 1992; section 431 (2) ICTA.

310 Vgl. Roche, UK-REIT: Ein erster Überblick, 2006, 5.

311 Vgl. section 138 FA 2006; Regulation SI 2006/2866; HM Revenue and Customs, 2006 Pre-Budget Report, PBRN 3 (13).

Listing Authority (UKLA) mit umfasst.[312] Daneben erfolgt die Aufsicht durch die Steuerbehörden. Diese kontrollieren die Einhaltung der Voraussetzungen für den UK-REIT bei Abgabe des Jahresabschlusses und gewähren bzw. verwehren der Gesellschaft die obigen Steuervorteile.

Ein Verstoß der Gesellschaft gegen die Voraussetzungen des inländischen Sitzes, der Art der ausgegebenen Aktien, der Qualität der Darlehen oder des Verbots für offene Investmentfonds führt rückwirkend zum Beginn des letzten Wirtschaftsjahres zum Statusverlust mit entsprechenden steuerrechtlichen Folgen.[313] Bei minderschweren Verstößen wird jedoch – vergleichbar zur Regelung in den USA – zunächst eine Strafsteuer fällig bzw. es erfolgt ein anteiliger Steuerbefreiungsverlust, vorausgesetzt der UK-REIT hat nicht wissentlich und willentlich gegen die Voraussetzungen verstoßen und legt einen Plan vor, wie er die Verstöße beheben wird.[314] Hat die Gesellschaft Ausschüttungen an einen Anteilseigner vorgenommen, der zu mehr als 10 % an ihr beteiligt ist, so führt auch dies nur zu einer Strafsteuer in der Form, dass sie die Steuerbefreiung anteilig in Höhe des an den Anleger ausgeschütteten Betrages verliert.[315] Auch ein Verstoß gegen den Interest Cover-Test führt nur zu einer Strafbesteuerung.[316]

Im Falle offensichtlicher Steuerumgehung hingegen endet der Status entsprechend den Regeln zur Missbrauchsbekämpfung automatisch. Besteht dagegen nur der Verdacht der Steuerumgehung, erhält die Gesellschaft zunächst eine offizielle Mitteilung von den Kommissaren des Schatzamtes Ihrer Majestät, ein formelles Verfahren wird sich ggf. anschließen.[317]

6. Performance

Sofort nach Bekanntgabe der Pläne zur Einführung und Ausgestaltung der UK-REITs gingen die Aktienkurse der gelisteten Immobiliengesellschaften sprunghaft in die Höhe.[318] Innerhalb der ersten Monate nach Einführung der

312 Vgl. London Stock Exchange plc., Listing a UK-REIT on the London Stock Exchange, 2006, 1.

313 Vgl. sections 130, 131 FA 2006.

314 Vgl. section 116 FA 2006.

315 Vgl. section 114 (2) FA 2006; Regulation SI 2006/2864 (4).

316 Vgl. section 115 (3) FA 2006; HM Revenue and Customs, 2006 Pre-Budget Report, PBRN 3 (9).

317 Vgl. sections 117, 129 FA 2006.

318 Vgl. Dammann/Stoschek, „Großbritannien, Einführung von UK-REITs beschlossen", in Die Bank, REITs – Sonderbeilage, 2006, S. 8 (9, 11); REITs in Deutschland, REIT-Euphorie beflügelt britische Aktien, 27.3.2006.

UK-REITs erreichte deren Marktkapitalisierung bereits mehr als 50 Mrd. €.[319] Aktuell planen weitere der bereits gelisteten Immobilien-AGs ihre Umwandlung in UK-REITs. Da der UK-REIT eine sehr liberale Struktur aufweist, stellt er aber nicht nur für die inländischen Gesellschaften, sondern auch für internationale Investoren eine interessante Anlage- oder auch Exitalternative für getätigte oder noch zu tätigende Investitionen dar.[320]

Dennoch werden auch zukünftig die Offshore Immobilienfonds ihre Erfolgsgeschichte schreiben, stellen sie doch insbesondere in steuerrechtlicher Hinsicht für viele Gesellschaften eine interessante Alternative dar.[321]

---

319 Vgl. REITs in Deutschland, Mobilisierungseffekt steht im Vordergrund, 12.3.2007.

320 Vgl. Hughes, Viewing UK-REITs in a global context, in White Page ltd. (Hrsg.), REITs – Real Estate Investment Trusts, A new route up the property ladder, 2006, 61 f.

321 Vgl. Roche, Future Bright for Offshore Property Funds, 2006, 2 f.; Bernstorff/Singh, Options available to property companies in the UK, in White Page ltd. (Hrsg.), REITs – Real Estate Investment Trusts, A new route up the property ladder, 2006, 49 ff.

F. Deutscher REIT

Der Vergleich der international bestehenden REIT-Strukturen zeigt, dass REITs ein alternatives Anlageprodukt zu den in Deutschland üblichen indirekten Immobilieninvestitionsformen darstellen. Da es sich bei REITs um die weltweit am meisten verbreitete Anlageform für Immobilien handelt und sich der Finanzplatz Deutschland international etablieren muss, wurde bereits seit dem Jahr 2003 ernsthaft die Einführung deutscher REITs diskutiert. Außerdem zeichnen sich REITs nicht nur durch überdurchschnittlich hohe Renditen, sondern auch durch eine hohe Liquidität, Fungibilität, Transparenz, Professionalität sowie strenge Corporate Governance-Regeln aus, weshalb deren gesetzliche Zulassung in Deutschland wünschenswert, wenn nicht sogar notwendig war.[322]

Nicht nur der amerikanische, sondern auch der britische und der französische Immobilienanlagemarkt sind im Gegensatz zum deutschen seit vielen Jahren international etabliert. Dies gilt sowohl für den börslichen als auch für den außerbörslichen Bereich. Da die Kapitalmärkte weltweit zusammenwachsen, entscheiden sowohl Initiatoren als auch Anleger nicht anhand von lokalen Zusammenhängen, sondern anhand der Bedingungen und der Entwicklung des jeweiligen Anlagemarkts, ob dieser für sie geeignet ist. Ein wichtiges Kriterium ist darüber hinaus, ob der Markt ihnen bekannt ist, mithin ob er ihr Vertrauen genießt. Insbesondere gegenüber den französischen und den britischen REITs können deutsche REITs daher auf dem internationalen Finanzmarkt nur bestehen, wenn sie sich einerseits von den anderen europäischen REITs positiv abheben, andererseits eine verständliche und praktikable Struktur aufweisen.[323] Dies konnte am besten dadurch umgesetzt werden, dass deutsche REITs ihre

---

322 Vgl. BTDrucks 16/4026, Begründung, A. Allgemeiner Teil, I. Ziel des Gesetzes; Bundesministerium der Finanzen, Folgen einer möglichen Nichteinführung deutscher REITs, 2006, 1 f.; BRDrucks 105/05, 2; Rehkugler, REITs als attraktive Immobilienanlage, in BDO Deutsche Warentreuhand AG (Hrsg.), Praxishandbuch Real Estate Management, 2005, 406 f., 410 ff.; KPMG, Einführung des Real Estate Investment Trust (REIT) in Deutschland, 2005, 1; Eurohypo AG, German REIT, Eine Frage der Zeit, 2005, 6; Westerheide, Cointegration of Real Estate Stocks and REITs with Common Stocks, Bonds and Consumer Price Inflation, 2006, 9, 18; Deutsche Bank Research, Was Europa von US-REITs lernen kann, 2006, 4 ff.

323 Vgl. HSH Nordbank, Wohnungsportfoliotransaktionen in Deutschland, 2006, 18 f.; Just, Ist die Einführung von REITs in Deutschland ökonomisch sinnvoll?, 2004, 17; Sotelo, Notwendigkeit von REITs für Deutschland und ihre optimale Gestaltung, 2006, 11; Entscheidend für die REIT-Aktiengesellschaft muss der europäische Vergleich sein, da der asiatische und amerikanische Raum jeweils andere Anforderungen stellen.

gesetzliche Grundlage in einem eigenständigen Gesetz finden.[324] Allerdings darf – wie teils bei der Gesetzgebung geschehen – das europäische Recht nicht vernachlässigt werden, zumal dieses nicht nur durch Richtlinien und Verordnungen, sondern auch durch den EG-Vertrag selbst erheblichen Einfluss auf das nationale Recht nimmt. Deshalb wird sich die nachfolgende Analyse auf Basis des verabschiedeten Gesetzes u. a. mit den Grundfreiheiten sowie dem Beihilferecht beschäftigen, um schließlich eine nicht nur national, sondern auch europarechtlich haltbare Lösung aufzuzeigen, so dass die Ergebnisse der Arbeit an verschiedenen Punkten von den Gesetzesregelungen abweichen.

Des Weiteren sieht das REITG Einschränkungen für Bestandsmietwohnimmobilien vor, die nicht nur im Rahmen der Privatisierung den öffentlichen Wohnungsbaugesellschaften zum Nachteil gereichen, sondern innerhalb des europäischen Wirtschaftsraumes ein nicht schlüssiges Hindernis für den deutschen Finanzstandort darstellen.

I. Rechtsform

Die Frage der Rechtsform des deutschen REIT erwies sich im Vorfeld der Gesetzgebung als sehr schwierig, da sie erhebliche Auswirkungen auf die Frage der steuerrechtlichen Behandlung insbesondere ausländischer Anleger hat. Die Gefahr des Verlusts des Besteuerungsrechts gegenüber ausländischen Anlegern hat zu den Verzögerungen in der Gesetzgebung geführt. In diesem Zusammenhang wurde vielfach Frankreich als abschreckendes Beispiel herangezogen, da ausländische Anleger einer SIIC bis zur letzten Gesetzesänderung unter bestimmten Voraussetzungen nicht in Frankreich besteuert werden konnten.[325] Aus diesem Grund soll im Folgenden zunächst auf Fragen des internationalen Steuerrechts eingegangen werden.

1. Internationales Steuerrecht

Im internationalen Steuerrecht muss zwischen den die Besteuerung beeinflussenden Regeln des Europarechts und denen der Doppelbesteuerungsabkommen

324 Vgl. BTDrucks 16/4026, B. Lösung; Daher wird nachfolgend, soweit auf Art. 1 des Gesetzes zur Schaffung deutscher Immobilien-Aktiengesellschaften mit börsennotierten Anteilen Bezug genommen wird, die offizielle Bezeichnung REITG verwendet.

325 Vgl. Abschnitt E. III. 4. b.

differenziert werden. Zur Anwendung der jeweiligen Regeln muss nicht nur das Steuersubjekt definiert, sondern auch zwischen der unbeschränkten und der beschränkten Steuerpflicht des Steuersubjekts unterschieden werden.[326]

Im Folgenden wird nur auf die Fallgestaltungen näher eingegangen, die im Zusammenhang mit der rechtlichen Gestaltung des deutschen REIT insofern von Bedeutung waren, als die Regeln des internationalen Steuerrechts das Besteuerungsrecht Deutschlands reduzieren oder sogar ausschließen.

a. Steuerpflicht des REIT

Ist eine Gesellschaft steuerpflichtig, so hat das insofern Einfluss auf die Besteuerung der Anleger, als von einer steuerpflichtigen Kapitalgesellschaft an eine andere steuerpflichtige Kapitalgesellschaft ausgeschüttete Dividenden von dieser steuerfrei vereinnahmt werden können.[327] Des Weiteren hat eine steuerpflichtige Kapitalgesellschaft die Möglichkeit, sollte es im Laufe der Geschäftstätigkeit wirtschaftlich notwendig werden, ohne Aufdeckung und anschließender Versteuerung der stillen Reserven mit einer anderen Kapitalgesellschaft zu fusionieren.[328] Wäre der deutsche REIT also als steuerpflichtige Kapitalgesellschaft ausgestaltet worden, hätten körperschaftsteuerpflichtige Anleger nicht nur die Ausschüttungen unversteuert beziehen können, auch der REIT selbst hätte grenzüberschreitend steuerneutral mit einem anderen REIT oder einer Immobilien-AG fusionieren können, um beispielsweise seine Marktstellung zu stärken.

aa. EG-Recht

Soweit es sich bei den Steuervergünstigungen für Gewinnausschüttungen an körperschaftsteuerpflichtige Anleger sowie für Umwandlungen einer Kapitalgesellschaft um nationale Regelungen handelt, führt dieses aus Sicht der nationalen Steuerbehörden alleine zu einem Stundungseffekt, da die Besteuerung zu einem späteren Zeitpunkt erfolgt. Da diese innerstaatlichen Steuervergünstigungen jedoch zu einer Wettbewerbsverzerrung gegenüber dem europäischen Binnenmarkt führen, normiert das EG-Recht durch verschiedene Richtlinien die Steuerneutralität auch im grenzüberschreitenden Verkehr innerhalb Europas.

---

326 Vgl. Schulte/Sotelo, „Deutsche REITs – Möglichkeiten und Voraussetzungen einer Realisierung", in Zeitschrift für Immobilienökonomie, Ausgabe 2/2004, S. 31, (44).

327 Nach deutschem Steuerrecht erfolgt eine Reduzierung der steuerlichen Bemessungsgrundlage für die ausgeschütteten Dividenden auf 5 %, § 8 b Abs. 1, Abs. 5 KStG.

328 Vgl. beispielsweise § 11 ff. UmwStG.

So sieht die Mutter-Tochter-Richtlinie vor, dass Gewinnausschüttungen einer Tochtergesellschaft (oder Betriebsstätte) an die Muttergesellschaft keiner Besteuerung unterworfen werden dürfen. Voraussetzung ist die unbeschränkte Körperschaftsteuerpflicht der Gesellschaften sowie eine Mindestbeteiligungshöhe der Mutter- an der Tochtergesellschaft.[329] Wäre der deutsche REIT als steuerpflichtige Aktiengesellschaft i. S. d. § 1 Abs. 1 Nr. 1 KStG ausgestaltet worden, fände die Mutter-Tochter-Richtlinie grundsätzlich Anwendung gegenüber ausländischen Anlegern, die einer der Körperschaftsteuer vergleichbaren ausländischen Steuer unterliegen und eine entsprechende Beteiligung an dem deutschen REIT halten.

Die Fusionsrichtlinie normiert die steuerneutrale grenzüberschreitende Umwandlung durch Fusion, Spaltung, Abspaltung, die Einbringung von Unternehmensteilen sowie durch den Austausch von Anteilen unter dem Betriebsstättenvorbehalt.[330] Steuerneutral bedeutet in diesem Zusammenhang, dass die Umwandlung zu Buchwerten ohne Aufdeckung der stillen Reserven erfolgt. Voraussetzung für die Anwendbarkeit der Fusionsrichtlinie ist die unbeschränkte Körperschaftsteuerpflicht bzw. vergleichbare ausländische Steuerpflicht der betroffenen Gesellschaften sowie eine der Mutter-Tochter-Richtlinie entsprechende Mindestbeteiligungshöhe der übernehmenden Gesellschaft an der einbringenden Gesellschaft.[331] Folglich fände die Fusionsrichtlinie grundsätzlich

---

329 Vgl. Art. 1, 2 und 3 der Mutter-Tochter-Richtlinie, Richtlinie 90/435/EWG vom 23.7.1990, ABl. L 225 vom 20.8.1990, S. 6 sowie deren Änderungsrichtlinie, Richtlinie 2003/123/EG vom 22.12.2003, ABl. L 7 vom 13.1.2004, S. 41–44; Die Mindestbeteiligungshöhe betrug bisher 20 %, seit dem 1.1.2007 15 % und ab dem 1.1.2009 10 %. Die der Körperschaftsteuer bzw. vergleichbaren Steuer des jeweiligen Mitgliedstaats unterliegenden Gesellschaften, die in den Anwendungsbereich der Richtlinie fallen, sind im Anhang der Richtlinie für alle Mitgliedstaaten einzeln aufgelistet. Deutschland hat die Richtlinie in § 43 b EStG unter der zusätzlichen Voraussetzung, dass die Beteiligung seit mindestens einem Jahr besteht, umgesetzt; vgl. Gesetz zur Umsetzung von EU-Richtlinien in nationales Steuerrecht und zur Änderung weiterer Vorschriften (Richtlinien-Umsetzungsgesetz – EURLUmsG) vom 9.12.2004, BGBl. I S. 3310.

330 Vgl. Art. 1, 2 und 4 der Fusionsrichtlinie, Richtlinie 90/434/EWG vom 23.7.1990, ABl. L 225 vom 20.8.1990, S. 1-5 sowie deren Änderungsrichtlinie, Richtlinie 2005/19/EG vom 17.2.2005, ABl. L 58 vom 4.3.2005, S. 19; hier insbesondere Art. 7 bzgl. der Beteiligungshöhe. Der Betriebsstättenvorbehalt sieht vor, dass in dem Land, aus dem die Gesellschaft herausfusioniert wird, eine Betriebsstätte verbleiben muss. Die der Körperschaftsteuer bzw. vergleichbaren Steuer des jeweiligen Mitgliedstaats unterliegenden Gesellschaften, die in den Anwendungsbereich der Richtlinie fallen, sind im Anhang der Richtlinie für alle Mitgliedstaaten einzeln aufgelistet.

331 Eine Ausnahme besteht für hybride Gesellschaften, d. h. für Gesellschaften, die von einem Mitgliedstaat steuerlich intransparent und vom anderen Mitgliedstaat steuerlich transparent behandelt werden. In diesem Fall ist der Anwendungsbereich der Fusionsrichtlinie ebenfalls eröffnet.

auf den deutschen REIT Anwendung, wäre dieser als steuerpflichtige Aktiengesellschaft ausgestaltet worden.

Die Verschmelzungsrichtlinie regelt die Steuerneutralität der grenzüberschreitenden Verschmelzung.[332] Sie unterscheidet sich insofern von den anderen beiden Richtlinien, als nur Kapitalgesellschaften in den Anwendungsbereich fallen, denen es nach nationalem Recht erlaubt ist, sich zu verschmelzen.[333] Wird der deutsche REIT gesellschaftsrechtlich als Aktiengesellschaft ausgestaltet, findet die Verschmelzungsrichtlinie Anwendung, da sich Aktiengesellschaften nach deutschem Recht gemäß § 1 Abs. 1 Nr. 1, § 3 Abs. 1 Nr. 2 UmwG verschmelzen dürfen.[334]

bb. Schlussfolgerung

Eine notwendige Anwendung der Mutter-Tochter-Richtlinie und der Fusionsrichtlinie sowie der Verschmelzungsrichtlinie führen zu einer erheblichen Einschränkung der Besteuerungsrechte des jeweiligen Mitgliedstaats. Da es aber gerade die Reduzierung der Besteuerungsrechte bei der Entwicklung eines Modells für den deutschen REIT zu verhindern galt, war zu prüfen, wie man diesen rechtlich gestalten muss, um ihn aus dem Anwendungsbereich der Richtlinien herauszunehmen. Dies konnte auf gesellschaftsrechtlicher Ebene und auf steuerrechtlicher Ebene erfolgen. Gesellschaftsrechtlich wäre in Betracht gekommen, den deutschen REIT nicht als Kapitalgesellschaft auszugestalten. Allerdings zeichnen sich die typischen REIT-Strukturen weltweit gerade gesellschaftsrechtlich durch dieses Merkmal trotz transparenter Besteuerung aus.[335] Insbesondere vor dem Hintergrund der Haftung und des Anlegerschutzes erschien es auch sinnvoll, die Struktur einer Kapitalgesellschaft zu wählen, da beides durch die bestehenden nationalen Gesetze, insbesondere durch das AktG, ausreichend gewährleistet ist. Es bestand aber auch die Möglichkeit, den deutschen REIT gänzlich von der Steuer zu befreien, um so den Anwendungsbereich zumindest der Mutter-Tochter-Richtlinie und der Fusionsrichtlinie auszuschlie-

---

332 Die Umsetzung der geänderten Fusionsrichtlinie sowie der Verschmelzungsrichtlinie in das deutsche Recht erfolgt durch das Gesetz über steuerliche Begleitmaßnahmen zur Einführung der Europäischen Gesellschaft und zur Änderung weiterer steuerrechtlicher Vorschriften (SEStEG) vom 7.12.2006, BGBl. I S. 2782.

333 Vgl. Art. 1, 2 und 4 der Verschmelzungsrichtlinie, Richtlinie 2005/56/EG vom 26.10.2005, ABl. L 310 vom 25.11.2005, S. 1-9.

334 Vgl. Henn, Hdb des Aktienrechts, 2002, Rn. 1337 ff.

335 Vgl. Abschnitt A. II. 1.

ßen, da beide jeweils die Körperschaftsteuerpflicht der Gesellschaft voraussetzen.[336] Dann verbleibt allein die Anwendbarkeit der Verschmelzungsrichtlinie, da diese unabhängig von der steuerrechtlichen Behandlung in Abhängigkeit von der gesellschaftsrechtlichen Struktur eingreift. Der damit einhergehende Verlust des Besteuerungsrechts kann deutlich eher verkraftet werden als der Verlust der Besteuerungsrechte infolge der Mutter-Tochter-Richtlinie und der Fusionsrichtlinie, treten grenzüberschreitende Verschmelzungen doch eher seltener auf. Im Übrigen aber beweist auch das Beispiel Frankreichs, dass die Versagung der steuerneutralen Verschmelzung langfristig die Gewinne eines REIT schmälert, da dieser zur Stärkung der Marktposition allein auf den Zukauf von Immobilien angewiesen ist. Ist es ihm, wie infolge der Gesetzesänderung in Frankreich, hingegen möglich, sich mit einem oder mehreren REITs zu verschmelzen und so die Effizienz zu steigern, erhöhen sich auch die Gewinne und so die Ausschüttungen, was wiederum zu einem erhöhten Steueraufkommen führt.[337]

Abschließend lässt sich daher feststellen, dass der deutsche REIT als steuerbefreite Kapitalgesellschaft ausgestaltet werden musste, folglich die Mutter-Tochter-Richtlinie und die Fusionsrichtlinie keine Anwendung finden. Die verbleibende Anwendbarkeit der Verschmelzungsrichtlinie ändert an diesem Ergebnis nichts, sind ihre Auswirkungen doch eher gering und im Übrigen positiv einzuschätzen.[338]

b. Steuerpflicht der Anleger

Ein weiteres Problem stellte sich im Rahmen der Steuerpflicht der Anleger. Je nach Ausgestaltung des REIT wäre es nämlich zumindest zu einer Beschränkung des Besteuerungsrechts Deutschlands aufgrund der bestehenden Doppelbesteuerungsabkommen gekommen.

aa. Unbeschränkte Steuerpflicht

Ist der Anleger eines deutschen REIT im Inland ansässig und folglich unbeschränkt steuerpflichtig i. S. d. § 1 Abs. 1 EStG bzw. § 1 KStG, steht grundsätz-

---

336 Vgl. Abschnitt F. I. 1. a. aa.; Schultz/Harrer, „Der German Real Estate Investment Trust (G-REIT) – Zu den Empfehlungen der Initiative Finanzstandort Deutschland –“, in DB 2005, S. 574, (576).

337 Vgl. Abschnitt E. III. 2., 4. a.

338 Angemerkt sei, dass die Gewerbesteuer auch entfallen sollte, um auf Gesellschaftsebene nach internationalem Vorbild jede steuerliche Belastung auszuschließen. Die Gewerbesteuerpflicht hat aber keinen Einfluss auf die Frage der Anwendbarkeit der Mutter-Tochter-Richtlinie und der Fusionsrichtlinie.

lich Deutschland das Besteuerungsrecht zu. Insofern ergaben sich keine Probleme für die Ausgestaltung des deutschen REIT.

bb. Beschränkte Steuerpflicht

Etwas anderes hingegen gilt, wenn ein nicht in Deutschland ansässiger Anleger in Deutschland Einkünfte erzielt. Mit diesen unterliegt er nämlich gemäß § 1 Abs. 4 EStG bzw. § 2 Nr. 1 KStG der beschränkten Steuerpflicht in Deutschland. Die §§ 49 ff. EStG regeln hierfür grundsätzlich das Besteuerungsrecht Deutschlands, jedoch gibt es daneben zahlreiche Doppelbesteuerungsabkommen, die entgegen § 49 EStG die Zuteilung der Besteuerungsrechte regeln.[339] Insofern muss im Folgenden auf die maßgeblichen Vorschriften der Doppelbesteuerungsabkommen eingegangen werden.

cc. Doppelbesteuerungsabkommen

Beziehen ausländische Anleger Einkünfte im Inland, greifen regelmäßig die von Deutschland vereinbarten Doppelbesteuerungsabkommen ein.[340] Diesen liegt zumeist das Musterabkommen der OECD (nachfolgend OECD-MA) zugrunde, auf welches im Folgenden Bezug genommen wird.[341] Voraussetzung für die Anwendbarkeit des jeweiligen Doppelbesteuerungsabkommens sind die persönliche Abkommensberechtigung und der sachliche Abkommensschutz.

Die persönliche Abkommensberechtigung richtet sich nach Art. 1 OECD-MA.[342] Dieser bestimmt, dass es sich um eine in einem oder beiden Vertragsstaaten ansässige Person handeln muss. Unter den Begriff der Person fallen sowohl natürliche Personen als auch Gesellschaften, Art. 3 Abs. 1 lit. a und b OECD-MA. Die Ansässigkeit bestimmt sich nach Art. 4 OECD-MA, wonach bei natürlichen Personen in der Regel der Wohnsitz und bei Gesellschaften der Ort der Geschäftsleitung entscheidend ist.[343]

339 Vgl. Schmidt/Heinicke § 49 Rz 9; §§ 49 ff. EStG finden für beschränkt Körperschaftsteuerpflichtige über die Verweisung des § 8 Abs. 1 KStG Anwendung.

340 Gleiches gilt für Einkünfte, die ein in Deutschland unbeschränkt Steuerpflichtiger im Ausland bezieht.

341 Vgl. OECD-Musterabkommen 2005 zur Vermeidung der Doppelbesteuerung auf dem Gebiet der Steuern vom Einkommen und vom Vermögen (OECD-MA 2005), Stand: 15. Juli 2005.

342 Vgl. Wassermeyer in Debatin/Wassermeyer MA Art. 1 MK 1 f.; Früher war nicht die Ansässigkeit, sondern die Staatsangehörigkeit entscheidend.

343 Vgl. Wassermeyer in Debatin/Wassermeyer MA Art. 3 MK 2 f.; Wassermeyer in Debatin/Wassermeyer MA Art. 4 Rz. 1, 22, 25 ff.

Der sachliche Abkommensschutz betrifft die Frage, ob die betroffenen Einkünfte unter das Doppelbesteuerungsabkommen subsummierbar sind oder ob ihre Besteuerung allein von nationalen Regeln abhängt. Insofern bedarf es zunächst einer Prüfung, um welche Art von Einkünften auf Anlegerebene es sich bei den von REITs vorgenommenen Ausschüttungen handelt. In Betracht kommen sowohl Einkünfte aus Kapitalvermögen als auch Einkünfte aus Vermietung und Verpachtung.[344] Die Qualifizierung hängt u. a. von der gesellschafts- und vermögensrechtlichen Struktur ab, so dass im Hinblick auf die Sicherung des Steueraufkommens in Deutschland beide Einkunftsarten auf die Zuteilung des Besteuerungsrechts nach dem OECD-MA zu untersuchen sind.

Handelt es sich bei der in einem Vertragsstaat ansässigen Gesellschaft um eine Aktiengesellschaft, so gelten vorgenommene Ausschüttungen an eine im anderen Vertragsstaat ansässige Person als Dividenden i. S. d. Art. 10 Abs. 3 OECD-MA.[345] Das Besteuerungsrecht wird daher gemäß Art. 10 Abs. 1 und 2 OECD-MA den beteiligten Ländern zugeteilt. Danach können Dividenden im Ansässigkeitsstaat des Gesellschafters besteuert werden, dem Ansässigkeitsstaat der Gesellschaft, d. h. dem Quellenstaat, verbleibt aber daneben ein eingeschränktes Besteuerungsrecht.[346] Dieses sieht vor, dass eine Besteuerung in Höhe von 15 % des Bruttoertrags der Dividenden zulässig ist. Soweit jedoch eine Kapitalgesellschaft Dividenden von einer Gesellschaft bezieht, an der sie im Zeitpunkt der Entstehung des Besteuerungsanspruchs mit mindestens 25 % unmittelbar beteiligt ist, also eine sog. internationale Schachtelbeteiligung vorliegt, darf die Quellensteuer 5 % des Bruttoertrags nicht überschreiten.[347] Diese Regel kann zugunsten der Steuerschuldner jedoch durchbrochen werden. So sehen mehrere der von Deutschland ausgehandelten Doppelbesteuerungsabkommen bereits eine Steuerermäßigung ab einer Beteiligungshöhe von 10 % vor. Andere Doppelbesteuerungsabkommen nehmen zwar eine qualifizierte Beteiligung erst

---

344 Vgl. Art. 10 und Art. 6 OECD-MA.

345 Vgl. Wassermeyer in Debatin/Wassermeyer MA Art. 10 Rz. 93, 99.

346 Vgl. Wassermeyer in Debatin/Wassermeyer MA Art. 10 MK 4 ff., 8; Wassermeyer in Debatin/Wassermeyer MA Art. 10 Rz. 1 ff.; Etwas anderes gilt für die Fälle, in denen die Dividenden aus einem Drittstaat stammen oder eine Betriebsstätte i. S. d. Art. 5 OECD-MA beteiligt ist, was vorliegend jedoch keiner weiteren Untersuchung bedarf.

347 Vgl. Wassermeyer in Debatin/Wassermeyer MA Art. 10 MK 10 ff., 16; Wassermeyer in Debatin/Wassermeyer MA Art. 10 Rz. 58 ff., 67; Die Bezeichnung Steuer bezieht sich auf jede Art von Steuer. Folglich darf die steuerliche Gesamtbelastung nicht höher als 5 % bzw. 15 % sein. Bemessungsgrundlage ist jeweils der Bruttobetrag der Dividende.

in Höhe von 15 %, 20 % oder 25 % an, die Quellensteuer wird aber in jedem Fall auf 5 %, teilweise sogar auf 0 % reduziert.[348]

Art. 6 OECD-MA regelt die Besteuerung von Einkünften aus unbeweglichem Vermögen. Danach gilt grundsätzlich das Belegenheitsprinzip, so dass der Staat, in dem sich die Immobilie befindet, aus der die Einkünfte bezogen werden, ein vorrangiges Besteuerungsrecht hat.[349] Das Besteuerungsrecht umfasst auch solche Einkünfte, die nur mittelbar aus der Immobilie stammen. Die Ansässigkeit desjenigen, der die Einkünfte bezieht, ist im Gegensatz zu Art. 10 OECD-MA nicht maßgeblich.

Die unterschiedliche Zuteilung der Besteuerungsrechte von Einkünften aus Dividenden und aus unbeweglichem Vermögen warf die Frage auf, ob ein REIT, der gezwungenermaßen seine Einkünfte primär aus unbeweglichem Vermögen erzielt, diese auch als solche im abkommensrechtlichen Sinn an die Anleger ausschüttet. Der Vorteil hätte in diesem Fall in der Möglichkeit des Belegenheitsstaates bestanden, das umfassende Besteuerungsrecht geltend zu machen.

dd. Schlussfolgerung

Deutschland strebte mit der Einführung von REITs grundsätzlich eine größere internationale Wettbewerbsfähigkeit an, wollte aber nicht auf sein Besteuerungsrecht ausländischen Anlegern gegenüber verzichten. Vor diesem Hintergrund hätte eine Gestaltung in Frage kommen können, die dazu führt, dass die Ausschüttungen auf Anlegerebene als Einkünfte aus unbeweglichem Vermögen zu qualifizieren sind. Allerdings verbietet dies die gesellschaftsrechtlich einfachere und international anerkannte Struktur einer Aktiengesellschaft. Ziel musste daher sein, einen Weg aufzuzeigen, der in Deutschland einerseits zu keinen Steuerausfällen führt, andererseits aber so ausgestaltet ist, dass das Ziel der internationalen Anerkennung hinsichtlich der gesellschaftsrechtlichen Ausgestaltung nicht verfehlt wird.[350]

---

348 Vgl. beispielsweise Art. 10 Abs. 2 lit. a DBA Österreich; Art. 10 Abs. 3 lit. b DBA Schweden; Art. 10 Abs. 3 DBA Norwegen.

349 Vgl. Wassermeyer in Debatin/Wassermeyer MA Art. 6 MK 1, 4; Wassermeyer in Debatin/Wassermeyer MA Art. 6 Rz. 30 ff., 42.

350 Vgl. Apelt, „Mit Fundament und Fantasie", in Plan, Ausgabe 3/2005, S. 8, (11); Dautzenberg, Abschlussbericht zur koalitionsinternen Arbeitsgruppe „REITs", 2006, 3 ff.; Voigtländer, Der deutsche REIT, 2006, 9 ff.

2. Nießbrauchsmodell vs. Trustvermögensmodell oder Treaty Overriding

Mit eben diesem Ziel haben sich die Initiative Finanzstandort Deutschland (IFD) sowie Interessenvertreter aus der Immobilienbranche bemüht, ein überzeugendes Konzept vorzulegen.[351] So entstanden zum einen das Nießbrauchsmodell und zum anderen das Trustvermögensmodell.[352] Beide Modelle zielten darauf ab, nicht Art. 10 OECD-MA zur Anwendung kommen zu lassen, sondern die Einschlägigkeit von Art. 6 OECD-MA zu begründen. Daneben wurde auch die Möglichkeit eines Treaty Overriding diskutiert.

a. Nießbrauchsmodell

Das Nießbrauchsmodell basierte darauf, dass der REIT gesellschaftsrechtlich als Aktiengesellschaft ausgestaltet wird, die gesetzlich verpflichtet ist, gemäß § 1030 Abs. 1 BGB ein Nießbrauchsrecht an ihrem gesamten Immobilienbestand zu Gunsten der Anteilseigner zu bestellen (Eigentümer-Nießbrauch). Dieses Nießbrauchsrecht ist wiederum gemäß § 1030 Abs. 2 BGB über den Weg der entgeltlichen Nutzungsüberlassung, d. h. Miete und Pacht, auf das Recht zur Fruchtziehung beschränkt. Das Ausübungsrecht aus diesem Nießbrauchsrecht, das seinerseits auf die tatsächlich gezogenen Nutzungen in Höhe der Ausschüttungsquote beschränkt ist, überträgt die Gesellschaft ihren Anteilseignern, § 1059 Satz 2 BGB.[353] Die Ausschüttungen werden bei diesem Modell nicht als Dividenden i. S. d. Art. 10 Abs. 3 Alt. 1 OECD-MA, sondern als Einkünfte aus unbeweglichem Vermögen qualifiziert, Art. 6 Abs. 2 Satz 1 OECD-MA. Folglich kommt es auch nicht zu einer Reduktion des Quellensteuerrechts.[354]

b. Trustvermögensmodell

Das Trustvermögensmodell sah vor, dass der REIT als Aktiengesellschaft mit einem von ihm verwalteten Trustvermögen, welches keine eigene Rechtspersön-

---

351 Vgl. Droste, Einführung REITs in Deutschland, 2005, 6.

352 Vgl. Roche, Wie geht es weiter mit dem REIT-Projekt? 2005,, 8 f.; Volckens, The German REIT Legislative Procedure, 2005, 5 ff.; Volckens, „Einheits- versus Trennungsmodell", in Plan, Ausgabe 3/2005, S. 12, (12 f.).

353 Vgl. Volckens, Termsheet, Das Einheitsmodell als Vorschlag zur Gestaltung einer deutschen REIT-Struktur, 2005, 4 ff.

354 Vgl. Wassermeyer in Debatin/Wassermeyer MA Art. 6 Rz. 72.

lichkeit aufweist, ausgestaltet wird.[355] Dieses Treuhandvermögen wird getrennt von dem der Aktiengesellschaft zu Gunsten der Anteilseigner gehalten, wobei die Anteilseigner ihre Einkünfte direkt aus dem Treuhandvermögen beziehen. Die Einkünfte werden dann als Einkünfte aus Vermietung und Verpachtung qualifiziert, so dass nicht Art. 10 OECD-MA, sondern Art. 6 OECD-MA einschlägig ist.[356]

c. Treaty Overriding

Eine weitere Alternative bestand darin, entgegen den vereinbarten DBA die Dividenden, die von deutschen REITs ausgeschüttet werden, gänzlich der deutschen Steuer zu unterwerfen. Ein solches Vorgehen wird als „Treaty Overriding" bezeichnet und ist völkerrechtswidrig, da es einen Vertragsbruch auf völkerrechtlicher Ebene darstellt.[357] Andererseits hindert die Völkerrechtswidrigkeit ein Gesetz nicht an seiner nationalen Rechtmäßigkeit. Dies begründet sich darin, dass zwar § 2 AO grundsätzlich den Vorrang völkerrechtlicher Verträge normiert, die wie z. B. die Doppelbesteuerungsabkommen gemäß Art. 59 Abs. 2 Satz 1 GG über die Besteuerung geschlossen werden, es sich jedoch bei diesen nicht um völkerrechtliche Regeln, die Bestandteil des Bundesrechts sind, handelt.[358] Völkerrechtliche Verträge haben vielmehr nur den Rang eines einfachen Bundesgesetzes, da sie zu ihrer Wirksamkeit eines Zustimmungsgesetzes in Form eines Bundesgesetzes bedürfen.[359] Da auch § 2 AO nur ein einfaches Bundesgesetz ist, kann es einem völkerrechtlichen Vertrag ebenfalls keinen höheren Rang einräumen. Auch das Grundgesetz sieht keine weitergehende Bindung vor, so dass ein Treaty Overriding zumindest aus nationalen Verfassungsrechtsgesichtspunkten

---

355 Vgl. IFD, Einführung eines deutschen REIT – Zusammenfassung der Empfehlungen –, 2005, 4 ff.; IFD, Sicherstellung der deutschen Besteuerung ausländischer REIT-Aktionäre, 2005, 5 ff.; Schulz-Wulkow/Kohl/von Goldbeck/Glöckner, G-REIT – Ein neuer Weg zum Kapitalmarkt, 2006, 37 ff.; Das Trustvermögen soll ein Sondervermögen eigener Art sein, § 2 Abs. 2, 3 InvG ist nicht einschlägig.

356 Vgl. Ernst & Young/Luther, Die Einführung des deutschen Real Estate Investment Trust (G-REIT), 2006, 5 f.; Wassermeyer in Debatin/Wassermeyer MA Art. 6 Rz. 39.

357 Vgl. Vogel in Vogel/Lehner DBA, Einl. Rz. 194; Flick, „Vereinbarkeit des Steuerfluchtgesetzes mit Doppelbesteuerungsabkommen", in BB 1971, S. 250, (251); Schönfeld, Hinzurechnungsbesteuerung und Europäisches Gemeinschaftsrecht, 2005, 520 ff.; Köhler, „Aktuelles Beratungs-Know-how Internationales Steuerrecht", in DStR 2002, S. 2156, (2159).

358 Hierzu zählen sowohl die Sätze des Völkergewohnheitsrechts als auch allgemein anerkannte Rechtsgrundsätze; vgl. BVerfG, Urteil vom 14.5.1968 – 2 BvR 544/63; BVerfG, Beschluss vom 10.6.1997 – 2 BvR 1516/96.

359 Zustimmungspflichtige Rechtsakte können nie einen höheren Gesetzesrang haben als das Zustimmungsgesetz.

unbedenklich ist.[360] Soweit ein nationales Gesetz mit Bundesrang in einem Qualifikationskonflikt zu den Doppelbesteuerungsabkommen steht, richtet sich der Vorrang danach, welches Gesetz spezieller und zeitlich nachgelagert ist, das nationale Gesetz muss darüber hinaus eine explizite Kenntlichmachung des Treaty Overriding durch den Gesetzgeber beinhalten.[361] Die Völkerrechtswidrigkeit ist dabei irrelevant.[362]

Andererseits aber hätte damit gerechnet werden müssen, dass die Abkommenspartner ein Treaty Overriding nicht einfach akzeptieren und folglich die mit Deutschland abgeschlossenen Doppelbesteuerungsabkommen kündigen. Dies hätte den gleichen Effekt gehabt wie die von anderer Seite vorgeschlagene Möglichkeit der sofortigen Neuverhandlung aller von Deutschland ausgehandelten Doppelbesteuerungsabkommen, was voraussichtlich einen Zeitraum von mehr als zehn Jahren eingenommen hätte. Somit war ein schlichtes Treaty Overriding keine Lösung, um deutsche REITs international erfolgreich werden zu lassen.

Fraglich ist, ob nicht auch das Nießbrauchs- und das Trustvermögensmodell jeweils ein Treaty Overriding beinhaltet hätten. Tatsächlich handelte es sich bei beiden Modellen um Konstruktionen, die trotz der Tatsache, dass es sich bei dem deutschen REIT um eine Aktiengesellschaft handelt, die Ausschüttungen entgegen der Definition in Art. 10 Abs. 3 OECD-MA nicht als Dividenden, sondern als Einkünfte aus Vermietung und Verpachtung i. S. d. Art. 6 Abs. 3 OECD-MA qualifizieren. Auch wenn der Umqualifizierung der Einkünfte eine gesellschafts- und vermögensrechtliche Gestaltung zugrunde liegt, die diese rechtfertigen könnte, so ist dennoch offensichtlich, dass es sich um eine Umgehung des Art. 10 OECD-MA handelt. Der Verdacht eines Treaty Overriding liegt somit zumindest sehr nahe.

d. Schlussfolgerung

Die Gefahr von Kündigungen der Doppelbesteuerungsabkommen durch die Vertragspartner, die ein Treaty Overriding – entweder direkt oder indirekt über das

---

360 Vgl. Vogel in Vogel/Lehner DBA, Einl. Rz. 131, 202; Tipke/Kruse-Kruse/Drüen, § 2 AO, Tz. 5, 28; Schaumburg, Internationales Steuerrecht, 1998, Rz. 3.26.

361 Etwas anderes gilt jedoch für den Fall, dass das zeitlich spätere nationale Gesetz allgemeiner als das Doppelbesteuerungsabkommen ist; vgl. Vogel in Vogel/Lehner DBA, Einl. Rz. 203; Aigner, Hinzurechnungsbesteuerung und DBA-Recht, 2004, 102 ff.

362 Vgl. Vogel in Vogel/Lehner DBA, Einl. Rz. 200; a. A. Flick, „Vereinbarkeit des Steuerfluchtgesetzes mit Doppelbesteuerungsabkommen", in BB 1971, S. 250, (251).

Nießbrauchs- bzw. das Trustvermögensmodell – in sich birgt, sowie die sehr komplizierte Ausgestaltung beider Modelle schienen international nicht wettbewerbsfähig.[363] Aus diesem Grund fertigte das Bundesministerium der Finanzen einen eigenen Entwurf, der ohne jegliche Umgehung der vereinbarten Doppelbesteuerungsabkommen eine Möglichkeit bietet, das Besteuerungsrecht Deutschlands weitgehend zu sichern. Dieses Modell entspricht in den Grundzügen dem UK-REIT, enthält aber zahlreiche nationale Besonderheiten. Des Weiteren ist es deutlich einfacher strukturiert und verspricht daher eine höhere Akzeptanz.

3. Dividendenmodell mit Streubesitzklausel

Das REITG entspricht in seiner Grundstruktur dem Gesetzesentwurf des Bundesministeriums der Finanzen. Es basiert auf dem sog. Dividendenmodell mit Streubesitzklausel. Danach handelt es sich bei dem deutschen REIT, nachfolgend REIT-Aktiengesellschaft, um eine Aktiengesellschaft nach Maßgabe des deutschen Aktienrechts, die das Immobilienvermögen direkt hält.[364] Die Aktien, die von der REIT-Aktiengesellschaft nur gegen volle Leistung des Ausgabebetrages ausgegeben werden dürfen, müssen stimmberechtigte Aktien gleicher Gattung i. S. d. § 8 Abs. 1, § 11 AktG sein. Ein Verbriefungsanspruch des Aktionärs besteht jedoch nicht, vielmehr muss die REIT-Aktiengesellschaft nur eine Globalurkunde ausstellen.[365]

---

363 Vgl. Pluskat, „Neue Impulse für die geplante steuerbegünstigte Immobilienaktiengesellschaft (REIT) in Deutschland durch den UK-REIT“, in IStR 2006, S. 661, (665).

364 Die Bezeichnung REIT-Aktiengesellschaft wird in dieser Arbeit entsprechend der Gesetzesterminologie in Anlehnung an das Bundesministerium der Finanzen verwendet; vgl. § 1 Abs. 1 REITG; BTDrucks 16/4026, Begründung, A. Allgemeiner Teil, II. Wesentlicher Inhalt, 1. Eckpunkte der rechtlichen Ausgestaltung; Bundesministerium der Finanzen, Argumente für die Einführung deutscher REITs, 2006, 7; Der häufig verwendeten Bezeichnung G-REIT wird daher nicht gefolgt; vgl. IFD, Einführung eines deutschen REIT, Abschlussbericht und Empfehlungen, 2005, 1. Die Bezeichnung REIT-Aktiengesellschaft in dieser Arbeit darf jedoch nicht verwechselt werden mit der „REIT-AG“ i. d. Trustvermögensmodells; vgl. hierzu im Einzelnen Abschnitt F. I. 2. b.; IFD, Einführung eines deutschen REIT – Zusammenfassung der Empfehlungen –, 2005, 5.

365 Vgl. § 5 REITG; BTDrucks 16/4026, Begründung, B. Besonderer Teil, Zu Artikel 1 (REIT-Gesetz), Zu § 5; Das Gesetz weicht hinsichtlich des Verbriefungsanspruchs von § 10 Abs. 5 AktG ab, da es diesen nicht in Abhängigkeit von einer entsprechenden satzungsmäßigen Bestimmung, sondern grundsätzlich ausschließt. Die Beschränkung auf Stückaktien wurde aufgegeben; vgl. BTDrucks 16/4779, Bericht, Ziff. VI., B. Einzelbegründung, Zu Artikel 1 (REIT-Gesetz), Zu § 5, Zu Absatz 1; BRDrucks 779/06 (Beschluss), Ziff. 9; BTDrucks 16/4036, Zu Ziffer 9.

Für die REIT-Aktiengesellschaft gelten daneben, soweit das REITG nicht spezielle Vorschriften vorsieht, die allgemeinen Vorschriften für Aktiengesellschaften.[366] Insofern weist dieses Modell im Gegensatz zu dem Nießbrauchs- und dem Trustvermögensmodell keinerlei Besonderheiten in der Rechtsform selbst auf. Diese finden sich vielmehr – wie weltweit üblich – in den anderen Strukturmerkmalen.[367] Da das REITG auf dem Dividendenmodell mit Streubesitzklausel aufbaut, wird im Folgenden allein auf dieses weiter eingegangen.

Das REITG schreibt für die Anteilseigner eine maximale Beteiligungshöhe von unter 10 % der Aktien oder der Stimmrechte vor.[368] Damit folgt es dem Anfangsmodell für den UK-REIT, welches ursprünglich ebenfalls eine Beschränkung der Beteiligung eines Anlegers an der Gesellschaft auf unter 10 % beschränkte. Hintergrund dieser Streubesitzklausel ist der Versuch, die Reduzierung des Quellenbesteuerungsrechts gemäß den Doppelbesteuerungsabkommen zu verhindern, die häufig eine Schachtelbeteiligung bereits ab einer Beteiligungshöhe von 10 % und nicht wie das OECD-MA erst ab 25 % annehmen.[369]

Im Unterschied zu den mittlerweile verworfenen Plänen Großbritanniens fließen bei der REIT-Aktiengesellschaft nur unmittelbare Beteiligungen i. S. d. § 20 Abs. 2 lit. a EStG in die Berechnung der 10 % ein, da auch nur solche im Rahmen der steuerlichen Freistellung infolge einer internationalen Schachtelbeteiligung in deutschen Doppelbesteuerungsabkommen maßgeblich sind. Mittelbare

---

366 Vgl. § 1 Abs. 3 REITG; BTDrucks 16/4779, Bericht, Ziff. VI., B. Einzelbegründung, Zu Artikel 1 (REIT-Gesetz), Zu § 1, Zu Absatz 3; Der Gesetzesentwurf wurde dahingehend geändert, dass nicht nur die allgemeinen Regeln des Handels- und Gesellschaftsrechts gelten, sondern alle für Aktiengesellschaften geltenden Vorschriften; vgl. BRDrucks 779/06, Ziff. 4; BTDrucks 16/4036, Zu Ziffer 4; BTDrucks 16/4026, Begründung, B. Besonderer Teil, Zu Art. 1 (REIT-Gesetz), Zu § 1 Abs. 3.

367 Vgl. §§ 1, 4, 10 ff. REITG; BTDrucks 16/4026, Begründung, B. Besonderer Teil, Zu § 1 Abs. 3.

368 Vgl. § 11 Abs. 4 REITG; BTDrucks 16/4026, Begründung, B. Besonderer Teil, Zu Art. 1 (REIT-Gesetz), Zu § 11 Abs. 4; Klühs/Schmidtbleicher, „Besteuerung ausländischer Anleger nach dem Regierungsentwurf zur Einführung deutscher REITs", in IStR 2007, S. 16, (18).

369 Vgl. Abschnitt F. I. 1. b. cc.; Das Gesetz für den UK-REIT beinhaltet diese Klausel nicht mehr, sondern sieht eine Besteuerung auf Gesellschaftsebene vor, soweit Ausschüttungen an Anleger vorgenommen werden, die unmittelbar oder mittelbar 10 % oder mehr der Anteile oder der Stimmrechte halten; vgl. Abschnitt E. IV. 2. a.; kritisch im Hinblick auf die DBA, die auf die Kontrolle eines bestimmten Stimmrechtsteils für das internationale Schachtelprivileg abstellen: vgl. Klühs/Schmidtbleicher, „Besteuerung ausländischer Anleger nach dem Regierungsentwurf zur Einführung deutscher REITs", in IStR 2007, S. 16, (19).

Beteiligungen, die eine höhere Gesamtquote bilden, sind demnach zulässig.[370] Allerdings wird das Halten von Aktien für fremde Rechnung dem Dritten, für den sie gehalten werden, als von diesem unmittelbar gehalten zugerechnet. Der Vorteil dieser Regelung besteht darin, dass Gesellschaften, inländische wie ausländische, eine Mehrheitsbeteiligung an einer REIT-Aktiengesellschaft durch Zwischenschaltung von Schwester- oder Tochtergesellschaften werden halten können. Insofern ist die Lösung über die Beteiligungshöhe sinnvoll, da sie einerseits Deutschland die Besteuerungsrechte – mit Ausnahme der Reduzierung des Quellenbesteuerungsrechts zumeist auf 15 % – sichert und andererseits den Unternehmen die wirtschaftliche Freiheit belässt, sich auch mehrheitlich (zum Teil mittelbar) an einer REIT-Aktiengesellschaft zu beteiligen.

Um daneben eine ausreichende Streuung der REIT-Aktien zu gewährleisten, so dass REIT-Aktiengesellschaften auch für Kleinanleger eine Investitionsmöglichkeit darstellen, müssen sich dauerhaft mindestens 15 % der Aktien im Streubesitz befinden, d. h. von Anteilseignern gehalten werden, die jeweils unmittelbar oder mittelbar weniger als 3 % der Aktien besitzen.[371] Für die Berechnung sind §§ 22, 23 WpHG maßgeblich.

Diese Streubesitzregelung ist sowohl vergleichbar mit derjenigen für US-REITs, wonach mindestens 100 Anleger sowie an 50 % der Gesellschaftsanteile mindestens fünf Anleger beteiligt sein müssen, als auch der für die SIIC neu eingeführten Streubesitzklausel.[372] Eine solche Regelung sichert einen Streubesitz, wie ihn gerade Immobilien-AGs nicht aufweisen und Immobilienspezialfonds nicht aufweisen dürfen. Zur Ergänzung des Kapitalanlagemarkts ist dieses Kriterium mithin sinnvoll.

a. Europarecht

Nationales Recht muss grundsätzlich am Maßstab des EG-Vertrags überprüft werden, da das Gemeinschaftsrecht gegenüber dem nationalen Recht Vorrang

---

370 Großbritannien bezog auch mittelbare Beteiligungen in die Berechnung der Maximalbeteiligungsquote ein, da in den Doppelbesteuerungsabkommen Großbritanniens im Gegensatz zu denen Deutschlands vielfach mittelbare den unmittelbaren Beteiligungen gleichgesetzt werden, so dass auch die Quellensteuerermäßigung bei einer mittelbaren Beteiligung von 10 % oder mehr eingreift; vgl. für Großbritannien z. B. UK/USA Double Taxation Convention, Art. 10 Nr. 1 lit. a.; vgl. für Deutschland z. B. DBA USA, Art. 10 Abs. 1 lit. a.; Wassermeyer in Debatin/Wassermeyer MA Art. 10 Rz. 77.

371 Vgl. 1 § 11 Abs. 1 REITG; BTDrucks 16/4026, Begründung, A. Allgemeiner Teil, II. Wesentlicher Inhalt, 3. Anlegerstruktur; BTDrucks 16/4026, Begründung, B. Besonderer Teil, Zu Artikel 1 (REIT-Gesetz), Zu § 11 Abs. 1.

372 Vgl. Sec. 856 (a) (5), (6) IRC; Abschnitt E. II. 2. a.; Art. 208 C Abs. 1 CGI; Abschnitt E. III. 2. a.

hat.[373] Folglich finden auch die Grundfreiheiten des EG-Vertrags (nachfolgend EGV) unmittelbare Anwendung.

Vorraussetzung für die Anwendbarkeit der Grundfreiheiten ist jedoch, dass sowohl der persönliche als auch der sachliche Anwendungsbereich eröffnet sind. Der persönliche Schutzbereich steht jedem Unionsbürger i. S. d. Art. 17 EGV offen. Der sachliche Schutzbereich umfasst jegliche wirtschaftliche Tätigkeit, die einen grenzüberschreitenden Bezug aufweist.[374] Zu differenzieren ist jedoch im Bereich des Steuerrechts. Es besteht zwar gemäß Art. 93 ff. EGV eine Harmonisierungspflicht der Mitgliedstaaten für die indirekten, nicht aber für die direkten Steuern. Vielmehr fallen diese in den alleinigen Regelungsbereich der Mitgliedstaaten. Dennoch unterliegen auch sie gemäß Art. 12 EGV dem allgemeinen Diskriminierungsverbot des EG-Rechts und müssen den durch die Grundfreiheiten garantierten Schutz gewährleisten.[375] Mithin ist eine Überprüfung am Maßstab des EGV nicht nur möglich, sondern auch erforderlich.

Die Regelung zur maximalen Beteiligung in Höhe von unter 10 % muss folglich auf einen etwaigen Verstoß gegen die Grundfreiheiten des EGV überprüft werden.[376] In Betracht kommen sowohl ein Verstoß gegen die Niederlassungsfreiheit also auch gegen die Kapitalverkehrsfreiheit.

aa. Niederlassungsfreiheit

Die Niederlassungsfreiheit i. S. d. Art. 43, 48 EGV könnte vorliegend einschlägig sein, vorausgesetzt der persönliche und der sachliche Schutzbereich sind eröffnet. Der persönliche Schutzbereich umfasst neben den Unionsbürgern i. S. d. Art. 17 EGV auch Gesellschaften, Art. 43 Abs. 1, Art. 48 EGV.[377] Unter dem Vorbehalt der Kapitalverkehrsfreiheit gemäß Art. 43 Abs. 2 EGV umfasst der

---

373 Vgl. EuGH, Rs. 6/64, Costa/ENEL, Slg. 1964, 1253, S. 1270; EuGH, Rs. 26/62, Van Gend & Loos, Slg. 1963, I-3, Rn. 24 ff.; Streinz, Europarecht, 2003, Rn. 179 ff.; Kluge, Das Internationale Steuerecht, 2000, Abschnitt F. Tz. 3 ff.; Cordewener, Europäische Grundfreiheiten und nationales Steuerrecht, 2002, 41 ff.

374 Vgl. Kellersmann/Treisch, Europäische Unternehmensbesteuerung, 2002, 133; Cordewener, „Deutsche Unternehmensbesteuerung und europäische Grundfreiheiten – Grundzüge des materiellen und formellen Rechtsschutzsystems der EG", in DStR 2004, S. 6, (7).

375 Vgl. EuGH, Rs. C-250/95, Futura Participations, Slg. 1997, I-2471, Rn. 19; EuGH, Rs. C-80/94, Wielockx, Slg. 1995, I-2493, Rn. 16; Voß, in: Grabitz/Hilf (nachfolgend GH) Art. 93 EGV Rdnr. 6 f. (15. EL Jan. 2000); Kellersmann/Treisch, Europäische Unternehmensbesteuerung, 2002, 77.

376 Vgl. BRDrucks 779/06 (Beschluss), Ziff. 12; BTDrucks 16/4036, Zu Ziffer 12; Die Bundesregierung stand dieserhalb in Kontakt mit der Kommission.

377 Als Gesellschaften i. S. d. Art. 48 EGV gelten auch Personengesellschaften; vgl. Randelzhofer/Forsthoff, in: GH Art. 48 Rdnr. 7 (18. EL Mai 2001).

sachliche Schutzbereich grenzüberschreitende, weisungsgebundene und auf Dauer angelegte Erwerbstätigkeiten, den Weg- und Zuzug, die Gründung und Unterhaltung von Agenturen, Tochtergesellschaften und Zweigniederlassungen sowie das Halten von Beteiligungen innerhalb der EU-Mitgliedstaaten.[378] Soweit das Halten von Beteiligungen in den Schutzbereich fällt, ist jedoch zusätzliche Voraussetzung, dass diese eine Kontrolle über die Gesellschaft beinhalten. Anderenfalls ist die Kapitalverkehrsfreiheit einschlägig.[379]

In Bezug auf die Anteilseigner einer REIT-Aktiengesellschaft ist der persönliche Schutzbereich sowohl für natürliche als auch für juristische Personen eröffnet. Die Voraussetzungen für den sachlichen Schutzbereich sind jedoch nicht gegeben, da die Streubesitzklausel gerade das Halten einer Beteiligung, die eine Kontrolle über die Gesellschaft bedingen könnte, verhindert. Insofern bedarf es keiner weiteren Prüfung eines Eingriffs in die Niederlassungsfreiheit, sondern einer näheren Untersuchung der Kapitalverkehrsfreiheit.

bb. Kapitalverkehrsfreiheit

Der persönliche Schutzbereich der Kapitalverkehrsfreiheit ist gemäß Art. 56 EGV universell ausgestaltet, mithin findet sie nicht nur gegenüber natürlichen Personen und Gesellschaften, sondern auch gegenüber Angehörigen von Drittländern Anwendung. Der sachliche Schutzbereich umfasst den grenzüberschreitenden Transfer von Geld- oder Sachmitteln.[380] Hierzu zählen jegliche Beteiligungsformen, unabhängig von deren Umfang. Folglich fällt die Beteiligung na-

---

378 Vgl. Streinz/Müller-Graf, EUV/EGV, Art. 43 Rn. 11 ff., 27 ff.; Randelzhofer/Forsthoff, in: GH Art. 43 Rdnr. 8 ff. (18. EL Mai 2001); Rättig/Protzen, „Praktische Folgen der Unvereinbarkeit der Hinzurechnungsbesteuerung mit der EU-Niederlassungs- sowie der Kapitalverkehrsfreiheit – Eine nach Fallgruppen geordnete Darstellung der Unanwendbarkeit der §§ 7–14 AStG", in GmbHR 2004, S. 503, (503).

379 Vgl. EuGH, Rs. C-251/98, Baars, Slg. 2000, I-2787, Rn. 20, 27; Randelzhofer/Forsthoff, in: GH Art. 43 Rn. 115 (18. EL Mai 2001); Streinz/Müller-Graf, EUV/EGV, Art. 43 Rn. 15, 102; Zumeist wird eine Beteiligung in Höhe von 25 % als ausreichend erachtet, vgl. § 8 a KStG.

380 Vgl. Kapitalverkehrsrichtlinie, Richtlinie 88/361/EWG vom 24.6.1988, ABl. L 178 vom 8.7.1988, S. 5-18; hierzu im Einzelnen: Anhang I; Ress/Urkow, in: GH Art. 56 Rdnr. 73 (19. EL Febr. 2002); Streinz/Sedlaczek, EUV/EGV, Art. 56, Rn. 5 f., 7 f.; Streinz, Europarecht, 2003, Rn. 763; Schön, „Hinzurechnungsbesteuerung und Europäisches Gemeinschaftsrecht", in DB 2002, S. 940, (942); Rättig/Protzen, „Praktische Folgen der Unvereinbarkeit der Hinzurechnungsbesteuerung mit der EU-Niederlassungs- sowie der Kapitalverkehrsfreiheit – Eine nach Fallgruppen geordnete Darstellung der Unanwendbarkeit der §§ 7–14 AStG", in GmbHR 2004, S. 503, (503); Die Einschränkung des Schutzbereichs gemäß Art. 58 Abs. 2 EGV und das damit einhergehende Konkurrenzverhältnis zu Art. 43 EGV ist wegen dessen fehlender Einschlägigkeit vorliegend ohne Bedeutung.

türlicher und juristischer Personen an einer REIT-Aktiengesellschaft unter den Schutzbereich des Art. 56 EGV.[381]

Fraglich ist, ob die maximale Beteiligungshöhe einen Eingriff in die Kapitalverkehrsfreiheit darstellt.[382] Ein solcher liegt vor, wenn der grenzüberschreitende Kapital- oder Zahlungsverkehr eingeschränkt wird, Art. 56 Abs. 1, 2 EGV.[383] Diese allgemeine Beschränkung kann sowohl in der Diskriminierung nach der Staatsangehörigkeit oder der Ansässigkeit als auch in einer Beschränkung im engeren Sinne, d. h. in Unabhängigkeit von der Staatsangehörigkeit bzw. Ansässigkeit, bestehen.[384] Insofern unterscheidet sich der Sachverhalt des vom Bundesrat angeführten Urteils des EuGH von der Regelung für die REIT-Aktiengesellschaft.[385] Eine Beschränkung im engeren Sinne liegt immer dann vor, wenn im grenzüberschreitenden Verkehr auf den gleichen Sachverhalt unterschiedliche Vorschriften oder auf unterschiedliche Sachverhalte dieselben Vorschriften angewandt werden. Die Regelung der Maximalbeteiligung findet keine Anwendung in Abhängigkeit von der Staatsangehörigkeit oder der Ansässigkeit des Anlegers, so dass das Merkmal der Differenzierung ausscheidet. Auch findet keine Beschränkung im engeren Sinne statt, da die maximale Beteiligungshöhe in jedem Fall, d. h. auch in jedem vergleichbaren Sachverhalt eingreift. Soweit zur Herstellung des vergleichbaren Sachverhalts auf die fehlende Beteiligungsbeschränkung bei offenen Immobilienfonds und Immobilien-AGs hingewiesen wird, kann ein solcher nicht angenommen werden. Vielmehr handelt es sich bei diesen Anlageformen um jeweils selbstständige Regelwerke, die nur einer Überprüfung in sich bedürfen. Eine Vergleichbarkeit mit der REIT-Aktiengesellschaft scheidet hingegen aus. Soweit der EuGH in dem vom Bundesrat benannten Urteil über eine Zulassungsbeschränkung in Form eines Genehmigungsvorbehalts für eine bestimmte Gesellschaftsform als einen Eingriff in die Kapitalverkehrsfreiheit in Form einer Beschränkung im engeren Sinne wertet, besteht ein Unterschied zu dem hier vorliegenden Fall.[386] Das Genehmigungserfordernis entspricht einer bürokratischen Hürde, die für Ausländer schwerer zu bewältigen ist als für Inländer. Darüber hinaus ist nicht gewiss, dass sie die Genehmigung

---

381 Zu beachten ist in diesem Zusammenhang, dass Art. 56 EGV auch gegenüber Drittstaaten eingreift, vgl. Ress/Urkow, in: GH Art. 56 Rdnr. 53 (19. EL Febr. 2002).

382 Vgl. Simon, „Die Einführung eines German-REIT (G-REIT)“, in NJW-Spezial 2006, S. 459 (459).

383 Vgl. Streinz/Sedlaczek, EUV/EGV, Art. 56, Rn. 27.

384 Vgl. EuGH, Rs. C-80/94, Wielockx, Slg. 1995, I-2493, Rn. 17; EuGH, Rs. C-107/94, Asscher, Slg. 1996, I-3089, Rn. 40; Streinz/Sedlaczek, EUV/EGV, § 58, Rn. 7 ff.

385 Vgl. EuGH, Rs. C-367/98, KOM ./. Portugiesische Republik, Slg. 2002, I-4731, Rn. 40 ff.

386 Vgl. EuGH, Rs. C-367/98, KOM ./. Portugiesische Republik, Slg. 2002, I-4731, Rn. 45 f.

überhaupt erhalten. Folgerichtig sieht der EuGH in dem Genehmigungsvorbehalt einen Eingriff in die Kapitalverkehrsfreiheit. Die Beteiligungsbeschränkung gilt hingegen nicht nur für jedermann, sie ist auch genehmigungsunabhängig. Darüber hinaus besteht die Möglichkeit, über die Einschaltung von Zwischengesellschaften die Beteiligungsbeschränkung zu umgehen. Gleiches gilt für die Verwaltung der REIT-Aktiengesellschaft oder deren Kontrolle.

Die Regelung der maximalen Beteiligungshöhe stellt folglich keinen Eingriff in die Kapitalverkehrsfreiheit i. S. d. Art. 56 EGV dar.[387]

Rein vorsorglich wird auf die viel diskutierte Frage eingegangen, ob die Beteiligungsregelung – einen Eingriff in die Kapitalverkehrsfreiheit voraussetzend – gerechtfertigt ist.

In Betracht könnte der ausdrückliche Rechtfertigungsgrund kommen, wonach Steuerrechtsvorschriften angewandt werden dürfen, die Steuerpflichtige mit unterschiedlichem Wohnort unterschiedlich behandeln, Art. 58 Abs. 1 lit. a EGV.[388] Dieser scheidet jedoch aus, kommt es doch bei der maximalen Beteiligung gerade nicht auf den Wohnort des Anlegers an. Hingegen könnte Art. 58 Abs. 2 lit. b i. V. m. Art. 58 Abs. 3 EGV die Regelung rechtfertigen. Hiernach sind unerlässliche, nicht willkürliche Maßnahmen aus zwingenden Gründen des Allgemeininteresses unter Beachtung der Grundfreiheiten zulässig, die eine Umgehung der nationalen Vorschriften, insbesondere des Steuerrechts, verhindern.[389]

Die Unerlässlichkeit der Maßnahmen bedingt auch deren Verhältnismäßigkeit. Zur Rechtfertigung der Unerlässlichkeit der Maßnahme sowie der zwingenden Gründe des Allgemeininteresses kommen verschiedene Gründe in Betracht. Insbesondere das Argument der Kohärenz wird hierfür angeführt. Danach darf die Gesamtheit des Steuerrechts bzw. eines Steuersystems nicht durch eine einzelne

387 Vgl. Klühs/Schmidtbleicher, „Besteuerung ausländischer Anleger nach dem Regierungsentwurf zur Einführung deutscher REITs", in IStR 2007, S. 16, (21); Angemerkt sei, dass die Streubesitzklausel für die REIT-Aktiengesellschaft aus den gleichen Gründen keinen Eingriff in die Kapitalverkehrsfreiheit darstellt; a. A. EuGH, Rs. C-174/04, KOM ./. Italien, Slg. 2005, I-4933, Rn. 28; EuGH, Rs. C-503/99, KOM ./. Belgien, Slg. 2002, I-4809, Rn.38 aber nur zu direkten Beteiligungen.

388 Vgl. Ress/Urkow, in: GH Art. 58 Rdnr. 2 f. (19. EL Febr. 2002).

389 Vgl. Streinz/Sedlaczek, EUV/EGV, § 58, Rn. 14 ff.; Ress/Urkow, in: GH Art. 58 Rdnr. 15 ff. (19. EL Febr. 2002); EuGH, Rs. C-319/02, Manninen, Slg. 2004, I-7477, Rn. 23, 28 f.; EuGH, Rs. C-9/02, Hughes de Lasteyrie du Saillant, Slg. 2004, I-2409, Rn. 49; Hahn, „Das ICI-Urteil des EuGH und die Hinzurechnungsbesteuerung gemäß §§ 7 ff. AStG", in IStR 1999, S. 609, (613 f.).

Vorschrift durchbrochen werden, die dem System widerspricht.[390] Allerdings wird der Kohärenzgedanke nur in den seltensten Fällen eingreifen, hat doch insbesondere der EuGH diesen in seinen neueren Entscheidungen immer wieder abgelehnt. Dies liegt zumeist daran, dass das Steuersystem den Steuervorteil, den es im Gegenzug zu einem Nachteil gewährt, nicht demselben Steuerschuldner zugute kommen lässt. Vielmehr handelt es sich meistens um ein System, wie dem im vorliegenden Fall, das einerseits auf Gesellschaftsebene und andererseits auf Anlegerebene ansetzt. Dann aber findet der Gedanke der Kohärenz grundsätzlich keine Anwendung.[391] Auch das Argument der Steuerumgehung rechtfertigt keinen Eingriff in die Grundfreiheiten des EGV, da das Ausnutzen dieser nie einen zwingenden Grund des Allgemeininteresses begründen kann.[392] Somit verbleibt allein das Argument, dass ein steuerlicher Missbrauch von Gestaltungsmöglichkeiten mit der Regelung verhindert werden soll.[393] Dieser stellt grundsätzlich einen zwingenden Grund im Allgemeininteresse dar. Allerdings muss hierfür eine strenge Anforderungsprüfung vergleichbar mit der für § 42 AO zugrunde gelegt werden. Voraussetzung ist mithin, dass sich der gezielte Gestaltungsmissbrauch zur Steuervermeidung bereits aus den allgemeinen Gestaltungsmerkmalen ergeben muss.[394] Anhaltspunkte für einen derartigen Gestaltungsmissbrauch gibt es nicht.

Abschließend sei daher noch einmal festgestellt, dass das Dividendenmodell mit Streubesitzklausel keinen Eingriff in die Grundfreiheiten des EG-Rechts darstellt, mithin nicht gegen dieses verstößt. Daher konnte bei der gesellschaftsrechtlichen Ausgestaltung der REIT-Aktiengesellschaft auf diese Struktur zurückgegriffen werden.

---

390 Vgl. EuGH, Rs. C-204/90, Bachmann, European Court Reports 1992, Page I-249, Rn. 34; Bundesministerium der Finanzen, Argumente für die Einführung deutscher REITs, 2006, 8; Roche, UK-REIT: Ein erster Überblick, 2006, 3 f.

391 Vgl. EuGH, Rs. C-294/97, Eurowings, Slg. 1999, I-2787, Rn. 44; EuGH, Rs. C-264/96, ICI, Slg. 1998, I-4695, Rn. 28; Kellersmann/Treisch, Europäische Unternehmensbesteuerung, 2002, 198 f.; Wagner, „Die Zukunft des internationalen Steuerrechts nach dem Manninen-Urteil", in DStZ 2004, S. 325, (331).

392 Vgl. EuGH, Rs. C-35/98, Verkooijen, Slg. 2000, I-4071, Rn. 61; EuGH, Rs. 270/83, KOM ./. Frankreich, Slg. 1986, 273, Rn. 25; EuGH, Rs. C-9/02, Hughes de Lasteyrie du Saillant, Slg. 2004, I-2409, Rn. 60; EuGH, Rs. C-251/98, Baars, Slg. 2000, I-2787, Rn. 22; Kluge, Das Internationale Steuerrecht, 2000, Abschnitt N Tz. 377.

393 Vgl. Vogel, „Internationales Steuerrecht", in DStZ 1997, S. 269, (274 f.); Cordewener, Europäische Grundfreiheiten und nationales Steuerrecht, 2002, 950 ff.; Saß, „Zur Vereinbarkeit der Hinzurechnungsbesteuerung nach dem AStG mit den EU-Grundfreiheiten", in DB 2002, S. 2342, (2344).

394 Vgl. Fischer in Hübschmann/Hepp/Spitaler (nachfolgend HHSp), § 42 AO Rz. 88 ff.; Tipke/Kruse-Kruse/Drüen, § 42 AO, Tz. 30 ff., 44.

b. Öffentliche Wohnungsbaugesellschaften
Auch Wohnungsbaugesellschaften der öffentlichen Hand, die derzeit zumeist zwischen dem Ausverkauf ihres Bestandes oder der alleinigen Verantwortung wählen müssen, haben mit dem Dividendenmodell mit Streubesitzklausel eine reale Chance, ihre Probleme zu lösen. Sie können sich über mittelbare Beteiligungen in Form von Pool- oder Konsortialverträgen den notwendigen Einfluss sichern, um beispielsweise die Erfüllung des Versorgungsauftrags zu gewährleisten, und gleichzeitig frisches Kapital akquirieren, das dringend für Instandhaltungs- und Modernisierungsmaßnahmen sowie die Umsetzung der Stadtumbaumaßnahmen und des Quartiersmanagements benötigt wird.[395] Die Begrenzung der unmittelbaren Beteiligungshöhe auf unter 10 % begründet keinen Nachteil.

4. Firma

Entscheidend für die Firma einer REIT-Aktiengesellschaft ist, dass sie auch im Falle der Weiterführung des Namens gemäß § 22 HGB den Zusatz „REIT-Aktiengesellschaft" oder „REIT-AG" beinhaltet. Diese Verpflichtung dient in erster Linie dem Anlegerschutz vergleichbar mit § 3 InvG. Im Gegenzug bedarf es aber auch des Bezeichnungsschutzes für die Gesellschaft, soweit sie ihren Sitz in Deutschland hat und die weiteren Voraussetzungen einer REIT-Aktiengesellschaft erfüllt, da sonst die Verpflichtung ins Leere liefe.[396] Ausländischen Gesellschaften soll die Firmierung als REIT hingegen nicht verboten werden, soweit diese nicht gegen wettbewerbsrechtliche Irreführungsverbote verstößt.[397]

395 Vgl. Abschnitt B. I, II.; Bundesministerium der Finanzen, Entwurf eines Gesetzes zur Schaffung deutscher Immobilien-Aktiengesellschaften mit börsennotierten Anteilen, 2006, 10.

396 Eine Ausnahme besteht gemäß § 22 REITG nur für die Gesellschaften, die bereits am 23.3.2007 unter einer Firma, die allein oder als Zusatz den Begriff REIT, REIT-Aktiengesellschaft oder Real Estate Investment Trust enthält, zulässigerweise ins Handelsregister eingetragen war. Dann nämlich darf die Firma oder der Zusatz zur Firma bis zum 31.12.2007 weitergeführt werden. Nach Ablauf dieser Frist ist die Eintragung unzulässig i. S. d. § 142 Abs. 1 Satz 1 FGG und kann folglich gelöscht werden; vgl. BTDrucks 16/4779, Bericht, Ziff. VI., B. Einzelbegründung, Zu Artikel 1 (REIT-Gesetz), Zu § 22 – neu.

397 Vgl. §§ 6, 7 REITG; BTDrucks 16/4026, Begründung, B. Besonderer Teil, Zu Art. 1 (REIT-Gesetz), Zu § 6; BTDrucks 16/4779, Bericht, Ziff. VI., B. Einzelbegründung, Zu Artikel 1 (REIT-Gesetz), Zu § 7. Für inländische Gesellschaften greifen im Falle der wettbewerbsrechtlichen Irreführung darüber hinaus § 18 Abs. 2 Satz 1 HGB i. V. m. § 37 HGB, §§ 140 ff. HGB sowie im Falle der irreführenden Werbung § 37 a HGB, § 80 AktG i. V. m. § 5 Abs. 1 und 2 Nr. 3 UWG ein.

Die Firma ist bei dem zuständigen Gericht zur Eintragung in das Handelsregister anzumelden.[398]

5. Management

Entscheidend für den internationalen Erfolg von REITs ist neben der Spezialisierung auf bestimmte Immobilien die Spezialisierung der Beteiligten. REITs zeichnen sich in der weit überwiegenden Zahl durch ein sog. internes Management aus. Im Gegensatz hierzu stehen z. B. offene Immobilienfonds, deren Management von der Kapitalanlagesellschaft übernommen wird (externes Management).[399]

a. Gesetzliche Verpflichtung

Fraglich war, ob das interne Management REIT-Aktiengesellschaften vorgeschrieben werden oder, wie in den USA, wahlweise möglich sein sollte. Grundsätzlich spricht viel für die Liberalisierung von Vorschriften, um Unternehmen eine größere Flexibilisierung in ihrem Marktengagement zu ermöglichen. Auch der Vergleich mit den offenen Immobilienfonds zeigt, dass ein externes Management zielführend sein kann. Andererseits sollte die REIT-Aktiengesellschaft als Aktiengesellschaft nach deutschem Recht ausgestaltet werden. Insofern unterscheidet sie sich vom US-REIT, bei dem konsequenterweise nicht nur aktienrechtliche Regelungen eingreifen.[400] Geht man aber von einer Aktiengesellschaft aus, so ergibt sich bereits aus dem Aktiengesetz die Verpflichtung zum internen Management. §§ 76 ff. AktG bestimmen die Leitung der Gesellschaft durch deren Vorstand, der wiederum gemäß §§ 84, 90, 111 AktG vom Aufsichtsrat ernannt und überwacht wird.[401] Gemäß §§ 95 ff., 101 ff. AktG wird der Aufsichtsrat seinerseits von der Hauptversammlung gewählt, die sich aus den Aktionären zusammensetzt, §§ 118 ff. AktG.[402] Diese Form der internen Geschäftsführung inklusive der Vertretungsmacht des Vorstands für die Gesellschaft, sowie die

398 Vgl. § 8 REITG; BTDrucks 16/4779, Bericht, Ziff. VI., B. Einzelbegründung, Zu Artikel 1 (REIT-Gesetz), Zu § 8; Die Vorschrift betrifft die Umfirmierung einer bereits bestehenden Gesellschaft i. S. d. § 31 Abs. 1 HGB, weshalb die Eintragung nicht von Vorstand und Aufsichtsrat gemeinsam i. S. d. § 36 Abs. 1 AktG herbeigeführt werden muss.

399 Vgl. Abschnitt D. III. 2.

400 Vgl. Abschnitt E. II. 2.; Bone-Winkel, Entwicklung der REITs weltweit, 2005, 12.

401 Vgl. Hüffer, AktG, 7. Aufl., § 76, Rn. 7 ff., § 111, Rn. 2 ff.; Henn, Hdb des Aktienrechts, 2002, Rn. 538 ff., 610 ff.

402 Vgl. MünchKommAktG/Semler § 101 Rn 11 ff.; Hüffer, AktG, 7. Aufl., § 119, Rn. 1 ff.

Überwachungsmechanismen durch den Aufsichtsrat einerseits und die Hauptversammlung andererseits sind auch für die REIT-Aktiengesellschaft geeignet, um sowohl dem internationalen Standard zu folgen als auch einen hohen Anlegerschutz zu gewährleisten. Nicht schlüssig hingegen wäre eine Regelung, die zwar grundsätzlich die Struktur einer Aktiengesellschaft verlangt, aber deren wesentliche Merkmale – neben der freien Handelbarkeit der Aktien – durch andere Bestimmungen ersetzt.

Aus diesem Grund sind die Vorgaben des Aktiengesetzes auch hinsichtlich des Managements in Gänze in das REITG übernommen worden.[403]

b. Öffentliche Wohnungsbaugesellschaften

Für Wohnungsbaugesellschaften der öffentlichen Hand, die nicht nur ihre Immobilien in eine bestehende REIT-Aktiengesellschaft einbringen, sondern selbst den Status einer REIT-Aktiengesellschaft annehmen, stellt die Anforderung des internen Managements keine Neuerung dar, zumal der weit überwiegende Teil bereits jetzt diese Struktur aufweist. Allerdings kann das interne Management nur dann erfolgreich am Markt operieren, wenn hoch spezialisierte Immobilienmanager eingesetzt werden, die insbesondere durch Effizienz Kosteneinsparungen bewirken.[404] Wird das Management diesen Anforderungen in personeller Hinsicht nicht gerecht, führt dies zu erheblichen Bewertungsabschlägen am Markt.

6. Börsennotierung

Das REITG sieht vor, dass REIT-Aktiengesellschaften an einem organisierten Markt in einem Mitgliedstaat der Europäischen Union oder des Europäischen Wirtschaftsraumes notiert sein müssen.[405] Der organisierte Markt bestimmt sich nach den Vorschriften des § 2 Abs. 5 WpHG. Umfasst sind hiervon sowohl der amtliche als auch der geregelte Markt i. S. d. §§ 30 ff., 49 ff. BörsG, nicht aber

403 Vgl. § 1 Abs. 3 REITG; BTDrucks 16/4026, Begründung, B. Besonderer Teil, Zu Artikel 1 (REIT-Gesetz), Zu § 1 Abs. 3.

404 Vgl. Bundesministerium der Finanzen, Argumente für die Einführung von REITs, 2006, 11, 18; Deutsche Bank Research, Was Europa von US-REITs lernen kann, 2006, 6.

405 Vgl. § 1 Abs. 1, § 10 Abs. 1 REITG; BTDrucks 16/4026, Begründung, B. Besonderer Teil, Zu Art. 1 (REIT-Gesetz), Zu § 10 Abs. 1.

der Freiverkehr i. S. d. § 57 BörsG.[406] Fraglich war jedoch, ob eine solche Regelung für den deutschen Immobilienanlagemarkt praktikabel ist, zumal ein Teil der existierenden REIT-Gesetzgebungen die Börsennotierung nicht als verpflichtend, sondern als Option vorsehen.

a. Internationaler Vergleich

Die USA verstehen ebenso wie z. B. die Niederlande oder Japan die Börsennotierung nur als Option für den REIT. Anders hingegen verhält es sich beispielsweise in Frankreich, Hong Kong oder Belgien, wo jeweils ein Listing erforderlich ist. Auch Großbritannien hat die Börsennotierung zur Zulassungsvoraussetzung erklärt.[407] In den Ländern, die keine Börsennotierung verlangen, ist zu beobachten, dass die Zahl der nicht gelisteten REITs die der gelisteten deutlich übersteigt, auch wenn deren Marktkapitalisierung zumeist geringer ist.[408] Die Option, den REIT-Status ohne zwingendes Listing an der Börse erlangen zu können, eröffnet insbesondere kleineren Immobiliengesellschaften, deren Bestand zu klein für einen kostspieligen Börsengang ist, eine Perspektive.[409] So regte sich auch in Großbritannien heftiger Widerstand gegen die Börsennotierung als Zulassungsvoraussetzung. Interessenvertreter planen daher, zumindest die Zulassung auch der am Alternative Investment Market (AIM) gelisteten Gesellschaften innerhalb der nächsten ein bis zwei Jahre zu erreichen.[410] Andererseits schreiben die SIIC eine Erfolgsgeschichte seit Anbeginn ihrer Einführung, doch hatte Frankreich auch schon vorher eine große Anzahl börsennotierter Immobilien-AGs. Diese wurden in eine SIIC umgewandelt, nur wenige neue wurden

---

406 Vgl. Bundesministerium der Finanzen, Argumente für die Einführung deutscher REITs, 2006, 5; BT-Drucks 13/9712, S. 12; Hüffer, AktG, 7. Aufl., § 3, Rn. 6; Assmann, in: Assmann/Uwe H. Schneider (Hrsg.), WpHG, 2006, § 2 Rz. 95 f.; Zitelmann, 1. Stimmungsbarometer G-REITs, 2005, 11; Die näheren Bestimmungen für den geregelten Markt finden sich in der jeweiligen Börsenordnung gemäß § 50 BörsG.

407 Vgl. EPRA, Global REIT Survey, 2004, 11, 31, 46; Bone-Winkel, Entwicklung der REITs weltweit, 2005, 14; Abschnitt E. II. 2. c.; Abschnitt F. III. 2. c.; Abschnitt E. IV. 2. c.

408 NAREIT, Promoting More Flexible Investment in Property, 2004, 7.

409 Vgl. Cadmus, Projekt G-REIT, 2006, 18; Ernst & Young AG, Der deutsche REIT (G-REIT), 2005, 21 ff.; Schulz-Wulkow/Kohl/von Goldbeck/Glöckner, G-REIT – Ein neuer Weg zum Kapitalmarkt, 2006, 22; Ernst & Young/Luther, Die Einführung des deutschen Real Estate Investment Trusts (G-REIT), 2006, 16 ff. Der erste Börsengang, das sog. Initial Public Offering, kurz IPO, verursacht Kosten in Höhe von durchschnittlich 5–10 % des Gesamtvolumens.

410 Der AIM gilt aus Sicht der britischen Regierung nicht als anerkannte europäische Börse.

gegründet.[411] Dennoch hat Frankreich nicht die nichtbörsennotierte SIIC, sondern als nicht zu listendes Anlagevehikel den OPCI, also den offenen Immobilienfonds, eingeführt.

b. Nationale Besonderheiten

Die Frage der verpflichtenden Börsennotierung war insofern von besonderer Bedeutung, als Deutschland fast keine Kapitalmarkterfahrungen im Immobiliensektor hat. Dies belegt allein die geringe Zahl der Immobilienaktiengesellschaften. Daher wäre das Marktvolumen der REIT-Aktiengesellschaften insgesamt um ein vielfaches höher, wären nicht gelistete Gesellschaften ebenfalls zugelassen worden.[412] Andererseits sprach die fehlende Liquidität der bisher bestehenden Immobilienanlagevehikel infolge der mangelnden Fungibilität ihrer Anteile dafür, die Börsennotierungspflicht vorzusehen.[413] Darüber hinaus bestehen als alternative Anlageprodukte, die keiner Pflicht zur Börsennotierung unterliegen, die offenen Immobilienfonds weiterhin. Insbesondere die institutionellen Anleger, die keine Börsennotierung wünschen, können auch auf den offenen Immobilienspezialfonds zurückgreifen. Da der Immobilienanlagemarkt durch die Einführung von REIT-Aktiengesellschaften erweitert werden soll, ist die verpflichtende Börsennotierung ein probates Mittel.[414]

Das gegen die verpflichtende Börsennotierung sprechende Argument, dass bei einem sog. Delisting, d. h. dem Verlust der Börsennotierung, zwangsläufig auch der Status als REIT-Aktiengesellschaft verloren geht, kann ebenfalls entkräftet werden. Hintergrund der Notierungspflicht ist in erster Linie die Sicherung des Anlegerschutzes. Dieser wird, soll die REIT-Aktiengesellschaft nicht vergleich-

---

411 Vgl. Sotelo/Bone-Winkel/Pfeffer/Schlump/Becker, Bedeutung von nicht börsengehandelten REITs, Kurzfassung, 2006, 8; Sotelo/Bone-Winkel/Pfeffer/ Schlump/Becker, Bedeutung von nicht börsengehandelten REITs, Gutachten, 2006, 21.

412 Vgl. HSH Nordbank, Der German Real Estate Investment Trust (REIT) und der deutsche Immobilienmarkt, 2005, 33 f.; BFW, Gutachten empfiehlt: Keine Börsenpflicht für REITs, Pressemitteilung, 29.5.2006; Sotelo/Bone-Winkel/Pfeffer/ Schlump/Becker, Bedeutung von nicht börsengehandelten REITs, Kurzfassung, 2006, 113, 119 ff.; Kremer, Abgrenzung von REITs zu anderen indirekten Immobilienanlagen, 2005, 3, 8; Beck AG-HB/Harrer § 18 Rz. 12 ff.

413 Vgl. Westerheide, Cointegration of Real Estate Stocks and REITs with Common Stocks, Bonds and Consumer Price Inflation, 2006, 1; van Kann/Just/Krämer, „Der Regierungsentwurf eines Gesetzes zur Schaffung deutscher Immobilien-Aktiengesellschaften mit börsennotierten Anteilen (REIT-Gesetz)", in DStR 2006, S. 2105, (2107).

414 Vgl. BTDrucks 16/4026, Begründung, A. Allgemeiner Teil, II. Wesentlicher Inhalt, 1. Eckpunkte der rechtlichen Ausgestaltung; BTDrucks 16/4026, Begründung, B. Besonderer Teil, Zu Art. 1 (REIT-Gesetz), Zu § 10.

bar mit einem offenen Immobilienfonds einer zusätzlichen Finanzaufsicht unterworfen werden, insbesondere durch die Kontrolle nach Maßgabe ergänzender Normen des WpHG und des WpÜG sowie durch die Börsenaufsicht gewährleistet, was im Gegenzug ein höheres Vertrauen auf Seiten der Anteilseigner hervorruft.[415]

Insbesondere vor dem Hintergrund der fehlenden Erfahrung deutscher Gesellschaften an Immobilienkapitalmärkten und der Sicherstellung des Anlegerschutzes und dem damit einhergehen Vertrauen der Anleger in REIT-Aktiengesellschaften aufgrund der hohen Transparenz vor allem durch die mit dem Listing einhergehenden Publizitätspflichten ist die zwingende Börsennotierung das richtige Instrument, soll die REIT-Aktiengesellschaft ein Erfolgsmodell werden. Dies wird von der Deutschen Börse AG dadurch unterstützt, dass sie für REIT-Aktiengesellschaften ein eigenes Segment und zwei eigenständige REIT-Indizes einführt, so dass hierdurch ebenfalls die Transparenz erhöht wird.[416]

Die zwingende Börsennotierung der REIT-Aktiengesellschaft führt zudem zur Einschlägigkeit des § 9 Abs. 1 BörsZulV. Danach müssen sich zum amtlichen Markt zugelassene Aktien im Zeitpunkt des Börsengangs zu mindestens 25 % im Streubesitz befinden. Das REITG geht jedoch über diese Regelung hinaus, da es für alle REIT-Aktiengesellschaften einen Streubesitz beim Börsengang in Höhe von 25 % vorschreibt, wobei auch hier nur die Aktien als im Streubesitz befindlich gelten, deren Anteilseigner jeweils weniger als 3 % der Stimmrechte an der Gesellschaft gemäß §§ 22, 23 WpHG zugerechnet werden.[417]

Die Notierung an einem organisierten Markt innerhalb der EU oder des EWR und nicht ausschließlich an einer inländischen Börse, wie es sowohl das Gesetz für den UK-REIT als auch das REITG im Gegensatz zu der französischen und

---

415 Vgl. BTDrucks 16/4026, Begründung, A. Allgemeiner Teil, II. Wesentlicher Inhalt, 1. Eckpunkte der rechtlichen Ausgestaltung; BTDrucks 16/4026, Begründung, B. Besonderer Teil, Zu Art. 1 (REIT-Gesetz), Zu § 10; Bundesministerium der Justiz, Bundesregierung stärkt Anlegerschutz und Unternehmensintegrität, 2003, 1 ff.; Eurohypo AG, German REITs: Germany joining the party?, 2006, 3 f.; Sotelo, Notwendigkeit von REITs für Deutschland und ihre optimale Gestaltung, 2006, 14; Morgan Stanley Bank AG, Investing in German Residential Property, 2006, 7 ff.

416 Vgl. Deutsche Börse Group, Deutsche Börse plant eigenständiges Segment und Indizes für REITs, 17.4.2007.

417 Vgl. § 11 Abs. 1 REITG; BTDrucks 16/4026, Begründung, B. Besonderer Teil, Zu Art. 1 (REIT-Gesetz), Zu § 11 Abs. 1; Abschnitt F. I. a.

der belgischen Regelung vorsehen, genügt als Zulassungsvoraussetzung.[418] So wird zumindest das Problem gelöst, dass die Pflicht zur inländischen Börsennotierung einen potenziellen Verstoß gegen die Niederlassungsfreiheit i. S. d. Art. 43, 48 EGV darstellt. Ein ungerechtfertigter Verstoß gegen die Kapitalverkehrsfreiheit i. S. d. Art. 56 EGV erscheint infolge des Universalitätsprinzips dennoch wahrscheinlich.[419]

Es bedarf jedoch einer angemessenen Übergangsfrist für den Zulassungsantrag, damit die Immobiliengesellschaften Umstrukturierungen dergestalt vornehmen können, dass sie zum einen alle aus der Börsennotierung resultierenden Auflagen erfüllen und sich zum anderen insbesondere hinsichtlich ihres Portfolios, der Kapitalausstattung und der personellen Struktur so aufstellen können, wie es für die Erfüllung aller Strukturvoraussetzungen einer REIT-Aktiengesellschaft, aber auch für ihre Wettbewerbsfähigkeit am Markt notwendig ist. Daher bedarf es auch der Ausweitung der steuerlichen Vorteile der REIT-Aktiengesellschaft zugunsten der Immobiliengesellschaften bereits vor deren Börsennotierung. Aus diesem Grund regelt das REITG das Institut des Vor-REIT.[420]

Der Vor-REIT ist eine Aktiengesellschaft mit inländischem Sitz, der sich beim Bundeszentralamt für Steuern als solcher registrieren lässt. Der Vor-REIT muss jedoch bis zum Ablauf des auf die Registrierung folgenden Geschäftsjahres gegenüber dem Bundeszentralamt für Steuern nachweisen, dass sein Unternehmensgegenstand gleich dem einer REIT-Aktiengesellschaft beschränkt ist.[421] Darüber hinaus ist der Vor-REIT verpflichtet, auf Anforderung des Bundeszentralamtes für Steuern bis zum Ablauf des auf die Registrierung folgenden Geschäftsjahres sowie in den Folgejahren durch geeignete, vom Wirtschaftsprüfer testierte Unterlagen nachzuweisen, dass er die Vermögens- und Ertragsanfor-

418 Vgl. section 106 (5) FA 2006; Bundesministerium der Finanzen, Argumente für die Einführung deutscher REITs, 2006, 5; Loyens & Loeff/EPRA, European REIT Regimes and the Impact of the EC Treaty Freedoms, 2005, 14 f., 51 f.; Der belgische REIT heißt SICAFI (société d'investissement à capital fixe en immobilière).

419 Vgl. Schlussanträge des Generalanwalts Alber vom 19.11.1998, Rs. C-311/97, Royal Bank of Scotland ./. Elliniko Dimosio (Griechischer Staat), Slg. 1999, I-2651, Rn. 43; Generalanwalt Alber lässt die Entscheidung offen, der EuGH hat sich zu dieser konkreten Frage noch nicht geäußert; aber EuGH, Rs. KOM ./. Spanien, ABl. C 31 vom 3.2.2005, S. 3; Abschnitt F. II.

420 Vgl. BTDrucks 16/4026, Begründung, B. Besonderer Teil, Zu Art. 1 (REIT-Gesetz), Zu § 2; vgl. zu den steuerlichen Vorteilen im Einzelnen Abschnitt F. VII. 1. und 5.

421 Vgl. § 2 Satz 1 REITG i. V. m. § 1 Abs. 1 Halbsatz 1 REITG; BTDrucks 16/4779, Bericht, Ziff. VI., B. Einzelbegründung, Zu Art. 1 (REIT-Gesetz), Zu § 2.

derungen erfüllt.[422] Hält der Vor-REIT zum Ende des auf die Anmeldung folgenden Geschäftsjahres oder eines der nachfolgenden die Beschränkungen des Unternehmensgegenstandes nicht oder nicht mehr ein und erfüllt nicht oder nicht mehr die Vermögens- und Ertragsanforderung, verliert er seinen Status mit Ablauf dieses Geschäftsjahres.[423] Stellt der Vor-REIT den Antrag auf Börsenzulassung nicht innerhalb von drei Jahren seit seiner Anmeldung als Vor-REIT oder wird der Antrag auf Börsenzulassung bestandskräftig abgelehnt, so verliert er seinen Status bis zu dem Zeitpunkt, in dem die Gesellschaft die Zulassung erneut beantragt. Die Frist von drei Jahren kann aber von der Bundesanstalt für Finanzdienstleistungsaufsicht um ein Jahr verlängert werden, sollten Umstände, die außerhalb des Verantwortungsbereichs des Vor-REIT lagen, die rechtzeitige Beantragung der Börsenzulassung verhindert haben.[424]

c. Öffentliche Wohnungsbaugesellschaften

Die vielfach kleinen Wohnungsbaugesellschaften der öffentlichen Hand werden hinsichtlich der Börsennotierung vor dem gleichen Problem stehen wie die kleineren Immobiliengesellschaften. Ihr Bestand ist häufig nicht groß genug und die durch einen Börsengang entstehenden Kosten sind nicht tragbar. Andererseits aber besteht die Möglichkeit des Zusammenschlusses mehrerer Gesellschaften zu einem Unternehmen oder aber die Einbringung von Immobilien mehrerer Gesellschaften in ein Unternehmen, das den Status der REIT-Aktiengesellschaft annimmt.[425] Diese Möglichkeit wurde insbesondere in den USA vielfach von kleineren Gesellschaften in Anspruch genommen, um die notwendige Marktkapitalisierung zu erreichen.[426] Außerdem bietet die zwingende Börsennotierung über die vertragliche Verpflichtung der REIT-Aktiengesellschaft hinaus die Möglichkeit, dass der Kapitalmarkt die Gesellschaft abstraft, sollte sie ihren Verpflichtungen im Rahmen der Daseinsvorsorge und der Stadtentwicklung,

---

422 Vgl. § 2 Satz 2 REITG i. V. m. § 12 REITG.

423 Vgl. § 2 Satz 3 REITG i. V. m. § 1 Abs. 1 Halbsatz 1 und § 12 REITG.

424 Vgl. § 10 Abs. 2 und 3 REITG; BTDrucks 16/4779, Bericht, Ziff. VI., B. Einzelbegründung, Zu Art. 1 (REIT-Gesetz), Zu § 10; BRDrucks 779/06 (Beschluss), Ziff. 11; BTDrucks 16/4036, Zu Ziffer 11 bzgl. dem Erfordernis der „bestandskräftigen" Ablehnung.

425 Vgl. Roland Berger Strategy Consultants, REITs – Chancen für den deutschen Immobilien- und Finanzmarkt, 2006, 32.

426 Vgl. Volckens/Panzer, „Der US-Amerikanische Real Estate Investment Trust – Rechtliche Rahmenbedingungen und Funktionsweise", in IStR 2005, S. 104, (105); US-REITs haben die Möglichkeit einer UPREIT- oder DOWNREIT-Struktur.

wie sie zu den Aufgaben der öffentlichen Wohnungsbaugesellschaften gehören, nicht nachkommen.

7. Grundkapital

Die Anforderungen an das Gesellschaftskapital werden in den einzelnen Ländern sehr unterschiedlich gehandhabt. Die größte Spannbreite weisen die USA und Großbritannien gegenüber Frankreich auf. Die USA und Großbritannien schreiben kein Mindestkapital vor, Frankreich verlangt mit 15 Mio. € das mit Abstand höchste.[427] Geht man vom deutschen Aktienrecht aus, so sieht § 6 AktG 50.000 € Grundkapital verpflichtend vor. Sollen die Aktien zum amtlichen Markt zugelassen werden, so muss deren Kurswert gemäß § 2 Abs. 1 BörsZulV mindestens 1,25 Mio. € betragen. Im Gegensatz hierzu stehen Kapitalanlagegesellschaften, die ein Immobiliensondervermögen verwalten. Sie müssen gemäß § 11 Abs. 1 Nr. 1 InvG mit einem Anfangskapital von mindestens 2,5 Mio. € ausgestattet sein. Sollte jedoch der Wert des Sondervermögens 3 Mrd. € überschreiten, sind zusätzliche Eigenmittel in Höhe von mindestens 0,2 % des die 3 Mrd. € übersteigenden Wertes aufzubringen. Insgesamt darf aber das Anfangskapital 10 Mio. € nicht überschreiten, § 11 Abs. 1 Nr. 2 InvG.[428] Vor diesem Hintergrund wäre es naheliegend, die Grundkapitalanforderungen an eine REIT-Aktiengesellschaft deutlich unter denen an eine SIIC zu halten. Dennoch normiert das REITG einen Mindestnennbetrag für das Grundkapital von 15 Mio. €.[429]

Die übertrieben hohen Anforderungen an das Grundkapital werden voraussichtlich den wirtschaftlichen Erfolg der REIT-Aktiengesellschaften schmälern, da viele Unternehmen der hohen Mindestkapitalanforderung nicht gerecht werden können, mithin den Status nicht annehmen werden. Auch das Argument, dass eine Börsennotierung zwingend eine bestimmte Kapitalstärke erfordert, ist nicht schlüssig, beweisen doch die bereits gelisteten Aktiengesellschaften deutschen Rechts, dass eine gesetzlich vorgeschriebene niedrigere Grundkapitalgröße nicht den Erfolg am Kapitalmarkt be- oder verhindert. Vielmehr richtet sich die tat-

---

427 Vgl. Bone-Winkel, Entwicklung der REITs weltweit, 2005, 13; Abschnitt E. II. 2. d.; Abschnitt E. III. 2. d.

428 Vgl. Beckmann, Investment-Handbuch 410 § 11 Rz 12; Es handelt sich bei den 10 Mio. € um eine absolute Höchstgrenze.

429 § 4 REITG; BTDrucks 16/4026, Begründung, B. Besonderer Teil, Zu Art. 1 (REIT-Gesetz), Zu § 4; van Kann/Just/Krämer, „Der Regierungsentwurf eines Gesetzes zur Schaffung deutscher Immobilien-Aktiengesellschaften mit börsennotierten Anteilen (REIT-Gesetz)", in DStR 2006, S. 2105, (2106).

sächliche Kapitalausstattung jeweils nach den individuellen wirtschaftlichen Bedürfnissen des einzelnen Unternehmens. Kleinere Unternehmen, zu denen auch die öffentlichen Wohnungsbaugesellschaften in der Mehrzahl gehören, allein infolge der Grundkapitalausstattung zu einem Zusammenschluss mit anderen Unternehmen zu zwingen, schmälert hingegen den Wettbewerb und dient allein der Stärkung der Marktstellung größerer Unternehmen, was gerade in einer mittelständisch geprägten Wirtschaft wie der Deutschlands nicht zielführend ist.

8. Mindesteigenkapital

Aktiengesellschaften unterliegen in Deutschland im Rahmen des Aktienrechts keinerlei Beschränkungen hinsichtlich der Aufnahme von Fremdkapital. Allerdings gilt auch für sie die Regelung des § 8 a KStG, wonach die Aufwendungen für Fremdkapital, das der Gesellschaft von einem wesentlich beteiligten Anteilseigner gewährt wird, als verdeckte Gewinnausschüttungen behandelt werden, wenn die hierfür zu tätigenden Aufwendungen 250.000 € übersteigen.[430]

Andere Länder legen in ihrer REIT-Gesetzgebung eine maximale Fremdkapitalquote im Verhältnis zum Eigenkapital oder, wie das Beispiel des UK-REIT zeigt, das Verhältnis zwischen den aufzuwendenden Zinsen und dem Ertrag fest.[431]

Grundsätzlich gilt, dass es für den dauerhaften Erfolg einer Gesellschaft wichtig ist, eine kontinuierliche Bilanzstärke aufzuweisen. Diese liegt dann vor, wenn durchschnittlich ca. 50 % Eigenkapital vorhanden ist.[432] Mithin stellt sich die Frage, ob es einer strikten Regulierung für die Aufnahme von Fremdkapital bedarf, oder ob der Markt mit Bewertungsabschlägen auf eine zu hohe Fremd-

430 Vgl. Pung/Dötsch in Dötsch/Jost/Pung/Witt, Kommentar zum KStG und EStG, § 8 a KStG Tz 91 ff., 153 f.; Der Begriff der wesentlichen Beteiligung, d. h. einer Beteiligung von mehr als 25 % am Grundkapital bzw. das Innehaben eines erheblichen Einflusses auf die Gesellschaft, wird in § 8 a Abs. 3 KStG definiert. Ab 2008, d. h. nach Inkrafttreten der Unternehmensteuerreform, wird die Aufnahme von Fremdkapital gemäß § 8 a KStG n. F. mit Hilfe der sog. Zinsschranke i. S. d. § 4 h EStG n. F. geregelt; vgl. BTDrucks 16/5377, Anlage 1 Artikel 2, Ziff. 5 i. V. m. Artikel 1, Ziff. 6; BTDrucks 16/4841, Artikel 2, Ziff. 5 i. V. m. Artikel 1, Ziff. 6; BTDrucks 16/5452 Artikel 2, Ziff. 5 i. V. m. Artikel 1, Ziff. 6.

431 Vgl. für die SICAFI (belgischer REIT): EPRA, Global REIT Survey, 2004, 14; Die Fremdkapitalquote wurde jüngst von 50 % auf 65 % angehoben: vgl. EPRA, Press Release, New Rules for Belgian SICAFI, 2006; für den UK-REIT: Abschnitt E. IV. 2. d.; Pung/Dötsch in Dötsch/Jost/Pung/Witt, Kommentar zum KStG und EStG, § 8 a KStG Tz 2.

432 Vgl. Cadmus, Projekt G-REIT, 2006, 14; Puhl, Monetarisierungsoptionen für Wohnungsunternehmen, 2005, 20.

kapitalaufnahme reagiert, so dass sich diese selbst reguliert. Insbesondere der internationale Vergleich zeigt, dass REITs überwiegend nur gering verschuldet sind.[433] Allerdings spricht die Tatsache, dass deutsche Unternehmen, so auch öffentliche Wohnungsbaugesellschaften, im internationalen Vergleich überdurchschnittlich hoch verschuldet sind, gegen die Vermutung, dass sich der Fremdkapitaleinsatz einer REIT-Aktiengesellschaft selbstständig auf ein niedriges Niveau reguliert. Insofern war es zum Schutz der Aktionäre notwendig, eine für deutsche Verhältnisse rigide, im internationalen Vergleich aber übliche Regelung zur Begrenzung des Fremdkapitaleinsatzes zu finden. Daher schreibt das REITG vor, dass die REIT-Aktiengesellschaft am Ende eines Geschäftsjahres im Jahresabschluss Eigenkapital in Höhe von mindestens 45 % des Betrages, mit dem das unbewegliche Vermögen im Jahresabschluss angesetzt ist, ausweisen muss.[434]

9. Publizitätspflichten

Es ist das erklärte Ziel für Deutschland und Europa, den Schutz der Anleger insbesondere börsennotierter Gesellschaften zu verbessern.[435] Da die REIT-Aktiengesellschaft börsennotiert sein muss, greifen die Transparenzvorschriften in vollem Umfang ein. Diese gehen über das übliche Maß, dem öffentlichen

---

433 Vgl. Pohl, „Management, Portfolio, Strategie", Interview, 3.5.2005; Abschnitt E. II. 2. d.; Abschnitt E. III. 2. d.

434 Vgl. § 15 REITG i. V. m. § 12 Abs. 1 REITG; Abschnitt F. III. 1.; Die Begrenzung auf eine Fremdkapitalquote von maximal 60 % der Bilanzsumme wurde aufgrund von Abgrenzungs- und Auslegungsschwierigkeiten aufgegeben. Gleiches gilt für das Erfordernis der Marktüblichkeit der Kreditaufnahme sowie einer Bestimmung in der Satzung zur Zulässigkeit der Kreditaufnahme; vgl. BTDrucks 16/4779, Bericht, Ziff. VI., B. Einzelbegründung, Zu Artikel 1 (REIT-Gesetz), Zu § 15; BTDrucks 16/4026, Art. 1 § 15 i. V. m. § 12 Abs. 4; BTDrucks 16/4026, Begründung, B. Besonderer Teil, Zu Art. 1 (REIT-Gesetz), Zu § 15; BRDrucks 779/06 (Beschluss), Ziff. 28; BTDrucks 16/4036, Zu Ziffer 28; Deutsche Bundesbank, Monatsbericht Juni 2006, 68; Die Eigenkapitalquote lag 2004, dem Zeitpunkt der letzten Hochrechnung, bei 23 %, die Fremdkapitalquote lag folglich bei 77 %.

435 Vgl. Bundesministerium der Justiz, Bundesregierung stärkt Anlegerschutz und Unternehmensintegrität, 2003, 1 ff.; Bundesministerium der Justiz, Deutscher Corporate Governance Kodex 2006, 2; Kommission der Europäischen Gemeinschaften, Aktionsplan, KOM(2003) 284 endgültig, 9, 15 ff.; Die Reformierung des deutschen Kapitalmarktrechts basiert vor allem auf folgenden Richtlinien: Kapitalmarktpublizitätsrichtlinie, Richtlinie 2001/34/EG vom 28.5.2001, ABl. L 184 vom 6.7.2001, S. 1–66, berichtigte deutsche Fassung:, ABl. L 217 vom 11.8.2001, S. 18–84; Marktmissbrauchsrichtlinie, Richtlinie 2203/6/EG vom 28.1.2003, ABl. L 96 vom 12.4.2003, S. 16–25; Prospektrichtlinie, Richtlinie 2003/71/EG vom 4.11.2003, ABl. L 345 vom 31.12.2003, S. 64–89; Transparenzrichtlinie, Richtlinie 2004/109/EG vom 15.12.2004, ABl. L 390 vom 31.12.2004.

Wohnungsbaugesellschaften infolge ihrer Abhängigkeit von ihrem Alleingesellschafter und den daraus resultierenden Offenlegungspflichten unterworfen sind, hinaus.[436] Im Folgenden sei nur beispielhaft die Tragweite der Transparenzstandards anhand verschiedener Publizitätspflichten dargestellt, denen die Gesellschaft bzw. deren Organe sowie einzelne Gesellschafter unterliegen.

Die REIT-Aktiengesellschaft ist gemäß § 30 Abs. 3 Nr. 2, § 51 Abs. 1 Nr. 2 BörsG i. V. m. §§ 3, 10 WpPG verpflichtet, jährlich einen Verkaufsprospekt zu erstellen, der den strengen inhaltlichen Anforderungen der §§ 5 ff., 10 WpPG entspricht. Vor seiner Veröffentlichung bedarf der Prospekt der Genehmigung durch die Bundesanstalt für Finanzdienstleistungsaufsicht, §§ 13 ff., 21 WpPG. Außerdem ist die REIT-Aktiengesellschaft im Falle der Notierung am amtlichen Markt zur Abgabe mindestens eines Halbjahresfinanzberichts und einer Zwischenmitteilung pro Jahr verpflichtet, §§ 37w, 37x WpHG, für am geregelten Markt notierte REIT-Aktiengesellschaften sehen die jeweiligen Börsenordnungen ebenfalls die Zwischenberichtspflicht vor.[437] Des Weiteren muss der Jahresabschluss mit Anhang inklusive dem Lagebericht sowie dem Prüfvermerk gemäß § 325 HGB offengelegt werden. Der Anhang umfasst auch die Vorstandsgehälter und Aufsichtsratsvergütungen gemäß § 285 Abs. 1 Nr. 9 HGB.[438] Daneben besteht für am amtlichen Markt zugelassene REIT-Aktiengesellschaften gemäß § 15 WpHG die Ad-hoc-Mitteilungspflicht für sie unmittelbar betreffende Insiderinformationen i. S. d. § 13 WpHG sowie die Pflicht, sog. directors' dealings, also eigene Geschäfte der Vorstands- und Aufsichtsratsmitglieder bzw. der mit ihnen eng verbunden Personen, innerhalb von fünf Werktagen anzuzeigen, § 15 a WpHG.[439]

Gesellschafter unterliegen wiederum gemäß § 21 WpHG einer Mitteilungspflicht gegenüber der Gesellschaft, wenn sie einen Anteil in Höhe von 3 %, 5 %, 10 %, 15 %, 20 %, 25 %, 30 %, der Stimmrechte erreichen, über- oder unterschreiten. Zudem sieht das REITG für Anteilseigner eine Mitteilungspflicht vor, wenn sie durch Erwerb, Veräußerung oder auf sonstige Weise 80 % oder 85 % der Stimm-

436 Vgl. SPD-Fraktion des Abgeordnetenhauses Berlin, Aufgaben der städtischen Wohnungsbaugesellschaften in Berlin, 2004, Ziff. 3.1.

437 Vgl. Beck AG-HB/Göckeler § 24 Rz. 96.

438 Vgl. Ellrott in Beck Bil-Komm. § 285 Rz. 161 ff.; Ellrott/Aicher in Beck Bil-Komm. § 325 Rz. 6 ff., 50 ff.

439 Vgl. Sethe, in: Assmann/Uwe H. Schneider (Hrsg.), WpHG, 2006, § 15a Rz. 27 ff., 38 ff.

rechte erreichen, über- oder unterschreiten.[440] Die Gesellschaft muss ihrerseits gemäß § 25 Abs. 1 WpHG diese Mitteilung unverzüglich, spätestens jedoch drei Handelstage nach Zugang der Mitteilung, in einem überregionalen Börsenpflichtblatt veröffentlichen und diese Veröffentlichung gegenüber der Bundesanstalt für Finanzdienstleistungsaufsicht unverzüglich belegen, § 26 Abs. 1 und 2 WpHG. Hiervon betroffen sind auch die Mitteilungen von Anteilseignern hinsichtlich des Erreichens, Über- oder Unterschreitens von 80 % oder 85 % der Stimmrechte.[441] Die Regelungen für die Mitteilungspflichten der Aktionäre und der REIT-Aktiengesellschaft sind insofern von Bedeutung, als die Meldepflicht gemäß § 22 WpHG auch mittelbare Beteiligungen betrifft, sich mithin nicht in der Angabe der unmittelbaren Beteiligungen, die regelmäßig unterhalb von 10 % liegen müssen, erschöpft.[442]

Darüber hinaus regelt § 20 a WpHG das Verbot der Marktmanipulation. Dieses beinhaltet, dass die Gesellschaft keine unrichtigen oder irreführenden Angaben machen darf, die dazu geeignet sind, einen erheblichen Einfluss auf die Bewertung zu haben, bzw. für die Bewertung erhebliche Angaben zu verschweigen.[443]

Die REIT-Aktiengesellschaft ist außerdem gemäß § 161 AktG verpflichtet, sich jährlich zu der Einhaltung bzw. Nichteinhaltung der Empfehlungen des Corporate Governance Kodex zu erklären, der börsennotierten Gesellschaften die Ein-

440 Vgl. § 11 Abs. 5 REITG; BTDrucks 16/4026, Begründung, B. Besonderer Teil, Zu Art. 1 (REIT-Gesetz), Zu § 11 Abs. 5; § 21 Abs. 1 WpHG normierte bisher eine Mitteilungspflicht erst ab einer Beteiligungsschwelle von 5 % sowie noch keine Mitteilungspflicht für die Beteiligungsschwellen von 15 % und 20 %. Das Transparenzrichtlinie-Umsetzungsgesetz verschärfte die Bestimmungen jedoch, so dass die Mitteilungspflicht nunmehr bereits ab einer Beteiligung von 3 % sowie für die Beteiligungsschwellen von 15 %, 20 % und von 30 % besteht; vgl. Ziff. 10 a TUG. Das Transparenzrichtlinie-Umsetzungsgesetz geht hiermit über die Vorgaben der Richtlinie hinaus, die die Mitteilungspflicht ab 5 % Stimmrechtsbeteiligung normiert; vgl. Transparenzrichtlinie, Richtlinie 2004/109/EG vom 15.12.2004, ABl. L 390 vom 31.12.2004, Art. 9 Abs. 1. Hinsichtlich der Melde- und Mitteilungspflichten bei Erreichen, Über- oder Unterschreiten von 80 % oder 85 % der Stimmrechte an einer REIT-Aktiengesellschaft ist das REITG lex specialis zum WpHG. Die 80 %- und die 85 %-Klausel dienen dem Schutz der Gesellschaft und der Aktionäre vor einer Unterschreitung des Mindeststreubesitzes, was die Gefahr des Verlusts der Steuerbefreiung in sich birgt. Durch die Meldepflicht haben Aktionäre die Möglichkeit, ihre Anteile rechtzeitig zu verkaufen, die REIT-Aktiengesellschaft kann Gegenmaßnahmen wie Kapitalerhöhungen einleiten.

441 Vgl. § 11 Abs. 5 REITG; Die Regelung für die REIT-Aktiengesellschaft geht folglich über die des § 26 Abs. 1 WpHG hinaus.

442 Vgl. Abschnitt F. I. 3. a.

443 Vgl. Vogel, in: Assmann/Uwe H. Schneider (Hrsg.), WpHG, 2006, § 20a Rz. 42 ff., 51 ff., 75 ff.

haltung weiterer neben den verpflichtenden Publizitätsstandards empfiehlt.[444] Auch insoweit erfüllen öffentliche Wohnungsbaugesellschaften in der Mehrzahl bereits heute das Anforderungsprofil, zumal sie von der öffentlichen Hand zur Einhaltung des Kodex verpflichtet werden.[445]

II. Sitz der Gesellschaft

Die REIT-Aktiengesellschaft muss sowohl ihren Satzungs- als auch ihren Verwaltungssitz in Deutschland haben.[446] Ziel dieser Regelung ist die Sicherstellung des deutschen Besteuerungsanspruchs gegenüber den Anteilseignern, der wiederum vorsieht, dass die REIT-Aktiengesellschaft als in Deutschland ansässig gilt.[447] Auch wenn vor allem öffentliche Wohnungsbaugesellschaften ihren Sitz im Inland haben, ist es dennoch von nicht unerheblichem Interesse, ob eine solche Regelung die Niederlassungsfreiheit i. S. d. Art. 43, 48 EGV einschränkt, könnte die Gesellschaft doch sonst insbesondere in Grenzregionen ihren Sitz auch ins europäische Ausland verlegen. Die Frage stellt sich auch deshalb, weil sich die Regelung von der für den UK-REIT dahin gehend unterscheidet, dass letztere nur die Steueransässigkeit voraussetzt, was wiederum in der Differenzierung zwischen qualifizierter und nicht qualifizierter Tätigkeit begründet ist.[448]

Wie festgestellt umfasst der persönliche Schutzbereich der Niederlassungsfreiheit i. S. d. Art. 43 EGV natürliche und juristische Personen, so dass sich die REIT-Aktiengesellschaft wie auch deren Gesellschafter insofern auf diesen berufen können. Der sachliche Schutzbereich beinhaltet u. a. die Gründung eines Unternehmens in einem anderen Mitgliedstaat.[449] Fraglich ist jedoch, ob daraus

---

444 Vgl. Bundesministerium der Justiz, Deutscher Corporate Governance Kodex, 2006, 2 ff.; MünchKomm AktG/Semler § 161 Rn 27 ff., 46 ff.; Hüffer, AktG, 7. Aufl., § 161, Rn. 6 ff.; Ringleb/Kremer/Lutter/v. Werder, Deutscher Corporate Governance Kodex, 2005, Vorbem. Rn. 42 ff.; Beck AG-HB/Müller § 1 Rz. 7.

445 Vgl. SPD-Fraktion des Abgeordnetenhauses Berlin, Aufgaben der städtischen Wohnungsbaugesellschaften in Berlin, 2004, Ziff. 1.

446 Vgl. § 9 REITG; In Anlehnung an die Stellungnahme des Bundesrates wird der Sitz nur in § 9 REITG normiert; vgl. BTDrucks 16/4779, Bericht, Ziff. VI., B. Einzelbegründung, Zu Artikel 1 (REIT-Gesetz), Zu § 1, Zu Absatz 2; BRDrucks 779/06 (Beschluss), Ziff. 3; BTDrucks 16/4036, Zu Ziffer 3.

447 Vgl. BTDrucks 16/4026, Begründung, B. Besonderer Teil, Zu Art. 1 (REIT-Gesetz), Zu § 9.

448 Vgl. section 106 (3) FA 2006; Abschnitt E. IV. 2; Hintergrund der deutschen Regelung ist letztlich im Zusammenhang mit den Doppelbesteuerungsabkommen ebenfalls die Steueransässigkeit der Gesellschaft, auch wenn das REITG darüber hinausgeht.

449 Vgl. Streinz, Europarecht, 2003, Rn. 754; Abschnitt F. I. 3. a. aa.

folgt, dass die steuerliche Ungleichbehandlung eines REIT mit Sitz in einem anderen Mitgliedstaat einen Eingriff in die Niederlassungsfreiheit darstellt.

Deutschland bestimmt die Frage der Rechtsfähigkeit einer Gesellschaft nach der Rechtsordnung, die an dem Verwaltungssitz der Gesellschaft gilt. Es gilt mithin die Sitztheorie. Diese steht im Gegensatz zur Gründungstheorie, die das Gesellschaftsrecht nach dem nationalen Recht des Gründungsstaates definiert und anerkennt.[450] Im Folgenden muss daher zwischen dem Wegzugsfall, d. h. dem Verlegen des Verwaltungssitzes einer nach deutschem Recht gegründeten Gesellschaft ins europäische Ausland, und dem Zuzugsfall, d. h. dem Verlegen des Verwaltungssitzes einer nach ausländischem Recht gegründeten Gesellschaft nach Deutschland, unterschieden werden.

Im Falle des Wegzugs einer bisher in Deutschland ansässigen Gesellschaft ins europäische Ausland ist es zwar entsprechend der Niederlassungsfreiheit i. S. d. Art. 43 Abs. 1 EGV untersagt, den Wegzug als solchen zu behindern.[451] Allerdings stellt die Tatsache, dass eine Gesellschaft im Gegensatz zu natürlichen Personen ihre Rechtspersönlichkeit nach der Rechtsordnung ihres Gründungsstaates einnimmt, ein ungelöstes Problem innerhalb der Niederlassungsfreiheit dar, da die Rechtsordnungen erhebliche Unterschiede aufweisen. So kann aus Art. 43 i. V. m. Art. 48 EGV kein Anspruch dergestalt hergeleitet werden, dass die Sitzverlegung ins europäische Ausland unter Beibehaltung der Rechtspersönlichkeit und ohne Auflagen aus dem Gründungsstaat erfolgen darf.[452] Eine REIT-Aktiengesellschaft kann folglich nicht beanspruchen, im Falle der grenzüberschreitenden Sitzverlegung ihre Rechtspersönlichkeit beizubehalten.

Im Gegensatz zum Wegzugsfall steht aber der Zuzugsfall. Nach ständiger Rechtsprechung ist jeder Mitgliedstaat verpflichtet, die Rechtsordnung eines anderen Mitgliedstaates insofern zu respektieren, als der Zuzug einer Gesellschaft unter Beibehaltung der jeweiligen Rechtspersönlichkeit ermöglicht werden muss, wenn der Wegzugsstaat dies zulässt. Es findet daher regelmäßig das Recht des Gründungsstaates Anwendung.[453] Dieses Ergebnis folgt dem Grundsatz der Ge-

---

450 Vgl. EuGH, Rs. C-208/00, Überseering, Slg. 2002, I-9919, Rn. 4; Kellersmann/Treisch, Europäische Unternehmensbesteuerung, 2002, 230 f.

451 Vgl. Streinz/Müller-Graf, EUV/EGV, Art. 43 Rn. 20 ff.

452 Vgl. EuGH, Rs. 81/87, Daily Mail, Slg. 1988, S. 5483, Rn. 16 ff., 24; Cordewener, Europäische Grundfreiheiten und nationales Steuerrecht, 2002, 408 ff.

453 Vgl. EuGH, Rs. C-208/00, Überseering, Slg. 2002, I-9919, Rn. 94 f.; Randelzhofer/Forsthoff, in: GH Art. 48 EGV Rdnr. 46 (18. EL Mai 2001).

meinschaftstreue gemäß Art. 10 EGV, der den Mitgliedstaaten untersagt, Handlungen vorzunehmen, die die Verwirklichung des Binnenmarktes i. S. d. Art. 14 EGV verhindern oder erschweren.[454] Folglich muss einem REIT aus dem europäischen Ausland der Zuzug nach Deutschland unter Beibehaltung der im Gründungsstaat angenommenen Rechtspersönlichkeit gewährt werden. Daraus folgt jedoch noch nicht ein Anspruch auf gleiche steuerliche Behandlung ausländischer REITs.

Zu prüfen ist daher, ob eine Gesellschaft mit Sitz im europäischen Ausland einen Anspruch auf Gleichbehandlung mit einer inländischen REIT-Aktiengesellschaft insoweit hat, als sie Geschäftstätigkeiten in Deutschland entfaltet und alle weiteren Kriterien, die zur Erlangung des Status einer REIT-Aktiengesellschaft Voraussetzung sind, erfüllt. Dieser Anspruch könnte sich grundsätzlich bereits aus dem Prinzip der Inländergleichbehandlung herleiten lassen, vorausgesetzt der sachliche Schutzbereich der Niederlassungsfreiheit ist eröffnet.[455] Soweit die Gesellschaft eine Niederlassung in Deutschland hat, gilt sie mit den dort erwirtschafteten Einkünften als unbeschränkt steuerpflichtig, § 1 Abs. 1 Nr. 1 KStG. Erfüllt sie auch die weiteren erforderlichen Kriterien und beantragt den Status einer REIT-Aktiengesellschaft, so wird sie wie eine deutsche REIT-Aktiengesellschaft behandelt. Etwas anderes gilt hingegen für die Fälle, in denen die alle Voraussetzungen erfüllende Gesellschaft ausschließlich ihren Sitz im europäischen Ausland hat, aber in Deutschland wie eine REIT-Aktiengesellschaft in Immobilien investiert. Dann nämlich wäre sie gemäß § 2 Nr. 1 KStG mit ihren inländischen Einkünften nur beschränkt steuerpflichtig, weshalb diese Konstellation nicht in den sachlichen Schutzbereich der Niederlassungsfreiheit i. S. d. Art. 43, 48 EGV fällt, da zwar Immobilieninvestitionen grundsätzlich gemäß Art. 44 Abs. 2 lit. e EGV erfasst sind, allerdings unter der Voraussetzung einer Niederlassung. Soweit diese nicht besteht, ist die Kapitalverkehrsfreiheit einschlägig.[456]

---

454 Vgl. Terra/Wattel, European Tax Law, 2005, 167 ff.; von Bogdandy, in: GH Art. 10 Rdnr. 10 ff. (20. EL Aug. 2002).

455 Vgl. EuGH, Rs. C-264/96, ICI, Slg. 1998, I-4695; EuGH, Rs. 81/87, Daily Mail, Slg. 1988, S. 5483, Rn. 15 f.

456 Vgl. EuGH, Rs. C-438/98, Albore, Slg. 2000, I-5965, Rn. 14; EuGH, Rs. C-302/97, Konle, Slg. 1999, I-3099, Rn. 22; Schlussanträge der Frau Generalanwalt Christine Stix-Hackl vom 15.12.2005, Rs. C-386/04, Stauffer, Slg. 2006, I-8203, Rn. 42 ff.; EuGH, Rs. C-386/04, Stauffer, Slg. 2006, I-8203, Rn. 20 f.; Kapitalverkehrsrichtlinie, Richtlinie 88/361/EWG vom 24.06.1988, ABl. L 178 vom 08.07.1988, S. 5-18, Anhang I.

Wie zuvor im Zusammenhang mit der maximalen Beteiligungshöhe festgestellt, ist der persönliche Schutzbereich der Kapitalverkehrsfreiheit für Gesellschaften wie auch für natürliche Personen europaübergreifend eröffnet.[457] Folglich ist zu untersuchen, ob die Voraussetzung eines inländischen Sitzes einen Eingriff in die Kapitalverkehrsfreiheit darstellt. Der Eingriff kann in einer unmittelbaren oder mittelbaren Beschränkung oder in der Diskriminierung aufgrund der Staatsangehörigkeit bestehen. Voraussetzung ist, dass auf einen vergleichbaren Sachverhalt unterschiedlich Rechtsnormen Anwendung finden, was im vorliegenden Fall zutrifft.[458] Folglich liegt ein Eingriff in die Kapitalverkehrsfreiheit vor.

Es ist daher zu prüfen, ob der Eingriff gerechtfertigt ist. In Betracht kommt grundsätzlich die Rechtfertigung gemäß Art. 58 Abs. 1 lit. a EGV. Hiernach ist die Differenzierung der Steuerpflichtigen in Abhängigkeit von ihrem Wohnort bzw. Gesellschaftssitz unter dem Vorbehalt, dass es sich gemäß Art. 58 Abs. 3 EGV weder um eine willkürliche Diskriminierung noch um eine versteckte Beschränkung der Kapitalverkehrsfreiheit handelt, in engen Grenzen zulässig.[459] Daher bedarf es auch hierfür einer weiteren Rechtfertigung, die die Notwendigkeit und die Verhältnismäßigkeit der Maßnahme darlegt.

Ein Rechtfertigungsgrund könnte in der Kohärenz des Steuersystems der REIT-Aktiengesellschaft bestehen. Doch gilt auch hier, dass zur Bestimmung der Gesamtheit des Steuersystems ein zwingender Zusammenhang zwischen dem Steuervorteil einerseits und dem Steuernachteil andererseits bei dem gleichen Steuerschuldner in Bezug auf dieselbe Steuer bestehen muss.[460] Dieses enge Verständnis der Kohärenz verhindert deren Eingreifen als Rechtfertigungsgrund. Der Steuerfreistellung der REIT-Aktiengesellschaft steht die Besteuerung der Anteilseigner gegenüber, so dass es sich bereits um zwei verschiedene Steuersubjekte handelt. Auch die Tatsache, dass die Anlegerbesteuerung unterschiedlich je nach Steueransässigkeit erfolgt, hat keinen Einfluss auf die Frage der Steuerfreistellung auf Gesellschaftsebene, handelt es sich doch um unterschiedliche Steuern. Aber auch ein weites Verständnis des Kohärenzgedankens rechtfertigt

---

457 Vgl. Abschnitt F. I. 3. bb.

458 Vgl. EuGH, Rs. C-35/98, Verkooijen, Slg. 2000, I-4071, Rn. 34 f.; EuGH, Rs. C-279/93, Schumacker, Slg. 1995, I-225, Rn. 36 ff.; Zur Beurteilung der Vergleichbarkeit nach nationalem Recht: Schlussanträge der Frau Generalanwalt Christine Stix-Hackl vom 15.12.2005, Rs. C-386/04, Stauffer, Slg. 2006, I-8203, Rn. 89 ff.; EuGH, Rs. C-386/04, Stauffer, Slg. 2006, I-8203, Rn. 24, 27 f.

459 Vgl. Ress/Urkow, in: GH Art. 58 Rdnr. 5 ff., 8 f. (19. EL Febr. 2002).

460 Vgl. EuGH, Rs. C-35/98, Verkooijen, Slg. 2000, I-4071, Rn. 57 ff.; EuGH, Rs. C-386/04, Stauffer, Slg. 2006, I-8203, Rn. 53 f.

keine solche Diskriminierung, da die Steuerfreistellung der REIT-Aktiengesellschaft sich nicht auf den Inlandsbezug der Unternehmenstätigkeit, sondern allein auf den Sitz der Gesellschaft bezieht.[461] Auch das Argument der steuerlichen Umgehung scheidet aus, da die Ausnutzung der Grundfreiheiten des EG-Rechts nie einen zwingenden Grund des Allgemeininteresses bedingen kann. Auch die Rechtfertigung in Anbetracht eines möglichen steuerlichen Gestaltungsmissbrauchs scheidet aus, da REIT-Aktiengesellschaften gerade zur Belebung der Immobilienwirtschaft eingeführt werden, mithin schon der Gesetzgeber einen solchen ausschließt.[462]

Im Ergebnis lässt sich daher festhalten, dass das Erfordernis des inländischen Sitzes für eine REIT-Aktiengesellschaft einen Verstoß gegen die Kapitalverkehrsfreiheit i. S. d. Art. 56 EGV darstellt, der in keiner Weise gerechtfertigt werden kann.[463] Vielmehr bedingt die Verwirklichung des Binnenmarktes i. S. d. Art. 14 EGV nicht nur die Anerkennung von Rechtspersönlichkeiten aus dem europäischen Ausland, sondern auch deren Gleichbehandlung mit den inländischen Rechtspersönlichkeiten. Darüber hinaus gilt aber die Kapitalverkehrsfreiheit auch gegenüber Drittländern bzw. deren Staatsangehörigen sowie dort ansässigen Personen und Gesellschaften.[464] Dieses Universalitätsprinzip führt dazu, dass ungerechtfertigte Beschränkungen der Kapitalverkehrsfreiheit auch außerhalb Europas keine Wirkung entfalten können. Daher muss nicht nur für eine Gesellschaft aus dem europäischen Ausland, sondern für jede ausländische Gesellschaft unter denselben Voraussetzungen zwangsläufig das Gleiche gelten wie für eine inländische Gesellschaft. Folglich muss auch jede ausländische Immobilien-AG hinsichtlich ihrer Unternehmenstätigkeit in Deutschland dann exakt gleich wie eine REIT-Aktiengesellschaft behandelt werden, wenn sie sämtliche weiteren für den Status einer REIT-Aktiengesellschaft vorausgesetzten Kriterien erfüllt.[465]

---

461 Vgl. EuGH, Rs. C-107/94, Asscher, Slg. 1996, I-3089, Rn. 42 ff.; Zum Inlandsbezug im Zusammenhang mit der Gemeinnützigkeit einer Unternehmenstätigkeit: Schlussanträge der Frau Generalanwalt Christine Stix-Hackl vom 15.12.2005, Rs. C-386/04, Stauffer, Slg. 2006, I-8203, Rn. 106.

462 Vgl. EuGH, Rs. C-386/04, Stauffer, Slg. 2006, I-8203, Rn. 56 ff.

463 Folglich verstößt auch die Regelung zur Steueransässigkeit des UK-REIT gegen die Kapitalverkehrsfreiheit.

464 Ress/Urkow, in: GH Art. 56 Rdnr. 73 (19. EL Febr. 2002).

465 Weiterhin ungeklärt bleibt hingegen die Frage, ob der steuerliche Status einer Gesellschaft aus Sicht des Ansässigkeitsstaates ohne Einschränkung von dem anderen Staat übernommen werden muss; vgl. Reimer/Ribbrock, „Steuerbefreiung von inländischen Vermietungseinkünften einer ausländischen Stiftung“, in IStR 2006, S. 675, (684).

Angemerkt sei jedoch, dass dies nur soweit gilt, wie die Gesellschaft keinen Sitz, d. h. auch keine Betriebsstätte, in Deutschland hat. In diesem Fall würde nämlich, wie bereits untersucht, die Niederlassungsfreiheit i. S. d. Art. 43, 48 EGV eingreifen, die allerdings nur innerhalb Europas ihre Wirkung entfaltet.

III. Unternehmenstätigkeit

Wie international üblich, ist auch die REIT-Aktiengesellschaft in ihrer unternehmerischen Tätigkeit beschränkt. Diese Beschränkungen reichen aber nicht an die strengen Regularien des InvG für offene Immobilienfonds heran. Auch sind bestimmte Konzernstrukturen im Rahmen von Beteiligungen zulässig, wie sie öffentliche Wohnungsbaugesellschaften teilweise schon heute halten.

Grundsätzlich muss sich die REIT-Aktiengesellschaft auf ihre Haupttätigkeiten, d. h. den Erwerb, das Halten, die Verwaltung sowie die Veräußerung von Eigentum oder dinglichen Nutzungsrechten von bzw. an inländischem und, soweit im Belegenheitsstaat für einen REIT zulässig, ausländischem unbeweglichem Vermögen beschränken.[466] Unbewegliches Vermögen i. S. d. REITG umfasst nicht nur Grundstücke und die darauf befindlichen Immobilien, sondern auch grundstücksgleiche Rechte.[467] Außerdem darf die REIT-Aktiengesellschaft zur Bewirtschaftung des unbeweglichen Vermögens erforderliche Gegenstände, Wertpapiere sowie andere Forderungen und Verbindlichkeiten, die aus der Bestandssicherung, -bewirtschaftung und -veränderung resultieren, erwerben.[468] Zu den zulässigen Vermögensgegenständen zählen auch Beteiligungen der REIT-Aktiengesellschaft an Immobilienpersonengesellschaften oder an deren Komplementärin, soweit es sich dabei um eine Kapitalgesellschaft handelt, an

---

466 Vgl. § 1 Abs. 1 Nr. 1 lit. a und b REITG; BTDrucks 16/4026, Begründung, B. Besonderer Teil, Zu Art. 1 (REIT-Gesetz), Zu § 1 Abs. 1; Bundesministerium der Finanzen, Argumente für die Einführung von deutschen REITs, 2006, 5 f.; Pluskat/Rogall, „Immobilienveräußerung gemäß §§ 3 Nr. 70, 3 c Abs. 3 EStG-E in der Fassung des Gesetzesentwurfs zur Verbesserung der steuerlichen Standortbedingungen – neuer Schub für den deutschen REIT?", in BB 2005, S. 1251, (1253); Westerheide, Cointegration of Real Estate Stocks and REITs with Common Stocks, Bonds and Consumer Price Inflation, 2006, 5.

467 Vgl. § 3 Abs. 8 REITG; Schiffe und Luftfahrzeuge sind hiervon ausgeschlossen; vgl. BTDrucks 16/4779, Bericht, Ziff. VI., B. Einzelbegründung, Zu Artikel 1 (REIT-Gesetz), Zu § 3, Zu Absatz 8.

468 Vgl. § 3 Abs. 7 REITG; BTDrucks 16/4026, Begründung, B. Besonderer Teil, Zu Art. 1 (REIT-Gesetz), Zu § 3 Abs. 7, Abs. 8.

Auslandsobjektgesellschaften und REIT-Dienstleistungsgesellschaften, auf die nachfolgend im Einzelnen eingegangen wird.[469]

Die REIT-Aktiengesellschaft muss sich im Rahmen der Bewirtschaftung der Immobilien nicht nur auf die Vermietung und Verpachtung der Immobilien beschränken, sondern kann auch Leasingverhältnisse eingehen. Insbesondere Letzteres ist von Bedeutung, ermöglichen doch gerade Sale and Lease Back-Verträge eine sichere Zukunftsprognose hinsichtlich der zu erwartenden Renditen und eine schnelle Spezialisierung sowie damit einhergehende Professionalisierung der REIT-Aktiengesellschaft in einem bestimmten Immobiliensegment.[470] Das setzt aber die Aufrechterhaltung der bestehenden Strukturen der Immobilien voraus. Im Einzelnen bedeutet dies, dass beispielsweise Hotels, die ihre Immobilien auf eine REIT-Aktiengesellschaft übertragen, für diese besonders interessant sind, wenn die Gesellschaft anschließend ein „Hotel-REIT“ wird. Gleiches gilt auch für die Wohnungsbaugesellschaften, die so die Möglichkeit haben, sich als „Wohnungs-REIT“ auszugestalten. Die Zulassung von Sale and Lease Back-Konstruktionen entspricht auch der Intention des Gesetzgebers, dass REIT-Aktiengesellschaften in ihrer Unternehmenstätigkeit grundsätzlich auf das passive Bestandsmanagement beschränkt sein und vor dem Hintergrund des Anlegerschutzes nur sehr eingeschränkt das Risiko von Projektentwicklungen tragen sollen, was aber notwendig wäre, müssten alle Immobilien erst für einen zukünftigen Mieter konzipiert werden.[471]

Für den eigenen Bestand der REIT-Aktiengesellschaft sind auch notwendige Hilfstätigkeiten zulässig, vorausgesetzt diese sind immobiliennah.[472] Als immobiliennah werden solche Tätigkeiten definiert, die der Entwicklung, Erhaltung und Verwaltung des eigenen Immobilienbestandes der Gesellschaft dienen.

---

469 Vgl. § 1 Abs. 1 Nr. 1 lit. c REITG; § 3 Abs. 7 REITG.

470 Vgl. § 1 Abs. 1 Nr. 1 REITG; BTDrucks 16/4026, Begründung, A. Allgemeiner Teil, II. Wesentlicher Inhalt, 6. Exit Tax; Die in den früheren Gesetzesentwürfen vorgesehene Einschränkung, dass Leasingverhältnisse zu Zwecken der Selbstnutzung durch die REIT-Aktiengesellschaft nicht zulässig sind, ist nicht beibehalten worden; vgl. hierzu noch: Bundesministerium der Finanzen, Entwurf eines Gesetzes zur Schaffung deutscher Immobilien-Aktiengesellschaften mit börsennotierten Anteilen, 2006, 8.

471 Vgl. zur Definition der Projektentwicklung: Willibald, Immobilienprojektentwicklung – Konzeption, Planung, Realisierung und Vermarktung, in BDO Deutsche Warentreuhand AG (Hrsg.), Praxishandbuch Real Estate Management, 2005, 587 ff.

472 Vgl. § 1 Abs. 1 Nr. 1 REITG, § 3 Abs. 4, Abs. 6 REITG; BTDrucks 16/4026, Begründung, B. Besonderer Teil, Zu Art. 1 (REIT-Gesetz), Zu § 3 Abs. 4, Abs. 6.

Auch darf die REIT-Aktiengesellschaft Anteile an Immobilienpersonengesellschaften, die nur als Objekt- oder Zweckgesellschaften fungieren und deren Tätigkeitsfeld sich gleich dem einer REIT-Aktiengesellschaft definiert, erwerben, halten, verwalten und veräußern.[473] Somit besteht für REIT-Aktiengesellschaften gleich den offenen Immobilienfonds gemäß § 68 InvG die Möglichkeit, sich auch mittelbar an dem Immobilienerwerb zu beteiligen.

Um auch die Bildung von Konzernstrukturen zu ermöglichen, ist es REIT-Aktiengesellschaften darüber hinaus erlaubt, sich an einer Kapitalgesellschaft, die als Komplementärin einer Immobilienpersonengesellschaft ohne vermögensmäßige Beteiligung fungiert, zu beteiligen.[474]

Übt die REIT-Aktiengesellschaft ihre Unternehmenstätigkeit im Ausland aus, ist ihr dies sowohl unmittelbar gestattet als auch mittelbar über eine Auslandsobjektgesellschaft, d. h. über eine Tochtergesellschaft in der Rechtsform einer Kapitalgesellschaft, deren alleiniger Gesellschafter die REIT-Aktiengesellschaft ist und deren unbewegliches Vermögen sich ausnahmslos im Ausland befindet sowie im Belegenheitsstaat im Eigentum eines REIT stehen darf.[475] Die Auslandsobjektgesellschaft kann ihren Sitz auch in Deutschland haben. Gleiches gilt für ihr bewegliches Vermögen. Sie muss jedoch als Objekt- oder Zweckgesellschaft ausgestaltet sein, deren Tätigkeit sich auf das Halten und Verwalten von Immobilien beschränkt, und deren Gesellschaftsvermögen zu mindestens 90 % aus unbeweglichem Vermögen besteht.

Entsprechend der Regelung für US-REITs müssen entgeltliche Nebentätigkeiten, d. h. Tätigkeiten, die einem fremden Anlagebestand dienen, in eine selbständige

---

473 Vgl. § 1 Abs. 1 Nr. 2 REITG, § 3 Abs. 1, Abs. 7 REITG; BTDrucks 16/4026, Begründung, B. Besonderer Teil, Zu Art. 1 (REIT-Gesetz), Zu § 3 Abs. 1, Abs. 7; Die Personengesellschaft muss in der Unternehmenstätigkeit entsprechend einer REIT-Aktiengesellschaft beschränkt sein und darf nach ihrem Gesellschaftsvertrag nur unbewegliches Vermögen sowie zur Bewirtschaftung notwendige Gegenstände i. S. d. § 3 Abs. 7 REITG, hingegen keine Beteiligungen an Auslandsobjektgesellschaften und REIT-Dienstleistungsgesellschaften erwerben; vgl. BTDrucks 16/4779, Bericht, Ziff. VI., B. Einzelbegründung, Zu Artikel 1 (REIT-Gesetz), Zu § 3, Zu Absatz 1; BRDrucks 779/06 (Beschluss), Ziff. 7, Ziff. 8; BTDrucks 16/4036, Zu Ziffer 7, Zu Ziffer 8.

474 Vgl. § 1 Abs. 1 Nr. 5 REITG, § 3 Abs. 7 REITG; BTDrucks 16/4779, Bericht, Ziff. VI., B. Einzelbegründung, Zu Artikel 1 (REIT-Gesetz), Zu § 1, Zu Absatz 1.

475 Vgl. § 1 Abs. 1 Nr. 4 REITG, § 3 Abs. 3, Abs. 7 REITG; BTDrucks 16/4779, Bericht, Ziff. VI., B. Einzelbegründung, Zu Artikel 1 (REIT-Gesetz), Zu § 3, Zu Absatz 3; BTDrucks 16/4026, Begründung, B. Besonderer Teil, Zu Art. 1 (REIT-Gesetz), Zu § 3 Abs. 3, Abs. 7, Abs. 8; Hintergrund dieser Regelung ist die Tatsache, dass nach dem Recht einiger ausländischer Staaten nur Gesellschaften mit Sitz in dem jeweiligen Land dort Immobilien erwerben dürfen.

REIT-Dienstleistungsgesellschaft in der Rechtsform einer Kapitalgesellschaft ausgelagert werden, an der jedoch allein die REIT-Aktiengesellschaft beteiligt sein darf.[476] Die REIT-Dienstleistungsgesellschaft muss nicht börsennotiert sein, so dass die REIT-Aktiengesellschaft auch Konzernstrukturen annehmen kann. Auch wenn die REIT-Dienstleistungsgesellschaft nicht gleich der REIT-Aktiengesellschaft auf das passive Bestandsmanagement beschränkt ist, sondern im Auftrag der REIT-Aktiengesellschaft Dienstleistungen für Dritte erbringen darf, so darf sie dennoch nur immobiliennahe Tätigkeiten ausüben. In Betracht kommen hier insbesondere die Projektentwicklung und das Facility Management für Dritte.[477]

In dieser Arbeit wurde bisher vorausgesetzt, dass REIT-Aktiengesellschaften in Wohnimmobilien investieren dürfen. Allerdings widerspricht diese Annahme dem REITG.[478] Nachdem der Referentenentwurf noch explizit Wohnimmobilien beinhaltete, schrieb bereits der Gesetzesentwurf der Bundesregierung vor, dass weder REIT-Aktiengesellschaften noch Immobilienpersonengesellschaften und Auslandsobjektgesellschaften, an denen die REIT-Aktiengesellschaft direkt oder über eine Kapitalgesellschaft indirekt beteiligt ist, Bestandsmietwohnimmobilien erwerben und bewirtschaften dürfen.[479] Bestandsmietwohnimmobilien sind Immobilien, die zu mehr als 50 % als Wohnimmobilie dienen und vor dem 1.1.2007 fertig gestellt wurden.[480] Hingegen ist es der REIT-Aktiengesellschaft gestattet, den Bau neuer Wohnimmobilien zu finanzieren.[481] Der Bundesrat ver-

476 Vgl. § 1 Abs. 1 Nr. 3, Abs. 2 REITG, § 3 Abs. 2, Abs. 5, Abs. 6 REITG; BTDrucks 16/4026, Begründung, B. Besonderer Teil, Zu Art. 1 (REIT-Gesetz), Zu § 3 Abs. 2, Abs. 5, Abs. 6, Zu § 12; Schmidt, Fit for REIT?, Status Quo der Diskussion, 2005, 4; vgl. Abschnitt F. II. 3. a. zu den Einkunftsgrenzen für REIT-Dienstleistungsgesellschaften; vgl. Abschnitt E. II. 4. c. zu den Tochtergesellschaften der US-REITs.

477 Vgl. zur Definition des Facility Management: Ulbricht, Facility-Management und Bewirtschaftungsstrategien von Immobilien, in BDO Deutsche Warentreuhand AG (Hrsg.), Praxishandbuch Real Estate Management, 2005, 514 ff.

478 Vgl. § 1 Abs. 1 Nr. 1 lit. a REITG; BTDrucks 16/4779, Bericht, Ziff. VI., B. Einzelbegründung, Zu Artikel 1 (REIT-Gesetz), Zu § 1, Zu Absatz 1.

479 Vgl. Bundesministerium der Finanzen, Entwurf eines Gesetzes zur Schaffung deutscher Immobilien-Aktiengesellschaften mit börsennotierten Anteilen, 2006, 9 f.; BTDrucks 16/4026, Art. 1 § 1 Abs. 1 Nr. 1, § 3 Abs. 1 und. 3.

480 Vgl. § 3 Abs. 9 REITG; BTDrucks 16/4026, Begründung, B. Besonderer Teil, Zu Art. 1 (REIT-Gesetz), Zu § 3 Abs. 9.

481 Die Abgrenzung zwischen Modernisierung und Wohnungsbau erfolgt anhand der Kriterien gemäß § 16 des Gesetzes über die soziale Wohnraumförderung.

langte zwar in seinem Beschluss die Einbeziehung der Bestandsmietwohnimmobilien, um die REIT-Aktiengesellschaft keinen Nachteilen im internationalen Wettbewerb auszusetzen, konnte sich mit dieser Forderung aber nicht durchsetzen.[482]

Der Ausschluss von Bestandsmietwohnimmobilien aus der Unternehmenstätigkeit von REIT-Aktiengesellschaften wird hauptsächlich damit begründet, dass diese im Hinblick auf den Kapitalmarkt Gewinnmaximierungen erzielen wollten und zumeist einen kurzfristigen Anlagehorizont hätten.[483] Deshalb wird davon ausgegangen, dass REIT-Aktiengesellschaften unverhältnismäßige Mieterhöhungen und Kündigungen durchführen und so die derzeit existierenden Belegungsrechte umgehen oder aushebeln würden. Dies widerspräche aber der sozialpolitischen Verantwortung gegenüber einkommensschwachen oder aus sonstigen Gründen sozial benachteiligten Mietern. Außerdem käme gerade den öffentlichen Wohnungsbaugesellschaften bei der Stadtentwicklung und Umsetzung von Strukturmaßnahmen insbesondere im Rahmen des Stadtumbaus und der Sozialen Stadt i. S. d. §§ 171 a–e BauGB eine große Bedeutung zu, da sie diese unterstützten, wohingegen REIT-Aktiengesellschaften dieser Aufgabe nicht nachkommen würden.[484] Im Ergebnis hat diese Argumentation dazu geführt, dass nicht nur die Wohnungsbaugesellschaften der öffentlichen Hand nicht in REIT-Aktiengesellschaften umgewandelt werden dürfen, sondern Wohnungsbaugesellschaften im Allgemeinen dieses verwehrt wird. Es liegt nahe, dass die Pauschalisierung vor allem darauf beruht, dass viele Kommunen bereits ihre Wohnungsbaugesellschaften veräußert haben und die Vertreter dieser politischen Leitlinien deren Realisierung nur dann als sichergestellt sehen, wenn nunmehr private Wohnungsbestände die dargestellten Funktionen der öffentlichen Wohnungsbestände erfüllen müssen.[485]

Die Begründung für den Ausschluss von Wohnimmobilien ist nicht nur unschlüssig, sie schadet auch der Akzeptanz von REIT-Aktiengesellschaften, so dass Investoren die sich ihnen bietenden Möglichkeiten innerhalb Europas

482 Vgl. BRDrucks 779/06 (Beschluss), Ziff. 2.

483 Vgl. Runde/Pronold, Heuschrecken vor der Wohnungstür, 2006, 17 ff.; BTDrucks 16/4046, Ziff. I.

484 Vgl. BTDrucks 16/4026, Begründung, A. Allgemeiner Teil, II. Wesentlicher Inhalt, 8. Wohnimmobilien; BTDrucks 16/4036, Zu Ziffer 2.

485 Vgl. Abschnitt C. IV.

durch Verlagerung des Gesellschaftssitzes ausnutzen werden.[486] Im Einzelnen sei hierzu Folgendes ausgeführt:

Wohnimmobilien stellen grundsätzlich langfristige Anlageformen dar, wie auch internationale Vergleiche zeigen. Vor diesem Hintergrund ist nicht davon auszugehen, dass die REIT-Aktiengesellschaft den kurzfristigen Exit suchen wird. Darüber hinaus verbieten die Vorschriften zum Immobilienhandel einen solchen, so dass die Langfristigkeit des Engagements der Gesellschaft bereits gesetzlich vorgeschrieben ist.[487]

Auch das Problem der Renditesteigerung lässt sich nicht etwa allein durch Mieterhöhungen bewirken, gilt doch insofern das deutsche Mietrecht, insbesondere §§ 557 ff. BGB, die Mieterhöhungen nur in sehr begrenztem Maße zulassen.[488] Zudem widerspricht der langfristige Anlagehorizont von Wohnungs-REITs nicht nur Luxussanierungen, sondern auch übermäßigen Mieterhöhungen, da dieser die Gewährleistung stabiler Erträge erfordert. Andernfalls finden sich keine Anleger. Folglich führt die Kapitalmarktorientierung dazu, dass als Voraussetzung für die Sicherstellung stabiler Erträge gewährleistet werden muss, dass die Mieter in der Lage sind, ihre Mietzahlungen zu leisten.[489] Die Alternative bestünde nämlich in einer hohen Leerstandsquote, mithin in geringeren Renditen und daraus resultierenden niedrigeren Ausschüttungen an die Anleger, was wiederum vom Kapitalmarkt abgestraft würde.

Vielmehr sorgen die Professionalisierung des Managements sowie die Spezialisierung der Investitionen dafür, dass Kosten gesenkt werden können.[490] Die dadurch entstehenden Einsparungen werden zum Teil wiederum zur Bestandserhaltung und Bestandsverbesserung eingesetzt, zum Teil entsprechen sie der

---

486 Vgl. BRDrucks 779/06 (Beschluss), Ziff. 2; Abschnitt F. II.; Die Unschlüssigkeit zeigt sich bereits in der Gesetzesbegründung selbst. So wird im Zusammenhang mit der Begrenzung der Fremdfinanzierung explizit darauf verwiesen, dass dadurch „die Finanzkraft eines REIT als Eigentümer der Wohnungsbestände in besonderer Weise gesichert werden kann"; vgl. BTDrucks 16/4026, Begründung, B. Besonderer Teil, Zu Art. 1 (REIT-Gesetz), Zu § 14.

487 Vgl. Schacht/Gänsler, „REITs in Deutschland und Großbritannien – ein Vergleich", in IStR 2007, S. 99, (105 f.); Abschnitt F. III. 1.

488 Vgl. Bundesministerium der Finanzen, Argumente für die Einführung deutscher REITs, 2006, 10 ff.; Knobloch, REITs – eine neue Asset-Klasse für den deutschen Kapitalmarkt?, 2006, 8.

489 Vgl. McKinsey & Company Inc., Auf Schatzsuche, 2005, 42.

490 Vgl. Dautzenberg, Abschlussbericht zur koalitionsinternen Arbeitsgruppe „REITs", 2006, 2; Eekhoff/Arentz, REITs aus gesamtwirtschaftlicher Perspektive, 2006, 8 f.; BFW, REITs nicht ohne Mietwohnungen, Pressemitteilung, 3.5.2006.

von der REIT-Aktiengesellschaft im Vergleich erwirtschafteten höheren Rendite. Das Mietniveau bleibt hingegen gleich.[491]

Das Argument der städtebaulichen Verantwortlichkeit steht sogar im klaren Widerspruch zu der Begründung, weshalb REIT-Aktiengesellschaften in Neubauten investieren dürfen. Hierzu wird nämlich in dem Gesetzesentwurf der Bundesregierung ausgeführt, dass REIT-Aktiengesellschaften durch die Finanzierung der Neubauten einen erheblichen Einfluss auf die städtebauliche Entwicklung haben werden, was als positiv gewertet wird.[492] Dies entspricht auch der realistischen Einschätzung, dass es nicht im Interesse der REIT-Aktiengesellschaft sein kann, ihre Immobilienbestände in weniger attraktiven Gebieten zu vernachlässigen.[493] Dies würde nämlich der Renditeerwartung der REIT-Aktiengesellschaft grundsätzlich widersprechen, da Immobilien, die sich in einem schlechten Zustand befinden, nicht gewinnbringend vermietet werden können. Vielmehr liegt es im Interesse der REIT-Aktiengesellschaft, die Substanz zu erhalten oder zu verbessern, was ihr unter dem Aspekt der Gewinnmaximierung, wie bereits festgestellt, zum Nachteil ausgelegt wird.

Auch vor dem Hintergrund der historischen Entwicklung ist nicht einsichtig, weshalb REIT-Aktiengesellschaften nicht in Bestandsmietwohnimmobilien investieren sollten, sind REITs doch in vielfacher Hinsicht das Pendant zum offenen Immobilienfonds. Bisher hat es aber noch keinerlei Bedenken gegeben, wenn offene Immobilienfonds in Wohnimmobilien investiert haben. Sie gelten sogar in der aktuellen Diskussion als Anlagealternative für Wohnimmobilien, nachdem diese aus der Unternehmenstätigkeit der REIT-Aktiengesellschaft ausgeschlossen wurden. Wenn aber offenen Immobilienfonds eine sozialverträgliche Wohnraumbewirtschaftung zugetraut wird, ist nicht nachvollziehbar, weshalb REIT-Aktiengesellschaften eine solche nicht umsetzen sollten. Soweit in diesem Zusammenhang die Börsennotierung als Argument für die größeren Renditeinteressen der REIT-Aktiengesellschaft herangezogen wird, ist dies schon deshalb unschlüssig, weil die Aktien der Gesellschaft am Markt gehandelt wer-

---

491 Vgl. Morgan Stanley Bank AG, Investing in German Residential Property, 2006, 10; Bundesministerium der Finanzen, Argumente für die Einführung deutscher REITs, 2006, 11 ff.; Eurohypo Research, The outlook for the German residential property market, 2005, 6.

492 Vgl. BTDrucks 16/4026, Begründung, A. Allgemeiner Teil, II. Wesentlicher Inhalt, 8. Wohnimmobilien; BTDrucks 16/4026, Begründung, B. Besonderer Teil, Zu Art. 1 (REIT-Gesetz), Zu § 3 Abs. 9; BTDrucks 16/4036, Zu Ziff. 2.

493 Vgl. Voigtländer, Der öffentliche Wohnungsmarkt in Deutschland, 2007, 37 ff.

den, so dass ein etwaiger Kursverlust zunächst den Anteilseignern zum Nachteil gereicht. Anders verhält es sich hingegen beim offenen Immobilienfonds, der einer Rücknahmeverpflichtung der Anteile gegenüber den Anlegern zu einem festen Rückkaufspreis unterliegt. Demnach müsste aber der offene Immobilienfonds eher an der Gewinnmaximierung interessiert sein.

Im Übrigen wird der Ausschluss von Bestandsmietwohnimmobilien aus der Unternehmenstätigkeit von REIT-Aktiengesellschaften keineswegs verhindern, dass diese in REITs generell eingebracht werden. Viel wahrscheinlicher ist, dass die Niederlassungs- und die Kapitalverkehrsfreiheit i. S. d. Art. 43 und Art. 48 EGV von Initiatoren und Anlegern dazu genutzt werden, steuerlich günstige Alternativen für die die Wohnimmobilien haltenden Gesellschaften im europäischen Ausland zu finden.[494] So ist es bereits jetzt ein Leichtes, die Immobilien in bestehende europäische REIT-Strukturen wie der SIIC einzubringen. Auch der niederländische REIT, die FBI, und der belgische REIT, die SICAFI, eignen sich sehr gut. Seit dem Jahr 2007 bietet auch der UK-REIT eine interessante Alternative. Allen diesen Gesellschaftsformen ist gemein, dass sie in ihrer Unternehmenstätigkeit weder auf das Inland beschränkt noch Bestandsmietwohnimmobilien von dieser ausgeschlossen sind. Vielmehr ist der Ausschluss von Bestandsmietwohnimmobilien aus der Unternehmenstätigkeit von REIT-Aktiengesellschaften im europäischen Vergleich einmalig. Auch ist die Tatsache nicht zu vernachlässigen, dass bereits jetzt regelmäßig die Einbringung von inländischen Wohnimmobilien in synthetische REITs praktiziert wird oder inländische Wohnungsbaugesellschaften in synthetische REITs umgewandelt werden.[495] Der Ausschluss der Bestandsmietwohnimmobilien wird daher insbesondere internationale Großinvestoren nicht daran hindern, diese an die Börse zu bringen.[496]

---

494 Wie bereits im Zusammenhang mit dem internationalen Steuerrecht festgestellt, führen insbesondere die Mutter-Tochter-Richtlinie und die Fusionsrichtlinie dazu, dass solche Gestaltung steuerneutral umgesetzt werden können; vgl. Abschnitt F. I. 1. a.

495 Vgl. BTDrucks 16/4026, Begründung, A. Allgemeiner Teil, I. Ziel des Gesetzes; BTDrucks 16/4780, Ziff. I; HSH Nordbank, Wohnungsportfoliotransaktionen in Deutschland, 2006, 32 f.; REITs in Deutschland, Zweiter großer Wohnungs-IPO bahnt sich an, 15.11.2006; Schacht/Gänsler, „REITs in Deutschland und Großbritannien – ein Vergleich", in IStR 2007, S. 99, (105); Synthetische REITs sind Gesellschaften, die zwar nicht die Rechtsform eines REIT haben, aber steuerrechtlich wie REITs behandelt werden. Für derartige Konstruktionen bietet sich insbesondere Luxemburg an.

496 Vgl. BRDrucks 779/06 (Beschluss), Ziff. 2; a. A. BTDrucks 16/4036, Zu Ziffer 2.

Auch unter dem Aspekt des Rechtsschutzes der Mieter ist es geboten, Bestandsmietwohnimmobilien in die Unternehmenstätigkeit von REIT-Aktiengesellschaften einzubeziehen. Soweit es nämlich zu einer Abwanderung der Gesellschaften ins Ausland kommt, werden deren Verträge zumindest in Teilbereichen dem Recht des Ansässigkeitsstaates der Gesellschaft angepasst, so dass es den Mietern nur schwer möglich sein wird, ihre Ansprüche durchzusetzen. Handelt es sich hingegen bei dem Vermieter um eine deutsche Gesellschaft, treten keine grenzüberschreitenden Probleme auf. Außerdem hat eine im Ausland angesiedelte Gesellschaft ein deutlich geringeres Interesse an der Fortentwicklung insbesondere der Maßnahmen des Stadtumbaus und der Sozialen Stadt, fehlt ihr doch der lokale Bezug. Will man diesen im Sinne des Mieterschutzes gewährleisten, sollten Bestandsmietwohnimmobilien erst recht in die Unternehmenstätigkeit einbezogen werden.

Die Frage der Beschränkung der Unternehmenstätigkeit von REIT-Aktiengesellschaften durch den Ausschluss von Bestandsmietwohnimmobilien, der für ausländische REITs nicht gilt, ist keine Frage der EG-Rechtmäßigkeit. Es liegt vielmehr ein Fall der Inländerdiskriminierung bzw. der umgekehrten Diskriminierung vor.[497] Ein solcher muss aber nach nationalem Recht gelöst werden, so dass allein eine Berufung auf Art. 3 GG verbleibt.

Im Ergebnis lässt sich daher feststellen, dass die Einbeziehung von Bestandsmietwohnimmobilien in die Unternehmenstätigkeit von REIT-Aktiengesellschaften in keiner Weise den Mieterschutz oder die Stadtentwicklung gefährdet. Deren Ausschluss hingegen wird dazu führen, dass Gesellschaften ins europäische Ausland abwandern. Darüber hinaus hat der Ausschluss zur Folge, dass der öffentlichen Hand keinerlei Handlungsalternative zum kompletten Ausverkauf ihres Wohnungsbestandes verbleibt.[498] Da gerade dies aber als mit dem Versorgungsauftrag unvereinbar gilt, andererseits aber die öffentliche Hand zur Sanierung ihres Haushalts auf die Realisierung ihres Vermögens angewiesen ist, wird auch im Folgenden unterstellt – weil dringend notwendig –, dass REIT-Aktiengesellschaften auch in Bestandsmietwohnimmobilien investieren dürfen, um letztlich aufzuzeigen, welche Vorteile sich daraus für die öffentliche Hand

---

497 Vgl. Streinz, Europarecht, 2003, Rn. 684 f.; Randelzhofer/Forsthoff, in: GH Art. 43 Rdnr. 43 ff., 64 ff. (18. EL Mai 2001).

498 Vgl. BRDrucks 779/06 (Beschluss), Ziff. 2; Voigtländer, Der öffentliche Wohnungsmarkt in Deutschland, 2007, 45 f.

ergeben.[499] So könnte sie insbesondere durch das Halten eines (wesentlichen) Gesellschaftsanteils sowie durch die Implementierung der bereits heute gängigen Sozialcharta ihren Einfluss sichern und zugleich die notwendigen Mittel über den Kapitalmarkt generieren.[500] Für den Gesetzgeber wird daher zwangsläufig ein weiterer Handlungsbedarf bestehen, Bestandsmietwohnimmobilien doch zuzulassen. Den ersten Schritt ist er bereits dadurch gegangen, dass er den Ausschluss der Bestandsmietwohnimmobilien auf die Unternehmenstätigkeit der REIT-Aktiengesellschaft im Inland beschränkt. Im Ausland darf sie hingegen unmittelbar oder über eine Auslandsobjektgesellschaft Bestandsmietwohnimmobilien erwerben, halten, verwalten und veräußern, wenn dies für einen REIT im Belegenheitsstaat zulässig ist.[501]

Neben der grundsätzlichen Einschränkung der Unternehmenstätigkeit soll die REIT-Aktiengesellschaft, wie auch z. B. der US-REIT, die SIIC oder der UK-REIT, bestimmten Anlage- und Ausschüttungsvorschriften unterworfen werden.[502]

1. Anlagevorschriften

Die Anlagevorschriften sehen vor, dass 75 % des Aktivvermögens der REIT-Aktiengesellschaft nach Abzug der Ausschüttungsverpflichtung an die Anteilseigner sowie nach Abzug der Rücklagen in unbewegliches Vermögen zum Geschäftsjahresende investiert sein müssen. Hierbei handelt es sich um eine Voraussetzung, die bereits heute von den öffentlichen Wohnungsbaugesellschaften infolge ihrer unternehmerischen Ausrichtung erfüllt wird.[503]

Das Vermögen aller REIT-Dienstleistungsgesellschaften darf insgesamt maximal 20 % des Aktivvermögens der REIT-Aktiengesellschaft nach Abzug der

---

499 Vgl. Abschnitt G. und Abschnitt H.

500 Vgl. Bundesministerium der Finanzen, Folgen einer möglichen Nichteinführung deutscher REITs, 2006, 3 f.; Sieber, Verkauf von Immobilienpaketen der öffentlichen Hand, 2006, 3 ff.

501 Vgl. § 1 Abs. 1 Nr. 1 lit. b REITG, § 3 Abs. 3 REITG; BTDrucks 16/4779, Bericht, Ziff. VI., B. Einzelbegründung, Zu Artikel 1 (REIT-Gesetz), Zu § 1, Zu Absatz 1, Zu § 3, Zu Absatz 3.

502 Vgl. §§ 12 ff. REITG.

503 Vgl. § 12 Abs. 2 lit. a REITG; BRDrucks 779/06 (Beschluss), Ziff. 28; BTDrucks 16/4036, Zu Ziffer 28; Die Rücklagen setzen sich aus maximal 50 % der Veräußerungsgewinne zusammen; hierzu im Einzelnen die Ausschüttungsvorschriften in Abschnitt F. III. 2.

Ausschüttungsverpflichtung und der Rücklagen am Ende eines jeden Geschäftsjahres betragen.[504]

Auch hinsichtlich der Einkommensschwellen werden öffentliche Wohnungsbaugesellschaften vor kein Problem gestellt. Diese sehen vor, dass mindestens 75 % der erzielten Umsatzerlöse und sonstigen Erträge aus unbeweglichem Vermögen je Geschäftsjahr aus Vermietung, Leasing, Verpachtung sowie immobiliennaher Tätigkeiten und Veräußerungen von unbeweglichem Vermögen resultieren.[505] Höchstens 20 % der Umsatzerlöse und sonstigen Erträge aus unbeweglichem Vermögen der REIT-Aktiengesellschaft dürfen aus Umsatzerlösen und sonstigen Erträgen aller im Konzernabschluss zu berücksichtigenden REIT-Dienstleistungsgesellschaften stammen.[506]

In diesem Zusammenhang ist die Frage der Rechnungslegung von besonderer Bedeutung. Ursprünglich war vorgesehen, zur Ermittlung der Bemessungsgrundlagen allein die Handelsbilanz i. S. d. §§ 242 ff. HGB für maßgeblich zu erklären.[507] Das REITG hingegen sieht nunmehr die Bilanzierung der Vermögensgegenstände zu den beizulegenden Zeitwerten (fair value) nach IFRS vor, was den internationalen Standards entspricht.[508] Dies gilt nicht nur für die REIT-Aktiengesellschaften, die gemäß § 315 a HGB zur Aufstellung eines Konzernabschlusses nach IFRS verpflichtet sind, sondern i. V. m. § 325 Abs. 2 lit. a HGB

504 Vgl. § 12 Abs. 2 lit. b REITG; BTDrucks 16/4026, Begründung, B. Besonderer Teil, Zu Art. 1 (REIT-Gesetz), Zu § 12

505 Vgl. § 12 Abs. 3 lit. a REITG. Zu den sonstigen Erträgen aus unbeweglichem Vermögen zählen insbesondere nicht regelmäßig wiederkehrende Erträge, erfolgswirksam erfasste Bewertungsgewinne und -verluste sowie realisierte Veräußerungsgewinne und -verluste; vgl. hierzu im Einzelnen auch hinsichtlich der Bilanzierung § 12 Abs. 4 REITG.

506 Vgl. § 12 Abs. 3 lit. b REITG.

507 Vgl. Nawrath, Neue Asset-Klasse REITs, Vortrag, 6.7.2006.

508 Vgl. § 12 Abs. 4 REITG, BTDrucks 16/4026, 35; zur Definition und den Auswirkungen der Bewertung nach IFRS: vgl. Beck, Grundlagen der Bilanzierung von Immobilien nach den International Financial Reporting Standards (IFRS), in BDO Deutsche Warentreuhand AG (Hrsg.), Praxishandbuch Real Estate Management, 2005, 144 ff.; Die Rechnungslegung nach HGB dient vorrangig dem handelsrechtlichen Gläubigerschutz und baut auf dem Vorsichtsprinzip auf. Die Rechnungslegung nach IFRS ist demgegenüber vorrangig auf den Anlegerschutz ausgerichtet. Deshalb werden in der Bilanzierung auf Basis der Marktwerte auch die bisher nicht realisierten Gewinne berücksichtigt.

auch für die REIT-Aktiengesellschaften, die infolge fehlender Beteiligungen an anderen Gesellschaften nur einen Einzelabschluss aufstellen müssen.[509]

Soweit REIT-Aktiengesellschaften nicht den beizulegenden Zeitwert ansetzen, sondern das gemäß IAS 40 bestehende Wahlrecht zugunsten der Bewertung auf Basis der Anschaffungskosten nutzen, müssen sich die beizulegenden Zeitwerte aus dem Anhang ergeben.

Hält die REIT-Aktiengesellschaft Beteiligungen an Auslandsobjektgesellschaften, sind diese Gesellschaften zwangsläufig voll zu konsolidieren, da die REIT-Aktiengesellschaft zu 100 % an ihnen beteiligt sein muss. Das hierbei in den Konzernabschluss zu übertragende unbewegliche Vermögen wird nach IAS 40 als ein als Finanzinvestition gehaltenes unbewegliches Vermögen mit dem beizulegenden Zeitwert angesetzt. Soweit die REIT-Aktiengesellschaft eine 100 %ige Beteiligung an einer Immobilienpersonengesellschaft hält, gilt das Gleiche. Die Beteiligungen an Immobilienpersonengesellschaften, die keiner vollen Konsolidierung bedürfen, werden als unbewegliches Vermögen mit dem beizulegenden Zeitwert angesetzt.[510]

Der Immobilienhandel ist für REIT-Aktiengesellschaften grundsätzlich nicht zulässig.[511] Andererseits ist es aber sowohl offenen Immobilienfonds uneingeschränkt als auch ausländischen REITs überwiegend gestattet, Immobilien aus dem eigenen Bestand zu veräußern. Um das Ausweichen von Initiatoren und Investoren vor allem auf ausländische REIT-Konstruktionen zu verhindern, musste daher auch der REIT-Aktiengesellschaft die Veräußerung eigener Im-

---

509 Vgl. § 12 Abs. 1 REITG; BTDrucks 16/4779, Bericht, Ziff. VI., B. Einzelbegründung, Zu Artikel 1 (REIT-Gesetz), Zu § 12, Zu Absatz 1; BTDrucks 16/4026, Begründung, A. Allgemeiner Teil, II. Wesentlicher Inhalt, 5. Bilanzierung; Insofern unterscheidet sich das REITG maßgeblich von den für andere Aktiengesellschaften geltenden Vorschriften, da diese nur Konzernabschlüsse nach IFRS erstellen müssen, §§ 290 ff., § 315 a HGB i. V. m. Art. 57, 58 EGHGB; vgl. Hoyos/Ritter-Thiele in Beck Bil-Komm. § 290 Rz. 12 ff.; Baumbach/Hopt/Merkt, HGB, 32. Aufl 2006, § 315 a Rn 3; Verordnung (EG) Nr. 1606/2002 vom 19.7.2002, ABl. L 243/1 vom 11.9.2002, S. 1–4; Dettmeier/Pöschke, „IFRS und deutscher REIT – mögliche Stolpersteine für Gesetzgeber und Anwender", in BB 2006, S. 1731, (1732 f.); Klinger, Immobilienfinanzierung und IAS 40, 2006, 1 f.

510 Vgl. § 12 Abs. 1 REITG; BTDrucks 16/4779, Bericht, Ziff. VI., B. Einzelbegründung, Zu Artikel 1 (REIT-Gesetz), Zu § 12, Zu Absatz 1; REIT-Aktiengesellschaften können uneingeschränkt Beteiligungen an Immobilienpersonengesellschaften eingehen. Folglich besteht auch die Möglichkeit einer nicht 100 %igen Beteiligung, so dass es in diesen Fällen auch keiner vollen Konsolidierung bedarf.

511 Vgl. § 14 Abs. 1 REITG.

mobilien zumindest in Grenzen gestattet werden.[512] Dies gilt insbesondere vor dem Hintergrund, dass wirtschaftliche Veränderungen entweder auf Seiten der Gesellschaft selbst oder auf der des Marktes Veräußerungen notwendig machen. Deshalb sieht das REITG vor, dass REIT-Aktiengesellschaften keine Erlöse aus der Veräußerung von unbeweglichem Vermögen erzielen dürfen, die 50 % des durchschnittlichen Wertes des Gesamtbestandes der REIT-Aktiengesellschaft an unbeweglichem Vermögen innerhalb von fünf Geschäftsjahren übersteigen. Soweit die REIT-Aktiengesellschaft noch keine fünf Jahre besteht, muss auf die bisherigen Geschäftsjahre abgestellt werden.[513] Bei der Ermittlung des Gesamtbestandes sowie der Veräußerungswerte sind die in den Konzernabschluss einzubeziehenden Tochtergesellschaften zu berücksichtigen. Die Wertermittlung erfolgt auf Basis der beizulegenden Zeitwerte nach IFRS gemäß dem Einzel- bzw. Konzernabschluss.[514] Eine solche den Immobilienhandel einschränkende Regelung entspricht der Prohibited Transaction Rule für US-REITs.[515]

Verzichtet wurde hingegen auf die zwischenzeitlich diskutierte weitergehende Beschränkung der Immobilienveräußerung auf 7 % von 80 % des Gesamtimmobilienbestandes innerhalb eines Jahres, da eine solche jährliche Beschränkung die unternehmerischen Entscheidungen u. U. zum Nachteil der Gesellschaft zu sehr einschränkt.[516]

2. Ausschüttungsvorschriften

Die REIT-Aktiengesellschaft unterliegt der Verpflichtung, vor Ablauf des auf die Einnahmen folgenden Geschäftsjahres 90 % des handelsrechtlichen Jahresüberschusses gemäß § 275 HGB, reduziert um die Bildung der Rücklage sowie er-

512 Vgl. BTDrucks 16/4026, Begründung, A. Allgemeiner Teil, II. Wesentlicher Inhalt, 7. Immobilienhandel; BTDrucks 16/4026, Begründung, B. Besonderer Teil, Zu Art. 1 (REIT-Gesetz), Zu § 14.

513 Vgl. § 14 Abs. 2 Satz 1, Satz 3 REITG.

514 Vgl. § 14 Abs. 2 Satz 2 i. V. m. § 12 Abs. 1 REITG; Deloitte, Der Regierungsentwurf zum REIT-Gesetz, 2006, 5.

515 Vgl. Sec. 857 (b) (6) (C) IRC; Abschnitt E. II. 3. a.; Abschnitt E. II. 4. a.

516 Vgl. Bundesministerium der Finanzen, Argumente für die Einführung deutscher REITS, 2006, 16.

höht um deren Auflösung, an die Aktionäre als Dividende auszuschütten.[517] Die Rücklage wird dadurch gebildet, dass 50 % der Gewinne aus der Veräußerung unbeweglichen Vermögens in diese eingestellt werden können.[518] Die Rücklage muss jedoch spätestens bis zum Ablauf des zweiten auf die Einstellung folgenden Geschäftsjahres aufgelöst werden, soweit sie nicht von den Anschaffungs- oder Herstellungskosten des innerhalb desselben Zeitraums angeschafften oder hergestellten unbeweglichen Vermögens abgezogen wurde.[519]

Stammen die Gewinne aus der Veräußerung unbeweglichen Vermögens, das sich bereits zum Zeitpunkt des Eintritts in die Steuerfreiheit der REIT-Aktiengesellschaft in deren Betriebsvermögen befand, wird deren Höhe aus der Summe des Veräußerungsgewinns I und des Veräußerungsgewinns II ermittelt.[520] Der Veräußerungsgewinn I entspricht der Differenz zwischen dem Buchwert in der Handelsbilanz und dem für das unbewegliche Vermögen zur steuerlichen Gewinnermittlung vor Beginn der Steuerbefreiung gemäß § 13 Abs. 1 und 3 KStG angesetzten Wert.[521] Der darüber hinausgehende Veräußerungsgewinn ist der

---

517 Vgl. § 13 Abs. 1 Satz 1 REITG. Die Anleger können daraus infolge der Systematik des Aktienrechts keinen direkten Zahlungsanspruch herleiten. Das Aktienrecht normiert gemäß § 58 Abs. 4 AktG nur einen Beteiligungsanspruch am Bilanzgewinn, wohingegen der Zahlungsanspruch erst aus dem Gewinnverwendungsbeschluss der Hauptversammlung resultiert; vgl. BTDrucks 16/4036, Zu Ziffer 14; a. A. BRDrucks 779/06 (Beschluss), Ziff. 14.; vgl. im Einzelnen zur Bilanzierung nach HGB BTDrucks 16/4026, Art. 1 § 13 Abs. 2; BTDrucks 16/4026, Begründung, A. Allgemeiner Teil, II. Wesentlicher Inhalt, 5. Bilanzierung; Dettmeier/Pöschke, „IFRS und deutscher REIT – mögliche Stolpersteine für Gesetzgeber und Anwender", in BB 2006, S. 1731, (1731); Die Verordnung (EG) Nr. 1606/2002 vom 19.7.2002, ABl. L 243/1 vom 11.9.2002 schreibt nur die Aufstellung eines konsolidierten Abschlusses nach IFRS vor, nicht aber die Aufstellung des Jahresabschlusses, so dass hierfür nationales Recht maßgeblich ist. Die Ermittlung des Jahresüberschusses nach HGB und nicht nach IFRS begründet sich darin, dass es nicht sinnvoll ist, noch nicht realisierte Gewinne bereits an die Anleger auszuschütten.

518 Rücklagen sind Maßnahmen der Ergebnisverwendung i. S. d. § 275 Abs. 4 HGB. Sie dürfen den handelsrechtlichen Jahresüberschuss nicht beeinflussen. Folglich darf die Bildung von Rücklagen nicht aufwandswirksam sein, sondern muss erfolgsneutral erfolgen, so dass sie erst im Rahmen der Ermittlung der Höhe des Ausschüttungsvolumens ihre Relevanz entfaltet; vgl. BTDrucks 16/4779, Bericht, Ziff. VI., B. Einzelbegründung, Zu Artikel 1 (REIT-Gesetz), Zu § 13, Zu Absatz 1, Zu Absatz 3.

519 Vgl. § 13 Abs. 3 Satz 1 und 2 REITG; Diese Lösung entspricht in etwa der für den belgischen REIT (SICAFI). Die SICAFI darf Veräußerungsgewinne für maximal vier Jahre in eine Rücklage einstellen.

520 Vgl. § 13 Abs. 3 Satz 3 REITG; Gemäß § 13 Abs. 3 Satz 4 REITG entspricht der Veräußerungsgewinn I der Differenz zwischen dem Buchwert in der Handelsbilanz und dem für das unbewegliche Vermögen zur steuerlichen Gewinnermittlung vor Beginn der Steuerbefreiung gemäß § 13 Abs. 1, Abs. 3 KStG angesetzten Wert. Der darüber hinausgehende Veräußerungsgewinn ist der Veräußerungsgewinn II, § 13 Abs. 3 Satz 5 REITG; BTDrucks 16/4779, Bericht, Ziff. VI., B. Einzelbegründung, Zu Artikel 1 (REIT-Gesetz), Zu § 13, Zu Absatz 1, Zu Absatz 3.

521 Vgl. § 13 Abs. 3 Satz 4 REITG; BTDrucks 16/4779, Bericht, Ziff. VI., B. Einzelbegründung, Zu Artikel 1 (REIT-Gesetz), Zu § 13, Zu Absatz 1, Zu Absatz 3.

Veräußerungsgewinn II. In die Rücklage darf nur der Veräußerungsgewinn II zur Hälfte eingestellt werden, da nur dieser nach Eintritt in die Steuerfreiheit der REIT-Aktiengesellschaft realisiert wurde.[522]

Entgegen der Auffassung des Bundesrates handelt es sich bei der Möglichkeit, Veräußerungsgewinne zur Hälfte in eine Rücklage einzustellen, nicht um eine steuerfreie Rücklage, sondern entsprechend § 6 b EStG um eine Steuerstundung.[523] Bei dieser an § 6 b EStG angelehnten Regelung könnte es sich um eine Beihilfe i. S. d. Art. 87 EGV handeln.[524] Eine Beihilfe kann nämlich nicht nur der Erlass einer Steuer, sondern auch deren Stundung sein.[525] Allerdings hat die Kommission, die gemäß Art. 88 EGV für die Überprüfung von Beihilfen sowie für die Feststellung, ob eine Beihilfe vorliegt, zuständig ist, in einem Verfahren gegen Deutschland indirekt § 6 b EStG überprüft und die Vorschrift nicht als Beihilfe deklariert.[526] Dementsprechend sollte auch die gesetzliche Regelung zur Möglichkeit der Bildung von Rücklagen aus den Veräußerungsgewinnen einer REIT-Aktiengesellschaft keine Beihilfe sein. Allerdings besteht erst dann absolute Sicherheit, wenn die Vorschrift bei der Kommission gemäß Art. 88 Abs. 3 EGV notifiziert wurde.

Erhaltungsaufwendungen werden bereits bei der Ermittlung des Jahresüberschusses berücksichtigt. Abschreibungen sind nur in gleichbleibenden Jahresraten erlaubt, soweit es sich um planmäßige Abschreibungen handelt. Außerplanmäßige Abschreibungen sind daneben zulässig.[527]

---

522 Vgl. § 13 Abs. 3 Satz 5 und 6 REITG.

523 Vgl. BRDrucks 779/06 (Beschluss), Ziff. 15; Blümich/Schlenker, § 6 b Rz 241; Schmidt/Glanegger EStG § 6b Rz 1, 85; Deloitte, Der Regierungsentwurf zum REIT-Gesetz, 2006, 7; Es bedarf für die Bildung von Rücklagen dieser Sonderregelung, da § 6 b EStG wegen der Steuerbefreiung der REIT-Aktiengesellschaft keine Anwendung findet, §§ 1 und 8 Abs. 1 KStG.

524 Vgl. BRDrucks 779/06 (Beschluss), Ziff. 15; BTDrucks 16/4036, Zu Ziffer 15; zu den Einzelheiten einer Beihilfe: vgl. Abschnitt F. VII. 1.

525 Vgl. EuGH, Rs. C-387/92, Banco de Crédito Industrial SA, Slg. 1994, I-877, Rn. 14; EuGH, Rs. C-256/97, DM Transport, Slg. 1999, I-3913, Rn. 19; EuGH, Rs. C-156/98, Bundesrepublik Deutschland ./. KOM, Slg. 2000, I-6857, Rn. 24.

526 Vgl. Entscheidung der Kommission, 98/476/EG vom 21.1.1998, ABl. L 212 vom 30.7.1998, S. 50–57.

527 Vgl. § 13 Abs. 2 REITG; BTDrucks 16/4779, Bericht, Ziff. VI., B. Einzelbegründung, Zu Artikel 1 (REIT-Gesetz), Zu § 13, Zu Absatz 2; BTDrucks 16/4026, Art. 1 § 13 Abs. 3 und 4; BTDrucks 16/4026, Begründung, A. Allgemeiner Teil, II. Wesentlicher Inhalt, 5. Bilanzierung; BTDrucks 16/4026, Begründung, B. Besonderer Teil, Zu Art. 1 (REIT-Gesetz), Zu § 13; Blümich/Brandis, § 7 Rz 515 ff.; Die lineare AfA beträgt etwa 2 % p.a.

Zur Sicherstellung einer hohen Ausschüttung findet § 150 AktG keine Anwendung. Die REIT-Aktiengesellschaft ist folglich nicht verpflichtet, die gesetzliche Rücklage zu bilden.[528]

Soweit aus steuerlichen Gründen angedacht wurde, die Ausschüttungsverpflichtung – möglicherweise auch im Rahmen einer späteren Gesetzesänderung – auf 95 % des ausschüttungsfähigen Gewinns anzuheben, widerspricht dies dem Vorteil der größeren unternehmerischen Flexibilität, die eine Ausschüttungsverpflichtung von 90 % des ausschüttungsfähigen Gewinns bietet.[529] Vor allem das Beispiel des US-REIT hat gezeigt, dass eine Ausschüttungsverpflichtung in Höhe von 95 % trotz der vollen Abschreibungsmöglichkeiten zu einer Lähmung des REIT-Marktes führt, weshalb eine Reduzierung auf 90 % unter Beibehaltung aller Abschreibungsmöglichkeiten erfolgte. Daher erschien es für die REIT-Aktiengesellschaft nicht sinnvoll, die Ausschüttungsverpflichtung zu hoch anzusetzen, auch wenn dies theoretisch Steuermehreinnahmen hervorrufen könnte. Im Zweifel werden diese nämlich durch die geringere Wirtschaftskraft der REIT-Aktiengesellschaften infolge fehlender Eigenmittel für weitergehende Investitionen und dadurch geringere Bruttoerträge aufgezehrt.[530] Diese Argumentation führte auch in Belgien dazu, dass im Rahmen der letzten Gesetzesänderung für die SICAFI die Höhe der Ausschüttungsverpflichtung bei 80 % beibehalten wurde.[531]

Für öffentliche Wohnungsbaugesellschaften ist die grundsätzliche Verpflichtung zur Ausschüttung nicht unbekannt, dennoch ist sie unüblich.[532] Nicht nur vor dem Hintergrund, dass, soweit die Gesellschaft Gewinne erzielt, diese zumeist sehr niedrig ausfallen, sondern insbesondere aus steuerrechtlichen Erwägungen finden keine Ausschüttungen statt. Diese würden nämlich infolge

---

528 Vgl. § 13 Abs. 1 Satz 2 REITG; BTDrucks 16/4779, Bericht, Ziff. VI., B. Einzelbegründung, Zu Artikel 1 (REIT-Gesetz), Zu § 13, Zu Absatz 1.

529 Vgl. NAREIT, Promoting More Flexible Investment in Property, 2004, 10 f.; Nawrath, Neue Asset-Klasse REITs, Vortrag, 6.7.2006.

530 Fehlen die notwendigen Mittel, kann insbesondere der Immobilienbestand nicht ausgebaut werden, so dass nur geringe Ertragssteigerungen möglich sind. Allein die Kapitalerhöhung gemäß §§ 182 ff. AktG verbliebe noch.

531 Vgl. EPRA, Press Release, New Rules for Belgian SICAFI, 2006.

532 Vgl. SPD-Fraktion des Abgeordnetenhauses Berlin, Aufgaben der städtischen Wohnungsbaugesellschaften in Berlin, 2004, Ziff. 1.

der Entlassung der Gesellschaften aus der Gemeinnützigkeit einer erheblichen Nachversteuerung unterworfen.[533]

IV. Haftung

Für öffentliche Wohnungsbaugesellschaften von besonderer Bedeutung ist die Frage der Haftung im Falle einer Umwandlung in eine REIT-Aktiengesellschaft. Da diese als börsennotierte Aktiengesellschaft ausgestaltet wird, entsprechen auch die Haftungsregelungen denen anderer gelisteter Aktiengesellschaften.[534] Deshalb ist zwischen dem Stadium vor und dem nach Gründung der REIT-Aktiengesellschaft einerseits und zwischen der Haftung der Gesellschaft und der Organhaftung andererseits zu unterscheiden.

Bestand vor Errichtung einer REIT-Aktiengesellschaft eine sog. Vorgründungsgesellschaft, zumeist in Form einer Gesellschaft bürgerlichen Rechts i. S. d. §§ 705 ff. BGB bzw., wenn bereits Handelsgeschäfte getätigt wurden, in Form einer OHG i. S. d. § 105 HGB, richtet sich die Haftung nach den allgemeinen Vorschriften des BGB und des HGB.[535] Die Haftung der Gründer für in dieser Zeit getätigte Geschäfte ist persönlich und unbeschränkt.[536]

Hiervon zu unterscheiden ist die Vor-AG, die als Gesamthandsgesellschaft eigener Art ab Errichtung der Gesellschaft i. S. d. §§ 29, 41 Abs. 1 Satz 1 AktG bis zum Zeitpunkt der Eintragung besteht.[537] Gemäß § 30 AktG müssen die Gründer der Gesellschaft einen Vorstand und einen Aufsichtsrat bestellen, die nachfolgend im Namen der Gesellschaft die Gründungsgeschäfte tätigen.[538] In diesem Stadium haften die Gründer verschuldensunabhängig für die Aufbringung des Kapitals i. S. d. §§ 54, 23 Abs. 2 AktG sowie für die Richtigkeit aller gemachten Angaben im Gründungsbericht und der Anmeldung, § 46 AktG. Eine gesamt-

533 Vgl. hierzu im Einzelnen Abschnitt F. VII. 6.

534 Diese werden nachfolgend schwerpunktmäßig ausgearbeitet.

535 Vgl. MünchKommAktG/Pentz § 41 Rn 16 ff.

536 Soweit die Vorgründungsgesellschaft eine GmbH & Co. KG oder eine GmbH ist, greifen die entsprechenden Vorschriften des HGB und des GmbHG ein. Eine persönliche Haftung kommt dann nur für die Komplementäre einer GmbH & Co. KG in Betracht.

537 Vgl. Hüffer, AktG, 7. Aufl., § 41, Rn. 3 ff.

538 Zu den Gründungsgeschäften zählen u.a. die Gründungsprüfung gemäß §§ 33 ff. AktG und die Anmeldung der Gesellschaft gemäß §§ 36 ff. AktG.

schuldnerische Haftung der Gründer setzt zumindest grobe Fahrlässigkeit eines Gründers voraus.[539] Daneben haften gemäß §§ 47 ff. sowohl die Emittenten, der Vorstand und der Aufsichtsrat für die von ihnen mindestens grob fahrlässig begangene Schädigung gegenüber der Gesellschaft als auch die Gründungsprüfer für Pflichtverletzungen bei der Erstellung der Prüfberichte i. S. d. § 323 HGB.[540] Die Haftung des Vorstands beschränkt sich dabei nicht alleine auf die Kapitalaufbringung, sondern umfasst auch die in diesem Stadium im Namen der Gesellschaft vorgenommenen Handlungen i. S. d. § 41 Abs. 1 Satz 2 AktG, so dass es sich gleichzeitig um eine Außenhaftung handelt.[541] Allerdings erlischt die Haftung hierfür mit Eintragung der Gesellschaft, es sei denn, der Vorstand hat seine Vertretungsmacht überschritten.

Ist die Vor-AG bereits Verbindlichkeiten eingegangen, greift ab dem Eintragungszeitpunkt die sog. Unterbilanzhaftung ein, wobei eine Begrenzung auf den Betrag des Grundkapitals ausscheidet, vielmehr muss dieses entsprechend der Unterbilanz ausgeglichen werden. Da die Unterbilanzhaftung eine Innenhaftung ist, muss diese von der Gesellschaft und nicht von den Gläubigern gegenüber den Gründern geltend gemacht werden. Die Verjährungsfrist beträgt fünf Jahre ab Eintragung oder anspruchsbegründender Handlung. Für die Verjährung ist der spätere von beiden Zeitpunkten maßgebend.[542]

Entsteht die Aktiengesellschaft durch Umwandlung nach dem UmwG, führt dies zum Übergang des gesamten Vermögens inklusive aller Verbindlichkeiten des übertragenden Rechtsträgers bzw. zur Weiterführung, soweit die Umwandlung durch einen Formwechsel erfolgt. Sind an der übertragenden bzw. die Form wechselnden Gesellschaft persönlich haftende Gesellschafter beteiligt, haften diese fünf Jahre ab Entstehung der Aktiengesellschaft für die innerhalb dieses Zeitraumes fälligen Verbindlichkeiten nach, soweit sie gerichtlich geltend gemacht werden, §§ 45, 224, 249 UmwG.[543]

Ab dem Zeitpunkt der Eintragung haftet gemäß § 1 Abs. 1 Satz 2 AktG grundsätzlich die Aktiengesellschaft mit ihrem Vermögen für die von ihr eingegangenen Verbindlichkeiten gegenüber Dritten. Im Innenverhältnis besteht daneben

539 Vgl. MünchKommAktG/Pentz § 46 Rn 64 ff.; Ehricke in Großkomm AktG, § 46 Rdn. 17 ff.

540 Vgl. Ehricke in Großkomm AktG, § 47 Rdn. 15 ff., § 49 Rdn. 8 ff.

541 Vgl. Hüffer, AktG, 7. Aufl., § 41, Rn. 20 ff., 25.

542 Im Falle des Scheiterns der Eintragung besteht eine Verlustdeckungspflicht der Gründer, vgl. Hüffer, AktG, 7. Aufl., § 41 Rn. 8, 9 a.

543 Vgl. Beck AG-HB/Zätsch § 3 Rz. 458.

die sog. Organhaftung der Vorstands- und Aufsichtsratsmitglieder gegenüber der Gesellschaft.[544] Diese bestimmt sich nach § 93 Abs. 2 AktG für Vorstandsmitglieder und nach §§ 116, 93 Abs. 2 AktG für die Mitglieder des Aufsichtsrats. § 93 Abs. 3 Nr. 1–9 AktG sieht neben dem allgemeinen Anspruch auf Schadenersatz im Sinne des § 93 Abs. 2 AktG Sondertatbestände vor. Eine Ausnahme besteht nur im Zusammenhang mit der sog. Business Judgement Rule i. S. d. § 93 Abs. 1 Satz 2 AktG, derzufolge keine Pflichtverletzung vorliegt, wenn das Vorstands- bzw. Aufsichtsratsmitglied, das die Entscheidung getroffen hat, vernünftigerweise aufgrund ausreichender Informationen davon ausgehen konnte, dass die Entscheidung zum Wohle der Gesellschaft erfolgte.[545]

Der Emittent haftet darüber hinaus für das verschuldete Unterlassen der Weitergabe von Informationen sowie für die verschuldete Weitergabe unwahrer Insiderinformationen in Höhe des daraus resultierenden Schadens, §§ 37 b, 37 c WpHG. Der Anspruch kann jedoch nicht gegenüber den Organmitgliedern geltend gemacht werden.[546] Der Anspruch verjährt in drei Jahren ab dem Zeitpunkt der Unterlassung bzw. der Weitergabe der unwahren Information.

Eine fehlerhafte Entsprechenserklärung hinsichtlich der Einhaltung der Empfehlungen des Deutschen Corporate Governance Kodex gemäß § 161 AktG stellt eine Pflichtverletzung i. S. d. § 93 Abs. 2 AktG dar. Wohl zu bejahen ist dies auch hinsichtlich eines Verstoßes gegen die Empfehlungen des Deutschen Corporate Governance Kodex. Jedoch handelt es sich hierbei um eine reine Innenhaftung, da weder der Tatbestand des § 823 Abs. 1 BGB vorliegt, noch der Deutsche Corporate Governance Kodex ein Gesetz i. S. d. § 823 Abs. 2 BGB ist. Ebenfalls scheiden §§ 37 b, 37 c WpHG als Schutzgesetz in diesem Sinne aus.[547]

Letztlich unterliegen börsennotierte Aktiengesellschaften der Prospekthaftung, sind sie doch zu deren Veröffentlichung inklusive regelmäßiger Aktualisierungen aus Anlegerschutzgesichtspunkten verpflichtet. Die Prospekthaftung regelt gemäß § 44 BörsG, für am geregelten Markt notierte Aktiengesellschaften i. V. m. § 55 BörsG, den Schadenersatzanspruch des Anlegers aufgrund fehlender oder unrichtiger Angaben in dem Verkaufsprospekt, wenn er innerhalb von sechs Mo-

---

544 Vgl. MünchKommAktG/Hefermehl/Spindler § 93 Rn 17, 19 ff.; MünchKommAktG/Semler § 116 Rn 98 ff.; Hüffer, AktG, 7. Aufl., § 93, Rn. 11 ff.; § 116 Rn. 2 f.; Soweit die Sondertatbestände i. S. d. § 93 Abs. 3 oder eine grobe Pflichtverletzung vorliegen, können die Ansprüche der Gesellschaft auch von deren Gläubigern geltend gemacht werden, § 93 Abs. 5 AktG.

545 Vgl. MünchKommAktG/Hefermehl/Spindler § 93 Rn 24 ff.; Hüffer, AktG, 7. Aufl., § 93, Rn. 4 a ff.

546 Vgl. Sethe, in: Assmann/Uwe H. Schneider (Hrsg.), WpHG, 2006, § 37b, 37c Rz. 34.

547 Vgl. Hüffer, AktG, 7. Aufl., § 161, Rn. 26 ff.

naten nach erstmaliger Emission und nach Veröffentlichung des Prospekts die Aktien erworben hat.[548] Anspruchsgegner sind als Gesamtschuldner sowohl die für den Prospekt Verantwortlichen als auch diejenigen, die ihn erlassen haben. Insofern trifft die Prospektpflicht nicht nur die Organe der Aktiengesellschaft, sondern auch deren Berater und Prüfer. Der Anspruch ist gemäß § 45 BörsG u. a. in den Fällen ausgeschlossen, in denen die fehlenden bzw. falschen Angaben den Preis nicht beeinflusst haben, sie korrigiert wurden, der Erwerber Kenntnis hiervon hatte oder die Wertpapiere nicht aufgrund des Prospekts erworben hat.

REIT-Aktiengesellschaften sind außerdem verpflichtet, in ihrer Satzung eine Regelung zur Entschädigung aller Aktionäre, die weniger als 3 % der Stimmrechte halten, für den Fall vorzuschreiben, dass sie infolge des Nichteinhaltens der Streubesitzklausel ihren Status als steuerbefreite Gesellschaft verlieren.[549] Diese dem Schutz der Minderheitsaktionäre dienende Regelung geht deutlich über die gesetzlichen Vorgaben zum Pflichtangebot gemäß §§ 35 ff. WpÜG hinaus, welche aus Anlegerschutzgesichtspunkten insbesondere für den Kleinanleger einer REIT-Aktiengesellschaft als nicht ausreichend erachtet wurde.

V. Unternehmensbewertung aus Kapitalmarktsicht

Die Unternehmensbewertung aus Sicht des Kapitalmarkts, d. h. insbesondere der Anleger, erfolgt infolge der Börsennotierung gemäß §§ 24 f. BörsG täglich.[550] Die Handelbarkeit der Anteile der REIT-Aktiengesellschaft führt zudem zu einer Bewertung durch den Sekundärmarkt sowie durch Rating-Agenturen. Die Bewertung erfolgt anhand der Kapitalmarktdaten in Verbindung mit der Struktur des Immobilienportfolios. Somit wird erheblich mehr Transparenz geschaffen, so dass positive wie negative Tendenzen frühzeitig für den Anleger erkennbar sind.[551] Auch öffentliche Wohnungsbaugesellschaften können im Falle einer Umwandlung in eine REIT-Aktiengesellschaft hiervon profitieren, mangelt es

---

548 Ehricke in Großkomm AktG, § 47 Rdn. 54 ff.; MünchKommAktG/Pentz § 47 Rn 40 ff.

549 Vgl. § 11 Abs. 3 REITG i. V. m. § 18 Abs. 3 REITG; BTDrucks 16/4026, Begründung, B. Besonderer Teil, Zu Art. 1 (REIT-Gesetz), Zu § 11 Abs. 3; vgl. im Einzelnen zum Statusverlust Abschnitt F. IX.

550 Vgl. Beck AG-HB/Harrer § 18 Rz. 46.

551 Vgl. Kindahl/Tuving, Rise Of The REITs In Europe, 2006, 4 f.; DEGI Research, Immobilienanlageprodukte in Deutschland, 2005, 36; Just, Ist die Einführung von REITs in Deutschland ökonomisch sinnvoll?, 2004, 13; Martin, Glaubwürdige Signale gefragt, 2006, 2 f.

ihnen doch bisher häufig an Transparenz.[552] Im Vorteil ist die REIT-Aktiengesellschaft ebenfalls gegenüber offenen Immobilienfonds, deren Immobilienbestand gemäß § 77 InvG nur einmal jährlich durch den Sachverständigenausschuss bewertet wird.

VI. Rückgabemodalitäten

REIT-Aktiengesellschaften werden offenen Immobilienfonds gegenüber auch einen erheblichen Vorteil auf unternehmerischer Seite aufweisen. Sie unterliegen, wie international üblich, keinerlei Rücknahmeverpflichtung hinsichtlich der ausgegebenen Gesellschaftsanteile i. S. d. § 37 Abs. 1 InvG, also unterliegen sie auch keiner hohen Fristentransformation, was für öffentliche Wohnungsbaugesellschaften ein nicht zu bewältigendes Problem wäre. Die nicht notwendige Vorhaltung liquider Mittel i. S. d. § 80 InvG hat auch entscheidenden Einfluss auf die Flexibilität der Unternehmensstrategie, die so um vieles größer ist.[553] Tatsächlich bedarf es auch keiner Rücknahmeverpflichtung, da die Anteile der REIT-Aktiengesellschaft an der Börse gehandelt werden, so dass diese, wenn auch nicht zu einem festen Rückkaufswert, jederzeit wieder veräußert werden können.

VII. Steuerrechtliche Behandlung

Der größte Unterschied zwischen REIT-Aktiengesellschaften und regulären Immobilien-AGs besteht in deren steuerrechtlicher Behandlung. Die REIT-Aktiengesellschaft zeichnet sich, dem internationalen Standard entsprechend, durch eine transparente Besteuerung aus. Folglich ist zunächst die Besteuerung auf Gesellschaftsebene und anschließend die auf Anlegerebene näher zu untersuchen.

---

552 Vgl. SPD-Fraktion des Abgeordnetenhauses Berlin, Aufgaben der städtischen Wohnungsbaugesellschaften in Berlin, 2004, Ziff. 1.

553 Vgl. Schulte/Sotelo, „Deutsche REITs – Möglichkeiten und Voraussetzungen einer Realisierung", in Zeitschrift für Immobilienökonomie, Ausgabe 2/2004, S. 31, (36 f.); Abschnitt F. III. 6.

1. Gesellschaftsebene

Der Transparenzgrundsatz, der für REIT-Aktiengesellschaften im Gegensatz zu den gemäß § 1 Abs. 1 Nr. 1 KStG unbeschränkt körperschaftsteuerpflichtigen öffentlichen Wohnungsbaugesellschaften gilt, hat zur Folge, dass die Besteuerung grundsätzlich nur auf Anlegerebene erfolgt. Hierfür werden REIT-Aktiengesellschaften auf Gesellschaftsebene ebenso wie offene Immobilienfonds von der Körperschaft- und von der Gewerbesteuer befreit.[554] Die Steuerbefreiung tritt rückwirkend zum Beginn des Wirtschaftsjahres ein, in dem die Eintragung der Gesellschaft als REIT-Aktiengesellschaft in das Handelsregister erfolgt.[555]

Die REIT-Aktiengesellschaft unterscheidet sich durch die Befreiung von der Körperschaft- und der Gewerbesteuerpflicht grundlegend von dem US-REIT und der SIIC, da die von ihr vorgenommenen Ausschüttungen nicht nur von der Bemessungsgrundlage abgezogen bzw. nur diese steuerbefreit werden. Die gänzliche Steuerfreistellung verhindert, wie bereits untersucht, die Einschlägigkeit der Mutter-Tochter-Richtlinie und der Fusionsrichtlinie.[556] Folge dieser Regelung ist jedoch andererseits, dass die von REIT-Aktiengesellschaften vereinnahmten Gewinne, die nicht der Ausschüttungsverpflichtung unterliegen, steuerfrei bleiben. Insofern gibt Deutschland sein Besteuerungsrecht im Gegensatz zu den USA und Frankreich auf. Vor dem Hintergrund der strengen Anlage- und Ausschüttungsvorschriften und der Tatsache, dass REIT-Aktiengesellschaften nur

554 Vgl. § 16 Abs. 1 REITG; Bundesministerium der Finanzen, Argumente für die Einführung deutscher REITs, 2006, 5; Voraussetzung ist, dass die Gesellschaft grundsätzlich unbeschränkt körperschaftsteuerpflichtig i. S. d. § 1 Abs. 1 KStG und auch nach den Vorschriften der Doppelbesteuerungsabkommen im Inland ansässig ist. Hinsichtlich der Gewerbesteuerbefreiung erwartete der Bundesrat eine Klarstellung, inwieweit die Steuerausfälle der Kommunen aufgefangen werden sollen. Diese hält die Bundesregierung jedoch für nicht erheblich, weshalb auch keine Gegenfinanzierung erfolgt; vgl. BRDrucks 779/06 (Beschluss), Ziff. 1; BTDrucks 16/4036, Zu Ziffer 1.

555 Vgl. § 17 Abs. 1 REITG; BTDrucks 16/4026, Begründung, B. Besonderer Teil, Zu Art. 1 (REIT-Gesetz), Zu § 17; zur Prüfung einer möglichen Änderung der Steuerbefreiung mit Wirkung ab Beginn des auf die Eintragung nachfolgenden Wirtschaftsjahres, um die Prüfung eines in der Vergangenheit liegenden Zeitraumes zu vermeiden: vgl. BRDrucks 779/06 (Beschluss), Ziff. 28; BTDrucks 16/4036, Zu Ziffer 28. Vor dem Übergang von der Steuerpflichtigkeit in die Steuerfreiheit ist die Gesellschaft gemäß § 13 Abs. 1 und 3 KStG verpflichtet, eine Schlussbilanz zu erstellen, in der die stillen Reserven aufgedeckt werden, damit diese anschließend besteuert werden können. Die Besteuerung der stillen Reserven wird bei Umwandlungen in REIT-Aktiengesellschaften jedoch begünstigt, § 17 Abs. 2 REITG i. V. m. Art. 2 Gesetz zur Schaffung deutscher Immobilien-Aktiengesellschaften mit börsennotierten Anteilen vom 28.5.2007, BGBl. I S. 914; vgl. zur Umwandlungsbesteuerung im Einzelnen Abschnitt F. VII. 5.

556 Vgl. BTDrucks 16/4026, Begründung, B. Besonderer Teil, Zu Art. 1 (REIT-Gesetz), Zu § 16; Abschnitt F. I. 1. a.

die Abschreibungen in gleichbleibenden Jahresraten geltend machen können, erscheint diese Regelung aber aus Sicht des deutschen Fiskus vertretbar. Die REIT-Aktiengesellschaft genießt dadurch das Privileg, vielen internationalen REIT-Strukturen gegenüber insofern im Vorteil zu sein, als die oberhalb der Ausschüttungsverpflichtung vereinnahmten Gewinne zur Gänze unternehmerischen Aktivitäten, wie z. B. dem Ausbau des Immobilienbestandes, zufließen können, es hierfür folglich keiner Kapitalerhöhungen bedarf. Andererseits macht diese Regelung weitere Abschreibungsmöglichkeiten neben denen für die Erhaltungsaufwendungen, wie sie im Rahmen der Gewinnermittlung berücksichtigt werden, überflüssig.

Die REIT-Aktiengesellschaft ist allerdings regulär grunderwerbsteuerpflichtig. Eine Erweiterung der grunderwerbsteuerpflichtigen Erwerbsvorgänge im Zusammenhang mit dem Formwechsel gemäß §§ 190 ff. UmwG oder der Übertragung von Anteilen einer Immobilienpersonengesellschaft auf eine REIT-Aktiengesellschaft, wie es der Bundesrat zur Gegenfinanzierung der gewerbesteuerlichen Mindereinnahmen infolge der Steuerbefreiung fordert, lehnte die Bundesregierung ab.[557] Die Ablehnung begründet sich in der Anknüpfung der Grunderwerbsteuer an den Rechtsträgerwechsel und nicht an ertragsteuerliche Vergünstigungen.

Die Grunderwerbsteuerpflicht hat keinerlei Auswirkungen auf die Nichtanwendbarkeit der Mutter-Tochter-Richtlinie und der Fusionsrichtlinie, da die Grunderwerbsteuer nicht eine Steuerpflicht in deren Sinne begründet.

Die Steuerbefreiung der REIT-Aktiengesellschaft wirft jedoch ein weiteres europarechtliches Problem auf: Art. 87 EGV sieht zwar kein absolutes Verbot von staatlichen Beihilfen vor, allerdings unterliegen Beihilfen der Kontrolle durch die Kommission.[558] Es ist mithin zu untersuchen, ob die vollständige Steuerbefreiung der REIT-Aktiengesellschaft eine Beihilfe i. S. d. Art. 87 Abs. 1 EGV darstellt.

Der Tatbestand des Art. 87 Abs. 1 EGV setzt voraus, dass wirtschaftliche Tätigkeiten bestimmter Unternehmen staatlich oder aus staatlichen Mitteln begünstigt werden und durch die Begünstigung der Wettbewerb verfälscht wird oder es zu werden droht, was wiederum den grenzüberschreitenden Verkehr beein-

557 Vgl. BRDrucks 779/06 (Beschluss), Ziff. 25; BTDrucks 16/4036, Zu Ziffer 25.

558 Vgl. Streinz/Koenig/Kühling, EUV/EGV, Art. 87 Rn. 4, 16; Gemeinschaftsbeihilfen fallen nicht in den Anwendungsbereich des Art. 87 EGV.

trächtigt. Eine Begünstigung i. S. d. Art. 87 Abs. 1 EGV liegt vor, wenn für die Unterstützungsleistung, die einem geldwerten Vorteil entsprechen muss, keine angemessene Gegenleistung erbracht werden muss. Der Begriff der Begünstigung ist dabei weiter auszulegen als der der Subvention.[559] Folglich kann die Begünstigung nicht nur in dem Erhalt eines Vorteils liegen, sondern auch in der Verminderung einer üblicherweise bestehenden Belastung. Eine solche Belastungsverminderung stellt in jedem Fall die Steuerbefreiung einer Gruppe von Unternehmen wie den REIT-Aktiengesellschaften dar. Die im Gegenzug bestehende Steuerpflicht der Anteilseigner ist hingegen keine Gegenleistung i. S. d. Art. 87 EGV, da sie nicht von dem Begünstigten selbst erbracht wird. Die Begünstigung ist dem Staat zuzurechnen, da sie auf einem Gesetz basiert.[560] Die Beeinträchtigung des Wettbewerbs, auch im grenzüberschreitenden Verkehr – REIT-Aktiengesellschaften sind insofern nicht in ihrer Unternehmenstätigkeit beschränkt –, ist durch das Vorliegen einer staatlichen Begünstigung indiziert.[561] Fraglich ist jedoch, ob diese Beihilfe auch selektiv ist, also einen Ausnahmetatbestand bildet. Grundsätzlich ist das der Fall, wenn vergleichbare Fälle die in Frage stehende Beihilfe nicht erhalten. So stellt es sich im vorliegenden Fall dar. Vergleicht man normale Immobilien-AGs mit REIT-Aktiengesellschaften, so sind erstere im Gegensatz zu letzteren nicht von der Steuerpflicht befreit. Andererseits ist die Steuerbefreiung Bestandteil eines Gesamtsystems, in dem sich diese mit der Steuerpflicht der Anteilseigner gegenübersteht, zumal die Anteilseigner umfänglicher besteuert werden als die von Immobilien-AGs.[562] Eine Beihilfe, die Bestandteil eines steuerlichen Systems ist, durch das sie gerechtfertigt wird, ist nicht selektiv i. S. d. Art. 87 EGV.[563] Mithin müsste die vollumfängliche Besteuerung der Aktionäre im Zusammenhang mit der hohen Ausschüttungsverpflichtung der REIT-Aktiengesellschaft die Steuerbefreiung auf Gesellschaftsebene rechtfertigen. Diese Systemimmanenz – einerseits die Befreiung, andererseits

559 Vgl. EuGH, Rs. 30/59, De Gezamenlijke Steenkolenmijnen in Limburg/Hohe Börde, Slg. 1961, S. 3, 43; EuGH, Rs. C-387/92, Banco Exterior de España, Slg. 1994, I-877, Rn. 13; EuGH, Rs. C-200/97, Ecotrade, Slg. 1998, I-7907, Rn. 34.

560 Vgl. Streinz/Koenig/Kühling, EUV/EGV, Art. 87 Rn. 45.

561 Vgl. v. Wallenberg, in: GH Art. 87 EGV Rdnr. 47 ff., 52 ff., 73 (24. EL September 2004).

562 Vgl. Abschnitt D. II. 4. und Abschnitt F. VII. 2. zur unterschiedlichen Behandlung der Anleger einer Immobilien-AG und einer REIT-Aktiengesellschaft.

563 Vgl. EuGH, Rs. 173/73, Italien ./. KOM, Slg. 1974, S. 709, Rn. 33; EuGH, Rs. C-143/99, Adria-Wien Pipeline GmbH, Slg. 2001, I-8365, Rn. 42.

die Besteuerung – spricht dafür, dass die Steuerbefreiung nicht selektiv ist, es sich mithin nicht um eine Beihilfe i. S. d. Art. 87 Abs. 1 EGV handelt.[564]

Auch wenn das Besteuerungssystem als ein geschlossenes nicht selektiv i. S. d. Art. 87 Abs. 1 EGV sein sollte, so besteht dennoch eine gewisse Unsicherheit. Sollte die Kommission, deren Aufgabe die Kontrolle sowie die Erteilung bzw. Versagung der notwendigen Genehmigungen ist, anderer Überzeugung sein, eine Beihilfe mithin bejahen, so käme allein eine Ermessensentscheidung der Kommission zugunsten der Steuerbefreiung gemäß Art. 87 Abs. 3 EGV in Betracht. Es liegt jedenfalls keine Legalausnahme i. S. d. Art. 87 Abs. 2 EGV oder eine entsprechende Freistellungsverordnung vor.[565] Die Kommission sollte daher gemäß Art. 88 Abs. 3 EGV über die Steuerbefreiung der REIT-Aktiengesellschaften unter Darlegung der Systemimmanenz informiert werden.[566]

Die Steuerbefreiung der REIT-Aktiengesellschaft gilt nicht für den Vor-REIT.[567] Dementsprechend ist zu untersuchen, ob es nicht für den Erfolg der REIT-Aktiengesellschaft hilfreich wäre, wenn diese auch auf den Vor-REIT ausgeweitet würde. Der Vor-REIT kann sich nur am Markt im Hinblick auf eine erfolgreiche Platzierung an der Börse etablieren, wenn er schon vorher wie eine REIT-Aktiengesellschaft agiert. Hierzu zählt einerseits die hohe Ausschüttung, andererseits aber auch die Befreiung von der Steuerpflicht. Ist der Vor-REIT hingegen steuerpflichtig, die Besteuerung erfolgt mithin auch auf Gesellschaftsebene, findet das Halbeinkünfteverfahren gemäß § 3 Nr. 40 EStG bzw. § 8 b KStG Anwendung. Gleiches gilt für die Mutter-Tochter-Richtlinie und die Fusionsrichtlinie. Dann wäre der Vor-REIT wie eine reguläre Immobilien-AG aufgestellt. Dies stünde jedoch im Widerspruch zu der gesetzgeberischen Zielsetzung hinsichtlich der Einführung der REIT-Aktiengesellschaft, sind es doch die Immobilien-AGs, die sich kaum am indirekten Immobilienanlagemarkt etablieren konnten. Eine Gleichstellung des Vor-REIT mit den Immobilien-AGs erhöht folglich die Chancen für eine Börseneinführung nicht. Dies gilt insbesondere vor dem Hintergrund, dass Immobilien-AGs in ihrer Unternehmenstätigkeit nicht beschränkt sind, also insofern sogar besser als der Vor-REIT dastehen. Vor diesem Hintergrund und der Zielsetzung, den Immobilienanlagemarkt nicht nur zu etablieren, sondern auch

564 Vgl. Lieber/Schönfeld, „Sicherstellung einer angemessenen deutschen Besteuerung der ausländischen Anteilseigner eines deutschen REIT", in IStR 2004, S. 126, (129).

565 Vgl. Streinz/Koenig/Kühling EUV/EGV, Art. 87 Rn. 61 ff.

566 Vgl. v. Wallenberg, in: GH Art. 87 EGV Rdnr. 97 (24. EL September 2004).

567 Vgl. § 17 Abs. 1 REITG.

zu erweitern, empfiehlt sich, die steuerliche Behandlung des Vor-REIT der der REIT-Aktiengesellschaft nicht nur im Rahmen der Exit Tax anzupassen, ihn also von der Körperschaft- und der Gewerbesteuer zu befreien.[568]

Sollte der Vor-REIT innerhalb der Dreijahresfrist nicht an der Börse notiert werden, so müssten alle in dieser Zeit erzielten Erträge auf Gesellschaftsebene nachversteuert werden. Einer weitergehenden Sanktion z. B. durch eine Strafbesteuerung bedürfte es dann nicht, zumal die Nachversteuerung bereits eine solche darstellt. Diese Regelung würde sicherstellen, dass Immobiliengesellschaften nicht zur Ausnutzung der steuerlichen Vorteile den Status des Vor-REIT einnehmen, ohne die Intention einer anschließenden Börsennotierung zu haben, mithin ein steuerliches Schlupfloch ausnutzen zu wollen. Soweit die Nachversteuerung zu einzelnen Härtefällen führen sollte, wäre eine hierfür zu findende Ausnahmeregelung z. B. in Form einer Steuerstundung auf vier Jahre, vergleichbar mit den Steuerstundungsvorschriften für die SIIC und den UK-REIT im Umwandlungs- bzw. Veräußerungsfall, zu empfehlen.[569]

Darüber hinaus sind zwei weitere Aspekte zu berücksichtigen:

Die gesetzliche Regelung der Nachversteuerung würde den notwendigen Druck sowohl auf die Immobilien veräußernden Unternehmen als auch auf die Initiatoren des Vor-REITs dahin ausüben, alle gesetzlichen Voraussetzungen für die REIT-Aktiengesellschaft zu erfüllen, um eine steuerrechtliche Haftung zu vermeiden. Mit Sicherheit würden daher im Falle der Veräußerung von Immobilien aus einem Unternehmen an einen Vor-REIT vertragliche Mechanismen vereinbart, so z. B. die Erteilung von Löschungsbewilligungen für eingetragene Auflassungsvormerkungen zugunsten des Vor-REIT, ggf. verbunden mit einem durch eine Grundschuld abgesicherten Vertragsstrafen-Versprechen des Vor-REIT, um eine störungsfreie Transaktion sicherzustellen.

Geht man davon aus, dass der Vor-REIT gegen alle Erwartungen seinen vertraglichen Pflichten nicht nachkommen sollte, insbesondere den Börsengang innerhalb der gesetzlichen Fristen nicht vollzöge, wäre ohnehin die Rückabwicklung der Kaufverträge die nächstliegende Lösung – die Löschungsbewilligungen für die eingetragenen Auflassungsvormerkungen könnten hierfür unschwer ver-

568 Vgl. im Einzelnen zur Exit Tax Abschnitt F. VII. 5.

569 Vgl. Abschnitt E. III. 4. a. und Abschnitt E. IV. 4. a.; Die Regelung zur Exit Tax für die REIT-Aktiengesellschaft sieht hingegen keine Steuerstundung vor; vgl. Abschnitt F. VII. 5.

wendet werden –, so dass es letztlich zu einer Nachversteuerung bei den die Immobilien veräußernden Unternehmen nicht käme.

Sollte eine steuerneutrale Rückabwicklung der Grundstückskaufverträge nicht mehr möglich sein, darüber hinaus der Vor-REIT bereits Ausschüttungen vorgenommen haben, so würde die Nachversteuerung auch die Anleger treffen, die mit ihrem Vermögen unbeschränkt für die Steuerverbindlichkeiten haften müssten. Insoweit droht dem Fiskus auch kein Steuerausfall.

Der Vor-REIT sollte daher bis zur innerhalb von drei Jahren erfolgenden Börsennotierung nicht nur in der Unternehmenstätigkeit den gleichen Beschränkungen wie die REIT-Aktiengesellschaft unterworfen werden, sondern auch steuerlich gleich behandelt werden. Soweit der Vor-REIT der Pflicht zur Börsennotierung nicht nachkommt, sollte er hingegen rückwirkend der vollen Besteuerung unterworfen werden.

2. Anlegerebene

Die Besteuerung der ausgeschütteten Gewinne findet allein auf der Anlegerebene statt.[570] Die von der REIT-Aktiengesellschaft getätigten Ausschüttungen sowie andere von ihr den Aktionären gewährte Vorteile werden als Einkünfte aus Kapitalvermögen i. S. d. § 20 Abs. 1 Nr. 1 EStG qualifiziert, soweit es sich nicht um Betriebseinnahmen des Aktionärs handelt.[571] Im Gegensatz zur steuerrechtlichen Behandlung der Anleger eines offenen Immobilienfonds werden den Aktionären aber nicht die thesaurierten Gewinne oberhalb der Ausschüttungsverpflichtung als ausschüttungsgleiche Erträge i. S. d. § 1 Abs. 3 Satz 2 InvStG am Ende des Wirtschaftsjahres zugerechnet.

---

570 Gemäß § 23 Abs. 1 REITG finden die nachfolgend dargestellten Regeln nur auf Ausschüttungen Anwendung, die nach Eintritt der REIT-Aktiengesellschaft in die Steuerbefreiung an die Aktionäre vorgenommen werden. Gewinnausschüttungen auf Basis eines den gesellschaftsrechtlichen Vorschriften entsprechenden Gewinnverteilungsbeschlusses für ein vor der Steuerbefreiung liegendes Geschäftsjahr unterfallen infolge deren steuerlicher Vorbelastung im ersten Wirtschaftsjahr der steuerbefreiten REIT-Aktiengesellschaft den allgemeinen Vorschriften. Insbesondere das Halbeinkünfteverfahren findet daher Anwendung.

571 Vgl. § 19 Abs. 1 Satz 1 REITG; Beachte: gemäß § 19 Abs. 1 Satz 2 REITG findet § 20 Abs. 1 Nr. 2 EStG entsprechende Anwendung, § 20 Abs. 2 Satz 1 Nr. 2 lit. a EStG findet hingegen keine Anwendung. Die vorrangige Zuordnung der Einkünfte zu den Betriebseinnahmen entspricht § 2 InvStG.

Im Folgenden muss jedoch zwischen inländischen und ausländischen Anlegern unterschieden werden.

a. Inländische Anleger

Soweit Anteilseigner unbeschränkt einkommensteuerpflichtig sind, erfolgt die Besteuerung der Dividenden gemäß § 2 Abs. 1 Nr. 5 i. V. m. § 20 Abs. 1 Nr. 1 EStG. Gleiches gilt für Bezüge infolge einer Kapitalherabsetzung oder einer Liquidation, vorausgesetzt es handelt sich nicht um die Rückgewähr von Einlagen.[572] Aufgrund der fehlenden Vorbelastung der Einkünfte auf Gesellschaftsebene findet das Halbeinkünfteverfahren i. S. d. § 3 Nr. 40 lit. d EStG konsequenterweise keine Anwendung.[573] Somit unterliegen die Ausschüttungen zur Gänze der Besteuerung nach dem individuellen Steuersatz des Anteilseigners. Erzielt der Anteilseigner Gewinne aus privaten Aktienverkäufen, finden § 22 Nr. 2, § 23 Abs. 1 Satz 1 Nr. 2 und § 17 EStG Anwendung.[574] Folglich sind private Veräußerungsgewinne außerhalb der Spekulationsfrist von einem Jahr steuerfrei. Bei betrieblichen Anlegern greifen die Regeln zur Gewinnermittlung gemäß §§ 4 f. EStG ein.[575] Das Halbeinkünfteverfahren findet wegen dessen pauschalen Ausschlusses keine Anwendung.[576]

---

572 Vgl. § 19 Abs. 1 REITG; BTDrucks 16/4026, Begründung, B. Besonderer Teil, Zu Art. 1 (REIT-Gesetz), Zu § 19.

573 Vgl. § 19 Abs. 3 REITG; Dies gilt auch für den Fall, dass die Anteile einer REIT-Aktiengesellschaft oder eines ausländischen REIT indirekt durch ein Investmentvermögen gehalten werden, weshalb das Gesetz den Ausschluss des Halbeinkünfteverfahrens für Bezüge i. S. d. § 2 Abs. 2 InvStG, ausgeschüttete Gewinne aus der Wertpapierveräußerung an betriebliche Anleger i. S. d. § 2 Abs. 3 InvStG sowie für den positiven und den negativen Aktiengewinn i. S. d. § 8 InvStG normiert. Die Gesetzesänderung entfaltet für alle ab dem 1.1.2007 dem Investmentvermögen zugeflossenen oder als zugeflossen geltenden Dividenden und Veräußerungserlöse ihre Wirkung, § 18 Abs. 4 InvStG n. F.; vgl. Art. 5 Gesetz zur Schaffung deutscher Immobilien-Aktiengesellschaften mit börsennotierten Anteilen vom 28.5.2007, BGBl. I S. 914; BTDrucks 16/4026, Begründung, B. Besonderer Teil, Zu Art. 5 (InvStG), Allgemeines, Zu Nummer 3 (§ 18).

574 Vgl. § 19 Abs. 2 REITG; BTDrucks 16/4026, Begründung, B. Besonderer Teil, Zu Art. 1 (REIT-Gesetz), Zu § 19 Abs. 4; § 17 EStG regelt die Besteuerung der Veräußerung von Anteilen an Kapitalgesellschaften, soweit die Anteile dem Privatvermögen zuzurechnen sind. Handelt es sich bei dem Steuerpflichtigen um einen gewerblichen Anleger, so ist er gewerbesteuerpflichtig, da die Schachtelbefreiung i. S. d. § 9 Abs. 2 lit. a GewStG wegen der Steuerbefreiung der REIT-Aktiengesellschaft nicht eingreift.

575 Betrieblichen Anlegern werden gemäß § 20 Abs. 3 EStG die Ausschüttungen als Einkünfte aus Gewerbebetrieb zugerechnet.

576 Vgl. § 19 Abs. 3 REITG; BTDrucks 16/4026, Begründung, B. Besonderer Teil, Zu Art. 1 (REIT-Gesetz), Zu § 19 Abs. 5; Regulärerweise greift das Halbeinkünfteverfahren gemäß § 17 i. V. m. § 3 Nr. 40 lit. c EStG bei Veräußerungsgewinnen im Betriebsvermögen ein; vgl. Schmidt/Weber-Grellet EStG § 17 Rz 8, 15.

Ist der Anteilseigner unbeschränkt körperschaftsteuerpflichtig, sind die Ausschüttungen gemäß § 1 Abs. 1 i. V. m. § 8 Abs. 1 KStG in vollem Umfang der Körperschaftsteuer unterworfen. Die Regelung des § 8 b Abs. 1 i. V. m. § 8 b Abs. 5 KStG, wonach die Bemessungsgrundlage für die Besteuerung von an die Gesellschaft ausgeschütteten Dividenden auf 5 % reduziert wird, findet wegen der fehlenden Vorbelastung auf der Ebene der ausschüttenden Gesellschaft, also der REIT-Aktiengesellschaft, keine Anwendung.[577] Dies gilt auch für Gewinne aus der Anteilsveräußerung.[578]

Die Verlustverrechnung wird insofern beschränkt, als Verluste aus Beteiligungen an REIT-Aktiengesellschaften nur mit positiven Einkünften aus derartigen Beteiligungen ausgeglichen werden dürfen, wobei § 10 d EStG entsprechende Anwendung findet.[579] Dies schränkt die steuerrechtlichen Gestaltungsmöglichkeiten auf Anlegerebene deutlich ein, was im Verhältnis zu einem Teil der anderen REIT-Gesetzgebungen einen erheblichen Nachteil darstellt.

Des Weiteren normiert das REITG eine Änderung des Außensteuergesetzes im Rahmen der Hinzurechnungsbesteuerung für die Fälle, in denen sich ein inländischer Anleger an einer ausländischen Gesellschaft beteiligt, die ihrerseits wiederum an der REIT-Aktiengesellschaft beteiligt ist.[580]

Voraussetzung für die Anwendbarkeit der Hinzurechnungsbesteuerung ist, dass ein unbeschränkt Steuerpflichtiger an einer ausländischen Gesellschaft i. S. d. § 7 Abs. 1 AStG beteiligt ist, die Einkünfte aus passivem Erwerb erzielt,

577 Vgl. § 19 Abs. 3 REITG; Auch das gewerbesteuerliche Schachtelprivileg i. S. d. § 9 Abs. 2 lit. a GewStG findet wegen der fehlenden Vorbelastung auf Gesellschaftsebene keine Anwendung; vgl. Deloitte, Der Regierungsentwurf zum REIT-Gesetz, 2006, 10.

578 Üblicherweise greift hier die Reduzierung der Bemessungsgrundlage auf 5 % gemäß § 8 b Abs. 2 i. V. m. § 8 b Abs. 3 KStG ein; vgl. Dötsch/Pung in Dötsch/Jost/Pung/Witt, Kommentar zum KStG und EStG, § 8 b KStG Tz 6, 11, 25 ff., 42.

579 Vgl. § 19 Abs. 4 REITG; BTDrucks 16/4779, Bericht, Ziff. VI., B. Einzelbegründung, Zu Artikel 1 (REIT-Gesetz), Zu § 19, Zu Absatz 4; BRDrucks 779/06 (Beschluss), Ziff. 23; BTDrucks 16/4036, Zu Ziffer 23; Die Beschränkung des Verlustausgleichs entspricht § 15 Abs. 4 Satz 1 und 2 EStG. Sie findet gemäß § 23 Abs. 5 REITG nur Anwendung, wenn die REIT-Aktiengesellschaft im jeweiligen Zeitpunkt steuerbefreit ist.

580 Vgl. Art. 3 Nr. 1 Gesetz zur Schaffung deutscher Immobilien-Aktiengesellschaften mit börsennotierten Anteilen vom 28.5.2007, BGBl. I S. 914; BTDrucks 16/4026, Begründung, B. Besonderer Teil, Zu Art. 3 (AStG), Allgemeines, Zu Nummer 1 (§ 3 Nr. 70); Die Neuregelung der Hinzurechnungsbesteuerung greift für diejenigen Zwischeneinkünfte ein, die ab dem Wirtschaftsjahr, welches dem 31.12.2006 nachfolgt, in der Zwischengesellschaft oder der Betriebsstätte entstehen; vgl. Art. 3 Nr. 4 Gesetz zur Schaffung deutscher Immobilien-Aktiengesellschaften mit börsennotierten Anteilen vom 28.5.2007, BGBl. I S. 914.

die einer Niedrigbesteuerung unterworfen sind.[581] Bei den Einkünften, die die ausländische Gesellschaft erzielt, muss es sich um sog. Zwischeneinkünfte i. S. d. § 8 AStG handeln. Danach sind Zwischeneinkünfte passive Einkünfte, die nicht dem Positivkatalog des § 8 Abs. 1 Nr. 1–9 AStG unterliegen.[582] In steuerrechtlicher Hinsicht muss die Gesellschaft eine Abschirmwirkung entfalten, so dass alle Einkünfte nur im Ausland der Körperschaftsteuer unterliegen.[583] Darüber hinaus muss der unbeschränkt Steuerpflichtige eine Beherrschungsbeteiligung an der ausländischen Gesellschaft halten.[584]

Ist der ausländischen Gesellschaft, der Obergesellschaft, eine weitere ausländische Gesellschaft, die Untergesellschaft, nachgeschaltet, so finden die Regeln der Hinzurechnungsbesteuerung gemäß § 14 AStG dergestalt Anwendung, als die Einkünfte der Untergesellschaft der Obergesellschaft zugerechnet werden, um anschließend dem Anleger zugerechnet zu werden.[585]

Die Regeln der Hinzurechnungsbesteuerung werden geändert, da § 14 AStG bisher nur die Fälle erfasst hat, in denen die ausländische Gesellschaft an einer anderen ausländischen Gesellschaft beteiligt ist. Der Anwendungsbereich wird nun erweitert, so dass auch Beteiligungen einer ausländischen Gesellschaft an einer ihr nachgeschalteten REIT-Aktiengesellschaft, also in diesem Fall inländischen Gesellschaft, erfasst sind.[586]

Die Obergesellschaft ist hinsichtlich der Einkünfte aus der Haupttätigkeit der REIT-Aktiengesellschaft Zwischengesellschaft i. S. d. § 8 Abs. 1 AStG, da es sich bei diesen gemäß § 8 Abs. 1 Nr. 6 b um passive Einkünfte handelt, soweit sie nicht durch ein Doppelbesteuerungsabkommen von der Besteuerung freigestellt wären, würden sie unmittelbar von dem unbeschränkt Steuerpflichtigen bezogen.[587] Gewinne der Obergesellschaft aus der Veräußerung von Anteilen

---

581 Vgl. Flick/Wassermeyer/Baumhoff-Wassermeyer, § 8 AStG, Anm. 12, § 7 AStG, Anm. 17.

582 Vgl. Bundesministerium der Finanzen, Grundsätze zur Anwendung des Außensteuergesetzes, GZ IV B 4 – S 1340 – 11/04, Rz. 8.0.1; Wassermeyer, „Die Zurechnung von Einkünften einer ausländischen Untergesellschaft gegenüber ihrer ausländischen Obergesellschaft nach § 14 AStG", in IStR 2003, S. 665, (666).

583 Vgl. Flick/Wassermeyer/Baumhoff-Wassermeyer, § 7 AStG, Anm. 10 ff., 13 ff.; Schaumburg, Internationales Steuerrecht, 1998, Rz. 10.2.

584 Vgl. Schaumburg, Internationales Steuerrecht, 1998, Rz. 10.44, 10.49; Flick/Wassermeyer/Baumhoff-Wassermeyer, § 7 AStG, Anm.12 ff., 40 ff., 51, 81 ff.

585 Vgl. Flick/Wassermeyer/Baumhoff-Wassermeyer, § 14 AStG, Anm. 21 ff.; Der Hinzurechnungsbetrag wird gemäß § 10 AStG ermittelt.

586 Vgl. Art. 3 Nr. 3 Gesetz zur Schaffung deutscher Immobilien-Aktiengesellschaften mit börsennotierten Anteilen vom 28.5.2007, BGBl. I S. 914.

587 Vgl. Flick/Wassermeyer/Baumhoff-Wassermeyer, § 8 AStG, Anm. 226 ff.

an der REIT-Aktiengesellschaft qualifiziert das REITG ausdrücklich als passive Einkünfte.[588] Allein fraglich und deshalb im Einzelfall zu bestimmen ist die Niedrigbesteuerung der Einkünfte i. S. d. § 8 Abs. 3 AStG. Derzeit wird eine solche angenommen, wenn die Obergesellschaft einem Steuersatz von unter 25 % unterliegt. Da jedoch im Rahmen der Unternehmensteuerreform 2008 der Körperschaftsteuersatz in Deutschland auf 15 % reduziert wird, muss der Gesetzgeber auch die Definition der Niedrigbesteuerung anpassen.[589] Anderenfalls wäre Deutschland dann nach eigener Gesetzeslage ein Niedrigsteuerland.

Diese Neuerungen sind wiederum die Voraussetzung für den auf indirekte Beteiligungen an REIT-Aktiengesellschaften erweiterten Anwendungsbereich des § 7 AStG, der die Hinzurechnungsbesteuerung selbst normiert. Das REITG ergänzt § 7 AStG nämlich dahingehend, dass die Hinzurechnungsbesteuerung bei dem inländischen Anleger eingreift, wenn er über eine ausländische Beteiligung indirekt an der REIT-Aktiengesellschaft beteiligt ist.[590] Entgegen dem bisherigen § 7 Abs. 1 AStG soll es auch nicht auf eine Beherrschungsbeteiligung des inländischen Anlegers an der ausländischen Gesellschaft ankommen. Vielmehr ist die Hinzurechnungsbesteuerung nur in den Fällen ausgeschlossen, in denen es sich bei der ausländischen Gesellschaft um eine Aktiengesellschaft handelt, mit deren Aktien „ein wesentlicher und regelmäßiger Handel an einer anerkannten Börse stattfindet".

Die Vorschriften der Hinzurechnungsbesteuerung selbst stellen einen Eingriff in die Niederlassungsfreiheit i. S. d. Art. 43 EGV und in die Kapitalverkehrsfreiheit i. S. d. Art. 56 EGV dar, da sie nicht nur autonom die Frage der Niedrigbesteuerung definieren, sondern im Gegensatz zum nationalen Recht zwischen aktiven und passiven Einkünften differenzieren und die Hinzurechnungsbe-

588 Vgl. Art. 3 Nr. 2 Gesetz zur Schaffung deutscher Immobilien-Aktiengesellschaften mit börsennotierten Anteilen vom 28.5.2007, BGBl. I S. 914.

589 Vgl. BTDrucks 16/5377, Anlage 1, Artikel 2, Ziff. 10; BTDrucks 16/4841, Artikel 2, Ziff. 10; BTDrucks 16/5452, Artikel 2, Ziff. 10; Steinbrück/Koch, Wachstumsorientierte Unternehmensteuerreform für Deutschland, 2006, 4.

590 Vgl. Art. 3 Nr. 1 Gesetz zur Schaffung deutscher Immobilien-Aktiengesellschaften mit börsennotierten Anteilen vom 28.5.2007, BGBl. I S. 914.

steuerung nur im grenzüberschreitenden Verkehr Anwendung findet.[591] Der Eingriff kann auch nicht gerechtfertigt werden, da er weder im Allgemeininteresse liegt noch verhältnismäßig ist. Insbesondere greift weder der Rechtfertigungsgrund der Kohärenz ein, da es sich nicht um ein geschlossenes Steuersystem handelt, noch der der Vermeidung der Steuerumgehung, zumal es sich um eine pauschale Regelung handelt und allein die Gefahr von Steuermindereinnahmen nicht zur Rechtfertigung genügt. Auch das Argument des steuerlichen Missbrauchs kann nicht zur Rechtfertigung angeführt werden, ist doch allein das Ausnutzen der Grundfreiheiten des EG-Vertrags nie ein Missbrauchstatbestand.[592] Die Erweiterung des Anwendungsbereichs auf die indirekte Beteiligung an REIT-Aktiengesellschaften über eine ausländische Zwischengesellschaft muss dann konsequenterweise auch EG-rechtswidrig sein. Dafür spricht

591 Vgl. EuGH, Rs. C-28/95, Leur-Bloem, Slg. 1997, I-4161, Rn. 41, 44; Hahn, „Das ICI-Urteil des EuGH und die Hinzurechnungsbesteuerung gemäß §§ 7 ff. AStG", in IStR 1999, S. 609, (614); Wassermeyer, „Steuerliche Konsequenzen aus dem EuGH-Urteil „Hughes de Lasteyrie du Saillant"", in GmbHR 2004, S. 613, (617); Saß, „Zur Vereinbarkeit der Hinzurechnungsbesteuerung nach dem AStG mit den EU-Grundfreiheiten", in DB 2002, S. 2342, (2345); Lang, „CFC-Gesetzgebung und Gemeinschaftsrecht", in IStR 2002, S. 217, (219 f.); Schön, „Besteuerung im Binnenmarkt – die Rechtsprechung des EuGH zu den direkten Steuern", in IStR 2004, S. 289, (298 ff.); Thiel, „Der fortschreitende Einfluss des EuGH auf die Ertragsbesteuerung der Unternehmen – Aktuelle Urteile und anhängige Verfahren", in DB 2004, S. 2603, (2607); Schönfeld, Hinzurechnungsbesteuerung und Europäisches Gemeinschaftsrecht, 2005, 423; Lieber/Rasch, „Mögliche Konsequenzen der Rechtssache „Cadbury Schweppes" für die deutsche Hinzurechnungsbesteuerung", in GmbHR 2004, S. 1572, (1577); Flick/ Wassermeyer/Baumhoff-Wassermeyer, § 14 AStG, Anm. 27.

592 Vgl. EuGH, Rs. C-196/04, Cadbury Schweppes, Slg. 2006, I-7995, Rn. 44 ff., 75; EuGH, Rs. C-9/02, Hughes de Lasteyrie du Saillant, Slg. 2004, I-2409, Rn. 49 ff., 60; EuGH, Rs. C-264/96, ICI, Slg. 1998, I-4695, Rn. 26 ff.; EuGH, Rs. C-397/98 und Rs. C-410/98, Metallgesellschaft Ltd. und Hoechst AG, Hoechst (UK) Ltd., Slg. 2001, I-1727, Rn. 59; EuGH, Rs. C-436/00, X und Y, Slg. 2002, I-10829, Rn. 62; EuGH, Rs. C-294/97, Eurowings, Slg. 1999, I-2787, Rn. 44; EuGH, Rs. C-204/90, Bachmann, European Court Reports 1992, Page I-249, Rn. 34; EuGH, Rs. 270/83, KOM ./. Frankreich, Slg. 1986, 273, Rn. 25; EuGH, Rs. C-251/98, Baars, Slg. 2000, I-2787, Rn. 22; EuGH, Rs. C-35/98, Verkooijen, Slg. 2000, I-4071, Rn. 46; EuGH, Rs. 478/98, KOM ./. Belgien, Slg. 2000, I-7587, Rn. 41; EuGH, Rs. C-324/00, Lankhorst-Hohorst, Slg. 2002, I-11779, Rn. 37; Hahn, „Das ICI-Urteil des EuGH und die Hinzurechnungsbesteuerung gemäß §§ 7 ff. AStG", in IStR 1999, S. 609, (613 ff.); Kellersmann/Treisch, Europäische Unternehmensbesteuerung, 2002, 198 f.; Wagner, „Die Zukunft des internationalen Steuerrechts nach dem Manninen-Urteil", in DStZ 2004, S. 325, (331). Kluge, Das Internationale Steuerrecht, 2000, Abschnitt N Tz. 377; Vogel, „Internationales Steuerrecht", in DStZ 1997, S. 269, (274 f.); Körner, „German Reference to the ECJ for a Preliminary Ruling: Unilateral Switch-over Clause and CFC Rules", in Intertax 2006, S. 32, (33 ff.); Cordewener, Europäische Grundfreiheiten und nationales Steuerrecht, 2002, 950 ff.; Der steuerliche Missbrauch stellt grundsätzlich ein Allgemeininteresse dar; vgl. Saß, „Zur Vereinbarkeit der Hinzurechnungsbesteuerung nach dem AStG mit den EU-Grundfreiheiten", in DB 2002, S. 2342, (2344); Rödder/Schönfeld, „Mündliche Verhandlung vor dem EuGH in der Rechtssache „Cadbury Schweppes": Wird sich der Missbrauchsbegriff des EuGH verändern?", in IStR 2006, S. 49, (50 ff.); Clayson, „The Impact of European Law and Treaty Relief on the UK Controlled Foreign Companies Rules", in Intertax 1998, S. 326, (328 f.).

ebenfalls das Anwendungsschreiben des Bundesministeriums der Finanzen, das infolge der Entscheidung des EuGH in der Rechtssache Cadbury Schweppes den Anwendungsbereich der Hinzurechnungsbesteuerung für die Fälle einschränkt, in denen nachgewiesen wird, dass die Gesellschaft im Ausland eine tatsächliche Geschäftstätigkeit ausübt.[593]

Zur Sicherstellung der Besteuerung wird bereits auf Gesellschaftsebene gemäß § 43 Abs. 1 Satz 1 Nr. 1 und Satz 2 EStG Kapitalertragsteuer von den Ausschüttungen oder anderen Vorteilen sowie von Bezügen nach Liquidation oder einer Kapitalherabsetzung einbehalten.[594] Die Kapitalertragsteuer beträgt für Einkünfte aus einer REIT-Aktiengesellschaft 25 % des Kapitalertrags, wenn sie der Gläubiger übernimmt, hingegen beträgt sie 33 1/3 % des Auszahlungsbetrages, wird sie vom Schuldner getragen.[595] Es bedarf des gesonderten Ausweises der Bezüge einer REIT-Aktiengesellschaft in der Steuerbescheinigung i. S. d. § 45 a EStG.[596]

Die steuerliche Entlastung für gemeinnützige Körperschaften i. S. d. § 44 a Abs. 7 EStG bleibt erhalten. Inländische Gesellschaften der öffentlichen Hand und andere steuerbefreite Körperschaften i. S. d. § 44 a Abs. 8 EStG erhalten eine steuerliche Erstattung i. S. d. § 45 b EStG um 2/5 der Kapitalertragsteuer von 25 %, so dass sich eine Belastung von nur 15 Prozentpunkten ergibt.[597]

Die Anrechnung und Erstattung der geleisteten Kapitalertragsteuer erfolgt durch Verweis auf § 36 Abs. 2 EStG nach den Vorschriften des EStG.[598]

b. Ausländische Anleger

Ausländische Anteilseigner sind in Deutschland sowohl als natürliche Personen gemäß § 1 Abs. 4 EStG als auch als Kapitalgesellschaften gemäß § 2 Abs. 1 KStG

593 Vgl. Bundesministerium der Finanzen, Hinzurechnungsbesteuerung nach dem Außensteuergesetz (AStG), GZ IV B 4 – S 1351 – 1/07, Rz. 2; EuGH, Rs. C-196/04, Cadbury Schweppes, Slg. 2006, I-7995, Rn. 44 ff.

594 Vgl. § 20 Abs. 1 REITG.

595 Vgl. § 20 Abs. 2 Satz 1 REITG; Der Kapitalertragsteuersatz divergiert folglich von dem regulären Satz i. S. d. § 43 a Abs. 1 Nr. 1 EStG.

596 Vgl. § 20 Abs. 3 REITG.

597 Vgl. § 20 Abs. 2 Satz 2; BTDrucks 16/4026, Begründung, B. Besonderer Teil, Zu Art. 1 (REIT-Gesetz), Zu § 20 Abs. 2.

598 Vgl. § 20 Abs. 4 Satz 1 REITG; Blümich/Stuhrmann, § 36 Rz. 11; Die Vorschrift entspricht § 7 Abs. 7 InvStG.

mit ihren hier erwirtschafteten Einkünften beschränkt steuerpflichtig.[599] Ihr Welteinkommen wird hingegen im Ansässigkeitsstaat besteuert. Die inländischen Einkünfte, die es zu versteuern gilt, normiert § 49 EStG.[600] Hierzu zählen gemäß § 49 Abs. 1 Nr. 5 lit. a EStG auch Einkünfte aus Kapitalvermögen, wenn sie von einer Gesellschaft mit Sitz im Inland ausgeschüttet werden. Folglich hat Deutschland grundsätzlich das Besteuerungsrecht für die an beschränkt Steuerpflichtige durch eine REIT-Aktiengesellschaft vorgenommenen Ausschüttungen und Gewährungen sonstiger Vorteile.

Allerdings greifen daneben die Regeln der Doppelbesteuerungsabkommen gegenüber denjenigen Anlegern ein, mit deren Ansässigkeitsstaat ein solches vereinbart ist. Da die von der REIT-Aktiengesellschaft vorgenommenen Ausschüttungen als Dividenden im abkommensrechtlichen Sinne qualifiziert werden, findet Art. 10 OECD-MA Anwendung, mit der Folge, dass abgesehen von dem Quellenbesteuerungsrecht in Höhe von regelmäßig 15 % das Besteuerungsrecht dem Ansässigkeitsstaat zusteht. Allerdings verhindert die Beschränkung der Beteiligungshöhe die Reduzierung des Quellensteuersatzes infolge internationaler Schachtelbeteiligungen.[601]

Deutschland hat darüber hinaus in einigen Doppelbesteuerungsabkommen vereinbart, dass das indirekte Halten von Aktien über Personengesellschaften dem direkten Halten durch den Aktionär gleichgestellt wird oder das Innehaben der Kontrolle über die Stimmrechte entscheidend ist. Für diese Fälle sieht das REITG ein Treaty Overriding dergestalt vor, dass ab einer indirekten Beteiligung in Höhe von 10 % oder mehr der Aktien, stimmberechtigten Aktien oder der Stimmrechte bzw. deren Kontrolle in jedem Fall nur die steuerlichen Vergünstigungen eingeräumt werden, die für die Fälle des indirekten Haltens bzw. der Kontrolle von weniger als 10 % der Aktien, stimmberechtigten Aktien bzw. der Stimmrechte gewährt werden.[602] Gleiches gilt in den Fällen, in denen ein Aktionär direkt und indirekt jeweils weniger als 10 % in der Summe, jedoch

599 Vgl. Blümich/Ebling, § 1 Rz. 310; Siegers in Dötsch/Jost/Pung/Witt, Kommentar zum KStG und EStG, § 2 KStG Tz 7.

600 Für die Körperschaftsteuer normiert § 8 Abs. 1 KStG den Verweis auf das EStG.

601 Vgl. Abschnitt F. I. 1. b. cc.

602 Vgl. § 20 Abs. 4 Satz 2 REITG; BTDrucks 16/4026, Begründung, B. Besonderer Teil, Zu Art. 1 (REIT-Gesetz), Zu § 20 Abs. 4; beispielsweise Art. 10 Abs. 2 lit. a DBA Liberia; zur Zulässigkeit eines Treaty Overriding: vgl. Abschnitt F. I. 2. c.; Klühs/Schmidtbleicher, „Besteuerung ausländischer Anleger nach dem Regierungsentwurf zur Einführung deutscher REITs", in IStR 2007, S. 16, (21).

10 % oder mehr der Aktien, stimmberechtigten Aktien oder der Stimmrechte hält oder kontrolliert.[603]

Zur Sicherstellung der Besteuerung beschränkt steuerpflichtiger Anteilseigner einer REIT-Aktiengesellschaft wird ebenso wie gegenüber inländischen Aktionären Kapitalertragsteuer einbehalten, die gemäß § 50 Abs. 5 Satz 1 EStG bei natürlichen Personen bzw. gemäß § 32 KStG bei juristischen Personen Abgeltungswirkung hat.[604] Greifen Doppelbesteuerungsabkommen ein, findet hinsichtlich eines möglichen Erstattungsanspruchs oder Freistellungsverfahrens § 50 d EStG in Verbindung mit den allgemeinen Vorschriften des EStG Anwendung.[605]

Hat der ausländische Anteilseigner hingegen eine Betriebsstätte i. S. d. § 12 AO in Deutschland, dann handelt es sich bei den Ausschüttungen um inländische Einkünfte, die in Deutschland wie bei einer inländischen Gesellschaft besteuert werden.[606] Die Regelung steht auch im Einklang mit den für diesen Fall in den Doppelbesteuerungsabkommen vereinbarten Besteuerungsrechten, die gemäß Art. 10 Abs. 4 OECD-MA i. V. m. Art. 7 OECD-MA das Besteuerungsrecht dem Ansässigkeitsstaat der Betriebsstätte i. S. d. Art. 5 OECD-MA zusprechen.[607]

Gewinne aus privaten Verkäufen von Aktien an einer REIT-Aktiengesellschaft unterfallen § 49 Abs. 1 Nr. 8 EStG und Veräußerungsgewinne, die i. S. d. § 17 EStG erzielt werden, unterfallen § 49 Abs. 1 Nr. 2 lit. e EStG.[608] Demzufolge steht Deutschland grundsätzlich das Besteuerungsrecht zu. Die Doppelbesteuerungsabkommen sehen hingegen vor, dass der Ansässigkeitsstaat des Veräußerers das Besteuerungsrecht für Veräußerungsgewinne aus beweglichem Vermögen hat, Art. 13 Abs. 5 OECD-MA. Etwas anderes gilt nur, wenn die Gesellschaft, deren

603 Vgl. § 20 Abs. 4 Satz 3 REITG i. V. m. § 16 Abs. 2 REITG; BTDrucks 16/4779, Bericht, Ziff. VI., B. Einzelbegründung, Zu Artikel 1 (REIT-Gesetz), Zu § 20, Zu Absatz 4.

604 Vgl. § 20 Abs. 1 REITG.

605 Vgl. § 20 Abs. 4 Satz 1 REITG; zur EG-Rechtmäßigkeit des Steuerabzugsverfahrens gemäß § 50 a EStG, § 50 d EStG: vgl. Schlussanträge des Generalanwalts Philippe Léger vom 16.5.2006, Rs. C-290/04, Scorpio, Rn. 47, 51, 76, 91, 98.

606 Vgl. Tipke/Kruse-Kruse, § 12 AO, Tz. 1 f., 4 ff.

607 Vgl. Wassermeyer in Debatin/Wassermeyer MA Art. 10 Rz. 125, 130 ff.

608 Vgl. Schmidt/Heinicke EStG § 49 Rz 37, 85; Für beschränkt körperschaftsteuerpflichtige Anleger findet § 49 EStG über die Verweisung des § 8 Abs. 1 KStG Anwendung. § 8 b KStG findet infolge des Generalausschlusses keine Anwendung, so dass es keiner weiteren Prüfung des § 5 Abs. 2 Nr. 2 KStG insbesondere im Hinblick auf dessen EG-Rechtmäßigkeit bedarf; vgl. BTDrucks 16/4026, Art. 1 § 19 Abs. 5.

Anteile veräußert werden, mehr als 50 % des Gesellschaftsvermögens in unbewegliches Vermögen investiert hat, Art. 13 Abs. 4 OECD-MA. Diese Regelung findet ihre Entsprechung in Art. 13 Abs. 1 OECD-MA, der vorsieht, dass Veräußerungsgewinne aus unbeweglichem Vermögen dem Belegenheitsprinzip unterliegen, also in dem Staat besteuert werden können, in dem sich die Immobilien befinden.[609] Da die REIT-Aktiengesellschaft zur Statuserhaltung mindestens 75 % ihres Aktivvermögens nach Abzug der Ausschüttungsverpflichtung und der Rücklagen am Ende eines jeden Geschäftsjahres in unbewegliches Vermögen investiert haben muss, findet folglich Art. 13 Abs. 4 OECD-MA Anwendung, so dass auch nach den jeweiligen Doppelbesteuerungsabkommen Deutschland das Besteuerungsrecht für die Veräußerungsgewinne hat.

Gleiches gilt gemäß Art. 13 Abs. 2 OECD-MA für jegliche Veräußerungsgewinne, die die Betriebsstätte eines ausländischen Unternehmens im Inland erzielt.

3. Investitionen im Ausland

Für öffentliche Wohnungsbaugesellschaften vor allem in Grenzregionen besonders interessant ist die Tatsache, dass die REIT-Aktiengesellschaft berechtigt ist, im Ausland Immobilien, d. h. auch Bestandsmietwohnimmobilien, zu erwerben und zu bewirtschaften. Die Niederlassungsfreiheit i. S. d. Art. 43, 48 EGV ist in keiner Weise eingeschränkt.[610] Fraglich ist daher die Behandlung im Ausland generierter Einkünfte.

Nach den Doppelbesteuerungsabkommen handelt es sich um Einkünfte aus unbeweglichem Vermögen i. S. d. Art. 6 OECD-MA.[611] Wie bereits festgestellt, gilt für diese das Belegenheitsprinzip, so dass der Quellenstaat, d. h. der Staat, in dem

609 Vgl. Prokisch in Vogel/Lehner DBA, Art. 13 Rz. 57 e f., 59 ff.

610 Vgl. § 1 Abs. 1 REITG.

611 Vgl. Wassermeyer in Debatin/Wassermeyer MA Art. 6 MK 1 f.; Wassermeyer in Debatin/Wassermeyer MA Art. 6 Rz. 15, 92; Soweit für die persönliche Abkommensberechtigung i. S. d. Art. 4 OECD-MA darauf abgestellt wird, dass diese an die steuerliche Ansässigkeit anknüpft, die REIT-Aktiengesellschaft also ein Steuersubjekt sein muss, ändert ihre Steuerbefreiung nichts an der Einschlägigkeit der Doppelbesteuerungsabkommen. Grundsätzlich sind Aktiengesellschaften mit inländischem Sitz nämlich nach deutschem Recht gemäß § 1 Abs. 1 KStG unbeschränkt körperschaftsteuerpflichtig. Die Steuerbefreiung der REIT-Aktiengesellschaft basiert nur darauf, dass die eigentlich steuerpflichtige Gesellschaft bestimmte Voraussetzungen erfüllt, was ihr wiederum das Recht verleiht, für die Steuerfreiheit durch Annahme des Status als REIT-Aktiengesellschaft zu optieren; vgl. Wassermeyer in Debatin/Wassermeyer MA Art. 4 Rz. 22 ff., 29 ff.; Lehner in Vogel/Lehner DBA, Art. 4 Rz. 25 ff.

sich die Immobilie befindet, auch das Besteuerungsrecht genießt. Deutschland hat in der Regel die Freistellungsmethode für Einkünfte i. S. d. Art. 6 OECD-MA vereinbart, so dass in Deutschland keine Besteuerung erfolgt. Soweit im Ausland Immobilien veräußert werden, greift Art. 13 Abs. 1 OECD-MA ein, so dass der Belegenheitsstaat das Besteuerungsrecht auch für die Veräußerungsgewinne erhält.[612]

Ist mit dem Staat, in dem die REIT-Aktiengesellschaft ihre Unternehmenstätigkeit ausübt, kein Doppelbesteuerungsabkommen vereinbart, so erfolgt die Besteuerung nach dem Recht des Staates, in dem die Immobilien belegen sind, zumal die meisten ausländischen Steuergesetze eine mit § 49 EStG vergleichbare Regelung für die Besteuerung der inländischen Einkünfte beschränkt Steuerpflichtiger vorsehen.

Eine Ausnahme besteht jedoch für die Fälle, in denen die REIT-Aktiengesellschaft ihre Unternehmenstätigkeit in einem Staat im europäischen Ausland ausübt, der selbst das Rechtsinstitut des REIT kennt und in dem dieser vergleichbar mit der deutschen REIT-Aktiengesellschaft ausgestaltet ist. Dann nämlich besteht ein Anspruch auf steuerliche Gleichbehandlung der Einkünfte. Besteuert der EU-ausländische Staat also die Einkünfte seiner REITs nicht, dann darf er dies auch nicht gegenüber einer REIT-Aktiengesellschaft. Soweit die Steuergesetze eine derartige Gleichbehandlung nicht vorsehen, kann sich die REIT-Aktiengesellschaft auf die Kapitalverkehrsfreiheit i. S. d. Art. 56 EGV und die Entscheidungsgründe des EuGH in der Rechtssache Stauffer berufen.[613]

4. Tochtergesellschaften

Bei den Tochtergesellschaften muss zwischen REIT-Dienstleistungsgesellschaften, Immobilienpersonengesellschaften, Auslandsobjektgesellschaften und

612 Vgl. Wassermeyer in Debatin/Wassermeyer MA Art. 13 MK 22; Da das Halbeinkünfteverfahren pauschal keine Anwendung findet, werden die im Ausland erwirtschafteten Gewinne sowohl dort als auch beim Anleger besteuert; vgl. § 19 Abs. 3 REITG; BTDrucks 16/4026, Begründung, B. Besonderer Teil, Zu Art. 1 (REIT-Gesetz), Zu § 19 Abs. 5. Der Gesetzgeber plant, für diese Fälle noch vor Jahresfrist eine gesetzliche Lösung zu finden, die die Doppelbesteuerung vermeidet; vgl. BTDrucks 16/4779, Bericht, Ziff. VI., A. Allgemeiner Teil.

613 Vgl. EuGH, Rs. C-386/04, Stauffer, Slg. 2006, I-8203, Rn. 40 ff.; vgl im Einzelnen hierzu die Ausführungen zum Erfordernis des inländischen Sitzes der REIT-Aktiengesellschaft in Abschnitt F. II.

den sonstigen Kapitalgesellschaften, die als Komplementärin einer Immobilienpersonengesellschaft fungieren, unterschieden werden.

REIT-Dienstleistungsgesellschaften sind regulär körperschaftsteuerpflichtig i. S. d. § 1 KStG und gewerbesteuerpflichtig i. S. d. §§ 2, 5, 7 GewStG.[614] Ihre Steuerpflicht begründet sich in der Gefahr, dass anderenfalls das Besteuerungsrecht Deutschlands gegenüber ausländischen Aktionären nicht mehr sichergestellt werden kann, REIT-Dienstleistungsgesellschaften vielmehr durch entsprechende Konstruktionen zur Steuerumgehung genutzt werden könnten.

Soweit die REIT-Dienstleistungsgesellschaft ihre Gewinne an die REIT-Aktiengesellschaft ausschüttet, sind diese auf Ebene der REIT-Aktiengesellschaft wegen deren Steuerbefreiung zwangsläufig auch steuerbefreit. Es bedarf mithin keiner Anwendung des § 8 b KStG. Die REIT-Aktiengesellschaft muss jedoch auch diese Einkünfte entsprechend ihrer Ausschüttungsverpflichtung an die Aktionäre ausschütten, so dass es insofern zu einer Doppelbesteuerung kommt, als die Einkünfte bereits einmal auf Ebene der REIT-Dienstleistungsgesellschaft versteuert wurden und beim Anteilseigner erneut versteuert werden. Deshalb müssten die an die Aktionäre der REIT-AG weitergeleiteten Ausschüttungen der REIT-Dienstleistungsgesellschaften einzeln ausgewiesen werden, so dass insofern das Halbeinkünfteverfahren gemäß § 3 Nr. 40 lit. d EStG Anwendung finden könnte. Jedoch schließt das REITG derzeit die Anwendung des Halbeinkünfteverfahrens ohne jede Differenzierung nach einer möglichen Vorbelastung mit der Begründung der Steuervereinfachung aus.[615] Tatsächlich aber erfolgt eine Doppelbesteuerung, d. h. eine Benachteiligung der Aktionäre von REIT-Aktiengesellschaften mit REIT-Dienstleistungsgesellschaften gegenüber denen ohne REIT-Dienstleistungsgesellschaften. Diese Ungleichbehandlung ist nicht gerechtfertigt und sollte deshalb mit Hilfe des beschriebenen Verfahrens der getrennten Einkunftsausweisung vermieden werden.[616]

Immobilienpersonengesellschaften selbst sind kein Steuerrechtssubjekt, da für Personengesellschaften der Transparenzgrundsatz gilt. Die Besteuerung erfolgt

---

614 Vgl. BTDrucks 16/4026, Begründung, B. Besonderer Teil, Zu Art. 1 (REIT-Gesetz), Zu § 3 Abs. 2; Soweit sich die Unternehmenstätigkeit der REIT-Dienstleistungsgesellschaft auf Immobilien beschränkt, entfällt insofern gleich den Immobilien-AGs die Gewerbesteuerpflicht, § 9 Nr. 1 Satz 2 und 3 GewStG.

615 Vgl. § 19 Abs. 3 REITG; BTDrucks 16/4026, 39; Deloitte, Der Regierungsentwurf zum REIT-Gesetz, 2006, 6.

616 Der Gesetzgeber will noch vor Jahresfrist das REITG dahingehend ändern, dass keine Doppelbesteuerung erfolgt; vgl. BTDrucks 16/4779, Bericht, Ziff. VI., A. Allgemeiner Teil.

allein auf Anlegerebene. Infolge der fehlenden Steuerpflicht der REIT-Aktiengesellschaft werden die an sie von der Immobilienpersonengesellschaft ausgeschütteten Gewinne erst auf Ebene der Anteilseigner der REIT-Aktiengesellschaft steuerlich erfasst.

Tochtergesellschaften der REIT-Aktiengesellschaft, die als Auslandsobjektgesellschaft ausgestaltet sind, sind regulär steuerpflichtig.[617] Soweit es infolge der an die REIT-Aktiengesellschaft und anschließend an die Aktionäre ausgeschütteten Gewinne auf Anlegerebene zu einer Doppelbesteuerung kommt, findet dennoch das Halbeinkünfteverfahren keine Anwendung.[618] Es wird insofern auf die Ausführungen zur REIT-Dienstleistungsgesellschaft verwiesen. Gleiches gilt für Kapitalgesellschaften, die Komplementärin einer Immobilienpersonengesellschaft und als solche Tochtergesellschaft der REIT-Aktiengesellschaft sind.

5. Umwandlungsbesteuerung

Die REIT-Aktiengesellschaft kann sowohl durch Neugründung als auch durch Umwandlung gegründet werden.[619] Folglich können entweder Immobilien an die REIT-Aktiengesellschaft veräußert werden oder aber eine bestehende Gesellschaft wechselt ihren Status. In beiden Fällen kommt es zur Hebung und anschließenden Besteuerung der stillen Reserven. Für den Umwandlungsfall gilt dies gemäß § 13 Abs. 1 und 3 KStG, da die Gesellschaft, wovon nach derzeitiger Gesetzeslage auch der Vor-REIT betroffen ist, von der Steuerpflichtigkeit in die Steuerfreiheit übergeht. Die daraus resultierende Steuerlast ist aber der Haupthinderungsgrund für die Auslagerung von Immobilien in andere Gesellschaften und würde es auch bei der Auslagerung in REIT-Aktiengesellschaften sein. Daher bedarf es eines Anreizes zur Übertragung der Immobilien. Einen solchen schuf insbesondere Frankreich bei der Einführung der SIIC, aber auch das Gesetz für den UK-REIT sieht eine entsprechende Regelung vor.[620] Vor dem Hintergrund des Wettbewerbs in Europa ist folglich eine mit anderen REIT-Gesetzgebungen vergleichbare Lösung sogar dringend geboten.

---

617 Vgl. BTDrucks 16/4026, Begründung, B. Besonderer Teil, Zu Art. 1 (REIT-Gesetz), Zu § 3 Abs. 2.

618 Vgl. § 19 Abs. 3 REITG; BTDrucks 16/4026, Begründung, B. Besonderer Teil, Zu Art. 1 (REIT-Gesetz), Zu § 19 Abs. 5.

619 Vgl. hierzu noch explizit: Bundesministerium der Finanzen, Entwurf eines Gesetzes zur Schaffung deutscher Immobilien-Aktiengesellschaften mit börsennotierten Anteilen, 2006, Art. 1 § 8.

620 Vgl. Abschnitt E. III. 4. a.; Abschnitt E. IV. 4. a.

Zwar wäre eine fixe Besteuerung in Höhe von beispielsweise 20 % in Betracht gekommen, doch entschied sich der Gesetzgeber in Anlehnung an den Entwurf eines Gesetzes zur Verbesserung der steuerlichen Standortbedingungen zu einer hälftigen Besteuerung der in Grund, Boden und Gebäuden enthaltenen stillen Reserven, die sog. Exit Tax.[621] Diese gilt nicht nur für REIT-Aktiengesellschaften, sondern auch für Vor-REITs, um diesen bereits den Aufbau eines wettbewerbsfähigen Immobilienbestandes zu ermöglichen.[622] Voraussetzung hierfür ist, dass sich die an eine REIT-Aktiengesellschaft oder einen Vor-REIT veräußerten Wirtschaftsgüter am 1.1.2007 seit mindestens fünf Jahren im Anlagevermögen eines inländischen Betriebsvermögens des Steuerpflichtigen befanden und nach dem 31.12.2006 aber vor dem 1.1.2010 infolge eines rechtswirksamen, verpflichtenden Vertrags an eine REIT-Aktiengesellschaft oder einen Vor-REIT veräußert werden.[623] Durch diese Steuervergünstigung wird auch die Bemessungsgrundlage der Gewerbesteuer entsprechend vermindert.

Handelt es sich hingegen um den Wechsel des Status einer steuerpflichtigen Körperschaft in den einer steuerbefreiten REIT-Aktiengesellschaft, müssen die in Grund, Boden und Gebäuden enthaltenen stillen Reserven entgegen § 13 Abs. 1 und 3 Satz 1 KStG nur zur Hälfte versteuert werden, wenn die Wirtschaftsgüter

621 Vgl. BTDrucks 15/5554, 1 f., 8; BTDrucks 16/4026, Begründung, A. Allgemeiner Teil, II. Wesentlicher Inhalt, 6. Exit Tax; Eine Streckung der Steuerlast nach dem Vorbild der SIIC und des UK-REIT ist hingegen nicht vorgesehen.

622 Vgl. BTDrucks 16/4026, Art. 2 Nr. 1 Satz 1; BTDrucks 16/4026, Begründung, B. Besonderer Teil, Zu Art. 1 (REIT-Gesetz), Zu § 2; BTDrucks 16/4026, Begründung, B. Besonderer Teil, Zu Art. 2 (EStG), Zu Nummer 1 (§ 3 Nr. 70); Abschnitt F. VII. 5.

623 Vgl. Art. 2 Nr. 1 Satz 1 lit. a Gesetz zur Schaffung deutscher Immobilien-Aktiengesellschaften mit börsennotierten Anteilen vom 28.5.2007, BGBl. I S. 914; Die hierfür notwendige Änderung des § 3 EStG wird durch Hinzufügen der Nr. 70 erreicht. Gemäß § 8 Abs. 1 KStG findet die Steuervergünstigung auch auf Körperschaften Anwendung. Aufgegeben wurde die ursprüngliche Erweiterung der Regelung auf Betriebsvermögen, die unter den gleichen Bedingungen wie in eine REIT-Aktiengesellschaft in ein Immobilien-Sondervermögen i. S. d. § 66 InvG eingebracht werden, vorausgesetzt das Sondervermögen ist Bestandteil eines offenen Immobilienfonds (also keines Immobilienspezialfonds). Die Ausweitung der Regelung auf offene Immobilienfonds wurde mit Art. 3 GG begründet, der es dem Gesetzgeber ermöglicht, steuerliche Sonderbehandlungen unter der Voraussetzungen, dass vergleichbar Betroffene gleich behandelt werden, auf einzelne Bereiche zu begrenzen. Der Finanzausschuss hielt diese Ausweitung hingegen für überflüssig und die Beschränkung auf REIT-Aktiengesellschaften infolge deren gezielten und zeitlich begrenzten Förderung für hinreichend differenziert i. S. d. Gleichheitssatzes gemäß Art. 3 GG; vgl. BTDrucks 16/4779, Bericht, Ziff. VI., A. Allgemeiner Teil und B. Einzelbegründung, Zu Artikel 2 (Einkommensteuergesetz), Zu Nummer 1; BTDrucks 16/4026, Begründung, A. Allgemeiner Teil, II. Wesentlicher Inhalt, 6. Exit Tax; Dürig in Maunz/Dürig, Komm. z. GG, Art. 3 Rdnr. 306, 318 ff.; Deloitte, Der Regierungsentwurf zum REIT-Gesetz, 2006, 9 f.; zur Vergleichbarkeit der beiden indirekten Immobilienanlageformen: Abschnitt A. II. 2.

vor dem 1.1.2005 angeschafft oder hergestellt wurden und die Schlussbilanz vor dem 1.1.2010 aufgestellt werden muss.[624]

Soweit die steuerpflichtige Gesellschaft vor Eintritt in die Steuerbefreiung als REIT-Aktiengesellschaft unmittelbare oder über zwischengeschaltete Personengesellschaften mittelbare Beteiligungen an Immobilienpersonengesellschaften hält, ist deren unbewegliches Vermögen in Höhe der Beteiligung der Gesellschaft mit dem Teilwert im Zeitpunkt der Schlussbilanz i. S. d. § 13 Abs. 1 und 3 Satz 1 KStG anzusetzen.[625]

Die Steuerermäßigung wird nicht gewährt, wenn es sich um eine Betriebsaufgabe oder -veräußerung handelt, die zu einer Besteuerung nach § 34 EStG führt, da diese bereits nach dem geltenden Recht steuerlich begünstigt sind.[626]

Auch greift die Steuervergünstigung nicht ein, wenn der Steuerpflichtige bei der Veräußerung des Betriebsvermögens die steuerliche Vergünstigung des § 6 b EStG für die Übertragung der stillen Reserven oder des § 6 c EStG für die Bildung von Rücklagen in Anspruch nimmt.[627]

Die Steuerermäßigung findet soweit keine Anwendung, wie steuerwirksame Teilwertabschreibungen vor der Veräußerung geltend gemacht wurden, die zu einer Gewinnminderung geführt haben, die im Veräußerungszeitpunkt noch nicht durch die Wertaufholung gemäß § 6 Abs. 1 Nr. 1 Satz 4 EStG ausgeglichen ist.[628]

Stellt die Veräußerung ein Verlustgeschäft dar, d. h. der Buchwert zuzüglich der Veräußerungskosten übersteigt den Veräußerungserlös bzw. im Falle des Statuswechsels der Buchwert den Teilwert, findet die Steuervergünstigung

---

624 Vgl. Vgl. Art. 2 Nr. 1 Satz 1 lit. b Gesetz zur Schaffung deutscher Immobilien-Aktiengesellschaften mit börsennotierten Anteilen vom 28.5.2007, BGBl. I S. 914 i. V. m. § 17 Abs. 2 REITG; BTDrucks 16/4779, Bericht, Ziff. VI., B. Einzelbegründung, Zu Artikel 1 (REIT-Gesetz), Zu § 17, Zu Absatz 2 und Zu Artikel 2 (Einkommensteuergesetz), Zu Nummer 1;

625 Vgl. § 17 Abs. 3 REITG; BTDrucks 16/4779, Bericht, Ziff. VI., B. Einzelbegründung, Zu Artikel 1 (REIT-Gesetz), Zu § 17, Zu Absatz 3 und 4; Mittelbare Beteiligungen stehen den unmittelbaren analog § 15 Abs. 1 Satz 1 Nr. 2 und Satz 2 EStG gleich.

626 Vgl. Art. 2 Nr. 1 Satz 2 lit. a Gesetz zur Schaffung deutscher Immobilien-Aktiengesellschaften mit börsennotierten Anteilen vom 28.5.2007, BGBl. I S. 914; Blümich/Lindberg, § 34 Rz. 21; beispielsweise in Verbindung mit § 16 Abs. 4 EStG: vgl. Blümich/Stuhrmann, § 16 Rz. 445 ff.

627 Vgl. Art. 2 Nr. 1 Satz 2 lit. b Gesetz zur Schaffung deutscher Immobilien-Aktiengesellschaften mit börsennotierten Anteilen vom 28.5.2007, BGBl. I S. 914.

628 Vgl. Art. 2 Nr. 1 Satz 2 lit. c Gesetz zur Schaffung deutscher Immobilien-Aktiengesellschaften mit börsennotierten Anteilen vom 28.5.2007, BGBl. I S. 914.

ebenfalls keine Anwendung.[629] Dies begründet sich wie folgt: Im Gegenzug zur Schaffung der Steuerermäßigung bei der Hebung der stillen Reserven können damit zusammenhängende Betriebsausgaben und Vermögensminderungen ebenfalls nur hälftig in Abzug gebracht werden.[630] Da das Zusammenspiel beider Vorschriften zu einer Begrenzung der Verlustverrechnung führen würde, was nicht der Intention des Gesetzgebers entspricht, sind beide Vorschriften nicht anwendbar, wenn ein Verlustgeschäft vorliegt.[631]

Wurden in der Vergangenheit Abzüge im Rahmen der Anschaffungs- und Herstellungskosten für Grund, Boden oder Gebäude gemäß § 6 b EStG oder vergleichbare Abzüge voll steuerwirksam vorgenommen, findet die hälftige Steuerbefreiung keine Anwendung.[632] Gleiches gilt für Übertragungen zu einem Wert unterhalb des Verkehrswertes im Rahmen von Rechtsvorgängen, auf die das UmwStG Anwendung findet.[633]

Die hälftige Steuerbefreiung entfällt rückwirkend, wenn die REIT-Aktiengesellschaft oder der Vor-REIT innerhalb von vier Jahren seit dem Abschluss des rechtsverbindlichen Vertrags bei Veräußerungen oder die REIT-Aktiengesellschaft innerhalb von vier Jahren nach dem Stichtag der Schlussbilanz zum Zweck des Statuswechsels den Grund, den Boden oder das Gebäude veräußert.[634]

Überlässt die REIT-Aktiengesellschaft oder der Vor-REIT den Grund, den Boden oder das Gebäude dem Veräußerer oder einer ihm nahestehenden Person i. S. d. § 1 Abs. 2 AStG, der bzw. die zwei Jahre nach der Eintragung der REIT-Aktiengesellschaft oder des Vor-REIT als REIT-Aktiengesellschaft in das Handelsregister unmittelbar oder mittelbar mit mindestens 50 % an der REIT-

629 Vgl. Art. 2 Nr. 1 Satz 2 lit. d Gesetz zur Schaffung deutscher Immobilien-Aktiengesellschaften mit börsennotierten Anteilen vom 28.5.2007, BGBl. I S. 914; Im Falle der Gewinnermittlung nach § 4 Abs. 3 EStG werden anstelle des Buchwertes die Anschaffungs- bzw. Herstellungskosten abzüglich der Absetzungen für Abnutzung oder Substanzverringerung angesetzt.

630 Vgl. Art. 2 Nr. 2 Gesetz zur Schaffung deutscher Immobilien-Aktiengesellschaften mit börsennotierten Anteilen vom 28.5.2007, BGBl. I S. 914; § 3 c EStG um einen entsprechenden Absatz 3 ergänzt.

631 Vgl. BTDrucks 16/4026, Begründung, B. Besonderer Teil, Zu Art. 2 (EStG), Zu Nummer 1 (§ 3 Nr. 70).

632 Vgl. Art. 2 Nr. 1 Satz 2 lit. e Gesetz zur Schaffung deutscher Immobilien-Aktiengesellschaften mit börsennotierten Anteilen vom 28.5.2007, BGBl. I S. 914.

633 Vgl. Art. 2 Nr. 1 Satz 2 lit. f Gesetz zur Schaffung deutscher Immobilien-Aktiengesellschaften mit börsennotierten Anteilen vom 28.5.2007, BGBl. I S. 914; BRDrucks 779/06 (Beschluss), Ziff. 29; BTDrucks 16/4026, Zu Ziffer 29.

634 Vgl. Art. 2 Nr. 1 Satz 3 lit. a Gesetz zur Schaffung deutscher Immobilien-Aktiengesellschaften mit börsennotierten Anteilen vom 28.5.2007, BGBl. I S. 914.

Aktiengesellschaft beteiligt ist, entfällt ebenso die hälftige Steuerbefreiung rückwirkend.[635]

Gleiches gilt, wenn die REIT-Aktiengesellschaft während vier aufeinander folgender Jahre nach dem rechtsverbindlichen Vertragsschluss im Veräußerungsfall oder nach dem Stichtag der Schlussbilanz im Fall des Statuswechsels nicht die Voraussetzungen für die Steuerbefreiung erfüllt oder wenn die Steuerbefreiung innerhalb dieses Zeitraums endet.[636]

Wird der Vor-REIT oder ein anderer Vor-REIT als sein Gesamtrechtsnachfolger innerhalb von vier Jahren nach dem rechtsverbindlichen Vertragsschluss nicht in das Handelsregister als REIT-Aktiengesellschaft eingetragen, entfällt ebenfalls die hälftige Steuerbefreiung rückwirkend.[637] Dies gilt auch, wenn das Bundeszentralamt für Steuern dem Vor-REIT infolge der Nichteinhaltung der Beschränkungen des Unternehmensgegenstandes oder der Vermögens- und Ertragsanforderungen seinen Status bestandskräftig aberkannt hat.[638]

Für den rückwirkenden Wegfall der hälftigen Steuerbefreiung haftet der jeweilige Grundstückserwerber, also die REIT-Aktiengesellschaft bzw. der Vor-REIT.[639]

Die Steuerermäßigung findet dem REITG zufolge nur Anwendung, wenn es sich um einen rein inländischen Sachverhalt handelt. Folglich ist zu untersuchen, wie

---

635 Vgl. Art. 2 Nr. 1 Satz 4 Gesetz zur Schaffung deutscher Immobilien-Aktiengesellschaften mit börsennotierten Anteilen vom 28.5.2007, BGBl. I S. 914; BTDrucks 16/4779, Bericht, Ziff. VI., B. Einzelbegründung, Zu Artikel 2 (Einkommensteuergesetz), Zu Nummer 1; Die Vorschrift dient der Vermeidung einer dauerhaften, auch mittelbaren Beherrschung der REIT-Aktiengesellschaft durch den Veräußerer oder einer ihm nahe stehenden Person im Falle von Sale and Lease Back-Konstruktionen. Gemäß § 1 Abs. 2 AStG sind nahe stehende Personen diejenigen mit einer wesentlichen Beteiligung (mindestens 25 %) oder einem beherrschenden Einfluss auf die Gesellschaft; vgl. Flick/Wassermeyer/Baumhoff-Wassermeyer, § 1 AStG, Anm. 826 ff.

636 Vgl. Art. 2 Nr. 1 Satz 3 lit. c und d Gesetz zur Schaffung deutscher Immobilien-Aktiengesellschaften mit börsennotierten Anteilen vom 28.5.2007, BGBl. I S. 914.

637 Vgl. Art. 2 Nr. 1 Satz 3 lit. b Gesetz zur Schaffung deutscher Immobilien-Aktiengesellschaften mit börsennotierten Anteilen vom 28.5.2007, BGBl. I S. 914.

638 Vgl. Art. 2 Nr. 1 Satz 3 lit. e Gesetz zur Schaffung deutscher Immobilien-Aktiengesellschaften mit börsennotierten Anteilen vom 28.5.2007, BGBl. I S. 914 i. V. m. § 2 Satz 4 REITG.

639 Vgl. Art. 2 Nr. 1 Satz 5 Gesetz zur Schaffung deutscher Immobilien-Aktiengesellschaften mit börsennotierten Anteilen vom 28.5.2007, BGBl. I S. 914; Die Haftungsregelung ist vor dem Hintergrund überzeugend, dass es allein im Ermessen der REIT-Aktiengesellschaft bzw. des Vor-REIT liegt, ob sie bzw. er die Immobilien weiterveräußert. Der ursprüngliche Eigentümer hingegen hat keinen Einfluss auf die Entscheidung.

sich der grenzüberschreitende Fall bei der Hebung stiller Reserven darstellt.[640] Grundsätzlich besteht das Problem, dass zwar ausländische Gesellschaften, die ihre Immobilien in die REIT-Aktiengesellschaft einbringen möchten, zumeist einer der Körperschaftsteuer vergleichbaren ausländischen Steuer unterliegen, die REIT-Aktiengesellschaft hingegen nicht, so dass es nicht zur Anwendbarkeit der Fusionsrichtlinie kommt.[641] Insofern müssen bei der grenzüberschreitenden Übertragung unbeweglichen Vermögens in eine REIT-Aktiengesellschaft die stillen Reserven gehoben und voll versteuert werden. Dies stellt, wie bereits im Zusammenhang mit der Voraussetzung des inländischen Sitzes der Gesellschaft festgestellt, einen Eingriff in die Kapitalverkehrsfreiheit i. S. d. Art. 56 EGV dar, da auf den gleichen Sachverhalt unterschiedliche Rechtsvorschriften Anwendung finden.[642] Dieser Eingriff lässt sich ebenfalls nicht rechtfertigen, es kann hier auf die Ausführungen zu dem Erfordernis des inländischen Sitzes verwiesen werden.[643] Daraus folgt, dass Gesellschaften aus dem europäischen Ausland entgegen der gesetzlichen Regelung auch dann die Steuerermäßigung geltend machen können, wenn das an die REIT-Aktiengesellschaft veräußerte unbewegliche Vermögen nicht Bestandteil eines inländischen Betriebsvermögens war.

Hinsichtlich der Frage, ob es sich bei dieser Steuerermäßigung um eine Beihilfe i. S. d. Art. 87 EGV handelt, kann auf die Ausführungen zu der Steuerbefreiung der REIT-Aktiengesellschaft verwiesen werden.[644] Danach spricht vieles für eine Beihilfe, weshalb die Notifizierung der Regelung gemäß Art. 88 Abs. 3 EGV bei der Kommission zu empfehlen ist.

6. EK 02

Im REITG nicht vorgesehen ist eine Regelung zur Besteuerung der EK 02-Reserven der Wohnungsbaugesellschaften, da gerade ihnen, soweit sie Bestandsmietwohnimmobilien verwalten, die Umwandlung in eine REIT-Aktiengesellschaft

640 Vgl. BRDrucks 779/06 (Beschluss), Ziff. 12; BTDrucks 16/4036, Zu Ziffer 12.

641 Vgl. Abschnitt F. I. 1. a.; Einfacher verhält es sich im Falle der grenzüberschreitenden Verschmelzung nach der Verschmelzungsrichtlinie, da hier das europäische Sekundärrecht bereits die Steuerneutralität normiert.

642 Vgl. Abschnitt F. II.; BRDrucks 779/06 (Beschluss), Ziff. 12; BTDrucks 16/4036, Zu Ziffer 12.

643 Vgl. insbesondere EuGH, Rs. C-386/04, Stauffer, Slg. 2006, I-8203, Rn. 40 ff.

644 Vgl. Abschnitt F. VII. 1.; BRDrucks 779/06 (Beschluss), Ziff. 31; BTDrucks 16/4036, Zu Ziffer 31.

versagt ist.[645] Da diese Arbeit aber das Ziel hat, die sich bietenden Möglichkeiten für Wohnungsbaugesellschaften der öffentlichen Hand durch Umwandlung in eine REIT-Aktiengesellschaft aufzuzeigen, bedarf es einer Lösung für die Besteuerung bestehender EK 02-Bestände.

EK 02 steht für die steuerrechtliche Behandlung von Ausschüttungen ehemals gemeinnütziger und seit 1990 steuerpflichtiger Wohnungsbaugesellschaften. Der Hintergrund für diese Sonderregelung besteht darin, dass die Wohnungsbaugesellschaften beim Übergang in die Steuerpflicht die Buchwerte über einen sog. Step-Up auf die Teilwerte anheben konnten, ohne diese Wertsteigerung nachversteuern zu müssen. Dafür mussten aber Rücklagen, die sog. EK 02, gebildet werden.[646] Soweit nun aus diesen Ausschüttungen vorgenommen werden, müssen sie zu 3/7 versteuert werden. Die Regelung gilt bis zum Jahr 2018. Soweit anschließend noch unversteuerte Rücklagen bestehen, gehen sie in das unversteuerte Vermögen über.[647] Die gesetzliche Grundlage des EK 02 findet sich in § 38 KStG.

Sollte nun eine derzeit steuerpflichtige Wohnungsbaugesellschaft in eine von der Körperschaftsteuer befreite Gesellschaft, wie die REIT-Aktiengesellschaft beispielsweise, umgewandelt werden, fingiert § 40 Abs. 3 KStG eine Vollausschüttung, so dass alle EK 02-Bestände mit 3/7 zu versteuern wären. Die Anwendung von § 40 Abs. 3 KStG würde es aber öffentlichen Wohnungsbaugesellschaften oder solchen, die kurzfristig privatisiert wurden, unmöglich machen, den Status einer REIT-Aktiengesellschaft anzunehmen, da sie ausnahmslos EK 02-Bestände ausweisen.[648] Eine Alternative bestünde darin, ganz auf die Besteuerung zu verzichten und im Gegenzug die nunmehr hohen Buchwerte wieder herabzusetzen.[649] Allerdings wird dies wohl kaum durchsetzbar sein, da es sich bei der EK 02-Regelung um eine Steuerstundung und nicht um eine Steu-

645 Vgl. BTDrucks 16/4779, Bericht, Ziff. VI., A. Allgemeiner Teil; BTDrucks 16/4026, Art. 1 § 1 Abs. 1; BT-Drucks 16/4026, Begründung, A. Allgemeiner Teil, II. Wesentlicher Inhalt, 8. Wohnimmobilien.

646 Vgl. Ernst & Young/Luther, Die Einführung des deutschen Real Estate Investment Trusts (G-REIT), 2006, 12.

647 Vgl. Dötsch in Dötsch/Jost/Pung/Witt, Kommentar zum KStG und EStG, § 38 KStG Tz 5.

648 Im Falle der Besteuerung der EK 02-Bestände findet hinsichtlich der Ausschüttungen auf Anlegerebene das Halbeinkünfteverfahren Anwendung, vgl. Dötsch in Dötsch/Jost/Pung/Witt, Kommentar zum KStG und EStG, § 38 KStG Tz 3.

649 Vgl. Beck, REIT-Konzept der IFD, 2005, 18; Deutsche Bank Research, Wohnungsportfolios in Deutschland, 2005, 33.

erbefreiung handeln sollte. Die Aufrechterhaltung der Stundung scheidet aus, da REIT-Aktiengesellschaften verpflichtet sind, den überwiegenden Teil ihrer Einkünfte jährlich auszuschütten, mithin auch Rückgriff auf die EK 02-Bestände zu nehmen.[650]

Daher wäre, wie auch vom Bundesrat empfohlen, sinnvoll, die Besteuerung der EK 02-Bestände vergleichbar mit der für die Hebung der stillen Reserven im Falle des Statuswechsels auszugestalten, mithin ihr einen hälftigen Wertansatz zugrunde zu legen, oder bei Eintritt in den Status einer REIT-Aktiengesellschaft bzw. eines Vor-REIT eine Pauschalbesteuerung – ebenfalls zu einem reduzierten Steuersatz – durchzuführen.[651] Eben eine solche Abschlagzahlung sah der Referentenentwurf vor. Dieser normierte, dass auf unwiderruflichen Antrag nur ein Anteil von 25 % der EK 02-Reserven mit 30 % unabhängig von dessen Verwendung besteuert wird, was zu einer Abgeltungssteuer von 7,5 % führt.[652] Der restliche Bestand entfällt anschließend, so dass er auch zu keiner weiteren Körperschaftsteuererhöhung führt. Zur Wertermittlung ist der Bestand zum Ende des Wirtschaftsjahres maßgeblich, in dem der Antrag gestellt wurde. Das gleiche System findet Anwendung, wenn der Antrag im Zusammenhang mit einem Vermögensübergang i. S. d. § 40 Abs. 3 Satz 1 KStG gestellt wird.[653]

---

650 Vgl. Fuchs/Korezkij, Steuerbelastung von mehr als 90 % vermeiden, 2006, 2 mit weiteren Vorschlägen; van Kann/Just/Krämer, „Der Regierungsentwurf eines Gesetzes zur Schaffung deutscher Immobilien-Aktiengesellschaften mit börsennotierten Anteilen (REIT-Gesetz)“, in DStR 2006, S. 2105, (2111).

651 Vgl. BRDrucks 779/06 (Beschluss), Ziff. 2; Die EK 02-Bestände der Länder und Kommunen betrugen Ende 2003 ca. 78 Mrd. EUR, vgl. Bundesministerium der Finanzen, Argumente für die Einführung deutscher REITs, 2006, 9; Anderenfalls müsste eine ehemals gemeinnützige Wohnungsbaugesellschaft mit Bestand von 100.000 Wohnungen ca. 250 Mio. EUR Steuern zahlen; vgl. Runkel, Schwierige Privatisierung kommunaler Wohnungen, 2006, 49, der jede Steuervergünstigung für die EK 02-Reserven ausschließt.

652 Vgl. Bundesministerium der Finanzen, Entwurf eines Gesetzes zur Schaffung deutscher Immobilien-Aktiengesellschaften mit börsennotierten Anteilen, 2006, Art. 3 Nr. 2, S. 45; Es war geplant, diese Vergünstigung nur zu gewähren, wenn der Antrag bis zum 31.12.2007 gestellt wird; Die Abgeltungssteuer von 7,5 % bedeutet eine steuerliche Belastung in Höhe einer Jahres-Netto-Kaltmiete pro Wohnung, weshalb insbesondere die Wohnungsbaugesellschaften eine Absenkung des Steuersatzes auf 1 % forderten; vgl. Deloitte, Der Regierungsentwurf zum REIT-Gesetz, 2006, 11.

653 Vgl. Bundesministerium der Finanzen, Entwurf eines Gesetzes zur Schaffung deutscher Immobilien-Aktiengesellschaften mit börsennotierten Anteilen, 2006, Art. 3 Nr. 3, S. 45.

7. Ausländische REITs

Infolge des Ausschlusses von Bestandsmietwohnimmobilien aus der Unternehmenstätigkeit von REIT-Aktiengesellschaften besteht für öffentliche Wohnungsbaugesellschaften eine Alternative in der Umwandlung in einen ausländischen REIT. Ausländische REITs bezeichnet das REITG als „andere REIT-Körperschaften, -Personenvereinigungen oder -Vermögensmassen".[654] Voraussetzung für die Qualifikation als solche ist neben der Ansässigkeit der Gesellschaft im Ausland, dass sie keiner speziellen Investmentaufsicht unterliegt und ihre Anteile an einem geregelten Markt gehandelt werden. Ihr Bruttovermögen muss zu mindestens zwei Dritteln aus unbeweglichem Vermögen bestehen. Sie muss mindestens zwei Drittel ihrer Bruttoerträge aus der Vermietung, Verpachtung und Veräußerung des unbeweglichen Vermögens erzielen und die an die Anleger vorgenommenen Ausschüttungen dürfen keiner der deutschen Körperschaftsteuer entsprechenden Steuer auf Gesellschaftsebene unterliegen.

Ausländische REITs sind mit ihren Erträgen aus inländischem Immobilienvermögen in Deutschland gemäß § 2 Nr. 1 KStG i. V. m §§ 1 Abs. 4, 49 Abs. 1 Nr. 6 beschränkt steuerpflichtig. Für Veräußerungsgewinne ergibt sich die beschränkte Steuerpflicht aus § 49 Abs. 1 Nr. 2 lit. f EStG.[655] Dies entspricht auch den Regelungen der Doppelbesteuerungsabkommen, da sowohl Art. 6 OECD-MA als auch Art. 13 Abs. 4 OECD-MA von dem Belegenheitsprinzip hinsichtlich des Besteuerungsrechts ausgehen.[656]

Eine etwaige Steuerbefreiung ausländischer REITs verglichen mit der für REIT-Aktiengesellschaften scheidet gemäß § 5 Abs. 2 Nr. 2 KStG i. V. m. § 2 Nr. 1 KStG aus, wonach Steuerbefreiungen nicht für beschränkt Steuerpflichtige in Betracht kommen. Hinsichtlich der Frage der EG-Rechtmäßigkeit dieser Regelung wird auf die Ausführungen zum Gesellschaftssitz einer REIT-Aktiengesellschaft sowie zu deren Investitionen im Ausland verwiesen.[657] Die EG-Rechtmäßigkeit be-

---

654 Vgl. § 19 Abs. 5 REITG.

655 Vgl. Schmidt/Heinicke EStG § 49 Rz 38, 75.

656 Vgl. Wassermeyer in Debatin/Wassermeyer DBA Art. 6 MK 1, Art. 13 MK 28.3.

657 Vgl. Abschnitt F. II.; Abschnitt F. VII. 3.; Jost in Dötsch/Jost/Pung/Witt, Kommentar zum KStG und EStG, § 5 Abs. 2 KStG Tz 11, 13; Schlussanträge der Frau Generalanwalt Christine Stix-Hackl vom 15.12.2005, Rs. C-386/04, Rn. 78 ff.; Die Beschränkung ausländischer Gesellschaften gemäß § 5 Abs. 2 Nr. 2 KStG verstößt aufgrund der gleichen Erwägungen wie denen zur Voraussetzung des inländischen Sitzes der REIT-Aktiengesellschaft gegen die Kapitalverkehrsfreiheit i. S. d. Art. 56 EGV.

steht daher nur für die Fälle, in denen der ausländische REIT nicht die gleichen Merkmale aufweist wie die inländische REIT-Aktiengesellschaft.[658]

Die unbeschränkt steuerpflichtigen Anleger ausländischer REITs werden, soweit sie von diesen Ausschüttungen beziehen, derzeit noch unter Berücksichtigung des Halbeinkünfteverfahrens gemäß § 3 Nr. 40 EStG besteuert, auch wenn keine steuerliche Vorbelastung auf Ebene des ausländischen REIT vorliegt.[659] Dies musste in Anlehnung an die Grundsätze des Gleichbehandlungsgebots sowohl nach europäischem als auch nach nationalem Recht, hier insbesondere Art. 3 GG, dahingehend geändert werden, dass auch die Anleger ausländischer REITs gleich denen inländischer REIT-Aktiengesellschaften besteuert werden, das Halbeinkünfteverfahren mithin keine Anwendung findet. Das REITG sieht daher eine entsprechende Gleichbehandlung der Einkünfte auf Anlegerebene vor.[660] Gleiches gilt für Gewinne aus der Veräußerung von Anteilen an einem ausländischen REIT sowie für die Beschränkung des Verlustausgleichs.[661]

VIII. Kontrollmechanismen

Ziel der gesellschaftsrechtlichen Ausgestaltung einer REIT-Aktiengesellschaft war u. a., eine Lösung zu finden, die eine über die übliche Aufsicht hinausgehende Finanzaufsicht nicht notwendig macht. Insofern unterscheidet sich die REIT-Aktiengesellschaft besonders vom offenen Immobilienfonds, der gemäß § 5 InvG der strengen investmentrechtlichen Kontrolle durch die Bundesanstalt für Finanzdienstleistungsaufsicht unterliegt.[662] Die Kontrolle der REIT-Aktien-

658 Vgl. EuGH, Rs. C-386/04, Stauffer, Slg. 2006, I-8203, Rn. 40 ff.; BRDrucks 779/06 (Beschluss), Ziff. 12; BTDrucks 16/4036, Zu Ziffer 12; a. A. Bundesministerium der Finanzen, Folgen einer möglichen Nichteinführung deutscher REITs, 2006, 4 f.

659 Die Anwendbarkeit des InvStG scheidet hingegen für von ausländischen REITs an inländische Anleger vorgenommene Ausschüttungen aus, vgl. Bundesministerium der Finanzen, Investmentsteuergesetz, GZ IV C 1 – S 1980 – 1 – 15/05, Rz. 1.

660 Vgl. § 19 Abs. 1 und 3 REITG; Diese Neuregelung findet gemäß § 23 Abs. 2 REITG infolge des Vertrauensschutzes erstmals für Bezüge ausländischer REITs Anwendung, die inländischen Anlegern nach dem 31.12.2007 zufließen. Erfüllt der ausländische REIT nicht mehr die in § 19 Abs. 5 REITG normierten Voraussetzungen, finden gemäß § 23 Abs. 4 REITG wieder die allgemeinen Vorschriften Anwendung.

661 Vgl. § 19 Abs. 2 und 4 REITG. Gemäß § 23 Abs. 5 REITG greift die Beschränkung des Verlustausgleichs aber nur ein, wenn der ausländische REIT im jeweiligen Zeitpunkt die Voraussetzungen des § 19 Abs. 5 REITG erfüllt.

662 Vgl. Beckmann, Investment-Handbuch 410 § 5 Rz 2.

gesellschaft ist weit umfassender als die der bestehenden öffentlichen Wohnungsbaugesellschaften. Dies hat jedoch den Vorteil, dass nicht nur der Anlegerschutz gewährleistet wird, sondern auch die Gesellschaft eine ständige Kontrolle darüber hat, ob sie die Voraussetzungen für die Steuerbefreiung erfüllt, um ggf. frühzeitig entsprechende Maßnahmen zu ergreifen.

Die REIT-Aktiengesellschaft unterliegt den strengen Publizitätsvorschriften, deren Einhaltung die Bundesanstalt für Finanzdienstleistungsaufsicht gemäß § 4 WpHG i. V. m. dem Gesetz über die Bundesanstalt für Finanzdienstleistungsaufsicht (FinDAG) überwacht.[663] Hierzu zählt auch die Überprüfung der Wertpapierprospekte gemäß §§ 13, 21 WpPG und der halbjährlichen Zwischenmitteilungen und Halbjahresfinanzberichte i. S. d. §§ 37w, 37x WpHG bzw. am geregelten Markt gemäß der jeweiligen Börsenordnung. Hinzu kommt die allgemeine Überwachungspflicht, um Verstößen insbesondere gegen die Wertpapierhandelsvorschriften entgegenzuwirken. Die Börsenaufsicht kontrolliert gemäß §§ 2, 18 BörsG die Einhaltung der weiteren Börsengesetze.

Die Kontrolle der Einhaltung der speziellen Vorgaben für eine REIT-Aktiengesellschaft erfolgt sowohl durch die Gesellschaft selbst, die dann entsprechende Nachweise vorzulegen hat, als auch durch das Finanzamt und die Bundesanstalt für Finanzdienstleistungsaufsicht:

Die Mindeststreuquote von 25 % im Zeitpunkt des Börsengangs obliegt der Kontrolle durch die Bundesanstalt für Finanzdienstleistungsaufsicht im Rahmen der Überprüfung des Wertpapierprospekts.

Die Einhaltung der dauerhaften Streubesitzquote in Höhe von 15 % wird ebenfalls durch die Bundesanstalt für Finanzdienstleistungsaufsicht kontrolliert. Die REIT-Aktiengesellschaft ist verpflichtet, jährlich am 31. Dezember deren Einhaltung gegenüber der Bundesanstalt für Finanzdienstleistungsaufsicht nachzuweisen. Gelingt dieser Nachweis nicht, so informiert die Bundesanstalt für Finanzdienstleistungsaufsicht das Bundeszentralamt für Steuern über die Verfehlung.[664]

Die Meldepflicht der Aktionäre gemäß § 21 Abs. 1 WpHG beim Erreichen, Über- und Unterschreiten bestimmter Beteiligungen besteht sowohl gegenüber der REIT-Aktiengesellschaft als auch gegenüber der Bundesanstalt für Finanzdienstleistungsaufsicht. Folglich kann nicht nur die REIT-Aktiengesellschaft

663 Vgl. Dreyling, in: Assmann/Uwe H. Schneider (Hrsg.), WpHG, 2006, Vor § 3 Rz. 11, § 4 Rz. 3 ff.; Simon, „Die Einführung eines German-REIT (G-REIT)", in NJW-Spezial 2006, S. 459, (460), Abschnitt F. VIII.

664 Vgl. § 11 Abs. 2 REITG.

die erforderlichen Maßnahmen insbesondere im Falle der Überschreitung der Höchstbeteiligungsschwelle von unter 10 % je Aktionär einleiten, sondern die Bundesanstalt für Finanzdienstleistungsaufsicht informiert auch unverzüglich das Bundeszentralamt für Steuern über den Verstoß.[665]

Dem Abschlussprüfer obliegt es, im Rahmen der Prüfung des Jahresabschlusses festzustellen, ob die Berechnungen der Höchstbeteiligung und des Streubesitzes mit den Bilanzstichtagsmeldungen nach dem WpHG übereinstimmen.[666] Er überprüft auch die Einhaltung der Ausschüttungsverpflichtung im laufenden Geschäftsjahr für das vorangegangene Geschäftsjahr.[667] Außerdem ist er – soweit kein Konzernabschluss aufgestellt wird – verpflichtet, die Einhaltung der Vermögens-, Ertrags- und Mindesteigenkapitalanforderungen sowie des Ausschlusses des Immobilienhandels zum Bilanzstichtag zu prüfen.[668] Wird ein Konzernabschluss aufgestellt, gilt Gleiches für den Konzernabschlussprüfer.[669] Sowohl der Abschlussprüfer als auch der Konzernabschlussprüfer müssen hinsichtlich der Einhaltung der Vermögens-, Ertrags- und Mindesteigenkapitalanforderungen sowie des Ausschlusses des Immobilienhandels einen gesonderten Vermerk anfertigen, auf den § 323 HGB entsprechende Anwendung findet.[670]

Die REIT-Aktiengesellschaft muss jährlich eine Steuererklärung bei der Finanzbehörde abgeben, in der nicht nur die Einhaltung der Voraussetzungen zur Steuerbefreiung darzulegen sind, sondern auch Angaben zur Einhaltung der Anlage- und der Ausschüttungsvorschriften sowie zur Höhe des Eigenkapitals im Verhältnis zum unbeweglichen Vermögen. Des Weiteren muss der testierte Vermerk des Abschlussprüfers in beglaubigter Abschrift beigefügt werden.[671] Unabhängig von ihrem Recht auf weitere Sachaufklärung kann die Finanzbe-

---

665 Vgl. BTDrucks 16/4026, Begründung, A. Allgemeiner Teil, II. Wesentlicher Inhalt, 4. Überwachung der Mindeststreuung und der Beteiligungsgrenzen.

666 Vgl. § 1 Abs. 4 Satz 1 REITG i. V. m. § 11 Abs. 1, 4 und 5 REITG.

667 Vgl. § 1 Abs. 4 Satz 2 REITG i. V. m. § 13 REITG.

668 Vgl. § 1 Abs. 4 Satz 3 REITG i. V. m. §§ 12, 14 f. REITG.

669 Vgl. § 1 Abs. 4 Satz 5 REITG i. V. m. §§ 12, 14 f. REITG.

670 Vgl. § 1 Abs. 4 Satz 4 ff. REITG.

671 Vgl. § 21 Abs. 2 REITG; Wird die Steuererklärung verspätet abgegeben, kann unabhängig von der Steuerbefreiung der REIT-Aktiengesellschaft gemäß § 152 AO ein Verspätungszuschlag festgesetzt werden, für den der gemäß § 13 Abs. 1 REITG auszuschüttende Betrag die Bemessungsgrundlage i. S. d. § 152 Abs. 2 AO bildet; BTDrucks 16/4779, Bericht, Ziff. VI., B. Einzelbegründung, Zu Artikel 1 (REIT-Gesetz), Zu § 21, Zu Absatz 2.

hörde von der REIT-Aktiengesellschaft die Darlegung der Angaben im Einzelnen sowie von dem Abschlussprüfer die Bestätigung der Richtigkeit einzelner Angaben verlangen.[672]

Aufgegeben wurde hingegen die zu Kontrollzwecken angedachte Einführung vinkulierter Namensaktien i. S. d. §§ 67, 68 AktG, die zur Übertragung der Zustimmung durch den Vorstand oder, wenn es die Satzung vorsieht, durch den Aufsichtsrat bzw. die Hauptversammlung bedürfen und ins Aktienregister einzutragen sind.[673] Zudem bedürfte es der Eintragungspflicht sowie einer Mitteilungspflicht derjenigen Aktionäre, die Anteile erwerben oder veräußern. Zwar sieht bereits jetzt § 67 AktG die Eintragungspflicht vor, doch genügt auch die Eintragung des Treuhänders, also z. B. der Depotbank, was zur Kontrolle der Einhaltung der Beteiligungsschwellen nicht genügt. Allerdings müssten im Falle der Umwandlung einer bestehenden Aktiengesellschaft in eine REIT-Aktiengesellschaft alle von der Regelung betroffenen Aktionäre gemäß § 180 Abs. 1 AktG zustimmen. Da sich dieses nur schwierig darstellen ließe und die Handelbarkeit der REIT-Aktien vergleichbar mit den Anteilen von Immobilienspezialfonds erheblich einschränken würde, wurde in Erwägung gezogen, zumindest die Zustimmungspflicht auf die 15 % der Aktien zu beschränken, die im Streubesitz sein müssen.

Abgesehen von der schwierigen Praktikabilität dieses Systems bedarf es auch keiner vinkulierten Namensaktien, da die Kontrolle insbesondere über die Meldepflichten nach dem WpHG ausreichend gewährleistet ist.

IX. Sanktionen

Grundsätzlich führt der Verstoß gegen eine der Voraussetzungen einer REIT-Aktiengesellschaft zum Statusverlust als steuerbefreite Gesellschaft. Allerdings können vielfältige Faktoren die Ursache für einen Verstoß sein, auf die die REIT-Aktiengesellschaft nicht immer unmittelbar Einfluss nehmen kann. Deshalb normiert das REITG ein System von Sanktionen, das den Statusverlust zumeist nur als ultima ratio vorsieht.

---

672 Vgl. § 21 Abs. 3 REITG; BTDrucks 16/4779, Bericht, Ziff. VI., B. Einzelbegründung, Zu Artikel 1 (REIT-Gesetz), Zu § 21, Zu Absatz 3; Art und Umfang der Darlegung liegen im Ermessen der Finanzbehörde.

673 Vgl. Klühs/Schmidtbleicher, „Feste Beteiligungsquote für G-REITs", in ZIP 2006, S. 1805, (1808 ff.); MünchKommAktG/Bayer § 67 Rn 19 ff.; MünchKommAktG/Bayer § 68 Rn 34 ff.; Simon, „Die Einführung eines German-REIT (G-REIT)", in NJW-Spezial 2006, S. 459, (459).

Hält ein Aktionär unmittelbar 10 % oder mehr der Gesellschaftsanteile i. S. d. § 20 EStG, so führt dies nicht automatisch zum Statusverlust. Auch verliert der Aktionär dadurch nicht seinen Dividendenanspruch oder das Stimmrecht. Darüber hinaus kann er aber nur die Rechte in Anspruch nehmen, die ihm durch seine Beteiligung unterhalb von 10 % zustehen.[674] Hiervon betroffen sind auch etwaige Rechte aus Doppelbesteuerungsabkommen wie beispielsweise Quellensteuerreduzierungen.[675] Verstößt der Aktionär außerdem gegen die Meldepflichten nach § 21 WpHG, so greift die Sanktion des § 28 WpHG ein, demzufolge er seinen Dividendenanspruch und sein Stimmrecht verliert.[676]

Wird in drei aufeinander folgenden Wirtschaftsjahren der Mindeststreubesitz von 15 % der Aktien unterschritten, verliert die REIT-Aktiengesellschaft ihre Steuerbefreiung mit Ablauf des dritten Wirtschaftsjahres.[677] Gleiches gilt für die Überschreitung der Höchstbeteiligungsgrenze von weniger als 10 % der Aktien, stimmberechtigten Aktien oder der Stimmrechte durch einen oder mehrere Aktionäre in drei aufeinander folgenden Wirtschaftsjahren.[678] Eine Ausnahme besteht nur dann, wenn es der REIT-Aktiengesellschaft nicht möglich war, den Verstoß anhand der Meldungen nach dem WpHG zu erkennen. Sobald sie jedoch einen derartigen Verstoß aufdeckt, ist sie verpflichtet, diesen bis zum Ablauf des darauf folgenden Wirtschaftsjahres zu beheben. Liegt der Verstoß danach weiter vor, verliert die REIT-Aktiengesellschaft ihre Steuerbefreiung rückwirkend zum Ende des Wirtschaftsjahres, in dem sie den Verstoß ermittelt hat.[679] Eine zusätzliche Zahlung fällt hingegen nicht an.[680]

---

674 Vgl. § 16 Abs. 2 Satz 1 und 2 REITG; BTDrucks 16/4026, Begründung, A. Allgemeiner Teil, II. Wesentlicher Inhalt, 4. Überwachung der Mindeststreuung und der Beteiligungsgrenze; BTDrucks 16/4026, Begründung, B. Besonderer Teil, Zu Art. 1 (REIT-Gesetz), Zu § 16 Abs. 2; Die Formulierung zur maximalen Beteiligungshöhe erfährt ein unwesentliche Modifizierung; vgl. BRDrucks 779/06 (Beschluss), Ziff. 16; BTDrucks 16/4036, Zu Ziffer 16.

675 Vgl. § 16 Abs. 2 Satz 3 REITG.

676 Vgl. § 16 Abs. 2 Satz 4 REITG.

677 Vgl. § 18 Abs. 3 Satz 1 REITG i. V. m. § 11 Abs. 1 Satz 1 REITG.

678 Vgl. § 18 Abs. 3 Satz 2 REITG i. V. m. § 11 Abs. 4 REITG.

679 Vgl. § 18 Abs. 3 Satz 3 ff. REITG; BTDrucks 16/4779, Bericht, Ziff. VI., B. Einzelbegründung, Zu Artikel 1 (REIT-Gesetz), Zu § 18, Zu Absatz 3.

680 Vgl. BTDrucks 16/4026, Begründung, A. Allgemeiner Teil, II. Wesentlicher Inhalt, 4. Überwachung der Mindeststreuung und der Beteiligungsgrenze.

Auch bei einem Verstoß gegen die Mindesteigenkapitalhöhe innerhalb von drei aufeinander folgenden Wirtschaftsjahren verliert die REIT-Aktiengesellschaft ihren Status als steuerbefreite Gesellschaft mit Ablauf des dritten Wirtschaftsjahres.[681]

Verstößt die REIT-Aktiengesellschaft gegen die Anlagevorschriften dergestalt, dass am Ende eines Geschäftsjahres nicht 75 % des Aktivvermögens nach Abzug der Ausschüttungsverpflichtung und der Rücklagen in unbewegliches Vermögen investiert sind, wird eine Zahlung durch die zuständige Finanzbehörde festgesetzt.[682] Diese beträgt zwischen 1 % und 3 % des Betrages, um den das unbewegliche Vermögen die 75 %-Grenze des Aktivvermögens unterschreitet. Entscheidend für die Höhe der Zahlung sind die Schwere des Verstoßes sowie eventuelle Wiederholungen.

Verstößt die REIT-Aktiengesellschaft gegen die Anlagevorschriften dergestalt, dass nicht 75 % ihrer Umsatzerlöse und sonstigen Erträge aus unbeweglichem Vermögen aus ihrer Haupttätigkeit stammen, setzt die zuständige Finanzbehörde ebenfalls eine Zahlung fest.[683] Diese beläuft sich auf 10–20 % des Differenzbetrages zwischen den Umsatzerlösen aus den Haupttätigkeiten und den vorgegebenen 75 % der Umsatzerlöse. Auch hier sind für die Höhe der Zahlung die Schwere und die Häufigkeit des Verstoßes entscheidend.

Verstößt die REIT-Aktiengesellschaft gegen die Verpflichtung, mindestens 90 % ihres Jahresüberschusses reduziert um die in die Rücklage eingestellten Veräußerungsgewinne sowie erhöht um die Auflösung der Rücklage an die Aktionäre bis zum Ende des folgenden Geschäftsjahres als Dividende auszuschütten, so führt dies ebenfalls zu einer von der zuständigen Finanzbehörde festzusetzenden Zahlung.[684] Je nach Härte und Häufigkeit des Verstoßes beträgt die Zahlung zwischen 20 % und 30 % des Differenzbetrages zwischen Ausschüttungsverpflichtung und erfolgter Ausschüttung.

Verstößt die REIT-Aktiengesellschaft oder eine ihr nachgeordnete Immobilienpersonengesellschaft gegen das Verbot, selbst entgeltliche Nebentätigkeiten für

---

681 Vgl. § 18 Abs. 4 REITG i. V. m. § 15 REITG.; zu dem Kriterium der Marktüblichkeit: vgl. BRDrucks 779/06 (Beschluss), Ziff. 20; BTDrucks 16/4036, Zu Ziffer 20.

682 Vgl. § 16 Abs. 3 REITG i. V. m. § 12 REITG.

683 Vgl. § 16 Abs. 4 REITG i. V. m. § 12 REITG.

684 Vgl. § 16 Abs. 5 REITG i. V. m. § 13 Abs. 1 REITG.

Dritte zu erbringen, so wird gegen die REIT-Aktiengesellschaft eine Zahlung durch die zuständige Finanzbehörde festgesetzt.[685] Diese beträgt in Abhängigkeit von der Härte und der Häufigkeit des Verstoßes zwischen 20 % und 30 % der durch die entgeltliche Nebentätigkeit generierten Einkünfte.

Wenn die REIT-Aktiengesellschaft nicht nur gegen eine Anlage- oder Ausschüttungsvorschrift verstößt, können die Zahlungen nebeneinander treten.[686] Verstößt sie gegen eine einzelne Vorschrift in drei aufeinander folgenden Wirtschaftsjahren, so entfällt mit Ablauf des dritten Wirtschaftsjahres die Steuerbefreiung. Verstößt sie gegen verschiedene Anlage- und Ausschüttungsvorschriften in fünf aufeinander folgenden Wirtschaftsjahren, entfällt die Steuerbefreiung mit Ablauf des fünften Wirtschaftsjahres.[687] Die Finanzbehörde kann jedoch ausnahmsweise von dieser Rechtsfolge – beispielsweise wegen der Geringfügigkeit der Verstöße oder mangels aus diesen erwachsender Steuervorteile – absehen, es muss dann aber die höchstmögliche Zahlung festsetzen.[688]

Tritt der Statusverlust ein, so kann die Gesellschaft nicht vor Ablauf von vier Jahren seit deren Verlust die Steuerbefreiung wiedererlangen, folglich den Status als REIT-Aktiengesellschaft wieder annehmen.[689]

Verfahrensrechtlich normiert das REITG für die auf den genannten Verstößen beruhenden Zahlungen die Anwendung der Vorschriften zur Körperschaftsteuer der AO.[690] Die Zahlungen werden auf Bund und Land, in dem der Gesellschaftssitz liegt, je zur Hälfte aufgeteilt. Für Rechtsstreitigkeiten im Zusammenhang mit einer Zahlung ist der Finanzrechtsweg eröffnet.

---

685 Vgl. § 16 Abs. 6 REITG; BTDrucks 16/4779, Bericht, Ziff. VI., B. Einzelbegründung, Zu Artikel 1 (REIT-Gesetz), Zu § 16, Zu Absatz 6; BRDrucks 779/06 (Beschluss), Ziff. 13; BTDrucks 16/4036, Zu Ziffer 13.

686 Vgl. § 16 Abs. 3 Satz 4, § 16 Abs. 4 Satz 3, § 16 Abs. 5 Satz 3, § 16 Abs. 6 Satz 3 REITG.

687 Vgl. § 18 Abs. 5 Satz 1 REITG; zu der Formulierungsänderung: BTDrucks 16/4779, Bericht, Ziff. VI., B. Einzelbegründung, Zu Artikel 1 (REIT-Gesetz), Zu § 18, Zu Absatz 5; BRDrucks 779/06 (Beschluss), Ziff. 19, 21; BTDrucks 16/4036, Zu Ziffer 19, 21.

688 Vgl. § 18 Abs. 5 Satz 2 REITG; BRDrucks 779/06 (Beschluss), Ziff. 19; BTDrucks 16/4036, Zu Ziffer 19.

689 Vgl. § 17 Abs. 4 REITG; BTDrucks 16/4779, Bericht, Ziff. VI., B. Einzelbegründung, Zu Artikel 1 (REIT-Gesetz), Zu § 17, Zu Absatz 3 und 4; BRDrucks 779/06 (Beschluss), Ziff. 18; BTDrucks 16/4036, Zu Ziffer 18.

690 Vgl. § 21 Abs. 1 REITG; Die AO normiert in § 20 AO die Zuständigkeit des Finanzamtes am Sitz der Gesellschaft.

Soweit in Frage steht, ob die Zahlung zur Anwendbarkeit der Mutter-Tochter-Richtlinie und der Fusionsrichtlinie führt, ist festzustellen, dass es letztendlich allein auf ihre gesetzliche Ausgestaltung ankommt.[691] Ist sie gleichbedeutend mit einer Ertragsbesteuerung der Veräußerungsgewinne, so würden zumindest in diesem Umfang die genannten Richtlinien eingreifen. Aus diesem Grund kommt auch eine Besteuerung der Veräußerungsgewinne innerhalb der Haltefristen vergleichbar mit dem US-System im Rahmen der prohibited transactions oder der französischen Regelung nicht in Betracht.

Folglich muss es sich um eine Abgabe eigener Art handeln, die keine Steuer i. S. d. § 3 Abs. 1 AO ist.[692] Da auch die in der AO bisher geregelten steuerlichen Nebenleistungen nicht auf den vorliegenden Fall übertragbar sind, stellt die Zahlung eine neu geregelte Abgabe dar.[693] Diese darf nicht unmittelbar ertragsabhängig zur Anwendung kommen, sondern – vergleichbar mit der Bemessung für die Bußgeldhöhe i. S. d. § 17 Abs. 3 OWiG – in Abhängigkeit von der Schwere und der Häufigkeit des Verstoßes gegen die Statusvoraussetzungen nur mittelbar ertragsabhängig. Darüber hinaus bedarf es einer § 17 Abs. 4 OWiG vergleichbaren Regelung, derzufolge bei einem besonders schwerwiegenden Verstoß die Zahlung das Maß des wirtschaftlichen Vorteils übersteigt, wie sie das REITG jedoch nicht vorsieht. Dies wäre auch zur Verhinderung von Immobilienveräußerungen innerhalb der Haltefristen ein probates Mittel.

Unverzüglich sanktioniert werden hingegen der Verlust der Börsenzulassung der REIT-Aktiengesellschaft und das Betreiben von Immobilienhandel. In beiden Fällen verliert die REIT-Aktiengesellschaft ihre Steuerbefreiung zum Ende des Wirtschaftsjahres, in dem die Börsenzulassung bis zum Ende vorlag bzw. kein Immobilienhandel betrieben wurde.[694]

Verliert die REIT-Aktiengesellschaft ihre Steuerbefreiung, so muss sie entsprechend § 13 Abs. 2 KStG eine Anfangsbilanz erstellen. Allerdings sind in dieser entgegen § 13 Abs. 2 KStG die Wirtschaftsgüter mit den fortgeführten Anschaffungskosten anzusetzen.[695] Dies begründet sich darin, dass die Steuerbefreiung der REIT-Aktiengesellschaft keine Steuervergünstigung ist, sondern eine

691 Vgl. Abschnitt E. II. 4. a.

692 Vgl. Tipke/Kruse-Kruse/Drüen, § 3 AO, Tz. 4, 9 ff.

693 Vgl. BRDrucks 779/06 (Beschluss), Ziff. 32; BTDrucks 16/4036, Zu Ziffer 32.

694 Vgl. § 18 Abs. 1 und 2 REITG.

695 Vgl. § 18 Abs. 6 REITG; BTDrucks 16/4026, Begründung, B. Besonderer Teil, Zu Art. 1 (REIT-Gesetz), Zu § 18 Abs. 6; Jost in Dötsch/ Jost/Pung/Witt, Kommentar zum KStG und EStG, § 13 KStG nF Tz 3.

Methode, um die steuerliche Transparenz der Gesellschaft darzustellen. Darüber hinaus müssen die Rücklagen, die aus den nicht ausgeschütteten Veräußerungsgewinnen gebildet wurden, aufgelöst werden. Sie werden im ersten Jahr der Steuerpflicht der Gesellschaft zusammen mit den oberhalb der Ausschüttungsverpflichtung zurückbehaltenen ausschüttungsfähigen Gewinnen nachversteuert.[696]

Werden nach dem Wegfall der Steuerbefreiung infolge eines entsprechend den gesellschaftsrechtlichen Vorschriften gefassten Gewinnverteilungsbeschlusses Ausschüttungen für ein abgelaufenes Wirtschaftsjahr, in dem die Steuerbefreiung noch bestand, vorgenommen, gelten für diese die gleichen Vorschriften wie für Ausschüttungen während der Steuerbefreiung.[697] Insbesondere findet das Halbeinkünfteverfahren keine Anwendung.

---

696 Vgl. § 18 Abs. 7 REITG.

697 Vgl. § 23 Abs. 3 REITG i. V. m. § 19 REITG.

G. Vor- und Nachteile von REITs gegenüber anderen Privatisierungsoptionen

Das aufgezeigte Modell eines deutschen REIT ist unter Beachtung der vorgenommenen Modifikationen des REITG steuerpolitisch überzeugend und rechtlich – insbesondere europarechtlich – nicht angreifbar. Es stellt eine interessante Alternative dar, wenn auch mit einigen wenigen Problemen behaftet, das Immobilienvermögen der öffentlichen Hand in REIT-Aktiengesellschaften zu privatisieren. Dies gilt insbesondere vor dem Hintergrund, dass die Privatisierung in die bisher zur Verfügung stehenden indirekten Anlageformen deutlich schwerwiegendere Probleme aufweist, es aber außer Frage steht, dass es einer Privatisierung bedarf, da die öffentliche Hand anderenfalls nicht ihre finanziellen Probleme lösen kann. Gerade die letzten Jahre haben gezeigt, dass die Privatisierung von Wohnungsbeständen hierfür vielfach genutzt wurde.[698]

Soweit das REITG die Privatisierung von bestehenden Wohnungsbeständen in REIT-Aktiengesellschaften verbietet, widerspricht dies dem Interesse der öffentlichen Hand, sich sozialverträglich von ihren Wohnungsbeständen zu lösen. Wie nachfolgend im Einzelnen aufzuzeigen ist, bieten REIT-Aktiengesellschaften nämlich nicht nur eine Möglichkeit zur Renditesteigerung, so dass es keines totalen Ausverkaufs der Wohnungsbestände bedarf, sondern auch zur Sicherung des Einflusses der öffentlichen Hand im Hinblick auf die Erfüllung des Versorgungsauftrags. Vor diesem Hintergrund wird nachfolgend weiterhin unterstellt, dass die Unternehmenstätigkeit von REIT-Aktiengesellschaften auch Bestandsmietwohnimmobilien umfasst.

I. Risiken der Privatisierung

Die Privatisierung des Vermögens der öffentlichen Hand ist regelmäßig mit Risiken behaftet, auch in den Fällen, in denen das Immobilienvermögen bzw. eine Wohnungsbaugesellschaft der öffentlichen Hand in eine REIT-Aktiengesellschaft eingebracht bzw. umgewandelt wird. So gilt es die Renditeerwartungen einzuhalten und die Erfüllung des Versorgungsauftrags sowie den grundsätz-

---

698 Vgl. Brüderle, Wie attraktiv und notwendig sind REITs für den Wirtschaftsstandort Deutschland?, Vortrag, 6.7.2006; Abschnitt B.

lichen Einfluss der öffentlichen Hand sicherzustellen. Dies betrifft sowohl die Privatisierung durch direkte Umwandlung in eine REIT-Aktiengesellschaft als auch die Privatisierung durch Veräußerung an Zwischeninvestoren.

II. Grundsätzliche Probleme der Umwandlung

Das Hauptproblem der Veräußerung von Immobilien besteht in der Versteuerung der zu hebenden stillen Reserven. Gleiches gilt für die Umwandlung einer Kapitalgesellschaft in eine andere Kapitalgesellschaft nach dem UmwG, wenn nicht die Buchwerte fortgeführt und die stillen Reserven von der übernehmenden Kapitalgesellschaft versteuert werden sollen.[699] Der Vorteil der Hebung und anschließenden Versteuerung der stillen Reserven besteht zwar darin, dass ein sog. Step-Up erfolgt, mithin bei deren späterer Realisierung ein geringerer Gewinn versteuert werden muss. Andererseits aber erfolgt die Besteuerung zu einem Zeitpunkt, zu dem die notwendigen finanziellen Mittel aufgrund der fehlenden Realisierung nicht vorhanden sind. Dem kommt das Modell der REIT-Aktiengesellschaft entgegen, da die stillen Reserven bei ihrer Hebung nur hälftig zu versteuern sind. Dies ist insofern von besonderer Bedeutung, als die REIT-Aktiengesellschaft steuerbefreit ist, so dass im Zeitpunkt des Übergangs von der Steuerpflicht in die Steuerfreiheit grundsätzlich eine Schlussbilanz zu erstellen ist und die stillen Reserven zu versteuern sind. Infolge der hälftigen Steuerbefreiung besteht hingegen für die Unternehmen die Möglichkeit, sich ohne schwerwiegende Liquiditätsverluste in eine REIT-Aktiengesellschaft umzuwandeln. Im Gegensatz zu ausländischen REIT-Gesetzgebungen erlaubt das REITG nicht die Streckung der Steuerleistungen auf mehrere Jahre. Dies ist jedoch in Deutschland auch in anderen Fällen der Versteuerung stiller Reserven nicht vorgesehen, so dass sich dieser Nachteil gegenüber ausländischen REITs nur gering auswirken dürfte.

Im grenzüberschreitenden Verkehr ist das Institut der REIT-Aktiengesellschaft für die reguläre Umwandlung weniger interessant, weil die Fusionsrichtlinie keine Anwendung findet. Folglich können ausländische Gesellschaften, auch ausländische REITs, nicht steuerneutral mit der REIT-Aktiengesellschaft grenzüberschreitend fusionieren. Daher bedarf es einer Verschmelzung nach der Verschmelzungsrichtlinie, um die Steuerneutralität zu gewährleisten. Soll hingegen die Umwandlung nicht in Form einer Verschmelzung erfolgen, sondern eine der

699 Vgl. Eekhoff/Arentz, REITs aus gesamtwirtschaftlicher Perspektive, 2006, 6 ff.

anderen Fusionsvarianten gewählt werden, so empfiehlt es sich, diese vor Erlangung des Status der REIT-Aktiengesellschaft vorzunehmen. Soweit der Vor-REIT – im Gegensatz zum REITG – ebenfalls schon steuerbefreit ist, muss die Umwandlung im Rahmen der Fusionsrichtlinie auch vor Bestehen des Vor-REIT abgeschlossen sein.

Für die vorliegende Untersuchung stellt sich die Frage vor allem im Rahmen der Privatisierung durch Veräußerung an einen Zwischeninvestor. Für diesen wäre nämlich nicht nur die Option der grenzüberschreitenden Fusion interessant. Vielmehr ermöglicht gerade die grenzüberschreitende Verschmelzung die Stabilisierung seiner Marktstellung. Denn es besteht ja nicht nur die Möglichkeit, dass beispielsweise eine ausländische Immobiliengesellschaft, sondern auch ein ausländischer REIT, der ebenfalls von dem Zwischeninvestor initiiert wurde, mit einer REIT-Aktiengesellschaft in Deutschland verschmolzen wird. So könnten eine REIT-Aktiengesellschaft und beispielsweise eine bereits in Paris gelistete SIIC miteinander in Deutschland verschmolzen werden, ohne dass dies steuerliche Belastungen zur Folge hätte.

Besonders interessant ist auch die Überlegung, dass die REIT-Aktiengesellschaft infolge der Kapitalverkehrsfreiheit i. S. d. Art. 56 EGV ihren Sitz nicht im Inland haben muss, vorausgesetzt, sie erfüllt alle Strukturmerkmale. Insofern ist es durchaus erwägenswert, die Immobilien einer derzeit steuerpflichtigen inländischen Wohnungsbaugesellschaft der öffentlichen Hand mit einer bereits bestehenden ausländischen Immobiliengesellschaft oder einem bestehenden ausländischen REIT i. S. d. Verschmelzungsrichtlinie zu verschmelzen. Diese Verschmelzung könnte steuerneutral erfolgen, so dass es an der ausländischen Immobiliengesellschaft läge, die weiteren Voraussetzungen zur Statuserlangung als REIT-Aktiengesellschaft zu erfüllen.

Eine weitere Möglichkeit bestünde unter Ausnutzung der Niederlassungsfreiheit i. S. d. Art. 43, 48 EGV darin, dass die ausländische Gesellschaft im Inland eine Niederlassung in Form der bisherigen Wohnungsbaugesellschaft der öffentlichen Hand gründet. Diese Niederlassung, soweit es sich nur um eine Betriebsstätte handelt, unterläge dann nicht selbst den Strukturbeschränkungen einer REIT-Aktiengesellschaft, sondern nur die ausländische Gesellschaft. Etwas anderes würde nur insoweit gelten, als die inländische Niederlassung die Rechtsform einer Tochtergesellschaft und nicht nur einer Betriebsstätte annimmt, um anschließend selbst den Status einer REIT-Aktiengesellschaft zu erlangen. Dann unterliegt sie vergleichbar mit einer rein inländischen REIT-Aktiengesellschaft auch selbst allen Beschränkungen.

Ein Nachteil, den auch die Umwandlung in eine REIT-Aktiengesellschaft aufweist, ist die Tatsache, dass die Transaktionskosten im Rahmen der Umwandlung sehr hoch sind.[700] Vor diesem Hintergrund ließe sich überlegen, ob die Beibehaltung des bestehenden Status als reguläre Kapitalgesellschaft im Rahmen der Privatisierung aus Kostengründen vorteilhafter wäre als die Umwandlung in eine REIT-Aktiengesellschaft.

In Betracht kommt diese Überlegung jedoch nur unter der Voraussetzung, dass die privatisierte Wohnungsbaugesellschaft kein indirektes Immobilienanlageprodukt wird, also insbesondere nicht die Rechtsform einer Immobilien-AG annehmen soll. Ist die Wohnungsbaugesellschaft hingegen schon in eine Aktiengesellschaft umgewandelt worden, kann sie auch kostengünstig den Status einer REIT-Aktiengesellschaft annehmen, sind doch zumindest schon die gesellschaftsrechtlichen Voraussetzungen hierfür geschaffen.[701] Dies gilt insbesondere vor dem Hintergrund, dass Immobilien-AGs sich nicht nur im Regelfall durch eine mangelnde Wertschöpfung aufgrund ihrer fehlenden Fokussierung bei der Immobilieninvestition auszeichnen, sondern die mangelnde Transparenz zu erheblichen Bewertungsabschlägen führt.[702] Auch übersteigt, wie bereits festgestellt, der Net Asset Value regelmäßig die Marktkapitalisierung der Immobilien-AGs, was aufgrund der größeren Kapitalmarkttransparenz von REIT-Aktiengesellschaften für diese gerade nicht zutrifft. Letztlich ist es die steuerrechtliche Schlechterstellung der Immobilien-AGs gegenüber REIT-Aktiengesellschaften, aber auch gegenüber den offenen Immobilienfonds, die aus ihnen eine nicht vorzugswürdige Umwandlungsvariante werden lässt.[703] Es besteht mithin kein ersichtlicher Grund, den Status einer Immobilien-AG beizubehalten, statt den Status einer REIT-Aktiengesellschaft anzunehmen.

Die Umwandlung in einen offenen oder geschlossenen Immobilienfonds scheidet hingegen aus, da bereits die Transaktionskosten aufgrund des hohen Strukturaufwands, dessen es für diese beiden Anlageformen bedarf, deutlich höher

---

700 Vgl. Beck/Droste/Zoller, „Ausbau des deutschen Immobilien-Investmentmarktes zur europäischen Marktführerschaft", in Kreditwesen 2004, S. 192, (194); Voigtländer, Der deutsche REIT, 2006, 13 ff.

701 Allein der Börsengang verursacht weitere Kosten; vgl. Abschnitt F. I. 6. a.

702 Vgl. Petrusek, Vom Verband zum Netzwerk ..., 2005, 5; Loritz, „ Die deutsche Immobilienwirtschaft und die Diskussion über REITs", in Der Immobilienbrief 2005, Nr. 85, S. 3, (4); REITs in Deutschland, Glasnost in der Immobilienbranche, 20.4.2006.

703 Vgl. REITs in Deutschland, Immobilienverband hält Kritik an REITs für unbegründet, 11.4.2006; Roland Berger Strategy Consultants, REITs – Chancen für den deutschen Immobilien- und Finanzmarkt, 2006, 11 f.

liegen.[704] Die Struktur geschlossener Immobilienfonds ist grundsätzlich für die Privatisierung von Wohnungsbaugesellschaften ungeeignet. Geschlossene Immobilienfonds erwerben eher einzelne, weniger managementintensive Immobilien als große Portfolios, deren Management aufwändig ist. Folglich bliebe nur der offene Immobilienfonds, u. U. in Form des Spezialfonds, als Umwandlungsvariante. Aber auch diese beiden Möglichkeiten scheiden nicht nur aus Kostengründen aus. Trotz der steuerlichen Gleichbehandlung mit REIT-Aktiengesellschaften weisen beide Anlageformen für den Initiator erhebliche Probleme auf, so vor allem die Rücknahmeverpflichtung der Anteile sowie die Verpflichtung, den Immobilienfonds zu schließen, sollten Risiken für die Anleger ersichtlich werden. Diese erhebliche Einschränkung der Unternehmenstätigkeit führt zu einer deutlich geringeren Rendite und somit zu weniger Interesse an dem Anlageprodukt als an REIT-Aktiengesellschaften. Letztlich aber ist der offene Fonds nicht so interessant für die Privatisierung der Wohnungsbaugesellschaften, da er im Gegensatz zur REIT-Aktiengesellschaft nicht frische Liquidität über den Markt beschaffen kann, werden seine Anteile gerade nicht an der Börse gehandelt. Auch scheidet eine vergleichsweise einfache Kapitalerhöhung, wie sie jeder Aktiengesellschaft in den Grenzen des AktG offen steht, aus. Folglich ist es einer REIT-Aktiengesellschaft einfacher möglich, sich am Markt zu positionieren und wettbewerbsfähig zu agieren.

Da sich die REIT-Aktiengesellschaft gegenüber den bereits existierenden indirekten Immobilienanlageformen durch verschiedene Vorteile auszeichnet, soll im Folgenden aufgezeigt werden, wie sich dieses für die Privatisierung von Wohnungsbaugesellschaften der öffentlichen Hand nutzen lässt.

III. Privatisierung durch Umwandlung in eine REIT-Aktiengesellschaft

Zunächst ist auf die Privatisierung der öffentlichen Wohnungsbaugesellschaften durch die direkte Umwandlung in REIT-Aktiengesellschaften einzugehen.

Vorausgesetzt wird, dass die sich im Alleineigentum der öffentlichen Hand befindliche Kapitalgesellschaft, unabhängig von ihrer derzeitigen gesellschaftsrechtlichen Ausgestaltung als GmbH oder AG, direkt in eine REIT-Aktiengesellschaft umgewandelt wird. Insofern muss nicht nur von der generell eingreifenden hälftigen Versteuerung der stillen Reserven infolge des Übergangs in die Steuerbefreiung ausgegangen werden, sondern insbesondere von der Besteue-

704 Vgl. Cadmus, Projekt G-REIT, 2006, 17.

rung der EK 02-Reserven durch eine Einmalzahlung mit Abgeltungswirkung bei einem reduzierten Steuersatz entsprechend dem Referentenentwurf. Bei vollständiger Besteuerung entfiele die Option der Umwandlung in eine REIT-Aktiengesellschaft, da diese nicht zu finanzieren wäre.[705] Dann verbliebe zur Privatisierung weiterhin nur der vollständige Verkauf der Gesellschaften an Investoren. Auch muss eine steuerrechtliche Lösung für die EK 02-Reserven gefunden werden, da andernfalls das Halbeinkünfteverfahren gemäß § 3 Nr. 40 EStG sowie § 8 b KStG infolge der steuerlichen Vorbelastung Anwendung finden müssten, käme es doch andernfalls zu einer Doppelbesteuerung.[706] Darüber hinaus wären aufgrund der Steuerpflicht der REIT-Aktiengesellschaft im Rahmen der EK 02-Besteuerung auch die Mutter-Tochter-Richtlinie und die Fusionsrichtlinie einschlägig, so dass der körperschaftsteuerpflichtige inländische oder EU-ausländische Anleger die Dividenden steuerfrei vereinnahmen würde und die grenzüberschreitende Fusion steuerneutral wäre. Dies widerspricht aber den steuerrechtlichen Intentionen des Gesetzgebers hinsichtlich der vollständigen Besteuerung allein auf Anlegerebene, des Ausschlusses des Halbeinkünfteverfahrens sowie der Vermeidung der Einschlägigkeit der Mutter-Tochter-Richtlinie und der Fusionsrichtlinie. Allein hinsichtlich des Ausschlusses des Halbeinkünfteverfahrens könnte eine Einschränkung dergestalt erfolgen, dass der Gesetzgeber bis zum Ende des Jahres 2007 plant, für die Fälle, die nach der derzeitigen Gesetzeslage zu einer Doppelbesteuerung führen, eine Lösung zur Vermeidung derselben zu finden.

Wird nun die Wohnungsbaugesellschaft in eine REIT-Aktiengesellschaft umgewandelt, so hat dies den Vorteil, dass kein kompletter Ausverkauf erfolgen muss, kann doch die öffentliche Hand Mitgesellschafter der REIT-Aktiengesellschaft werden. Sollte das Portfolio der einzelnen Wohnungsbaugesellschaft nicht die erforderliche Größe haben oder die Gesellschaft nicht in der Lage sein, das erforderliche Grundkapital aufzubringen, bietet sich an, mit gleich strukturierten Wohnungsbaugesellschaften zusammen eine REIT-Aktiengesellschaft zu initiieren. Dann ist auch der Börsengang finanziell tragbar, so dass die ehemalige Wohnungsbaugesellschaft nunmehr frisches Kapital durch die am Markt gehandelten Aktien generieren kann. Damit die Umwandlung in eine REIT-Aktienge-

705 Vgl. Droste, Einführung REITs in Deutschland, 2005, 12; Runkel, Schwierige Privatisierung kommunaler Wohnungen, 2006, 49.

706 In diesem Fall müsste aber die Privilegierung i. S. d. § 13 Abs. 3 Satz 10 KStG für den von Wohnungsbaugesellschaften generierten Veräußerungsgewinn im Falle der Veräußerung der Immobilien in eine REIT-Aktiengesellschaft eingreifen; vgl. Brück, Fit for REIT?, Chancen für Immobiliengesellschaften, 2005, 11.

sellschaft jedoch wirtschaftlich mindestens so vorteilhaft ist wie die Komplettveräußerung, mithin auch eine Optimierung des Erlöses erfolgt, bedarf es einer Gesellschaft, die strukturell gut aufgestellt ist.

1. Ausgliederung werthaltiger Immobilien

Die Umwandlung der öffentlichen Wohnungsbaugesellschaft in eine REIT-Aktiengesellschaft ermöglicht die Generierung von Kapital bereits im Zeitpunkt des Börsengangs bzw. im Stadium der Gesellschaft als Vor-REIT. Voraussetzung ist vor allem ein qualitativ guter Immobilienbestand.[707] Insofern ist im Einzelfall zu prüfen, ob sich die im Bestand befindlichen Immobilien ausnahmslos für die Privatisierung in eine REIT-Aktiengesellschaft eignen, oder ob nicht die Ausgliederung der werthaltigen Immobilien in die REIT-Aktiengesellschaft und die Aufrechterhaltung der bestehenden Wohnungsbaugesellschaft zur weiteren Bewirtschaftung der weniger oder nicht werthaltigen Immobilien von Vorteil wäre. Letztere könnten ebenso einzeln verkauft werden. Soweit dadurch Verluste entstehen, ist dies insoweit keine Veränderung zur derzeitigen Situation, als eben diese Immobilien im Fall des Komplettverkaufs zu erheblichen Preisabschlägen führen. Im Übrigen kompensiert der Emissionserlös aufgrund der ausnahmslosen Werthaltigkeit der ausgegliederten Immobilien im Zweifel die Einbußen, die durch die Zurückbehaltung der anderen Immobilien entstehen. Hier ist vor allem die langfristige Betrachtung entscheidend, da die öffentliche Hand, soweit sie wesentlich an der REIT-Aktiengesellschaft beteiligt ist, aus dieser laufende Einkünfte erzielt, mithin nicht nur auf den Zeitpunkt der Privatisierung abgestellt werden darf.

Die Ausgliederung der werthaltigen Immobilien birgt allerdings das Problem in sich, dass insbesondere die Immobilien, die berechtigterweise Bestandteil von Stadtumbaumaßnahmen i. S. d. §§ 171 a–d BauGB sind oder aber gemäß § 171 e BauGB in das Programm Soziale Stadt integriert sind, aus dieser Filetierung ausgeschlossen werden, da sie keine ausreichende Rendite versprechen.[708] Daher bedarf es für diese Gebiete einer gesonderten Strategie, um nicht nur eine Steigerung der dort vorhandenen sozialen und strukturellen Probleme zu verhindern, sondern für eine Behebung derselben zu sorgen. Es müssen daher nicht nur auf

707 Vgl. Mast, Immobilienaktien/REITs, 2005, 23; DEGI Research, Immobilienanlageprodukte in Deutschland, 2005, 35; I.C.M.E., Studie zum REIT-Markt, 2005, 5, 7.

708 Vgl. Runkel, Schwierige Privatisierung kommunaler Wohnungen, 2006, 49.

diese Gebiete spezialisierte REITs, wie nachfolgend dargestellt, gegründet werden. Vielmehr müssen Wohnungs-REITs, die Immobilien verschiedener Qualität halten, Verpflichtungen auferlegt werden, die Stadtumbaumaßnahmen bzw. das Programm Soziale Stadt weiterhin umzusetzen, wenn nicht sogar zu erweitern. Eine Vereinbarung, die diese Verpflichtungen beinhaltet, bedarf der vertraglichen Absicherung, die auch im Rahmen der Satzung der Gesellschaft erfolgen kann. Alternativ kann dies auch im Rahmen der Unterwerfung unter eine Sozialcharta, wie sie beispielhaft dargestellt wurde, erfolgen. So lassen sich nicht nur die Mindeststandards, sondern darüber hinaus gehende Verpflichtungen festlegen.[709] Zur Sicherstellung der Einhaltung der Vertragsklauseln muss der Fall der Unterlassung strafbewehrt sein – eine dingliche Sicherung durch Grundschuld hat zu erfolgen – und die Überwachung der Durchführung durch staatliche Kontrollinstanzen gewährleistet werden. Mit Hilfe dieser Maßnahmen kommt die öffentliche Hand ihrer Aufgabe im Rahmen der Daseinsvorsorge nach, ohne auf die Umwandlung der Gesellschaft in eine REIT-Aktiengesellschaft verzichten zu müssen.

Soweit eine Ausgliederung der werthaltigen Immobilien erfolgt, garantiert die Qualität der in die REIT-Aktiengesellschaft eingebrachten Immobilien alleine aber noch nicht deren wirtschaftlichen Erfolg. Gleiches gilt für die REIT-Aktiengesellschaften, die Immobilien in Gegenden in ihrem Bestand haben, in denen Stadtumbauprogramme oder das Programm Soziale Stadt umgesetzt werden.

2. Spezialisierung des Portfolios

Soll die Privatisierung der Wohnungsbaugesellschaft in eine REIT-Aktiengesellschaft wirtschaftlich erfolgreich werden, setzt dieses neben der Werthaltigkeit der einzelnen Immobilien auch die Spezialisierung innerhalb des Portfolios voraus. Hinsichtlich des Bestandes der Wohnungsbaugesellschaften genügt nicht alleine die Spezialisierung auf Wohnraum, vielmehr sollte innerhalb dieser Struktur eine weitere Aufteilung erfolgen.

Am nächstliegenden ist die geographische Aufteilung. Soweit es sich um kommunale Wohnungsbaugesellschaften handelt, ist diese bereits jetzt gegeben. Etwas anderes gilt hingegen für diejenigen Wohnungsbaugesellschaften, die sich im Landes- oder Bundeseigentum befinden. Diese sollten vergleichbar mit US-

709 Vgl. Abschnitt B. III.

REITs eine Spezialisierung in ihrer lokalen Ausrichtung erfahren.[710] Hinsichtlich der kommunalen Wohnungsbaugesellschaften ist zudem festzustellen, dass diese häufig am gleichen Markt in Konkurrenz zueinander treten. Für sie bietet sich insbesondere ein Zusammenschluss an, um so eine Spezialisierung und eine Effizienzsteigerung zu erreichen.

Die Portfolios könnten auch qualitativ spezialisiert werden. Denkbare Merkmale wären z. B. behindertengerechte oder familienfreundliche Wohnungen oder solche für sozial schwache Mieter. Eine derartige Spezialisierung wäre sinnvoll, da dann die Bewirtschaftung auf die unterschiedlichen Bedürfnisse der Mieter abgestimmt erfolgen kann, mithin der Mitteleinsatz kontrollierter und folglich effizienter möglich ist. Dies würde nicht nur zu einem größeren Anlagepotential, sondern vor allem zu einer Wertsteigerung führen.[711] Eine solche Ausrichtung bietet sich gerade für öffentliche Wohnungsbaugesellschaften an, soweit sie in Gegenden vertreten sind, in denen Stadtumbauprogramme oder das Programm Soziale Stadt umgesetzt werden. Durch die Spezialisierung ist der Gesellschaft nämlich über den kontrollierbaren Mitteleinsatz insbesondere für notwendige Sanierungsmaßnahmen hinaus speziell die Gewährleistung des Quartiersmanagements möglich. Die Bündelung der Kräfte sowie der größere Überblick über die Bedürfnisse der Anwohner erhöhen die Effizienz, so dass eine strukturelle Aufwertung des Gebietes und eine Verbesserung der Situation der Anwohner zeitnah möglich sind.

Bisher nicht üblich, aber u. U. von erheblichem Vorteil ist insofern, dass die REIT-Aktiengesellschaft auch grenzüberschreitend tätig sein kann. Eine Spezialisierung lässt sich gerade in Grenzregionen auch dadurch herstellen bzw. erhöhen, dass objektorientierte und nicht grenzorientierte Investitionen getätigt werden. Soweit in diesen Fällen Doppelbesteuerungsabkommen eingreifen, ist jedoch zu bedenken, dass die im Ausland generierten Einkünfte aus unbeweglichem Vermögen zumeist auch dort gemäß Art. 6 OECD-MA steuerpflichtig sind. Gleiches gilt für im Ausland generierte Gewinne aus der Veräußerung von Immobilien, Art. 13 Abs. 1 OECD-MA. Eine Ausnahme besteht nur für die Fälle, in denen die Gewinne in einem Land innerhalb der EU erwirtschaftet werden,

---

710 Vgl. Puhl, Monetarisierungsoptionen für Wohnungsunternehmen, 2005, 20; Pfnür, Immobilien: Ein aktuelles Finanzinvestment, 2006, 26; Cadmus, Projekt G-REIT, 2006, 12; Schulte/Sotelo, „Deutsche REITs – Möglichkeiten und Voraussetzungen einer Realisierung", in Zeitschrift für Immobilienökonomie, Ausgabe 2/2004, S. 31, (36); Just, Ist die Einführung von REITs in Deutschland ökonomisch sinnvoll?, 2004, 10.

711 Vgl. DEGI Research, Immobilienanlageprodukte in Deutschland, 2005, 24.

das ebenfalls die Gesellschaftsform des steuerbefreiten REIT hat. Dann nämlich besteht ein Anspruch auf Gleichbehandlung i. S. d. Art. 56 EGV, da die steuerrechtliche Behandlung in Abhängigkeit von dem Sitz der Gesellschaft nicht im Einklang mit der Kapitalverkehrsrichtlinie steht.[712]

3. Qualifiziertes Management

Neben dem spezialisierten Portfolio, das überwiegend, wenn nicht sogar ausschließlich, aus werthaltigen Immobilien bestehen sollte, bedarf es für einen wirtschaftlichen Erfolg der REIT-Aktiengesellschaft eines hierfür qualifizierten Managements.[713] Dieses kann intern durch den Vorstand und den Aufsichtsrat erfolgen, wie es für eine Aktiengesellschaft üblich ist. Zeichnet sich dieses interne Management durch eine gute Kernkompetenz in dem jeweils spezifischen Bereich der Immobilienverwaltung aus, so wird dadurch die Effizienz maßgeblich gesteigert.[714]

Sollte hingegen das interne Management nicht über die erforderlichen spezifischen Kenntnisse verfügen, wäre es sinnvoll, das allgemeine Management in der REIT-Aktiengesellschaft zu belassen, jedoch die Bewirtschaftung der einzelnen Immobilien auszugliedern. Die Ausgliederung kann in eine Tochtergesellschaft oder in ein außenstehendes Unternehmen erfolgen. Dies widerspräche in keiner Weise der gesetzlichen Verpflichtung zum internen Management, da die operative Tätigkeit für die REIT-Aktiengesellschaft als solche dort verbleibt. Aus Effizienzsteigerungsgesichtspunkten kann aber die Ausgliederung insbesondere für Wohnungsbaugesellschaften der öffentlichen Hand eine höhere Bewertung am Markt bedeuten, liegt doch die geringere Rendite, die diese derzeit erwirtschaften, häufig genug in deren ineffizientem und kostenintensivem Management begründet.[715]

Entscheidend für Struktur und Aufgabenverteilung des Managements muss auch hier die kapitalmarktorientierte Betrachtung der Wohnungsbaugesellschaft sein, so dass nicht notwendige Abschläge in der Bewertung vermieden werden.

---

712 Vgl. EuGH, Rs. C-386/04, Stauffer, Slg. 2006, I-8203, Rn. 40 ff.; Abschnitt F. II.

713 Vgl. Eekhoff/Arentz, REITs aus gesamtwirtschaftlicher Perspektive, 2006, 4.

714 Vgl. Beyerle, Das große Ringen: REITs vor der Tür?, 2006, 4; Cadmus, Projekt G-REIT, 2006, 10; Just, Ist die Einführung von REITs in Deutschland ökonomisch sinnvoll?, 2004, 12; Deutsche Bank Research, Wohnungsportfolios in Deutschland, 2005, 26 f.

715 Vgl. Bundesministerium der Finanzen, Argumente für die Einführung deutscher REITs, 2006, 11.

4. Sicherung des Einflusses der öffentlichen Hand

Die öffentliche Hand wird durch die Privatisierung öffentlicher Wohnungsbaugesellschaften nicht von ihrer Verpflichtung zur Erfüllung des Versorgungsauftrags frei. Bisher muss sie im Wege von Auflagen die Erwerber, bei denen es sich überwiegend um Private Equity-Unternehmen mit tendenziell kurzfristigem Anlagehorizont handelt, dazu verpflichten, soziale und mieterfreundliche Maßnahmen umzusetzen. Dies geschieht zumeist durch die Vereinbarung einer Sozialcharta, die auch die Verpflichtung beinhaltet, Stadtumbauprogramme weiterzuführen und Sanierungen durchzuführen. Außerdem können neben dem geltenden Mietrecht beispielsweise Luxussanierungen, übermäßige Mieterhöhungen, Eigenbedarfskündigungen oder Verwertungskündigungen sowie solche ab einer bestimmten Altersgrenze der Mieter oder von Bewohnern behindertengerechter Wohnungen ausgeschlossen werden. Gleichzeitig können sog. Belegungsrechte vereinbart werden, die im Einzelnen regeln, dass eine bestimmte Anzahl von Wohnungen in einem bestimmten Gebiet beispielsweise Familien mit Kindern oder älteren Menschen zur Verfügung gestellt werden müssen. Gleiches gilt für sozial schwache Mieter oder das sog. behindertengerechte Wohnen. So kann die öffentliche Hand auch mit einer geringeren als einer wesentlichen Beteiligung Einfluss auf die Einhaltung des Versorgungsauftrags durch die Auferlegung strafbewehrter Verpflichtungen zur Einhaltung dieser Kriterien nehmen. Darüber hinaus ist für die REIT-Aktiengesellschaft unabhängig von ihrer sozialen Ausgestaltung reglementiert, in welchem Ausmaß sie Veräußerungsgewinne erzielen darf. So besteht auch nicht die Gefahr, dass die Umwandlung des Bestandes der ehemaligen Wohnungsbaugesellschaft der öffentlichen Hand in eine REIT-Aktiengesellschaft dafür genutzt wird, Veräußerungen im Widerspruch zum Versorgungsauftrag vorzunehmen. Des Weiteren muss wegen des zumeist kurzfristigen Anlagehorizonts gewährleistet werden, dass diese Verpflichtungen im Falle eines Verkaufs der Gesellschaft als Ganzes oder einzelner Wohnungen von dem Erwerber übernommen werden. Die Stadt Dresden hat vorbildlich gezeigt, dass die Erfüllung des Versorgungsauftrags auf diesem Weg auch nach der Privatisierung einer Wohnungsbaugesellschaft gesichert ist.[716]

Erfolgt die Privatisierung durch die Umwandlung der Wohnungsbaugesellschaften in eine REIT-Aktiengesellschaft, kann die öffentliche Hand als Gesellschafterin diesen notwendigen Einfluss direkt geltend machen, was der

716 Vgl. Abschnitt B. III.

Sicherung der sozialen Interessen zugute kommt.[717] In diesem Fall bietet sich insbesondere die Festlegung der Sozialcharta als Bestandteil der Satzung der REIT-Aktiengesellschaft an. Es besteht außerdem die Möglichkeit, bei Bedarf weitere Maßnahmen zur Aufwertung der Gebiete oder der Situation der Anwohner durchzuführen. Auch kann die öffentliche Hand ein Quartiersmanagement einführen, sollte sie dies für notwendig befinden. Soweit es hierfür zusätzlicher finanzieller Mittel bedarf, ist es ihr zudem leichter möglich, solche nicht nur zu beantragen, sondern auch zu erhalten, da die öffentliche Hand ein Interesse an der Durchführung der Maßnahmen und ein ausreichendes Vertrauen in sich selbst hat, dass diese auch durchgeführt werden.

Sollte die öffentliche Hand keine wesentliche Beteiligung an der REIT-Aktiengesellschaft halten können oder wollen, da sie beispielsweise auf die Generierung der liquiden Mittel in größerem Maße angewiesen ist, so besteht auch dann die Möglichkeit, mit der REIT-Aktiengesellschaft eine Sozialcharta zu vereinbaren.[718]

Es lässt sich somit feststellen, dass die Privatisierung der öffentlichen Wohnungsbaugesellschaften in eine REIT-Aktiengesellschaft den Einfluss der öffentlichen Hand sicherstellt – u. a. durch eine entsprechende Satzung –, die Erfüllung des Versorgungsauftrags folglich nicht ausgehebelt wird.[719]

5. Beschränkungen der Aktionärsstruktur

Die Anlegerstruktur von REIT-Aktiengesellschaften ist zwar reglementiert, doch zeigt etwa das US-Vorbild, dass eine solche Limitierung insbesondere Privatanleger und institutionelle Investoren, die chancenorientiert investieren und dabei bereit sind, ein relativ höheres Risiko als das eines offenen Immobilienfonds einzugehen, nicht von der Investition in REITs abhält. Vielmehr werden

---

717 Vgl. Dautzenberg, Abschlussbericht zur koalitionsinternen Arbeitsgruppe „REITs", 2006, 2 f.; Knobloch, REITs – eine neue Asset-Klasse für den deutschen Kapitalmarkt?, 2006, 9; Brüderle, Wie attraktiv und notwendig sind REITs für den Wirtschaftsstandort Deutschland?, Vortrag, 6.7.2006; Frics, „Wohnimmobilien im Fokus der Investoren – Was wird gesucht? (Teil 1)", in Der Immobilienbrief 2005, Nr. 80, S. 4, (5).

718 Vgl. Bundesministerium der Finanzen, Argumente für die Einführung deutscher REITs, 2006, 14; Deutsche Bank Research, Wohnungsportfolios in Deutschland, 2005, 22.

719 Vgl. Sotelo, Notwendigkeit von REITS für Deutschland und ihre optimale Gestaltung, 2006, 19.

REIT-Aktien zur besseren Risikostreuung des Anlageportfolios erworben.[720] Die erwünschte Diversifizierung in Verbindung mit höheren Renditeerwartungen lässt sich auch mit einem geringen Anteil an dem Gesellschaftsvermögen erreichen. Insofern spricht die Streubesitzklausel nicht gegen den Erfolg der REIT-Aktiengesellschaften. Sie entspricht vielmehr der weltweit existierenden Intention der Gesetzgeber bei Einführung der verschiedenen REIT-Modelle, auch dem einzelnen Anleger die Möglichkeit der Investition in REITs zu eröffnen.

Für öffentliche Wohnungsbaugesellschaften hat die Klausel zudem den Vorteil, dass die Anteilseigner der sich im Streubesitz befindenden Aktien nicht die Erfüllung des Versorgungsauftrags verhindern können, da sie jeweils eine hierfür nicht ausreichende Beteiligung halten. Soweit die maximale Beteiligungshöhe von unter 10 % das unmittelbare Halten der Aktien sowie von Aktien, die ein entsprechendes Stimmrecht gewähren, unterbindet, stellt dies, wie bereits festgestellt, keinen Hinderungsgrund dar. So kann die öffentliche Hand über die Zwischenschaltung beispielsweise von Tochtergesellschaften mittelbar eine höhere Beteiligung halten. Sollte eine zu große Gesamtbeteiligung der öffentlichen Hand an der REIT-Aktiengesellschaft voraussichtlich zu Bewertungsabschlägen führen, ist zu empfehlen, die Beteiligung in Höhe von maximal 30 % einzufrieren. Dann hält die öffentliche Hand zwar eine wesentliche Beteiligung i. S. d. § 29 WpÜG, die zur Kontrollausübung über die Gesellschaft geeignet ist, dennoch halten andere Investoren die tatsächliche Mehrheit. So kann einerseits die Erfüllung des Versorgungsauftrags gewährleistet werden, andererseits aber ist die REIT-Aktiengesellschaft hinsichtlich der Struktur der Anteilseigner in keiner Weise mehr vergleichbar mit der ehemaligen öffentlichen Wohnungsbaugesellschaft, so dass diese neue REIT-Aktiengesellschaft auch am Kapitalmarkt auf Interesse stoßen wird.

Die öffentliche Hand sollte allerdings darauf achten, dass nicht daneben ein einzelner Investor über mittelbare Beteiligungen die restlichen Aktien mit Ausnahme der 15 % im Streubesitz erwirbt, da dieses wiederum Probleme in der Umsetzung der sozialen Verpflichtungen bedeuten kann. Die für die Aktionäre bestehende Verpflichtung, gemäß §§ 21, 22 WpHG sowohl unmittelbare als auch mittelbare Beteiligungen ab dem Erreichen bzw. Unterschreiten bestimmter Schwellenwerte anzuzeigen, erleichtert die Kontrolle durch das Management der REIT-Aktiengesellschaft. Gleiches gilt für die im REITG normierte zusätzliche

720 Vgl. DEGI Research, Immobilienanlageprodukte in Deutschland, 2005, 37.

Verpflichtung des Aktionärs, das Erreichen, Über- oder Unterschreiten von 80 % bzw. 85 % der Stimmrechte zu melden.

Im Hinblick auf die Bewertung am Kapitalmarkt muss nicht nur die öffentliche Hand mit Abschlägen rechnen, wenn sie einen zu großen Anteil hält, sondern auch der einzelne Investor. Da dies aber keinesfalls die Intention von REIT-Aktiengesellschaften ist, sollten alle Aktionäre bemüht sein, die jeweilige Beteiligungshöhe nicht dergestalt aufzustocken, dass sich die REIT-Aktiengesellschaft letztendlich in ihrer Anlegerstruktur nicht von der Immobilien-AG unterscheidet.

Darüber hinaus sollten Mieter als Aktionäre gewonnen werden, verbunden mit einem Altersvorsorge-Programm und einem Miet-Vorrecht.

6. Höhere Renditeerwartungen

Das entscheidende Argument für die Privatisierung der öffentlichen Wohnungsbaugesellschaften in REIT-Aktiengesellschaften ist die Renditesteigerung. Dabei handelt es sich um einen langfristigen Ansatz, da sich diese nicht allein im Verkaufspreis der Gesellschaft bzw. der Anteile der bereits in die REIT-Aktiengesellschaft umgewandelten Gesellschaft widerspiegelt. Dafür erzielt die öffentliche Hand laufende Einnahmen in relativ größerer Höhe als bisher. Dies ist vor allem darin bedingt, dass REIT-Aktiengesellschaften Entscheidungen aus unternehmerischen Erwägungen treffen und nicht etwa wie die öffentliche Hand oder auch ein offener Immobilienfonds liquiditätsbedingt.[721]

Soweit die Unternehmenstätigkeit der REIT-Aktiengesellschaften gesetzlich eingeschränkt ist, hat dies keine Auswirkungen auf die Renditeerwartungen von in REIT-Aktiengesellschaften umgewandelten Wohnungsbaugesellschaften der öffentlichen Hand. Da deren Haupttätigkeit auch bisher in der Bewirtschaftung von Immobilien bestand, bedarf es keiner Umstrukturierung. Die Veräußerung von Immobilien erfolgt bisher überwiegend im Zusammenhang mit der Veräußerung der Gesellschaft oder zumindest Teilen davon, so dass die Einschränkungen der Veräußerungsmöglichkeiten für den vorliegenden Fall nicht erheb-

721 Vgl. Knobloch, Euro Finance Week, Vortrag, 25.10.2004, 8; Schulte/Sotelo, „Deutsche REITs – Möglichkeiten und Voraussetzungen einer Realisierung", in Zeitschrift für Immobilienökonomie, Ausgabe 2/2004, S. 31, (43).

lich sind, zumal die Umwandlung in die REIT-Aktiengesellschaft gerade die komplette Veräußerung verhindern soll.

Allerdings bedarf es einer gesonderten Regelung für die Fälle, in denen die REIT-Aktiengesellschaft infolge der Verpflichtung zur Durchführung von Stadtumbaumaßnahmen zum Rückbau des Bestandes verpflichtet ist. Nicht nur, dass die vom Rückbau betroffenen Immobilien kein Bestandteil der Berechnungen für die Veräußerungsbeschränkungen sein darf, es bedarf auch einer Regelung im Rahmen der Anlage- und der Einkunftsschwellen. Andernfalls läuft die REIT-Aktiengesellschaft Gefahr, dass sie entweder ihrer gesetzlichen Verpflichtung zum Statuserhalt oder der vertraglichen Verpflichtung zum Rückbau nachkommen kann, was wiederum erhebliche finanzielle Nachteile für die Gesellschaft bedeutet, ist sie doch in beiden Fällen bei Nichteinhaltung zu Strafzahlungen verpflichtet.

Unüblich, aber vorteilhaft ist die Verpflichtung, Dienstleistungen, die für Dritte erbracht werden, in Dienstleistungsgesellschaften auszugliedern. Dies kann gerade für ehemalige Wohnungsbaugesellschaften der öffentlichen Hand insofern einen Mehrwert schaffen, als die bestehende Kompetenz in der Immobilienbewirtschaftung renditesteigernd eingesetzt wird. Daneben ermöglicht die Option, die über die Haupttätigkeit der REIT-Aktiengesellschaft hinausgehende Immobilienbewirtschaftung auf externe Gesellschaften mit hoher Professionalität zu übertragen, eine größere Akzeptanz am Markt.

Die Ertragskraft der REIT-Aktiengesellschaft ist infolge der gesetzlichen Ausschüttungsverpflichtung sowie der strengen und umfassenden Publizitätsvorschriften, denen sie infolge ihrer gesellschaftsrechtlichen Ausgestaltung unterliegt, sehr gut zu erschließen.[722] Dies ist nicht nur für die Anleger, sondern auch für die Wohnungsbaugesellschaft von Vorteil, zumal diese bisher keiner strengen Kostenkontrolle unterlag.

Darüber hinaus lässt die Tatsache, dass durch die Umwandlung der Gesellschaft in eine REIT-Aktiengesellschaft die von ihr gehaltenen Immobilien zu liquiden Anlageprodukten werden und die deutlich geringeren Anlagebeschränkungen sowie die fehlende Überwachung durch eine besondere Finanzaufsicht, insbesondere im Vergleich zu einem offenen Immobilienfonds, bereits die Nachfrage

722 Vgl. Petrusek, Vom Verband zum Netzwerk ..., 2005, 5.

erheblich steigen.[723] Der Vergleich mit US-REITs, aber auch mit anderen ausländischen REITs zeigt, dass gerade managementintensive Immobilien besonders erfolgreich sind.[724] Dies gilt auch für die von Sozialhilfeempfängern bewohnten Immobilien. Im Gegensatz zu normalen Mietzahlungen ist das für die so belegten Wohnungen zu entrichtende Wohngeld sicher. Dies gilt umso mehr, seit die öffentliche Hand zunehmend von der Objekt- zur Subjektförderung übergeht, mithin mehr Transferhilfeempfänger nicht mehr eine bestimmte Wohnung zugewiesen bekommen, sondern die Miete für den von ihnen bewohnten Wohnraum erhalten.

Soweit die Renditesteigerung aus Mieterhöhungen resultiert, basieren diese zumeist auf der steigenden Nachfrage nach Wohnraum. Die höhere Nachfrage folgt aus der steigenden Anzahl von Haushalten auch bei sinkender Bevölkerung. Des Weiteren lassen sich Mieterhöhungen auf die bessere Instandhaltung, nicht hingegen auf die Luxussanierung, des Wohnraums zurückführen.[725] Die höheren Instandhaltungsaufwendungen resultieren aus der Kapitalmarktorientierung der REIT-Aktiengesellschaften sowie der Möglichkeit, neben den vom ausschüttungsfähigen Gewinn abzuziehenden notwendigen Erhaltungsaufwendungen auch die 10 % des Gewinns, die nicht der Ausschüttungsverpflichtung unterliegen, in Sanierungsmaßnahmen investieren zu können. Soweit die REIT-Aktiengesellschaft zur Durchführung von Stadtumbauprogrammen verpflichtet ist, führt deren Umsetzung auch zu einer erhöhten Nachfrage. Dies begründet sich nicht nur in den Sanierungsmaßnahmen, sondern vor allem in den Maßnahmen zur Verbesserung des strukturellen und wirtschaftlichen Umfeldes. Auch die Umsetzung des Quartiersmanagements leistet hierbei einen wichtigen Beitrag.

Letztlich führen auch die weitergehenden aufsichtsrechtlichen Regelungen hinsichtlich der Einhaltung der Strukturmerkmale der REIT-Aktiengesellschaft zu einer Renditesteigerung, da diese zur Folge haben, dass die Gesellschaft gezwungen ist, sich auf ihre Kernkompetenz zu beschränken, sowie alleine deshalb hohe Gewinne zu erzielen, um die Anlage- und Einkunftsschwellen einzuhalten.

---

723 Vgl. Beck, REIT-Konzept der IFD, 2005, 3; I.C.M.E., Studie zum REIT-Markt, 2005, 5 f.; Beyerle, Das große Ringen: REITs vor der Tür?, 2006, 3; Schomberg, Immobilienanlageinstrumente im Visier, 2005, 7 f.; Eekhoff/Arentz, REITs aus gesamtwirtschaftlicher Perspektive, 2006, 5, 9.

724 Vgl. Bone-Winkel, Entwicklung der REITs weltweit, 2005, 30; Cadmus, Projekt G-REIT, 2006, 9.

725 Vgl. Morgan Stanley Bank AG, Investing in German Residential Property, 2006, 12.

7. Reduzierter Haftungsumfang

Auch wenn die REIT-Aktiengesellschaft als börsennotierte Aktiengesellschaft strengen Haftungsvorschriften unterliegt, so ergibt sich gleichwohl bei einer Umwandlung der Wohnungsbaugesellschaften eine faktische Reduzierung des Haftungsumfangs der öffentlichen Hand. Es ist allgemeine Erfahrung, dass entstandene Verluste bei einer öffentlichen Wohnungsbaugesellschaft durch die öffentliche Hand ausgeglichen werden, in der Regel durch entsprechende Liquiditäts-Zuführung im Rahmen einer Kapitalerhöhung oder aber durch die Übernahme von Garantien gegenüber den kreditgebenden Banken, die als Eigenkapital-Ersatz bewertet werden. Es handelt sich dabei überwiegend um eine faktische Haftung – durch politische Umstände bedingt –, die jedoch von der öffentlichen Hand sehr ernst genommen wird. Als Beispiel wird auf die Berliner Wohnungsbaugesellschaften verwiesen.

Ist die Wohnungsbaugesellschaft in eine REIT-Aktiengesellschaft umgewandelt oder wurde deren Immobilienvermögen (ggf. auch teilweise) in eine REIT-Aktiengesellschaft eingebracht, so ist die öffentliche Hand künftig allenfalls noch prozentual an dieser Aktiengesellschaft beteiligt, das Aktienkapital befindet sich in seiner Mehrheit in der Hand von Anlegern. Dann aber gibt es für die öffentliche Hand nicht den geringsten Anlass, durch Eigenkapital-Maßnahmen Verluste dieser Aktiengesellschaft auszugleichen. Es müssen dann andere Wege beschritten werden, so z. B. der Rangrücktritt der kreditgebenden Banken, verbunden mit einer Kapitalerhöhung, um weitere Liquidität zu generieren.

Probleme könnte es aber für die öffentliche Hand insoweit geben, als Voraussetzung für den Börsengang die Erstellung und Veröffentlichung eines Prospekts gemäß § 3 Abs. 1 WpPG ist. Die Erstellung und Veröffentlichung eines Prospekts birgt das Risiko der Prospekthaftung gemäß § 44 Abs. 1 BörsG. Enthält der Prospekt, der zur Zulassung der Aktien zum Börsenhandel führte, unrichtige oder unvollständige Angaben, die für die Beurteilung der Aktien wesentlich sind, so haften hierfür sowohl der Prospekt-Erlasser, der insbesondere für den Prospekt förmlich die Verantwortung übernommen hat, als auch der Prospekt-Veranlasser, bei dem es sich um den tatsächlichen Urheber des Prospekts handelt.

Stellt die REIT-Aktiengesellschaft als Emittentin den Antrag auf Zulassung zum Börsenhandel gemäß §§ 30, 49. BörsG, so gehört sie zu dem Kreis der Prospekt-Erlasser, sie haftet somit unmittelbar gegenüber den Anlegern.[726]

726 Vgl. Schäfer/Hamann, Wertpapierhandelsgesetz § 45 a. F. Rz 39.

Soweit eine Haftung der sog. Prospekt-Veranlasser normiert ist, beruht dies auf dem Gedanken, dass der Prospekt von den Gesellschaften oder Personen ausgeht, die den Börsengang initiiert haben, damit auch die Erstellung des Prospekts und somit dessen eigentliche Urheber sind. Hier könnte also ein Haftungsrisiko für die öffentliche Hand bestehen, soweit diese im Zeitpunkt des Börsengangs noch an der REIT-Aktiengesellschaft beteiligt ist und durch ihre Mitwirkung bei dem Börsengang, insbesondere bei der Erstellung des Prospekts, zu dem Kreis der Initiatoren gehört. Dieses Risiko kann dadurch vermieden werden, dass sich die öffentliche Hand ausschließlich auf die Ausübung der Rechte aus der aktienrechtlichen Beteiligung beschränkt, die Aktivitäten somit den übrigen Investoren überlässt. Dann scheidet eine unmittelbare Haftung der öffentlichen Hand aus dem Gesichtspunkt der Prospekthaftung gemäß § 45 Abs. 1 Nr. 1 BörsG aus. Im Falle einer Prospekthaftung und damit verbundenen Inanspruchnahme der REIT-Aktiengesellschaft selbst wäre allenfalls der Wert der aktienrechtlichen Beteiligung der öffentlichen Hand gefährdet.

Dieses Risiko ist jedoch überschaubar und abgrenzbar, muss doch berücksichtigt werden, dass der Prospekt von der hierfür zuständigen Bundesanstalt für Finanzdienstleistungsaufsicht vor seiner Veröffentlichung eingehend geprüft wird, §§ 13, 21 WpPG.

Schließlich könnte ein Problem in der Nachhaftung im weiteren Sinne bestehen. Soweit es sich um eine reguläre Umwandlung in eine REIT-Aktiengesellschaft handelt, gehen alle Verpflichtungen auf diese über. Anders verhält es sich hingegen bei einem Verkauf der Wohnungsbaugesellschaft zwecks späterer Schaffung einer REIT-Aktiengesellschaft, bei dem die öffentliche Hand gegenüber dem Erwerber vielfach Zusicherungen bzw. Garantien abgeben muss, deren Nichteinhaltung zur Folge hat, dass sie für den daraus resultierenden Schaden haftet. Eine Auswertung der zwischen der öffentlichen Hand und Investoren abgeschlossenen Kaufverträge über Wohnungsbaugesellschaften ergibt jedoch, dass die öffentliche Hand zwecks Vermeidung einer Nachhaftung nur in einem sehr geringen Umfang – wenn überhaupt – Zusicherungen abgibt bzw. Garantien übernimmt.

Es lässt sich mithin feststellen, dass die zwar aus Anlegersicht strengen und somit zu mehr Transparenz führenden Haftungsregeln einer börsennotierten REIT-Aktiengesellschaft letzthin kein erhöhtes, sondern vielmehr ein geringeres Haftungsrisiko für die öffentliche Hand darstellen als ihre im Alleineigentum befindlichen Gesellschaften. Ein Unterschied besteht jedoch darin, dass Anteilseigner im Zweifel konsequent ihre Ansprüche gegen die REIT-Aktiengesellschaft geltend machen werden, im Gegensatz zur öffentlichen Hand, die ihre Wohnungsbaugesellschaft stets schonen wird.

8. Steuerrechtliche Vorteile

Besonders reizvoll für die Umwandlung der öffentlichen Wohnungsbaugesellschaften in eine REIT-Aktiengesellschaft ist deren steuerrechtliche Behandlung.[727] Die gänzliche Steuerbefreiung sowohl von der Körperschaft- als auch von der Gewerbesteuer ist eine erhebliche Verbesserung der derzeitigen Situation, in der jede Wohnungsbaugesellschaft seit 1990 regulär steuerpflichtig ist. Der Unterschied macht sich insofern bemerkbar, als die in eine REIT-Aktiengesellschaft umgewandelte Wohnungsbaugesellschaft zukünftig nicht mehr das Unternehmensziel hat, möglichst keine Gewinne zu erzielen, um die Steuerlast gering zu halten. Vielmehr muss die REIT-Aktiengesellschaft für ihren wirtschaftlichen Erfolg besonders hohe Gewinne erzielen, damit die Ausschüttungen an die Aktionäre entsprechend umfangreich sind, sie muss mithin ein renditestarkes Anlageprodukt darstellen. Dies geschieht, soweit die öffentliche Hand selbst an der REIT-Aktiengesellschaft beteiligt ist, auch in ihrem eigenen Interesse, erwirtschaftet sie doch nur so langfristig Gewinne. Folglich führt die Steuerbefreiung der REIT-Aktiengesellschaft auf Gesellschaftsebene zu einer Unternehmenspolitik, die am Kapitalmarkt ausgerichtet ist.

Dieser steuerrechtliche Vorteil für die Gesellschaft lässt sich letztendlich sonst nur durch die Umwandlung in offene Immobilienfonds ermöglichen. Jedoch ist nicht nur deren gesellschaftsrechtliche Struktur für die Wohnungsbaugesellschaften der öffentlichen Hand ungeeignet. Vielmehr führt die fehlende Transparenz offener Immobilienfonds ebenso wie die fehlende Handelbarkeit der Anteile zu erheblichen Bewertungsabschlägen. Darüber hinaus ist die gesetzliche Rücknahmeverpflichtung der Anteile in Verbindung mit der hierfür notwendigerweise vorgehaltenen Liquidität sowie den weiteren Einschränkungen der Unternehmenstätigkeit für die öffentlichen Wohnungsbaugesellschaften nicht darstellbar. Folglich scheidet diese aus steuerrechtlichen Erwägungen in Betracht gezogene Alternative aus.

Bliebe folglich nur die Beibehaltung der bisherigen Struktur, die jedoch offensichtlich nicht dazu geeignet ist, die Wohnungsbaugesellschaften rentabel zu

727 Vgl. Eurohypo AG, German REITs: Germany joining the party?, 2006, 5 f.

machen. Die Konsequenz war zumindest vielfach der Ausverkauf, so dass im Endeffekt – will man diesen verhindern – nur die Umwandlung in eine REIT-Aktiengesellschaft verbleibt. Aufgrund der steuerrechtlichen Vorteilhaftigkeit der REIT-Aktiengesellschaft ist dies nicht nur eine notwendige, sondern die überzeugendste Lösung.

Die Steuerpflicht auf Anlegerebene, also auch die Steuerpflicht der öffentlichen Hand im Rahmen ihres Anteilsbesitzes an der REIT-Aktiengesellschaft, stellt ebenfalls kein Problem dar, kann doch die öffentliche Hand steueroptimierend Anteile an verschiedenen Gesellschaften halten. Im Übrigen galt für sie als bisher einziger Anteilseigner der Wohnungsbaugesellschaft ebenfalls die Steuerpflicht, die nur infolge der geringen Renditen sowie der fehlenden Ausschüttung von Gewinnen aufgrund der sonst fälligen Besteuerung der EK 02-Reserven selten eintrat.[728] Soweit die öffentliche Hand hingegen an einer REIT-Aktiengesellschaft beteiligt ist, generiert sie jährlich Dividenden, die sie zwar versteuern muss, die jedoch die bisherigen Überschüsse übersteigen. Folglich ist nicht nur die Struktur der REIT-Aktiengesellschaft auf Gesellschaftsebene aufgrund der steuerrechtlichen Behandlung vorteilhafter, sondern auch auf Anlegerebene für die öffentliche Hand, da sie durch die Umwandlung als Aktionär der REIT-Aktiengesellschaft höhere Dividenden erhält, die sie zur Sanierung ihres Haushalts nutzen kann.

9. Schlussfolgerung

Abschließend lässt sich somit feststellen, dass die Privatisierung der öffentlichen Wohnungsbaugesellschaften in REIT-Aktiengesellschaften durch die direkte Umwandlung in REIT-Aktiengesellschaften kaum Risiken in sich birgt, dafür aber eine wirtschaftlich überzeugende Lösung darstellt. Dies gilt nicht nur unter dem Gesichtspunkt der Renditesteigerung infolge der größeren Spezialisierung und Qualifizierung sowie der Tatsache, dass die Immobilie zu einem fungiblen Wertpapier wird, sondern auch vor dem Hintergrund der steuerrechtlichen Vorteile sowie der Tatsache, dass trotz verminderter Haftung die öffentliche Hand ihren Einfluss weiterhin geltend machen und ihren Versorgungsauftrag erfüllen kann.

728 Vgl. Stadt Freiburg, Bericht zur Haushaltskonsolidierung, 2006, Ziff. 3. b).

IV. Privatisierung durch Veräußerung an Zwischeninvestoren

Wie bereits festgestellt, bildet die Privatisierung durch Veräußerung an Zwischeninvestoren insofern das Gegenstück zur Privatisierung durch Veräußerung an Endinvestoren, als die öffentliche Hand ihre Gesellschaft erst an einen Zwischeninvestor veräußert, der sodann eine möglichst wirtschaftlich lohnende Weiterveräußerung anstrebt.

Zwar ist, wie soeben dargelegt, die Privatisierung der Wohnungsbaugesellschaften der öffentlichen Hand durch direkte Umwandlung in eine REIT-Aktiengesellschaft eine Alternative zum Verkauf der gesamten Gesellschaft bzw. von Teilen derselben, es gibt aber vielfältige Gründe, die dazu führen, dass die öffentliche Hand dennoch zum Verkauf der Gesellschaft gezwungen ist. Zumeist liegt dies darin begründet, dass die öffentliche Hand kurzfristig einen möglichst hohen Veräußerungserlös erwirtschaften muss. Ein solcher ist jedoch bei der Privatisierung der die Immobilien haltenden Gesellschaften in REIT-Aktiengesellschaften nur bedingt möglich, da die öffentliche Hand Anteile an der REIT-Aktiengesellschaft halten wird, mithin nicht alles veräußert. Soweit die REIT-Aktiengesellschaft hingegen langfristig höhere und auch ausschüttungsfähige Gewinne erwirtschaftet, hilft das u. U. der öffentlichen Hand in der kurzfristigen Betrachtungsweise nicht weiter.

Darüber hinaus ist bei dem Status der REIT-Aktiengesellschaft für die bestehenden öffentlichen Wohnungsbaugesellschaften zu beachten, dass das Eigenkapital mindestens 45 % des im Jahresabschluss angesetzten Betrages des unbeweglichen Vermögens betragen muss, die Gesellschaften aber häufig erheblich höher verschuldet sind. Dies hat zur Folge, dass die Umwandlung in eine REIT-Aktiengesellschaft zunächst eine teilweise Entschuldung der Gesellschaft voraussetzt, die wiederum für die öffentliche Hand nur schwer umsetzbar ist, da ihre Gesamtverschuldung nicht die Option zur kurzfristigen Tilgung der Verbindlichkeiten eröffnet. Häufig würde auch nicht die Streuung der Aktien genügen, um alle Verbindlichkeiten der Gesellschaft abzulösen, es sei denn, die öffentliche Hand hält kaum oder keine Anteile an der REIT-Aktiengesellschaft. Dann aber besteht kein Unterschied zum Verkauf der Gesellschaft.

Kommt es aus diesen Gründen zur Veräußerung, dann ist jedenfalls die Erfüllung des Versorgungsauftrags der öffentlichen Hand durch strafbewehrte Zusatzvereinbarungen z. B. im Rahmen einer Sozialcharta zu gewährleisten. Die Veräußerungsverträge müssen außerdem eine strafbewehrte Klausel dergestalt beinhalten, dass im Zuge anschließender Umwandlungen oder Veräußerungen der Wohnungsbaugesellschaften diese Zusatzvereinbarungen ihre Geltung beibehalten.[729]

Die öffentliche Hand hat durch die vollständige Veräußerung aber nicht nur den Vorteil des kurzfristig erzielten Gewinns, sondern auch den der Übernahme aller Verbindlichkeiten sowie der Immobilien, die nicht rentabel zu bewirtschaften sind. Daher ist es u. U. für die öffentliche Hand sinnvoller, die Wohnungsbaugesellschaften im Wege der Privatisierung durch die Veräußerung an einen Zwischeninvestor an den deutschen Immobilienmarkt zu bringen.

1. Anforderungen des internationalen Kapitalmarkts

Für die erfolgreiche Veräußerung von Wohnungsbaugesellschaften an einen Zwischeninvestor ist wichtig, dass die Anforderungen des internationalen Kapitalmarkts erfüllt werden. Dieser erwartet nicht nur hohe Renditen, sondern das Bestehen von Wertsteigerungsfaktoren.[730] Hierzu zählen sowohl Optimierungspotenziale in der Ausrichtung einer Gesellschaft und ihrer Struktur als auch solche am Markt. Insofern ist die Wertschöpfung nicht nur davon abhängig, dass die Gesellschaft selbst nach einer Umstrukturierung höhere Renditen erwirtschaften kann, sondern auch davon, dass die langfristige Nachfrage für das angebotene Produkt besteht.[731]

Hinsichtlich der Wohnungsbaugesellschaften wurde bereits für die direkte Umwandlung in eine REIT-Aktiengesellschaft festgestellt, dass durch die Spezialisierung des Immobilienbestandes und die Qualifizierung des Managements erhebliche Wertsteigerungspotenziale bestehen. Daneben ist aber auch wichtig, dass Wohnungen langfristig nachgefragt werden, was sich wiederum aufgrund des demographischen Wandels nur eingeschränkt annehmen lässt.[732] Andererseits sehen sich insbesondere Wachstumsregionen mit einer steigenden Nachfrage nach Wohnraum konfrontiert. Auch die Entwicklung des Rentensystems lässt vermuten, dass das Altersvorsorgeprodukt Eigenheim zukünftig eine wichtigere Rolle einnehmen wird.

729 Vgl. Abschnitt B. III; Abschnitt G. III. 4.

730 Vgl. Morgan Stanley Bank AG, Investing in German Residential Property, 2006, 17 ff.

731 Vgl. Frics, „Wohnimmobilien im Fokus der Investoren – Was wird gesucht? (Teil 1)", in Der Immobilienbrief 2005, Nr. 80, S. 4, (5).

732 Vgl. Deutsche Bank Research, Wohnungsportfolios in Deutschland, 2005, 14 f.

Letztlich aber sind insbesondere die Preise am deutschen Immobilienmarkt im internationalen Vergleich so gering, dass allein aufgrund der Anpassung der Märkte in den Industrieländern von einer Preissteigerung auch in Deutschland ausgegangen werden muss. Insofern sind die Anforderungen des Kapitalmarkts in Bezug auf den Erwerb von Wohnungsbaugesellschaften der öffentlichen Hand ausreichend erfüllt.

2. Optionen internationaler Großinvestoren

Erfolgt die Privatisierung der öffentlichen Wohnungsbaugesellschaften durch die Veräußerung an Zwischeninvestoren, so stellt sich die Frage, was mit dem Immobilienbestand langfristig geschieht. Internationale Investoren suchen zumeist den mittelfristigen Exit, also den relativ schnellen Ausstieg aus ihrem Engagement.[733] Der Zeitraum beträgt einige Jahre, innerhalb derer die Immobilien zumeist für einen lukrativen Verkauf soweit wie nötig aufgewertet werden. Der Exit besteht zumeist in dem Verkauf von ganzen Portfolios an weitere Investoren, seltener in dem Verkauf einzelner Objekte beispielsweise an Mieter. Dann stellt sich aber die Frage, ob nicht auch hier das Modell der REIT-Aktiengesellschaft zukünftig als Exit-Strategie praktiziert werden sollte.[734]

Der Vorteil eines Ausstiegs aus dem Engagement durch Umwandlung in eine REIT-Aktiengesellschaft bestünde insbesondere darin, dass es sich bei dieser Gestaltungsvariante um eine Privatisierung auch im Sinne der öffentlichen Hand handelt. Dies gilt nicht nur, weil sie dadurch die Möglichkeit erhält, Anteile an der Gesellschaft – wenn auch zu einem höheren Preis – zurückzuerwerben, sondern weil die Immobilien dadurch langfristig in den Besitz verschiedener, im Zweifel inländischer Einzel- und Großinvestoren gelangen. Dies ist insbesondere in der politischen Diskussion ein wichtiges Argument, vermehren sich seit einiger Zeit nämlich dort die Aversionen gegenüber dem Geschäftsgebaren internationaler Finanzinvestoren.

---

733 Vgl. HSH Nordbank, Wohnungsportfoliotransaktionen in Deutschland, 2006, 30 ff.; Müller, „Konsequenzen und Alternativen zum Ausverkauf des kommunalen Assets „Immobilien" an Finanzinvestoren", in Der Immobilienbrief 2005, Nr. 85, S. 19, (20); Schulz-Wulkow/Kohl/ von Goldbeck/Glöckner, G-REIT – Ein neuer Weg zum Kapitalmarkt, 2006, 3; REITs in Deutschland, Morgan Stanley: Wohnungspakete Reservoir für REIT-Markt, 9.2.2006.

734 Vgl. Bundesministerium der Finanzen, Folgen einer möglichen Nichteinführung deutscher REITs, 2006, 2; Beyerle, Der deutsche Immobilienmarkt im Visier ausländischer Investmentgesellschaften, 2005, 10; Deutsche Bank Research, Wohnungsportfolios in Deutschland, 2005, 27 f., 31 ff.

Für den Zwischeninvestor ist in erster Linie die Gewinnoptimierung bei der Veräußerung der Immobilien von Bedeutung. Zumeist erreicht er diese nach ähnlichen Prinzipien wie REIT-Aktiengesellschaften nach der direkten Umwandlung der Wohnungsbaugesellschaft. Folglich wird nicht nur das Portfolio zur besseren Spezialisierung reduziert, sondern auch vielfach das Management neu besetzt. Instandhaltungsaufwendungen werden nicht nur infolge der gegenüber der öffentlichen Hand eingegangenen Verpflichtungen, sondern auch aus Renditeerwägungen durchgeführt. Soweit notwendig gilt dies auch für die Erschließung der näheren Umgebung.

Im Gegensatz zu REIT-Aktiengesellschaften haben die von Investoren erworbenen Gesellschaften keine steuerrechtlichen Vorteile. Vielmehr sind die Gesellschaften regulär steuerpflichtig, wobei hinzukommt, dass die EK 02-Rücklagen, soweit die Gesellschaften Gewinnausschüttungen vornehmen, gemäß § 38 KStG weiterhin besteuert werden. Folglich können entweder keine Gewinne ausgeschüttet werden, oder aber es sind schwierige Konstruktionen über im Ausland zwischengeschaltete Gesellschaften notwendig, um Gewinne abschöpfen zu können. Diese Gestaltungen wiederum erfordern einen hohen Beratungs- und daraus resultierenden Kostenaufwand. Insofern könnte es bereits für den Investor interessant sein, allein um das EK 02-Problem zu lösen, die Option der Umwandlung in eine REIT-Aktiengesellschaft in Erwägung zu ziehen. Dies gilt insbesondere vor dem Hintergrund, dass eine Weiterveräußerung zum derzeitigen Zeitpunkt das Problem in sich birgt, dass der Investor Preisabschläge vor allem wegen der reduzierten Ausschüttungsmöglichkeit infolge der EK 02-Regelung hinnehmen muss.

Letztlich aber ist für den Investor besonders interessant, dass die von ihm erworbene und durch Umstrukturierungen bereits kapitalmarktfähige Wohnungsbaugesellschaft eine deutliche Aufwertung erfährt, wenn sie für den Markt als REIT-Aktiengesellschaft geöffnet wird.[735] Insofern kann der Investor daraus einen höheren Gewinn erzielen, als wenn er versuchen würde, das Portfolio an einen oder wenige weitere Investoren zu veräußern.

735 Vgl. HSH Nordbank, Wohnungsportfoliotransaktionen in Deutschland, 2006, 32 f.

3. Schlussfolgerung

Die getroffenen Erwägungen zeigen, dass die Privatisierung durch Veräußerung an Zwischeninvestoren ihre Bedeutung beibehalten wird, auf Veräußererseite insbesondere für öffentliche Wohnungsbaugesellschaften und auf Erwerberseite für kapitalstarke Großinvestoren. Anschließend werden die Großinvestoren den Exit über die Umwandlung der erworbenen Wohnungsbaugesellschaften zumeist in eine REIT-Aktiengesellschaft vollziehen. Dies gilt nicht nur vor dem Hintergrund, dass es sich dabei um eine lukrative Verwertungsmöglichkeit der Gesellschaft handelt, sondern auch, weil es sich bei einem REIT um eine international etablierte Gesellschaftsform handelt, hat doch gerade die Vergangenheit gezeigt, dass internationale Investoren die bestehenden Anlagevehikel nicht nutzen, da sie ihnen nicht gängig sind. So erklärt sich auch, dass zwar vielfach Börsengänge der erworbenen Immobiliengesellschaften angestrebt, hingegen keine Fonds aufgelegt werden, obwohl dies in Deutschland historisch und unter steuerrechtlichen Erwägungen nachvollziehbarer wäre.[736]

Im Übrigen aber sollte die Privatisierung des Immobilienvermögens nicht dadurch erfolgen, dass Gesellschaften von einem einzelnen Investor an den nächsten veräußert werden. Diesem Ziel können REIT-Aktiengesellschaften in vollem Umfang gerecht werden, so dass jegliche Unterstützung der den Exit suchenden Investoren im Hinblick auf die Umwandlung der Gesellschaften in REIT-Aktiengesellschaften notwendig ist. Vor diesem Hintergrund stellt aber auch die Privatisierung durch Veräußerung an einen Zwischeninvestor kein Problem aus sozial-politischen Erwägungen heraus dar, da sie nur einen Zwischenschritt im Gegensatz zur Privatisierung durch direkte Umwandlung der Gesellschaft in eine REIT-Aktiengesellschaft darstellt und die Erfüllung des Versorgungsauftrags nicht nur durch den Zwischeninvestor mit Hilfe von vertraglichen Vereinbarungen, beispielsweise über eine Sozialcharta, sondern auch für den Fall etwaiger weiterer Veräußerungen durch entsprechende Nachfolgeklauseln sichergestellt ist.

736 Vgl. Bundesministerium der Finanzen, Argumente für die Einführung deutscher REITs, 2006, 3.

H. Fazit

Die vorliegende Arbeit hat aufgezeigt, aus welchen Gründen die öffentlichen Wohnungsbaugesellschaften mit erheblichen wirtschaftlichen Problemen zu kämpfen haben. Hierbei fällt vor allem ihre wirtschaftliche Unrentabilität infolge des überdurchschnittlich hohen Leerstands, fehlender Kostenkontrolle und verhältnismäßig teurer Verwaltung auf. Dies hat zur Folge, dass weniger finanzielle Mittel beispielsweise für Instandhaltungsaufwendungen zur Verfügung stehen. Das Ergebnis ist der erhebliche Substanzverfall der im öffentlichen Eigentum befindlichen Wohnimmobilien, so dass auch die Nachfrage am Markt, mit Ausnahme der Mieter, die auf diesen Wohnraum angewiesen sind bzw. denen er zugewiesen wird, stetig abnimmt. Infolge dessen sowie der zunehmenden Verschuldung der Kommunen und Länder aber auch des Bundes ist die öffentliche Hand dazu übergegangen, ganze Wohnungsbaugesellschaften oder zumindest Teilportfolios an Investoren zu veräußern, die diese Immobilien nur kurz- bis mittelfristig halten. Dieser Vorgang wird im Rahmen der vorliegenden Arbeit als Privatisierung durch Veräußerung an Zwischeninvestoren bezeichnet. Daneben besteht die Möglichkeit der Privatisierung durch Veräußerung an Endinvestoren und Eigentümerhaushalte, die derzeit jedoch selten umgesetzt wird, da die Bestände als langfristige Investition keine große Nachfrage bei kleineren Investoren bzw. Anlegern erfahren. Daher war zu prüfen, ob das Modell der indirekten Immobilienanlage geeignet ist, die Probleme der Wohnungsbaugesellschaften der öffentlichen Hand aufzufangen.

I. Nationales und internationales Marktumfeld

Der in Deutschland existierende Markt der indirekten Immobilienanlagen besteht einerseits aus Immobilien-AGs und andererseits aus geschlossenen und offenen Immobilienfonds. Da geschlossene Immobilienfonds ihren Reiz hauptsächlich in den noch teilweise existierenden sog. Steuersparmodellen und in ihrem jeweils vergleichsweise geringen Einzelvolumen haben, sind sie für Privatisierungszwecke ganzer Wohnungsbaugesellschaften ungeeignet. Etwas anderes könnte hingegen für die Immobilien-AG gelten, ist sie doch eine reguläre Kapitalgesellschaft, wie auch die öffentliche Wohnungsbaugesellschaften, die jedoch zumeist als GmbH ausgestaltet sind.

Allerdings spielen Immobilien-AGs in Deutschland eine eher untergeordnete Rolle, zumal ihre fehlende Transparenz sowie die nicht am Marktwert orientierten Bewertungsmethoden in Verbindung mit der regelmäßig sehr geringen Streubesitzquote dazu führen, dass ihre Aktien durchschnittlich nicht erfolgreich am Markt gehandelt werden. Insofern unterscheidet sich der deutsche Markt grundlegend von dem britischen und dem französischen Markt, die beide traditionell viele etablierte Immobilien-AGs aufweisen. In Deutschland hingegen beschränkt sich die Zahl der Immobilien-AGs, die einen wachsenden Erfolg verbuchen können, auf einige wenige.[737] Da eine Privatisierung des öffentlichen Immobilienvermögens aber auf Seiten der öffentlichen Hand Liquidität generieren soll, scheint die Immobilien-AG keine interessante Gesellschaftsform, wäre ihr Erfolg doch eher fraglich.

Mithin verbleibt der offene Immobilienfonds, der den Vorteil gegenüber der Immobilien-AG genießt, sowohl von der Körperschaft- als auch von der Gewerbesteuer befreit zu sein.[738] Dennoch weist auch der offene Immobilienfonds erhebliche Probleme auf. Nicht nur, dass seine Unternehmenstätigkeit eingeschränkt ist, er unterliegt außerdem unverhältnismäßig strengen Auflagen, um den Anlegerschutz zu gewährleisten. Darüber hinaus fehlt es den Anteilen eines offenen Immobilienfonds an Fungibilität. Eine Handelbarkeit am Zweitmarkt scheidet praktisch aus. Dies wiederum hat zur Folge, dass der nationale Kapitalmarkt das Produkt nur eingeschränkt, der internationale Kapitalmarkt überhaupt nicht annimmt.

Vor dem Hintergrund, dass die Kapitalmärkte weltweit zusammenwachsen und Deutschland ein steigendes Interesse daran hat, ausländisches Kapital im Inland zu binden, empfahl es sich, ein international etabliertes Produkt dergestalt zu entwickeln, dass es einerseits ausländische Investoren dazu bewegt, ihr Kapital in Deutschland anzulegen, andererseits aber auch für inländische Investoren eine interessante Alternative zum bestehenden Anlagemarkt aufzeigt. Insofern war es naheliegend, sich mit dem Institut eines REIT näher zu beschäftigen, zumal es sich dabei hinsichtlich der steuerrechtlichen Behandlung um das Pendant zum offenen Immobilienfonds handelt und der REIT ein weltweit anerkanntes Instrument der indirekten Immobilienanlage darstellt, was sich insbesondere aus der Fungibilität der Anteile sowie den verhältnismäßig hohen Renditen erklärt. Für die vorliegende Untersuchung ist neben der internationalen Anerken-

---

737 Es handelt sich maximal um fünf Immobilien-AGs, die erfolgreich am Markt agieren, deren Handelsvolumen wie auch das Gesellschaftsvolumen allerdings unvergleichbar geringer ist als das insbesondere der britischen Immobilien-AGs, aber auch das der französischen.

738 Die Immobilien-AG ist allenfalls von der Gewerbesteuer befreit, wenn sich ihre Unternehmenstätigkeit ausschließlich auf die Bewirtschaftung von Immobilien beschränkt.

nung von REITs von Bedeutung, dass die in Deutschland daneben bestehenden Anlageprodukte für die Privatisierung von öffentlichen Wohnungsbaugesellschaften ungeeignet sind. Hierfür können REITs eine Alternative darstellen.

Hinsichtlich der Privatisierung der öffentlichen Wohnungsbaugesellschaften bedarf es jedoch der Beachtung einiger Faktoren, die es einzuhalten gilt. Die öffentliche Hand privatisiert ihr Vermögen, um hieraus Gewinne zu generieren und damit ihren Haushalt zu sanieren. Folglich müssen die durch die Umwandlung in REITs sowie die von REITs erzielbaren Erlöse mindestens vergleichbar hoch sein wie bei einem Verkauf der Gesellschaften. Im Übrigen ist die Privatisierung in REITs nur interessant, sofern das mit der regulären Veräußerung einhergehende Risiko des Einflussverlusts der öffentlichen Hand auf die weitere Art der Bewirtschaftung insbesondere hinsichtlich der Erfüllung des Versorgungsauftrags wenn nicht ausgeschlossen, so zumindest minimiert wird.

Unabhängig davon bedarf es für den Erfolg eines REIT innerhalb Europas nicht nur einer wettbewerbsfähigen, sondern auch einer dem Europarecht entsprechenden Konzeption. Dies gilt umso mehr, als nicht nur Frankreich bereits einen erfolgreichen und Großbritannien seit dem 1.1.2007 einen REIT hat, sondern auch die Niederlande, Belgien sowie weitere Länder innerhalb Europas REITs vor vielen Jahren eingeführt und sich die Märkte hierfür längst im europäischen Ausland etabliert haben.

II. Schlussfolgerung für den nationalen Immobilienanlagemarkt

Die vorliegende Arbeit soll nicht nur eine vorteilhafte, sondern auch eine rechtlich und tatsächlich umsetzbare Lösung für deutsche REITs aufzeigen, die letztlich insbesondere von Wohnungsbaugesellschaften zu Privatisierungszwecken genutzt werden kann. Im Folgenden soll daher ergebnisorientiert noch einmal auf der Grundlage des REITG zusammengefasst werden, aus welchen Gründen sich der deutsche REIT von anderen Immobilienanlageprodukten absetzt.

Dem REITG zufolge muss der deutsche REIT als Aktiengesellschaft ausgestaltet werden und unterliegt grundsätzlich den allgemein für Aktiengesellschaften geltenden Vorschriften. Dies gilt insbesondere für die Publizitäts- und die Haftungsvorschriften sowie die Organisation des Managements. Die konsequenterweise als REIT-Aktiengesellschaft bezeichnete Aktiengesellschaft darf nur stimmberechtigte Aktien ausgeben, die sich wiederum bei Börsenzulassung zu 25 % und langfristig zu 15 % dergestalt im Streubesitz befinden müssen, dass maximal 3 % der Anteile von einem Aktionär gehalten werden. Des Weiteren darf infolge der internationalen Schachtelprivilegien im Rahmen der von Deutschland vereinbarten Doppelbesteuerungsabkommen jeder Aktionär nur weniger als 10 % der Gesellschaftsanteile oder der Stimmrechte direkt halten. Anderenfalls könnten nämlich die als Dividenden qualifizierten Ausschüttungen der REIT-Aktiengesellschaft nicht oder nur in geringerem Maße als es das grundsätzlich bestehende Quellenbesteuerungsrecht vorsieht in Deutschland besteuert werden.[739]

Das REITG setzt voraus, dass sich der Satzungs- und der Verwaltungssitz der REIT-Aktiengesellschaft in Deutschland befinden. Wie dargelegt, handelt es sich hierbei jedoch um einen nicht gerechtfertigten Eingriff in die Kapitalverkehrsfreiheit i. S. d. Art. 56 EGV, soweit eine ausländische Gesellschaft ohne Niederlassung in Deutschland Einkünfte aus unbeweglichem Vermögen generiert und alle unternehmerischen Voraussetzungen einer REIT-Aktiengesellschaft mit Ausnahme des inländischen Sitzes erfüllt. Das Erfordernis des inländischen Sitzes darf folglich nur eingreifen, wenn die REIT-Aktiengesellschaft aus Deutschland unter Beibehaltung ihrer Rechtspersönlichkeit wegziehen will.

Zudem muss die REIT-Aktiengesellschaft an der Börse notiert werden, um so nicht nur einen erhöhten Grad an Transparenz zu gewährleisten, sondern auch eine echte Alternative zu den nicht fungiblen offenen Immobilienfonds darzustellen. Die Notierung kann jedoch an jedem organisierten Markt innerhalb der EU oder des EWR erfolgen.

Die REIT-Aktiengesellschaft selbst ist sowohl von der Körperschaft- als auch von der Gewerbesteuer befreit, muss jedoch im Gegenzug u. a. die folgenden Voraussetzungen in der Unternehmenstätigkeit, von der Bestandsmietwohnimmobilien ausgeschlossen sind, erfüllen: Die REIT-Aktiengesellschaft unterliegt einer Anlageschwelle dergestalt, dass zum Ende jedes Geschäftsjahres 75 % der Aktiva reduziert um die Ausschüttungsverpflichtung und die Rücklagen in unbewegliches Vermögen investiert sein müssen. Darüber hinaus dürfen den

739 Für Doppelbesteuerungsabkommen, die eine indirekte Beteiligung über eine Personengesellschaft der direkten Beteiligung gleichsetzen oder auf die Kontrolle der Stimmrechte abstellen, normiert das REITG ein Treaty Overriding, mit der Folge, dass daraus keine weitergehenden Rechte hergeleitet werden können. Gleiches gilt, wenn nur die Summe der direkten und indirekten Beteiligungen eines Aktionärs die Höchstbeteiligungsgrenze von 10 % überschreitet; vgl. § 20 Abs. 4 REITG; Abschnitt F. VII. 2. b.

REIT-Dienstleistungsgesellschaften maximal 20 % der Aktiva abzüglich der Ausschüttungsverpflichtung und der Rücklagen zugerechnet werden. Ebenso sind die Einkunftsschwellen aufgeteilt. Die REIT-Aktiengesellschaft muss 75 % der Umsatzerlöse zuzüglich der sonstigen Erträge aus unbeweglichem Vermögen aus ihrer Haupttätigkeit erzielen. Hierzu zählen insbesondere Einkünfte aus Vermietung, Verpachtung und Veräußerung sowie ihre immobiliennahen Tätigkeiten. Höchstens 20 % ihrer Umsatzerlöse zuzüglich der sonstigen Erträge aus unbeweglichem Vermögen dürfen aus Umsatzerlösen zuzüglich der sonstigen Erträge aus unbeweglichem Vermögen der REIT-Dienstleistungsgesellschaften stammen.

Soweit die REIT-Aktiengesellschaft Immobilien erwirbt und veräußert, soll, dem internationalen Standard entsprechend, zumindest ein sog. Durchhandeln verhindert werden. Dies geschieht dadurch, dass innerhalb von fünf Jahren Immobilien in Höhe von maximal 50 % des durchschnittlichen Gesamtbestandes der REIT-Aktiengesellschaft inklusive dem Bestand, der den Tochtergesellschaften, d. h. den Auslandsobjektgesellschaften und den Immobilienpersonengesellschaften, zugerechnet wird, veräußert werden dürfen.

Die REIT-Aktiengesellschaft ist weiterhin verpflichtet, 90 % ihres handelsrechtlichen Jahresüberschusses zuzüglich aufgelöster Rücklagen und abzüglich der in die Rücklage neu eingestellten Veräußerungsgewinne an die Aktionäre bis zum Ende des folgenden Geschäftsjahres als Dividende auszuschütten. Für Veräußerungsgewinne gilt nämlich die Besonderheit, dass sie im Gegensatz zu den Einkünften aus der Immobilienbewirtschaftung nur in Höhe von 50 % direkt an die Aktionäre ausgeschüttet werden müsse. In Höhe der weiteren 50 % können sie in eine Rücklage eingestellt werden, die erst zum Ende des zweiten auf das der Einstellung folgenden Geschäftsjahres aufgelöst werden muss, soweit die Gewinne nicht zur Reinvestition aufgebraucht wurden.

Notwendige Erhaltungsaufwendungen werden bei der Gewinnermittlung berücksichtigt. Zudem sind Abschreibungen in gleichbleibenden Jahresraten zulässig. Außerplanmäßige Abschreibungen sind darüber hinaus erlaubt.

Der weltweite Erfolg von REITs begründet sich in deren steuerrechtlicher Behandlung. Diese zeichnet sich durch die sog. transparente Besteuerung, also der Besteuerung ausschließlich auf Anleger- und nicht auf Gesellschaftsebene, aus. Im Gegensatz zur französischen SIIC, dem US-REIT und in bestimmten Grenzen dem UK-REIT wird die REIT-Aktiengesellschaft vollumfänglich von der Steuerpflicht befreit. Zur Begründung hierfür wird allgemein auf die Einschlägigkeit der Mutter-Tochter-Richtlinie und der Fusionsrichtlinie im grenzüberschreitenden Verkehr Bezug genommen. Diese Argumentation ist folgerichtig. Beide Richtlinien setzen für ihre Anwendbarkeit voraus, dass die sich auf die Einschlägigkeit der jeweiligen Richtlinie berufende Gesellschaft der Körperschaftsteuerpflicht bzw. einer vergleichbaren ausländischen Steuerpflicht unterworfen ist.

Allerdings ist darüber hinaus festzustellen, dass sowohl die Mutter-Tochter-Richtlinie als auch die Fusionsrichtlinie ihren Anwendungsbereich an eine weitere Bedingung knüpfen: die Mindestbeteiligungshöhe. Daher muss die Gesellschaft, die infolge der Mutter-Tochter-Richtlinie Ausschüttungen von einer anderen Gesellschaft erhält, an dieser mindestens in einer bestimmten Höhe ebenso unmittelbar beteiligt sein wie die Gesellschaft an der anderen Gesellschaft, mit der sie im Rahmen der Fusionsrichtlinie fusionieren will. Diese Mindestbeteiligungshöhe von bisher 20 %, beträgt seit dem 1.1.2007 15 % und wird ab dem 1.1.2009 auf 10 % weiter reduziert.[740]

Die Voraussetzung der Mindestbeteiligungshöhe hat zur Folge, dass kein Anteilseigner der REIT-Aktiengesellschaft in den Genuss kommen kann, aufgrund der Mutter-Tochter-Richtlinie steuerfrei Dividenden von der REIT-Aktiengesellschaft zu beziehen, da die unmittelbare Beteiligung an dieser auf jeweils unter 10 % beschränkt ist. In Bezug auf die REIT-Aktiengesellschaft selbst hat die Frage der Einschlägigkeit der Mutter-Tochter-Richtlinie keine Auswirkung, da sie zwar an Tochtergesellschaften unmittelbar beteiligt sein darf, jedoch auf Gesellschaftsebene steuerbefreit ist, mithin nicht die Einschlägigkeit des § 43 b EStG bzw. der Mutter-Tochter-Richtlinie geltend zu machen braucht.

Rein hypothetisch betrachtet würde sich in Anlehnung an internationale Standards daran auch dann nur theoretisch etwas ändern, wenn die Steuerbefreiung der REIT-Aktiengesellschaft auf Gesellschaftsebene entfiele. Weltweit zeichnen sich nämlich REITs dadurch aus, dass in jedem Fall die infolge der Ausschüttungsverpflichtung an die Anleger ausgeschütteten Gewinne auf Gesellschaftsebene steuerbefreit werden. Soweit nun 90 % des von der REIT-Aktiengesellschaft erwirtschafteten Jahresüberschusses ausgeschüttet werden müssen, betrifft die Steuerfreiheit infolge der Mutter-Tochter-Richtlinie höchstens 10 % der erwirtschafteten Einkünfte. Dies entspricht aber auch der steuerlichen Behandlung der

---

740 Auch § 43 b Abs. 2 EStG, der in Umsetzung der Mutter-Tochter-Richtlinie eingeführt wurde, normiert eine mindestens ununterbrochen seit zwölf Monaten bestehende Beteiligung in Höhe von 20 % an der die Einkünfte i. S. d. § 20 Abs. 1 Nr. 1 EStG ausschüttenden Gesellschaft.

nicht der Ausschüttungsverpflichtung unterliegenden 10 %, wenn die REIT-Aktiengesellschaft gänzlich von der Steuer befreit ist. Insoweit unterscheidet sich die steuerrechtliche Behandlung der REIT-Aktiengesellschaft im internationalen Vergleich, als REITs üblicherweise mit den nicht der Ausschüttungsverpflichtung unterliegenden Gewinnen steuerpflichtig sind. Es lässt sich daher feststellen, dass der Anwendungsbereich der Mutter-Tochter-Richtlinie bereits durch die Regelung zur maximalen Beteiligungshöhe an einer REIT-Aktiengesellschaft ausgeschlossen ist.

Etwas anderes gilt jedoch hinsichtlich der Fusionsrichtlinie. Unter der hypothetischen Annahme, dass die REIT-Aktiengesellschaft steuerpflichtig ist, kann zwar wegen der Höchstbeteiligungsklausel weiterhin kein Anleger die Einschlägigkeit der Fusionsrichtlinie zu Zwecken der steuerneutralen grenzüberschreitenden Fusion geltend machen. Allerdings ist dies der REIT-Aktiengesellschaft selbst möglich, da es ihr offen steht, sich an Immobilienpersonengesellschaften zu beteiligen.[741] Sollte die REIT-Aktiengesellschaft nun infolge einer grenzüberschreitenden Beteiligung an einer Immobilienpersonengesellschaft auch mit dieser fusionieren wollen, so wäre dies unter Berufung auf die Fusionsrichtlinie ohne weiteres steuerneutral möglich. Vor diesem Hintergrund, aber auch nur deshalb, ist es steuerpolitisch überzeugend, die REIT-Aktiengesellschaft gänzlich von der Steuerpflicht zu befreien.

Im Hinblick auf die Verschmelzungsrichtlinie, die nicht in Abhängigkeit von der Steuerpflicht sowie den Beteiligungsverhältnissen der Gesellschaften, sondern in Abhängigkeit von der in nationalen Gesetzen verankerten Verschmelzungsmöglichkeit der betroffenen Gesellschaftsformen Anwendung findet, hat die Steuerbefreiung der REIT-Aktiengesellschaft keine Auswirkung. Realistischerweise muss man jedoch davon ausgehen, dass Verschmelzungsfälle verhältnismäßig seltener als andere Fusionsformen vorkommen werden, mithin durch die Einschlägigkeit der Verschmelzungsrichtlinie infolge der Ausgestaltung der REIT-Aktiengesellschaft als Aktiengesellschaft keine so großen Auswirkungen zu erwarten sind, wie es die Eröffnung des Anwendungsbereichs der Fusionsrichtlinie haben würde.

---

741 Es bedarf keiner Anwendbarkeit der Fusionsrichtlinie in Bezug auf Beteiligungen der REIT-Aktiengesellschaft an Auslandsobjektgesellschaften und REIT-Dienstleistungsgesellschaften, da sich diese immer zu 100 % im Eigentum der REIT-Aktiengesellschaft befinden müssen.

Abschließend muss daher festgestellt werden, dass die Steuerbefreiung der REIT-Aktiengesellschaft nicht nur für diese selbst vorteilhaft, sondern auch aus fiskalischen Erwägungen eine überzeugende Gestaltungsvariante ist.

Die Besteuerung der Gewinne der REIT-Aktiengesellschaft erfolgt auf Anlegerebene ohne Anwendung des Halbeinkünfteverfahrens i. S. d. § 3 Nr. 40 EStG bzw. des § 8 b KStG. Der Ausschluss des Halbeinkünfteverfahrens gilt unabhängig von einer steuerlichen Vorbelastung, wie sie beispielsweise bei Investitionen im Ausland oder den Gewinnen der REIT-Dienstleistungsgesellschaften und Auslandsobjektgesellschaften besteht. Der Gesetzgeber plant jedoch, hierfür eine Lösung zu entwickeln, die eine Doppelbesteuerung verhindert.

Veräußerungsgewinne aus privaten Anteilsveräußerungen sind (zurzeit noch) nach Ablauf der Spekulationsfrist von einem Jahr steuerfrei, § 23 Abs. 1 EStG.

Ausländische Aktionäre sind mit ihren inländischen Einkünften in Deutschland beschränkt steuerpflichtig. Sie müssen daher die an sie ausgeschütteten Dividenden grundsätzlich auch in Deutschland versteuern. Jedoch greifen regelmäßig die von Deutschland ausgehandelten Doppelbesteuerungsabkommen ein, die eine Reduzierung des Quellenbesteuerungsrechts Deutschlands auf 15 % vorsehen. Eine weitere Reduzierung des Quellenbesteuerungsrechts erfolgt hingegen nicht, da ein qualifizierter Anteilsbesitz in Form einer internationalen Schachtelbeteiligung infolge der maximalen Beteiligungshöhe von unter 10 % sowie hilfsweise durch ein Treaty Overriding ausscheidet.

Es bedarf aber weiterer steuerlicher Anreize, um REIT-Aktiengesellschaften interessanter als die bestehenden Anlagealternativen zu machen. Insbesondere die steuerliche Transparenz findet sich nämlich auch beim offenen Immobilienfonds. Frankreich hat deshalb sowohl für die Ausgestaltung des UK-REIT als auch für die der REIT-Aktiengesellschaft als Vorbild fungiert, da der große Erfolg der SIIC vor allem darauf beruht, dass die Umwandlung einer Gesellschaft sowie die Einbringung von Immobilien in eine SIIC vorübergehend steuerlich privilegiert ist. So werden die hierdurch zu hebenden stillen Reserven nur hälftig besteuert. Zudem können die Steuerzahlungen auf vier Jahre verteilt vorgenommen werden. Dies war in Frankreich insbesondere für Unternehmen Anreiz genug, ihre Immobilien in SIIC auszugliedern. Da auch Deutschland das Ziel hat, möglichst zusätzliche Steuereinnahmen durch den Statuswechsel bestehender Gesellschaften bzw. durch die Veräußerung von Immobilien an REIT-Aktiengesellschaften zu generieren, wurde die Regelung hinsichtlich der hälftigen Besteuerung der stillen Reserven von Grund, Boden und Gebäuden übernommen. Voraussetzung ist nur deren Zugehörigkeit zum Anlagevermögen bei Veräußerungen seit dem 1.1.2002 und bei Umwandlungen seit dem 1.1.2005. Eine Streckung der Steuerzahlung auf mehrere Jahre ist hingegen nicht vorgesehen. Das Bundesministerium der Finanzen rechnet mit einem aus dieser Regelung resultierenden Steuermehraufkommen in Höhe von insgesamt 1,12 Mrd. € innerhalb von fünf Jahren. Der Finanzausschuss rechnet sogar mit Steuermehreinnahmen von 1,44 Mrd. €.[742] Da die diesen Berechnungen zugrunde liegende Steuererleichterung im Rahmen der Umwandlung von Kapitalgesellschaften in und der Veräußerung von Immobilien an REIT-Aktiengesellschaften aber auch einen Missbrauch der Gestaltungsmöglichkeit provozieren könnte, unterliegt das von dem begünstigten Steuersatz umfasste unbewegliche Vermögen einer Haltefrist von vier Jahren.

Darüber hinaus soll der Status der REIT-Aktiengesellschaft an zwei weitere Faktoren geknüpft sein: Zum einen muss die REIT-Aktiengesellschaft in Anlehnung an die SIIC mit einem Grundkapital von 15 Mio. € ausgestattet sein und zum anderen muss die REIT-Aktiengesellschaft in Anlehnung an den internationalen Vergleichsmaßstab Eigenkapital von mindestens 45 % des Betrages, mit dem das unbewegliche Vermögen im Jahresabschluss angesetzt ist, am Ende eines Geschäftsjahre ausweisen. Ziel dieser Regelungen ist die wirtschaftliche Stabilität der REIT-Aktiengesellschaften. Allerdings setzt außer Frankreich kein Land ein so hohes Grundkapital voraus. Auch das Mindesteigenkapital ist überwiegend nicht geregelt. Jedoch unterscheidet sich Deutschland von anderen Ländern dadurch, dass die üblichen Fremdkapitalquoten überdurchschnittlich hoch sind. Die Kombination aus einem geringen Grundkapital und einer hohen Verschuldung hat jedoch – wie in der Vergangenheit oftmals bewiesen – zur Folge, dass ein Unternehmen wirtschaftlich schwierige Zeiten nicht überlebt. Da die REIT-Aktiengesellschaft jedoch auch ein Anlageinstrument für den Einzelanleger und nicht vergleichbar mit den speziell für institutionelle Investoren zugelassenen Immobilienspezialfonds sein soll, bedarf es eines zusätzlichen Schutzmechanismus zur Sicherung dieser Ansprüche. Dies gilt insbesondere, da die REIT-Aktiengesellschaft im Gegensatz zum offenen Immobilienfonds keiner Rücknahmeverpflichtung in Bezug auf die Aktien unterliegt, diese vielmehr nur am

---

742 Vgl. BTDrucks 16/4779, Beschlussempfehlung und Bericht, D. Kosten; REITs in Deutschland, Fiskus erhält 1 Mrd. Euro mehr dank REITs, 16.11.2006; Die ursprüngliche Schätzung des Bundesministeriums der Finanzen über Steuermehreinnahmen von 3,8 Mrd. EUR bei einer kurzfristig erreichbaren Marktkapitalisierung von REIT-Aktiengesellschaften in Höhe von 50 Mrd. EUR und einem Marktvolumen bis zum Jahr 2011 von mindestens 112 Mrd. EUR wurde damit aufgegeben; vgl. hierzu noch: Bundesministerium der Finanzen, Argumente für die Einführung deutscher REITs, 2006, 17; REITs in Deutschland, REITs: Finanzministerium erwartet Zusatzeinnahmen in Milliardenhöhe, 8.6.2006.

Markt gehandelt werden können. Am Kapitalmarkt wird aber der Wert der einzelnen Aktie maßgeblich anhand der Kapitalausstattung der Aktiengesellschaft bestimmt. Demzufolge sind die Anforderungen an die Kapitalstruktur der REIT-Aktiengesellschaft zumindest aus Gesichtspunkten des Anlegerschutzes sinnvoll.

Die REIT-Aktiengesellschaft unterscheidet sich somit grundlegend von den bisher existierenden indirekten Anlageformen für Immobilien. Zudem handelt es sich bei REITs um die weltweit am meisten verbreitete Form der indirekten Immobilienanlage, so dass durch die Einführung der REIT-Aktiengesellschaft für den Finanzplatz Deutschland die Chance besteht, nicht nur nicht den Anschluss an die internationalen Kapitalmärkte zu verlieren, sondern sich auch als führender Handelsplatz für Immobilien innerhalb Europas zu etablieren. Dies gilt insbesondere, vorausgesetzt die Schätzungen zum Marktvolumen stimmen, als Deutschland dann einen ebenso großen Immobilienmarkt aufweist wie Großbritannien, in jedem Fall aber einen erheblich größeren Markt als Frankreich.[743]

III. Schlussfolgerung für öffentliche Wohnungsbaugesellschaften

Wie im Einzelnen ausgeführt, zeichnen sich die Wohnungsbaugesellschaften der öffentlichen Hand häufig nicht nur durch strukturelle Defizite aus, sondern auch durch vergleichsweise geringe Renditen. Allerdings ist ihre Existenz vor dem historischen Hintergrund der Wohnraumknappheit und der derzeitigen Entwicklung der Gesellschaft, in der zunehmend sozial benachteiligte Bürger auf die Unterstützung des Staates angewiesen sind, nicht nur berechtigt, sondern auch notwendig.[744] Dies gilt insbesondere vor dem Hintergrund, dass viele öffentliche Wohnungsbaugesellschaften Immobilien in strukturschwachen Gebieten haben, die Bestandteil von Stadtumbaumaßnahmen oder dem Programm Soziale Stadt sind.

Die Haushaltsengpässe der öffentlichen Hand haben diese dennoch in der letzten Zeit zunehmend veranlasst, sich von den Wohnungsbaugesellschaften zu trennen. Da die Trennung nicht selten durch den kompletten Verkauf der Gesellschaften erfolgte, reagierte die Öffentlichkeit besorgt im Hinblick auf die Erfüllung des Versorgungsauftrags der öffentlichen Hand.

---

743 Vgl. Bundesministerium der Finanzen, Argumente für die Einführung deutscher REITs, 2006, 3 f., 17 f.

744 Vgl. Abschnitt B. I., II.; Runkel, Schwierige Privatisierung kommunaler Wohnungen, 2006, 49.

Genau diese Aspekte machen die Einführung von REIT-Aktiengesellschaften, die auch in Bestandsmietwohnimmobilien investieren dürfen, in Deutschland notwendig, stellen sie doch u. a. ein probates Mittel dar, durch die Umwandlung der Wohnungsbaugesellschaft in eine REIT-Aktiengesellschaft, den vollständigen Verkauf zu verhindern und trotzdem Liquidität zu gewinnen, ohne auf die Sicherstellung des Versorgungsauftrags verzichten zu müssen.

Wie bereits festgestellt wurde, ist die REIT-Aktiengesellschaft aber nicht nur für die öffentliche Hand eine vergleichsweise vorteilhaftere Privatisierungsmöglichkeit, sondern auch für den Zwischeninvestor, der den Ausstieg aus seinem Engagement sucht, natürlich unter Beachtung der von ihm gegenüber der öffentlichen Hand eingegangenen Verpflichtungen im Zusammenhang mit der Erfüllung des Versorgungsauftrags. In beiden Fällen können durch die Struktur von REIT-Aktiengesellschaften, insbesondere in unternehmerischer und qualitativer Hinsicht, eine höhere Rendite als zuvor erwirtschaftet und dringend notwendige Sanierungsmaßnahmen durchgeführt werden.

Soweit der Privatisierung Grenzen gesetzt sind, hat die öffentliche Hand nicht nur über die alleinige Beteiligung an einer Wohnungsbaugesellschaft, sondern auch bei Umwandlung derselben in eine REIT-Aktiengesellschaft die Möglichkeit, in Teilbereichen Aufgaben auch weiterhin selbst wahrzunehmen.[745] Dies gilt nicht nur für die Bereiche der Sicherheit, soweit es sich dabei um Kernaufgaben des Staates handelt. Auch dann, wenn der Schaden den Nutzen der Privatisierung überwiegt, muss die öffentliche Hand von einer Privatisierung absehen. Ein solches Risiko könnte in Gegenden, in denen die öffentliche Wohnungsbaugesellschaft vertreten ist, bestehen, wenn dort erhebliche soziale Probleme vorliegen, die durch die Privatisierung erhöht werden. Dann kann aber insbesondere die Durchführung von Integrationsmaßnahmen oder Strukturaufwertungen durch staatliche Kontrolle sichergestellt werden. Darüber hinaus bietet die funktionale Privatisierung der öffentlichen Hand die Möglichkeit, die Umsetzung beispielsweise von Stadtumbaumaßnahmen auf den Erwerber zu übertragen, ohne ihre Verantwortlichkeit hierfür aufzugeben.

Auch wenn das Beispiel Dresden zeigt, dass mit einer detaillierten Sozialcharta der Erwerber zur Durchführung aller notwendigen Maßnahmen zur Struktur-

---

745 Vgl. von Weizsäcker/Young/Finger/Beisheim, Was lernen wir aus der Privatisierung, in von Weizsäcker/Young/Finger (Hrsg.), Grenzen der Privatisierung, Wann ist des Guten zu viel?, Bericht an den Club of Rome, 2006, 336 f.

verbesserung, aber auch zum Rückbau der Immobilien, die einem dauernden Funktionsverlust unterliegen, vertraglich verpflichtet werden kann, ohne hierdurch die Mieter zu benachteiligen, sondern vielmehr über das geltende Mietrecht hinaus zu schützen, so beweist das Beispiel Freiburg dennoch, dass damit nicht alle Befürchtungen ausgeschlossen werden können.[746] Soweit die Erfüllung des Versorgungsauftrags in Frage steht, haben Kritiker der Privatisierung vor allem die Befürchtung, dass der Erwerber seinen Verpflichtungen erst dann nachkommt, wenn diese einzeln durchgesetzt werden. Auch die vertraglich vereinbarte Strafbewehrung für den Fall der Nichteinhaltung der Verpflichtungen reduziert diese Sorgen nicht.

Gerade vor diesem Hintergrund aber bedarf es der Rechtsform der REIT-Aktiengesellschaft auch für Bestandsmietwohnimmobilien, da nur diese der öffentlichen Hand die Option bietet, sich weiterhin an der ehemals öffentlichen Wohnungsbaugesellschaft zu beteiligen. Dies gilt vor allem vor dem Hintergrund, dass in naher Zukunft nicht davon auszugehen ist, dass die öffentliche Hand von der Privatisierung ihrer Wohnungsbaugesellschaften, soweit diese zulässig ist, Abstand nehmen wird, um ihren Haushalt zu sanieren. Diese Privatisierungen stehen auch im Einklang mit dem Versorgungsauftrag, als die öffentliche Hand andernfalls nicht mehr die notwendigen Mittel hat, um insbesondere soziale Einrichtungen wie beispielsweise Schulen und Kindergärten zu unterhalten oder auszubauen.[747] Bei kulturellen Einrichtungen kann man die Einsparungen bereits heute vielerorts erkennen. Geht es aber um die Erfüllung des Versorgungsauftrags, beschränkt sich dieser im Gegensatz zu der Auffassung vor allem der Privatisierungsgegner Freiburgs nicht auf das Wohnrecht der Menschen. Vielmehr fallen auch soziale und kulturelle Einrichtungen darunter. Kann die öffentliche Hand diese aber nicht mehr finanzieren, so muss sie Lösungen finden, die eine sozialverträgliche Mittelgenerierung gewährleisten. Eben eine solche stellt die REIT-Aktiengesellschaft für öffentliche Wohnungsbaugesellschaften dar.

Durch die direkte Einflussnahme der öffentlichen Hand, soweit sie im Anschluss an die Privatisierung auch an der REIT-Aktiengesellschaft beteiligt ist, lässt sich die Erfüllung des Versorgungsauftrags einfacher darstellen, haftet der Staat schließlich selbst dafür. Zur Sicherstellung der Erfüllung der ihr obliegenden Pflichten kann die öffentliche Hand diese in die Satzung der REIT-Aktiengesellschaft aufnehmen bzw. deren Aufnahme veranlassen. Ergänzend oder alternativ kann sie den Vorstand und den Aufsichtsrat zumindest teilweise mit ihren

746 Vgl. Landeshauptstadt Dresden, Beschluss-Nr. V0821-SR18-05, Ziff. 6; Abschnitt C. III.

747 Vgl. Stadt Freiburg, Drucksache G-06/109, Ziff. 1.5.3.

Vertretern besetzen, so dass das Management der REIT-Aktiengesellschaft aktiv die Umsetzung der sozialen Verpflichtungen betreibt. Dies gilt vor allem für Maßnahmen des Stadtumbaus und des Programms Soziale Stadt bis hin zum Rückbau von Immobilien, soweit dieser erforderlich ist. Darüber hinaus können sie das Quartiersmanagement ein- bzw. weiterführen, um auf diesem Wege nicht nur die Infrastruktur und die wirtschaftliche Situation der jeweiligen Gegend aufzuwerten, sondern auch die Wohn- und Arbeitssituation der Mieter. Dies kann durch schneller durchgeführte Instandhaltungsmaßnahmen, stärkere Integrationsmaßnahmen und durch die aktive Förderung des Arbeitsmarktes der Umgebung geschehen.

Wohnungsbaugesellschaften der öffentlichen Hand haben folglich mit REIT-Aktiengesellschaften eine reale Chance, ihre wirtschaftlichen Probleme zu lösen und dennoch ihren Versorgungsauftrag wahrzunehmen.

Im Gegensatz zur bisherigen Situation haben nach Umwandlung der Wohnungsbaugesellschaft der öffentlichen Hand in REIT-Aktiengesellschaften sowohl Mieter als auch andere private Anleger und Investoren die Möglichkeit, Anteile an der Gesellschaft zu erwerben. Für die Mieter besteht der Vorteil darin, dass die REIT-Aktiengesellschaft für die Erfüllung insbesondere des Versorgungsauftrags verantwortlich ist, während sie und die übrigen Anteilseigner hingegen grundsätzlich nur Ansprüche auf Gewinnausschüttungen haben, persönlich jedoch keine weitergehenden Verpflichtungen eingehen. Insofern besteht auch ein erheblicher Unterschied zu den bereits existierenden Wohnungsbaugenossenschaften. Der Vorteil der öffentlichen Hand besteht darin, dass private Anleger, insbesondere dann, wenn es sich um Mieter handelt, keine dem Versorgungsauftrag widersprechenden Interessen – beispielsweise in der Hauptversammlung – verfolgen werden, da ihnen das selbst zum Nachteil gereichen würde.

Außerdem sind Wohnungen, die an Transferhilfeempfänger vermietet sind, für REIT-Aktiengesellschaften eine sichere Einkunftsquelle, da die Mietzahlungen sowohl infolge vereinbarter Belegungsrechte als auch infolge der Subjektförderung durch das Wohngeld gesichert sind. Allein deshalb werden die Anteilseigner nicht daran interessiert sein, diese Einkünfte gegen die unsichereren Einkünfte im Rahmen der freien Vermietung umzuwandeln. Vielmehr kann es das Ziel der REIT-Aktiengesellschaft sein, langfristige Verträge mit der öffentlichen Hand über Belegungsrechte zu vereinbaren oder Wohnraum für Transferhilfeempfänger mit Subjektförderung bereit zu stellen. Des Weiteren besteht die Möglichkeit der Kontrolle durch staatliche Einrichtungen, die entweder vertraglich oder gesetzlich festgelegt wird. Eine solche Kontrollinstanz kann auch als Beschwerdeinstanz fungieren, sollten die Mieter von Wohnimmobilien der REIT-Aktiengesellschaft den Eindruck haben, die Gesellschaft käme ihren Verpflichtungen nicht nach. Auf diesem Wege sichert nicht nur eine strafbewehrte Unterlassungsklausel, sondern auch die Überwachung die Erfüllung des Versorgungsauftrags, soweit dieser auf die REIT-Aktiengesellschaft übertragen wurde, ab.

Auch besteht keine Gefahr, dass die Wohnimmobilien kurzfristig von der REIT-Aktiengesellschaft weiterveräußert werden, da das REITG nicht nur eine Haltefrist für die in die Gesellschaft steuerlich begünstigt eingebrachten Immobilien vorsieht, sondern auch den Ausschluss des Immobilienhandels normiert.

Nun schließt aber das REITG für REIT-Aktiengesellschaften Bestandsmietwohnimmobilien, d. h. alle Immobilien, die zu mehr als 50 % Wohnzwecken dienen und vor dem 1.1.2007 fertig gestellt wurden, aus deren Unternehmenstätigkeit aus. Dies hat zur Folge, dass insbesondere öffentliche Wohnungsbaugesellschaften nicht in REIT-Aktiengesellschaften umgewandelt werden können, da sie fast ausschließlich Bestandsmietwohnimmobilien halten und auch in naher Zukunft keine neu erbauten Wohnimmobilien in ihrem Bestand haben werden. Die obigen Ausführungen zeigen jedoch deutlich, dass der Ausschluss der Bestandsmietwohnimmobilien weder der Sanierung der öffentlichen Haushalte noch der Sicherstellung der Erfüllung des öffentlichen Versorgungsauftrags dient. Vielmehr führt diese dazu, dass über die fehlenden Mittel für die Wohnungen und die Umgebung hinaus auch keine Mittel für soziale und kulturelle Einrichtungen zur Verfügung stehen. Mithin unterliegt zwar die öffentliche Hand weiterhin der Verpflichtung zur Erfüllung des Versorgungsauftrags, ist jedoch aus tatsächlichen Gegebenheiten dazu nicht in der Lage. Eine derartige Situation findet sich infolge des gescheiterten Verkaufs der Freiburger Stadtbau GmbH in Freiburg wieder, aber auch andere Kommunen sind hiervon betroffen.[748] Hingegen stellt die Umwandlung der öffentlichen Wohnungsbaugesellschaften in REIT-Aktiengesellschaften, ob durch die direkte Umwandlung oder im Anschluss an die Veräußerung an Zwischeninvestoren, eine Erfolg versprechende Möglichkeit dar, die zwiespältige Situation der öffentlichen Hand zu lösen.[749]

---

748 Vgl. Stadt Freiburg, Drucksache G-06/109, Ziff. 1.5.3.

749 Soweit Bestandsmietwohnimmobilien in die Unternehmenstätigkeit von REIT-Aktiengesellschaften einbezogen werden, bedarf es der begünstigten Besteuerung der EK 02-Reserven; vgl. hierzu Abschnitt F. VII. 6.

Nicht nur im Hinblick auf die Zukunft der öffentlichen Wohnungsbaugesellschaften innerhalb Deutschlands, sondern auch innerhalb des vereinten Europas ist es unerlässlich, dass diese sich wettbewerbsfähig präsentieren. Hierfür ist jedoch Voraussetzung, dass ihre Strukturen an die aktuellen Marktbedingungen angepasst werden, sie mithin in der gesellschaftsrechtlichen Ausgestaltung internationale Akzeptanz erfahren, da die Abschottung des inländischen Marktes zumindest mittelfristig nicht aufrechtzuerhalten sein wird. Die wettbewerbsorientierte Ausrichtung der Wohnungsbaugesellschaften bietet ihnen hingegen die Möglichkeit, innerhalb Europas grenzüberschreitende Unternehmenszusammenschlüsse einzugehen und so die Bewirtschaftung der Immobilien infolge der damit zwangsläufig einhergehenden Umstrukturierungsmaßnahmen zu optimieren sowie ihre Marktstellung auszubauen. Da die öffentliche Hand infolge ihrer großen finanziellen Probleme aber auch Liquidität generieren muss, bietet sich im Hinblick auf den europäischen Binnenmarkt nur eine international anerkannte und verbreitete gesellschaftsrechtliche Struktur an. Die REIT-Aktiengesellschaft erfüllt diese Kriterien, sofern Wohnungen erfasst sind, so dass in diese umgewandelte Wohnungsbaugesellschaften der öffentlichen Hand innerhalb Europas anderen Wohnungsbaugesellschaften gegenüber deutlich im Vorteil wären. Soweit Bestandsmietwohnimmobilien jedoch weiterhin aus der Unternehmenstätigkeit der REIT-Aktiengesellschaft ausgeschlossen bleiben, bietet sich für die Wohnungsbaugesellschaften die Option, unter Inanspruchnahme der Niederlassungsfreiheit ihren Gesellschaftssitz ins europäische Ausland zu verlegen. Dort kann sie anschließend die Gesellschaftsform eines REIT oder eines synthetischen REIT, also einer Gesellschaftsform, die steuerlich wie ein REIT behandelt wird, annehmen, zumal die bestehenden europäischen REIT-Gesetzgebungen sowohl grenzüberschreitende Engagements als auch die Investition in Wohnimmobilien zulassen.[750]

IV. Abschließende Stellungnahme

Die REIT-Aktiengesellschaft ist ein kapitalmarktfähiges Unternehmen, das sich wie jede andere börsennotierte Aktiengesellschaft am Markt aufstellen und etablieren muss. Allein aus diesen Erwägungen war die Einführung deutscher REITs

750 Soweit der REIT mit Sitz im europäischen Ausland hinsichtlich seiner Einkünfte aus in Deutschland belegenen Immobilien gemäß § 5 Abs. 2 Nr. 2 KStG i. V. m. § 2 Nr. 1 KStG auf Gesellschaftsebene steuerlich schlechter gestellt wird als die REIT-Aktiengesellschaft, handelt es sich um einen ungerechtfertigten Eingriff in die Kapitalverkehrsfreiheit i. S. d. Art. 56 EGV; vgl. Abschnitt F. VII. 7.

in Form der REIT-Aktiengesellschaften nicht nur geboten, sie ist unter Einbeziehung von Bestandsmietwohnimmobilien insbesondere für die öffentliche Hand dringend notwendig. Soweit die öffentliche Hand zur Sanierung ihres Haushalts nicht nur auf die Organisationsprivatisierung ihrer Wohnungsbaugesellschaften angewiesen ist, mithin diese an Zwischen- oder an Endinvestoren veräußern muss, so ist die Umwandlung in eine REIT-Aktiengesellschaft die sicherste Methode, um neben der Generierung frischen Kapitals auch die Erfüllung des Versorgungsauftrags zu gewährleisten. Daher war es auch ein Fehler, REIT-Aktiengesellschaften erst einmal ohne Einbeziehung der Bestandsmietwohnimmobilien einzuführen, um später eine entsprechende Gesetzesänderung vorzunehmen.[751] Insbesondere die öffentlichen Wohnungsbaugesellschaften werden durch diese Entscheidung in nicht vertretbarem Maße benachteiligt, zumal die spätere Einbeziehung der Bestandsmietwohnimmobilien nicht gewährleistet ist. Vorläufig aber hat der Ausschluss der Wohnimmobilien zur Folge, dass die öffentliche Hand weiterhin nur die Wahl zwischen dem kompletten Ausverkauf oder dem Behalten der öffentlichen Wohnungsbaugesellschaften hat, was wiederum dazu führt, dass, soweit eine Privatisierung wie beispielsweise in Freiburg scheitert, nicht nur der Haushalt nicht saniert werden kann, sondern vor allem andere Pflichten im Rahmen des Versorgungsauftrags nicht mehr erfüllt werden können, da hierfür die finanziellen Mittel fehlen. Der totale Ausverkauf der Gesellschaften verhindert darüber hinaus eine wie auch immer ausgestaltete Beteiligung der öffentlichen Hand, so dass die Einhaltung der der Gesellschaft obliegenden Pflichten nur durch staatliche Kontrollinstanzen überprüft werden kann. Eine Beteiligung an den unternehmerischen Entscheidungen der Gesellschaft scheidet hingegen aus.

Die Privatisierung öffentlicher Wohnungsbaugesellschaften erfordert die Einführung von REIT-Aktiengesellschaften, die auch in Bestandsmietwohnimmobilien investieren dürfen. Die Privatisierungstendenzen werden infolge der finanziellen Probleme der öffentlichen Hand steigen, aber ohne REIT-Aktiengesellschaften ist die weitere Beteiligung der öffentlichen Hand an den Gesellschaften mit der Folge ausgeschlossen, dass die Erfüllung des Versorgungsauftrags nur über vertragliche Gestaltungen und staatliche Kontrollinstanzen aber nicht durch die direkte Einflussnahme auf die unternehmerische Ausrichtung der Gesellschaft erfolgen kann.

---

751 Vgl. BTDrucks 16/4036, Zu Ziffer 2 a. E.; REITs in Deutschland, Pfeifen im Walde, 20.12.2006; REITs in Deutschland, Merkel: „REITs-Gesetz unvollkommen", 23.1.2007.

I. Zusammenfassung in Thesen

1. Die Arbeit behandelt die Privatisierung von öffentlichen Wohnungsbaugesellschaften in Real Estate Investment Trusts, kurz REITs. Diese Untersuchung ist in der Tatsache begründet, dass öffentliche Wohnungsbaugesellschaften vielfach komplett zur Sanierung des Haushaltes veräußert werden, was regelmäßig vielfältige Diskussionen im Hinblick auf die Erfüllung des Versorgungsauftrags hervorruft.

2. Öffentliche Wohnungsbaugesellschaften haben die Aufgabe, den Versorgungsauftrag der öffentlichen Hand durch die Bereitstellung preisgünstigen Wohnraums zu erfüllen. Außerdem sind sie vielfach Partner der öffentlichen Hand bei der Umsetzung von Stadtumbauprogrammen und des Programms Soziale Stadt i. S. d. §§ 171 a–e BauGB. Dabei spielt der Rückbau von Immobilien, die einen dauerhaften Funktionsverlust erlitten haben, eine ebenso große Rolle wie dringend notwendige Sanierungsmaßnahmen. Auch fördern öffentliche Wohnungsbaugesellschaften das wirtschaftliche Umfeld und versuchen, die Arbeitsmarktsituation vor Ort zu verbessern. Im Rahmen des Quartiersmanagements unterstützen sie durch verstärkte Kommunikation und das Angebot von Hilfsleistungen, wie beispielsweise bei der Suche nach einem Arbeitsplatz, ihre Mieter. Letztlich besteht auch eine entscheidende Aufgabe in der Förderung der Integration der Anwohner in das soziale Umfeld.

3. Zwar sind die Aufgaben der öffentlichen Wohnungsbaugesellschaften vielfältig, doch führen finanzielle Probleme häufig dazu, dass diese Aufgaben nur sehr eingeschränkt wahrgenommen werden können, wie der erhebliche Sanierungsstau beispielhaft beweist. Darüber hinaus haben öffentliche Wohnungsbaugesellschaften mit überdurchschnittlichen Leerstandsquoten zu kämpfen, was zu einer wirtschaftlichen Verödung der Gegenden und folglich zu einem noch stärkeren Wegzug der Anwohner führt. In der Folge sinken die Mieteinnahmen weiter, so dass noch weniger finanzielle Mittel für notwendige Maßnahmen vorhanden sind, so dass die Spirale nicht durchbrochen werden kann. Hinzu kommt die Tatsache, dass auch die Kommunen, die Länder und der Bund keine finanziellen Mittel haben, um die Wohnungsbaugesellschaften zu unterstützen.

4. Die finanzielle Situation der öffentlichen Hand als Alleingesellschafterin der Wohnungsbaugesellschaft hat diese in der Vergangenheit häufig dazu veranlasst, ihre Probleme durch den Verkauf großer Wohnungsbestände oder der ganzen Gesellschaft zu reduzieren. Dieser Vorgang der Privatisierung ist zulässig, handelt es sich bei dem Versorgungsauftrag doch nicht um eine Kernaufgabe des Staates. Auch ist sie zumeist vor dem Hintergrund der Grenzen der Privatisierung angesichts der Nachteile zulässig. Zwar führt diese Art der Vermögensprivatisierung dazu, dass die öffentliche Hand keinerlei Einfluss auf unternehmerische Entscheidungen der Wohnungsbaugesellschaft hat, doch erhält sie durch den Verkauf zusätzliche Mittel, die sie wiederum in andere Bereiche der Daseinsvorsorge, als da wären Kindergärten, Schulen, Schwimmbäder, Theater und Museen, investieren kann, was ihr ansonsten verwehrt bliebe. Im Übrigen erfolgt die Sicherstellung der Erfüllung des Versorgungsauftrags durch den Erwerber bzw. einem ihm nachfolgenden weiteren Erwerber mit Hilfe einer vertraglich vereinbarten Sozialcharta. Diese enthält weit über das geltende Mietrecht hinausgehende Mieterrechte und Kündigungsschutzklauseln, verpflichtet unter dem Ausschluss von Luxusmodernisierungen zur Sanierung der Wohnungsbestände sowie zur Umsetzung der für das Gebiet verabschiedeten Stadtumbauprogramme inklusive etwaiger Rückbaumaßnahmen. Zudem ist die Nichterfüllung der vertraglichen Verpflichtungen strafbewehrt. Auch werden Überwachungsmechanismen vereinbart, die der öffentlichen Hand das notwendige Maß an Kontrolle ermöglichen.

5. Der totale Ausverkauf bedeutet dennoch den Verlust der Kontrolle des laufenden Geschäfts der Gesellschaft seitens der öffentlichen Hand. Insbesondere hinsichtlich der sozialpolitisch motivierten Stadtumbauprogramme kann dies ein Problem darstellen. Vor diesem Hintergrund war zu untersuchen, ob die bestehenden indirekten Immobilienanlagevehikel, also die Immobilien-AG, der offene und der geschlossene Immobilienfonds oder der Immobilienspezialfonds, geeignet sind, über Beteiligungen der öffentlichen Hand deren Einfluss zu gewährleisten. Die Analyse hat jedoch gezeigt, dass nicht nur die bestehenden Investitionsformen für öffentliche Wohnungsbaugesellschaften ungeeignet sind, sondern insbesondere am internationalen Kapitalmarkt keinerlei Anerkennung finden. Daher bedarf es eines Vehikels, das weltweit verbreitet ist, aber dennoch der öffentlichen Hand die Möglichkeit bietet, ihrem Versorgungsauftrag nachzukommen.

6. Bei einer Betrachtung der internationalen Immobilienanlagemärkte fällt umgehend der ursprünglich aus den USA stammende REIT auf. Dieser hat sich nicht nur weltweit in mehr als 20 Ländern verbreitet, sondern ist auch unter wirtschaftlichen Gesichtspunkten überdurchschnittlich erfolgreich. Dies begründet sich vor allem in der Spezialisierung der Portfolios und des Managements. Beides führt dazu, dass sich die Gesellschaft auf die Bewirtschaftung ganz bestimmter Immobilien spezialisieren und hierfür ein ausgebildetes Management engagieren kann. Daraus resultiert eine deutliche Effizienzsteigerung, was wiederum höhere Renditen zur Folge hat. Darüber hinaus ist der REIT besonders interessant, weil er steuerrechtlich transparent behandelt wird. Folglich werden die Gewinne allein auf Anlegerebene besteuert.

7. Vor dem Hintergrund des weltweiten Wettbewerbs und der rechtlich interessanten Ausgestaltung von REITs haben Bundestag und Bundesrat im März 2006 der Einführung deutscher REITs zugestimmt. Das Gesetz zur Schaffung deutscher Immobilien-Aktiengesellschaften mit börsennotierten Anteilen vom 28.5.2007 ist rückwirkend zum 1.1.2007 in Kraft getreten.
Das REITG sieht vor, dass der REIT als Aktiengesellschaft ausgestaltet wird, die einen dauerhaften Streubesitz von 15 % aufweist. Die REIT-Aktiengesellschaft muss ihren Satzungs- und ihren Verwaltungssitz in Deutschland haben, was jedoch gegen die Kapitalverkehrsfreiheit i. S. d. Art. 56 EGV verstößt. Sie ist berechtigt, sich in begrenztem Maße an REIT-Dienstleistungsgesellschaften, Auslandsobjektgesellschaften, Immobilienpersonengesellschaften und sonstigen Kapitalgesellschaften, soweit diese als Komplementärin einer Immobilienpersonengesellschaft fungieren, zu beteiligen. Die Gesellschaft muss ein internes Management entsprechend den Vorschriften des Aktienrechts haben, sie muss mit einem Grundkapital von 15 Mio. € ausgestattet sein und Eigenkapital von mindestens 45 % des Betrages, mit dem das unbewegliche Vermögen im Jahresabschluss angesetzt ist, ausweisen. Des Weiteren ist die Gesellschaft zur Notierung an einem organisierten Markt innerhalb der EU oder des EWR verpflichtet, vorher genießt sie für einen auf drei bzw. maximal vier Jahre begrenzten Zeitraum den Status als Vor-REIT. Die regulären Publizitätspflichten, denen eine Aktiengesellschaft unterworfen ist, sowie die Pflichten im Rahmen der Börsennotierung führen zu einer erheblichen Transparenz, was den Anlegerschutz gewährleistet. Auch die Haftung geht entsprechend weit. Zudem begründet die Unternehmensbewertung durch den Kapitalmarkt einen zusätzlichen Anlegerschutz, da diese börsentäglich erfolgt, so dass negative Entwicklungen frühzeitig erkennbar sind.

Um sich für den Status einer REIT-Aktiengesellschaft zu qualifizieren muss die Gesellschaft bestimmte Anlage- und Einkunftsschwellen sowie Ausschüttungsverpflichtungen erfüllen, was ebenso wie die anderen Voraussetzungen sowohl kontrolliert als auch bei Nichtbeachtung bis hin zum Statusverlust sanktioniert wird. So müssen am Ende eines jeden Geschäftsjahres 75 % der Aktiva reduziert um die Ausschüttungsverpflichtung und die Rücklagen in unbewegliches Vermögen investiert sein und mindestens 75 % der Umsatzerlöse zuzüglich der sonstigen Erträge aus unbeweglichem Vermögen aus der Haupttätigkeit der REIT-Aktiengesellschaft stammen. Zu den Haupttätigkeiten gehören der Erwerb, die Vermietung, die Verpachtung und die Veräußerung von Immobilien. Immobiliennahe Tätigkeiten dürfen nur für den eigenen Bestand vorgenommen werden, für Immobilienbestände Dritter müssen sie hingegen in eine REIT-Dienstleistungsgesellschaft ausgegliedert werden. Aus REIT-Dienstleistungsgesellschaften dürfen nur 20 % der Umsatzerlöse und sonstigen Erträge aus unbeweglichem Vermögen der REIT-Aktiengesellschaft generiert werden. Auch dürfen nur 20 % des Aktivvermögens abzüglich der Ausschüttungsverpflichtung und der Rücklagen auf REIT-Dienstleistungsgesellschaften entfallen. Es müssen mindestens 90 % des handelsrechtlichen Jahresüberschusses zuzüglich der aufgelösten Rücklage und gemindert durch die in diese eingestellten Veräußerungsgewinne an die Aktionäre bis zum Ablauf des auf das Geschäftsjahr folgenden Jahres als Dividende ausgeschüttet werden. Die Veräußerungsgewinne dürfen jedoch nur zu 50 % und begrenzt auf zwei auf das der Einstellung folgende Geschäftsjahre in eine Investitionsrücklage eingestellt werden.

Steuerrechtlich wird die REIT-Aktiengesellschaft nach internationalem Vorbild transparent behandelt. Zur Sicherstellung der Besteuerung der Einkünfte auf Anlegerebene ist daher die unmittelbare Beteiligung eines einzelnen Aktionärs an der Gesellschaft auf unter 10 % der Aktien, stimmberechtigten Aktien bzw. der Stimmrechte beschränkt. So werden Steuervergünstigungen im Rahmen von internationalen Schachtelbeteiligungen i. S. d. Art. 10 OECD-MA verhindert. Infolge der fehlenden steuerlichen Vorbelastung auf Gesellschaftsebene scheidet die Anwendbarkeit des Halbeinkünfteverfahrens auf Anlegerebene aus. Dies gilt – bis zur geplanten Gesetzesänderung – auch, soweit die Gesellschaft beispielsweise durch Ausschüttungen ihrer Tochtergesellschaften oder infolge ihrer Investitionen im Ausland doch steuerlich vorbelastet ist. Um die Gesellschaftsform für den Immobilienanlagemarkt interessant zu gestalten, wird für einen Zeitraum von drei Jahren die Veräußerung der Immobilien, die sich längerfristig im Anlagevermögen befanden, steuerlich auf Basis der halben Bemessungsgrundlage erfasst. Gleiches gilt für die Umwandlung einer steuerpflichtigen Gesellschaft in die steuerbefreite REIT-Aktiengesellschaft.

Aus der Unternehmenstätigkeit ausgeschlossen sind Bestandsmietwohnimmobilien, weshalb auch für öffentliche oder ehemals öffentliche Wohnungsbaugesellschaften keine steuerliche Privilegierung für die EK 02-Reserven vorgesehen ist.

8. Der Ausschluss der Bestandsmietwohnimmobilien, also solchen, die zu mehr als 50 % der Wohnnutzung dienen und vor dem 1.1.2007 fertig gestellt wurden, basiert auf dem Argument, dass die Renditeorientierung von REIT-Aktiengesellschaften zu einer erheblichen Benachteiligung der Mieter führen würde. Dies führt dazu, dass insbesondere öffentliche Wohnungsbaugesellschaften nicht in REIT-Aktiengesellschaften umgewandelt werden können, infolge der finanziellen Notlage der öffentlichen Hand folglich weiterhin komplett veräußert werden müssen. Soweit im Hinblick auf den Versorgungsauftrag aber teilweise angenommen wird, dass dieser nur von der öffentlichen Hand selbst erfüllt werden kann, widerspricht dieses Ergebnis der Intention der Privatisierungsgegner. Denn über eine Beteiligung, zumal über eine wesentliche, an der REIT-Aktiengesellschaft würde die öffentliche Hand die Forderung nach der Aufgabenerfüllung durch sie selbst nachkommen, könnte aber dennoch liquide Mittel generieren, so dass sie auch über die Wohnungsbaugesellschaft hinaus ihre Aufgaben im Rahmen der Daseinsvorsorge erfüllen könnte. Auf diesem Wege gewährleistet sie nicht nur durch eine bei der Veräußerung der Gesellschaft verabschiedete Sozialcharta, sondern durch ihre Stellung als Gesellschafterin, dass beispielsweise Mieterrechte nicht eingeschränkt, sondern vergleichbar mit den Regelungen in den gängigen Sozialchartas erweitert werden und Sanierungsmaßnahmen ebenso wie Stadtumbaumaßnahmen durchgeführt und das wirtschaftliche und infrastrukturelle Umfeld gefördert werden. Zudem kann die öffentliche Hand über die Besetzung von Vorstand und Aufsichtsrat aktiv diese Vorgaben umsetzen.

Hinzu kommt, dass der Ausschluss von Bestandsmietwohnimmobilien nicht deren Einbringung in REITs generell verhindert. Vielmehr werden vor allem die Erwerber öffentlicher Wohnungsbaugesellschaften diese im europäischen Ausland in einen REIT oder in einen synthetischen REIT umwandeln oder einbringen. Dann aber besteht tatsächlich fast keine Kontrolle seitens der öffentlichen Hand über die unternehmerischen Entscheidungen, soweit diese nicht explizit z. B. in einer Sozialcharta geregelt sind.

Auch für öffentliche Wohnungsbaugesellschaften stellt dieser Weg ins europäische Ausland eine interessante Option dar. Gerade aber vor diesem Hintergrund ist es nicht einsichtig, Bestandsmietwohnimmobilien auszuschließen, vielmehr zeigen die getroffenen Erwägungen, dass es einer Einbeziehung bedarf, sollen Mieterrechte ebenso wie Stadtumbaumaßnahmen in ihrer Durchsetzung nicht gefährdet werden.

9. Abschließend sei daher festgestellt, dass REIT-Aktiengesellschaften nicht nur ein international anerkanntes Immobilienanlageprodukt darstellen, sondern sich gerade für die Privatisierung öffentlicher Wohnungsbaugesellschaften eignen. Die öffentliche Hand kann über die Beteiligung an der Gesellschaft aktiven Einfluss auf die Umsetzung der Maßnahmen nehmen, die zur Erfüllung ihres Versorgungsauftrags sowie zur Absicherung von Mieterrechten und der Durchführung von Stadtumbauprogrammen notwendig sind. Ein Ausschluss der Bestandsmietwohnimmobilien aus der Unternehmenstätigkeit der REIT-Aktiengesellschaft verhindert hingegen nicht nur die Umwandlung der öffentlichen Wohnungsbaugesellschaft in diese, sondern gefährdet darüber hinaus die Erfüllung des Versorgungsauftrags, da infolge des europäischen Binnenmarkts die Gesellschaften trotzdem renditeorientiert als REIT oder als synthetischer REIT, dann allerdings im europäischen Ausland, ausgestaltet werden, jeglicher Einfluss der öffentlichen Hand hingegen ausscheidet.

Materialien

ARGEBAU, Arbeitsgemeinschaft für Städtebau, Bau- und Wohnungswesen (Hrsg.), Muster-Einführungserlass zum Gesetz zur Anpassung des Baugesetzbuchs an EU-Richtlinien (Europarechtsanpassungsgesetz Bau – EAG Bau), (EAG Bau – Mustererlass), in: Deutscher Städte- und Gemeindebund e. V. (Hrsg.), Berlin, 12.7.2004

ARGEBAU, Arbeitsgemeinschaft für Städtebau, Bau- und Wohnungswesen (Hrsg.), Leitfaden zur Ausgestaltung der Gemeinschaftsinitiative „Soziale Stadt", Berlin 2005

Bundesministerium der Finanzen (Hrsg.), Grundsätze zur Anwendung des Außensteuergesetzes – Auszug zu § 8 AStG, GZ IV B 4 – S 1340 – 11/04 vom 14.5.2004

Bundesministerium der Finanzen (Hrsg.), Offen für die Einführung von Real Estate Investment Trusts (REITs), Pressemitteilung Nr. 9 / 2005 vom 19.1.2005

Bundesministerium der Finanzen (Hrsg.), Investmentsteuergesetz; Zweifelsfragen zum Zwischengewinn und zum Begriff des ausländischen Investmentvermögens, GZ IV C 1 – S. 1980 – 1 – 15/05 vom 15.2.2005

Bundesministerium der Finanzen (Hrsg.), 8. Investmentsteuergesetz (InvStG), Zweifels- und Auslegungsfragen, GZ IV C 1 – S 1980 – 1 – 87/05 vom 2.6.2005

Bundesministerium der Finanzen (Hrsg.), Argumente für die Einführung deutscher REITs, Berlin 2006

Bundesministerium der Finanzen (Hrsg.), REIT Strukturen weltweit, Berlin 2006

Bundesministerium der Finanzen (Hrsg.), Folgen einer möglichen Nichteinführung deutscher REITs – Auswirkungen auf Kapitalmarkt, Wohnungsmarkt und Steueraufkommen, Berlin 2006

Bundesministerium der Finanzen (Hrsg.), Entwurf eines Gesetzes zur Schaffung deutscher Immobilien-Aktiengesellschaften mit börsennotierten Anteilen (Real Estate Investment Trust-Gesetz – REIT-Gesetz), 25.9.2006

Bundesministerium der Finanzen (Hrsg.), Grundlage für REITs in Deutschland geschaffen, Pressemitteilung Nr. 132 / 2006 vom 2.11.2006

Bundesministerium der Finanzen (Hrsg.), Hinzurechnungsbesteuerung nach dem Außensteuergesetz (AStG), GZ IV B 4 – S 1351 – 1/07 vom 8.1.2007

Bundesministerium der Justiz (Hrsg.), Bundesregierung stärkt Anlegerschutz und Unternehmensintegrität, Berlin 2003.

Bundesministerium der Justiz (Hrsg.), Bekanntmachung des „Deutschen Corporate Governance Kodex“ (in der Fassung vom 12.7.2006), in: Elektronischer Bundesanzeiger, 24.7.2006

Bundesministerium für Verkehr, Bau- und Wohnungswesen (Hrsg.), Wohnungswirtschaftlicher Strukturwandel in den neuen Bundesländern, Bericht der Kommission, Berlin 2000

Bundesministerium für Verkehr, Bau- und Wohnungswesen (Hrsg.), Novellierung des Baugesetzbuchs, Bericht der Unabhängigen Expertenkommission, Berlin 2002

Bundesministerium für Verkehr, Bau- und Wohnungswesen (Hrsg.), Programme der Städtebauförderung, Merkblatt über die Finanzhilfen des Bundes, Berlin 2004

Bundesministerium für Verkehr, Bau- und Wohnungswesen (Hrsg.), Stadtumbau Ost – Stand und Perspektiven, Statusbericht, Berlin 2006

Bundesministerium für Verkehr, Bau- und Wohnungswesen (Hrsg.), Verwaltungsvereinbarung über die Gewährung von Finanzhilfen des Bundes an die Länder nach Artikel 104 a des Grundgesetzes zur Förderung städtebaulicher Maßnahmen (VV-Städtebauförderung 2006) vom 3. Juli 2006 / 20. September 2006

Bundespräsidialamt (Hrsg.), Bundespräsident Horst Köhler fertigt Gesetz zur Neuregelung der Flugsicherung nicht aus, Pressemitteilung vom 24. 10.2006

Bundesrat (Hrsg.), Drucksache 105/05, Antrag des Landes Hessen, Entschließung des Bundesrates – Initiative zur Stärkung des Immobilienmarktes in Deutschland, Einführung von Real Estate Investment Trusts (REITs) in Deutschland, 11.2.2005

Bundesrat (Hrsg.), Drucksache 779/06, Gesetzentwurf der Bundesregierung, Entwurf eines Gesetzes zur Schaffung deutscher Immobilien-Aktiengesellschaften mit börsennotierten Anteilen, 3.11.2006

Bundesrat (Hrsg.), Drucksache 779/1/06, Empfehlungen der Ausschüsse, Entwurf eines Gesetzes zur Schaffung deutscher Immobilien-Aktiengesellschaften mit börsennotierten Anteilen, 4.12.2006

Bundesrat (Hrsg.), Drucksache 779/06 (Beschluss), Stellungnahme des Bundesrates, Entwurf eines Gesetzes zur Schaffung deutscher Immobilien-Aktiengesellschaften mit börsennotierten Anteilen, 15.12.2006

Bundesrat (Hrsg.), Drucksache 191/07, Gesetzesbeschluss des Deutschen Bundestages, Gesetz zur Schaffung deutscher Immobilien-Aktiengesellschaften mit börsennotierten Anteilen, 23.3.2007

Bundesrat (Hrsg.), Plenarprotokoll 832, Stenografischer Bericht, 832. Sitzung, 30.3.2007

Deutsche Bundesbank (Hrsg.), Monatsbericht Juni 2006, 58. Jahrgang, Nr. 6, Frankfurt 2006

Deutscher Bundestag (Hrsg.), Drucksache 12/5620, Unterrichtung durch die Bundesregierung, Bericht der Bundesregierung zur Zukunftssicherung des Standortes Deutschland, 3.9.1993

Deutscher Bundestag (Hrsg.), Drucksache 15/1553, Gesetzentwurf der Bundesregierung, Entwurf eines Gesetzes zur Modernisierung des Investmentwesens zur Besteuerung von Investmentvermögen (Investmentmodernisierungsgesetz), 19.9.2003

Deutscher Bundestag (Hrsg.), Drucksache 15/5554, Gesetzentwurf der Bundesregierung, Entwurf eines Gesetzes zur Verbesserung der steuerlichen Standortbedingungen, 30.5.2005

Deutscher Bundestag (Hrsg.), Drucksache 16/1896, Antrag der Abgeordneten Carl-Ludwig Thiele u. a. und der Fraktion der FDP, REITs – Real Estate Investment Trusts in Deutschland einführen, 20.6.2006

Deutscher Bundestag (Hrsg.), Drucksache 16/1890, Antrag des Abgeordneten Peter Götz u. a. und der Fraktion der CDU/CSU sowie der Abgeordneten Petra Weis u. a. und der Fraktion der SPD, Stadtentwicklung ist moderne Struktur- und Wirtschaftspolitik, 20.6.2006

Deutscher Bundestag (Hrsg.), Drucksache 16/2496, Gesetzentwurf der Bundesregierung, Entwurf eines Gesetzes zur Erleichterung von Planungsvorhaben für die Innenentwicklung der Städte, 4.9.2006

Deutscher Bundestag (Hrsg.), Drucksache 16/4026, Gesetzentwurf der Bundesregierung, Entwurf eines Gesetzes zur Schaffung deutscher Immobilien-Aktiengesellschaften mit börsennotierten Anteilen, 12.1.2007

Deutscher Bundestag (Hrsg.), Drucksache 16/4036, Unterrichtung durch die Bundesregierung, Entwurf eines Gesetzes zur Schaffung deutscher Immobilien-Aktiengesellschaften mit börsennotierten Anteilen – Drucksache 16/4026 –, Gegenäußerung der Bundesregierung zur Stellungnahme des Bundesrates, 16.1.2007

Deutscher Bundestag (Hrsg.), Drucksache 16/4046, Antrag der Abgeordneten Heidrun Bluhm u. a. und der Fraktion DIE LINKE., Neue Steuervergünstigungen und Gewinnverlagerungen in das Ausland verhindern – REITs in Deutschland nicht einführen, 17.1.2007

Deutscher Bundestag (Hrsg.), Drucksache 16/4779, Beschlussempfehlung und Bericht des Finanzausschusses (7. Ausschuss), a) zu dem Gesetzentwurf der Bundesregierung – Drucksachen 16/4026; 16/4036 – Entwurf eines Gesetzes zur Schaffung deutscher Immobilien-Aktiengesellschaften mit börsennotierten Anteilen, b) zu dem Antrag der Abgeordneten Heidrun Bluhm, Dr. Axel Troost, weiterer Abgeordneter und der Fraktion DIE LINKE. – Drucksache

16/4046 – Neue Steuervergünstigungen und Gewinnverlagerungen in das Ausland verhindern – REITs in Deutschland nicht einführen, 21.3.2007

Deutscher Bundestag (Hrsg.), Drucksache 16/4780, Entschließungsantrag der Abgeordneten Dr. Gerhard Schick u. a. und der Fraktion der BÜNDNIS 90/ DIE GRÜNEN, zu der zweiten und dritten Beratung des Gesetzentwurfs der Bundesregierung – Drucksachen 16/4026, 16/4036, 16/4779 – Entwurf eines Gesetzes zur Schaffung deutscher Immobilien-Aktiengesellschaften mit börsennotierten Anteilen, 21.3.2007

Deutscher Bundestag (Hrsg.), Drucksache 16/4841, Gesetzentwurf der Fraktionen der CDU/CSU und SPD, Entwurf eines Unternehmensteuerreformgesetzes 2008, 27.3.2007

Deutscher Bundestag (Hrsg.), Drucksache 16/5377, Gesetzentwurf der Bundesregierung, Entwurf eines Unternehmensteuerreformgesetzes 2008, 18.5.2007

Deutscher Bundestag (Hrsg.), Drucksache 16/5452, Beschlussempfehlung des Finanzausschusses (7. Ausschuss), a) zu dem Gesetzentwurf der Fraktionen CDU/CSU und SPD – Drucksache 16/4841 – Entwurf eines Unternehmensteuerreformgesetzes 2008, b) zu dem Gesetzentwurf der Bundesregierung – Drucksache 16/5377 – Entwurf eines Unternehmensteuerreformgesetzes 2008, etc., 23.5.2007

Deutscher Bundestag (Hrsg.), Plenarprotokoll 16/76, Stenografischer Bericht, 76. Sitzung, 18.1.2007

Deutscher Bundestag (Hrsg.), Plenarprotokoll 16/85, Stenografischer Bericht, 85. Sitzung, 8.3.2007

Deutscher Bundestag (Hrsg.), Plenarprotokoll 16/89, Stenografischer Bericht, 89. Sitzung, 23.3.2007

Die Bundesregierung (Hrsg.), Koalitionsvertrag zwischen CDU, CSU und SPD, Gemeinsam für Deutschland – mit Mut und Menschlichkeit, Berlin, 11.11.2005

HM Revenue and Customs (Hrsg.), Real Estate Investment Trusts: Draft Clauses, Consultation Draft, 27.1.2006

HM Revenue and Customs (Hrsg.), Explanatory Memorandum To The Real Estate Investment Trusts (Breach of Conditions,), Regulations 2006, 2006 No. 2864, The Real Estate Investment Trusts (Financial Statements Of Group Real Estate Investment Trusts), Regulations 2006, 2006 No. 2865, The Real Estate Investment Trusts (Joint Ventures), Regulations 2006 No. 2866, The Real Estate Investment Trusts (Assessment And Recovery Of Tax), Regulations 2006, 2006 No. 2867, London 2006

HM Revenue and Customs (Hrsg.), 2006 Pre-Budget Report, Pre-Budget Report Notes, 6.12.2006

HM Treasury, Budget 2006, A strong and strengthening economy: Investing in Britain's future, Economic and Fiscal Strategy Report and Financial Statement and Budget Report, in: Crown / The Stationary Office (Hrsg.), London 2006

HM Treasury / Inland Revenue, Promoting more flexible investment in property; a consultation, in: Crown, published with the permission of HM Treasury on behalf of the Controller of Her Majesty's Stationery Office (Hrsg.), London 2004

HM Treasury / Inland Revenue, UK Real Estate Investment Trusts: a discussion paper, in: Crown, published with the permission of HM Treasury on behalf of the Controller of Her Majesty's Stationery Office (Hrsg.), London 2005

Kommission der Europäischen Gemeinschaften (Hrsg.), Mitteilung der Kommission an den Rat und das Europäische Parlament, Modernisierung des Gesellschaftsrecht und Verbesserung der Corporate Governance in der Europäischen Union – Aktionsplan, KOM (2003) 284 endgültig, Brüssel, 21.5.2003

Landeshauptstadt Dresden (Hrsg.), Beschluss-Nr. V0821-SR18-05, Beschlussausfertigung des Stadtrates, Gegenstand: Unternehmerische Entscheidungen zum Konzern WOBA Dresden GmbH im Zuge der Veräußerung einschließlich der DRESDNER-SOZIAL-CHARTA, Dresden, 22.9.2005

Landeshauptstadt Dresden (Hrsg.)Verkauf der WOBA Dresden GmbH, Dresden 2005

Landeshauptstadt Dresden, Stadtrat stimmt für den Verkauf der WOBA, in: SDV Verlags GmbH (Hrsg.), Dresdner Amtsblatt Nr. 11/2006, Dresden, 16.3.2006

REITs in Deutschland (Hrsg.), Morgan Stanley: Wohnungspakete Reservoir für REIT-Markt, 9.2.2006

REITs in Deutschland (Hrsg.), Wohnungen: Das Beispiel Dresden macht Schule, 15.3.2006

REITs in Deutschland (Hrsg.), Erster deutscher REIT wird ein Franzose, 22.3.2006

REITs in Deutschland (Hrsg.), REIT-Euphorie beflügelt britische Aktien, 27.3.2006

REITs in Deutschland (Hrsg.), Immobilienverband hält Kritik an REITs für unbegründet, 11.4.2006

REITs in Deutschland (Hrsg.), Glasnost in der Immobilienbranche, 20.4.2006

REITs in Deutschland (Hrsg.), Baden-Württemberg privatisiert Landesimmobilien, 20.4.2006

REITs in Deutschland (Hrsg.), Leipzig prüft Privatisierung von Wohnungen, 19.5.2006

REITs in Deutschland (Hrsg.), Großbritannien: Debatte um Ausschluss von AIM-Gesellschaften von REITs, 22.5.2006

REITs in Deutschland (Hrsg.), REITs: Finanzministerium erwartet Zusatzeinnahmen in Milliardenhöhe, 8.6.2006

REITs in Deutschland (Hrsg.), Verband: UK-REIT für Neugründungen unattraktiv, 12.6.2006

REITs in Deutschland (Hrsg.), Bund will eigene Immobilien über REITs zu Geld machen, 12.6.2006

REITs in Deutschland (Hrsg.), REITs bald auch in Indien, 19.6.2006

REITs in Deutschland (Hrsg.), Trend zur Privatisierung bei US-REITs hält an, 27.6.2006

REITs in Deutschland (Hrsg.), Branchenverbände in Großbritannien trommeln für AIM-gelistete REITs, 10.7.2006

REITs in Deutschland (Hrsg.), UK-REITs ohne AIM-Gesellschaften, 14.7.2006

REITs in Deutschland (Hrsg.), Auch in Dubai gibt es nun REITs, 15.8.2006

REITs in Deutschland (Hrsg.), Gute Entwicklung bei US-REITs, 7.9.2006

REITs in Deutschland (Hrsg.), REITs setzen ihren Höhenflug fort, 4.10.2006

REITs in Deutschland (Hrsg.), Studie sieht REITs im Aufwind, 5.10.2006

REITs in Deutschland (Hrsg.), Hessen verkauft landeseigene Immobilien, 10.11.2006

REITs in Deutschland (Hrsg.), Zweiter großer Wohnungs-IPO bahnt sich an, 15.11.2006

REITs in Deutschland (Hrsg.), Fiskus erhält 1 Mrd. Euro mehr dank REITs, 16.11.2006

REITs in Deutschland (Hrsg.), Hessen verkauft landeseigene Immobilien an Österreicher, 21.11.2006

REITs in Deutschland (Hrsg.), Pfeifen im Walde, 20.12.2006

REITs in Deutschland (Hrsg.), Italien führt REITs im Juni 2007 ein, 21.12.2006

REITs in Deutschland (Hrsg.), Konkurrenz oder neuer Absatzmarkt – oder beides?, 27.12.2006

REITs in Deutschland (Hrsg.), Merkel: „REITs-Gesetz unvollkommen“, 23.1.2007

REITs in Deutschland (Hrsg.), Mobilisierungseffekt steht im Vordergrund, 12.3.2007

Senatskanzlei Berlin (Hrsg.), Koalitionsvereinbarung zwischen der Sozialdemokratischen Partei Deutschlands (SPD) Landesverband Berlin und der Linkspartei.PDS (Die Linke.) Landesverband Berlin für die Legislaturperiode 2006–2011, Berlin 2006

SPD-Fraktion des Abgeordnetenhauses Berlin (Hrsg.), Aufgaben der städtischen Wohnungsbaugesellschaften in Berlin, Berlin 2004

Stadt Freiburg (Hrsg.), Drucksache G-06/109, Beschluss-Vorlage, Betreff: Haushaltskonsolidierung, hier: Veräußerung der Beteiligung der Stadt an der Freiburger Stadtbau GmbH und Veräußerung von städtischen Wohnungsbeständen, Freiburg im Breisgau, 03.05.2006

Stadt Freiburg (Hrsg.), Drucksache G-06/109.1, Beschluss-Vorlage, Betreff: Haushaltskonsolidierung, hier: Veräußerung der Beteiligung der Stadt an der Freiburger Stadtbau GmbH und Veräußerung von städtischen Wohnungsbeständen, Freiburg im Breisgau, 16.6.2006

Stadt Freiburg, Stadtkämmerei (Hrsg.), Bestandteil der Drucksache G-06/109.1, Bericht zur Haushaltskonsolidierung, im Zusammenhang mit den Überlegungen zur Veräußerung der Beteiligung der Stadt an der Freiburger Stadtbau GmbH sowie der Veräußerung von städtischen Wohnungsbeständen, Freiburg im Breisgau, 16.6.2006

Stadt Freiburg (Hrsg.), Drucksache G-06/109.2, Beschluss-Vorlage, Betreff: Haushaltskonsolidierung, hier: Veräußerung der Beteiligung der Stadt an der Freiburger Stadtbau GmbH und Veräußerung von städtischen Wohnungsbeständen, Freiburg im Breisgau, 30.6.2006

Stadt Freiburg (Hrsg.), Drucksache G-06/142 Beschluss-Vorlage, Betreff: Veräußerung der Beteiligung der Stadt an der Freiburger Stadtbau GmbH und Veräußerung von städtischen Wohnungsbeständen, hier: Entscheidung über das Bürgerbegehren, Freiburg im Breisgau, 5.7.2006

Stadt Freiburg (Hrsg.), Drucksache G-06/109.3, Informationsvorlage, Betreff: Haushaltskonsolidierung, hier: Veräußerung der Beteiligung der Stadt an der Freiburger Stadtbau GmbH und Veräußerung von städtischen Wohnungsbeständen, Freiburg im Breisgau, 7.7.2006

Stadt Freiburg (Hrsg.), Beschlüsse, 7. Sitzung des Gemeinderates vom 18.07.2006, Freiburg im Breisgau, 18.7.2006

Stadt Freiburg (Hrsg.), Drucksache G-06/199, Informations-Vorlage, Betreff: Haushaltskonsolidierung, hier: Veräußerung der Beteiligung der Stadt an der Freiburger Stadtbau GmbH und Veräußerung von städtischen Wohnungsbeständen: Ergebnis des Bürgerentscheids vom 12.11.2006 und Entscheidung über das weitere Verfahren, Freiburg im Breisgau, 13.11.2006

Statistisches Bundesamt (Hrsg.), Wohneinheiten in Gebäuden mit Wohnraum und bewohnten Unterkünften in 1000, Wiesbaden 2005

Statistisches Bundesamt (Hrsg.), Statistisches Jahrbuch 2006, Für die Bundesrepublik Deutschland, Wiesbaden 2006

Statistisches Bundesamt – Pressestelle (Hrsg.), Bevölkerung Deutschlands bis 2050, 11. koordinierte Bevölkerungsvorausberechnung, Pressexemplar, Wiesbaden 2006

Literaturverzeichnis

Adelle, Jean-François, L'OPCI: un nouveau fonds immobilier sur le marché français, Échanges Mai 2006, N° 232, S. 42.

Aigner, Hans-Jörgen, Hinzurechnungsbesteuerung und DBA-Recht, in: Lang, Michael (Hrsg.), Schriftenreihe zum Internationalen Steuerrecht, Band 32, Wien 2004

Apelt, Katja, Mit Fundament und Fantasie, Plan, Ausgabe 3/2005, S. 8

Articus, Stephan, Aufgaben und Perspektiven für die Städte, Vortrag, anlässlich: DST/Difu-Workshop „Demografischer Wandel – Auswirkungen und Herausforderungen für die Stadtpolitik", Berlin, 8./9.11.2005

Assmann, Heinz-Dieter/Schneider, Uwe H. (Hrsg.), Wertpapierhandelsgesetz, Kommentar, 4. Auflage, Köln 2006 (zitiert: *Bearbeiter*, in: Assmann/Uwe H. Schneider (Hrsg.), WpHG, 2006, § ... Rz. ...)

Assmann, Heinz-Dieter/Schütze, Rolf A. (Hrsg.), Handbuch des Kapitalanlagerechts, 2. Auflage, München 1997 (zitiert: Assmann/Schütze Hdb. KapitalanlageR/*Bearbeiter* § ... Rdnr. ...)

Ballwieser, Peter, Fit for REIT? Chancen für den öffentlichen Sektor, in: KPMG Deutsche Treuhand-Gesellschaft Aktiengesellschaft Wirtschaftsprüfungsgesellschaft, deutsches Mitgliedsunternehmen der KPMG International, einer Genossenschaft schweizerischen Rechts (Hrsg.), Frankfurt 2005

Battis, Ulrich, Öffentliches Baurecht und Raumordnungsrecht, 5. Auflage, Stuttgart 2006

Battis, Ulrich/Krautzberger, Michael/Löhr, Rof-Peter, Die Änderungen des Baugesetzbuchs durch das Europarechtsanpassungsgesetz Bau (EAG Bau 2004), NJW 2004, S. 2553

Battis, Ulrich/Krautzberger, Michael/Löhr, Rof-Peter, Baugesetzbuch, Kommentar, 9. Auflage, München 2005 (zitiert: *Bearbeiter*, in: Battis/Krautzberger/Löhr, BauGB, 9. Aufl., § ..., Rn. ...)

Baumbach, Adolf/Hopt, Klaus J./Merkt, Hanno, Handelsgesetzbuch mit GmbH & Co., Handelsklauseln, Bank- und Börsenrecht, Transportrecht (ohne Seerecht), Kommentar, 32. Auflage, München 2006 (zitiert: Baumbach/Hopt/*Bearbeiter*, HGB, 32. Aufl 2006 § ... Rn .../ Anh § ... Rn .../Einl ... vor § ...)

Beck, Heiko, REIT-Konzept der IFD, Rechtliche und Steuerrechtliche Rahmenbedingungen, in: DekaBank (Hrsg.), Frankfurt 2005

Beck, Heiko/Droste, Klaus/Zoller, Edgar, Ausbau des deutschen Immobilien-Investmentmarktes zur europäischen Marktführerschaft, Kreditwesen 2004, S. 192

Beck, Martin, Grundlagen der Bilanzierung von Immobilien nach den International Financial Reporting Standards (IFRS), in: BDO Deutsche Warentreuhand AG (Hrsg.), Praxishandbuch Real Estate Management, Stuttgart 2005

Beck, Michael, REITs – ein weltweit erfolgreicher Trend, Der Immobilienbrief 2004, Nr. 72, S. 11

Becker, Heidede/Franke, Thomas/Löhr, Rolf-Peter/Schuleri-Hartje, Ulla-Kristina, Das Programm Soziale Stadt: von der traditionellen Stadterneuerung zur integrativen Stadtteilentwicklung, in: Deutsches Institut für Urbanistik (Hrsg.) im Auftrag des Bundesministeriums für Verkehr, Bau- und Wohnungswesen, Strategien für die Soziale Stadt, Berlin 2003

Beckmann, Klaus/Scholtz, Rolf-Detlev/Vollmer, Lothar (Hrsg.), Investment, Handbuch für das gesamte Investmentwesen, Loseblattsammlung, Band I, Berlin (zitiert: *Bearbeiter*, Investment-Handbuch *laufende Nummer* § ... Rz ...)

Beck'scher Bilanzkommentar, Handels- und Steuerbilanz, in: Ellrott, Helmut/Förschle, Gerhart/Hoyos, Martin/Winkeljohann, Norbert, 6. Auflage, München 2006 (zitiert: *Bearbeiter* in Beck Bil-Komm. § ... Rz. ...)

Beck'sches Handbuch der AG – mit KGaA – Gesellschaftsrecht – Steuerrecht – Börsengang, in: Müller, Welf/Rödder, Thomas (Hrsg.), München 2004 (zitiert: Beck AG-HB/*Autor* § ... Rz. ...)

Beisheim, Marianne, Private Steuerungs-Initiativen: Freiwillige Regeln zur Gestaltung von Privatisierung, in: Weizsäcker, Ernst Ulrich von, Young, Oran

R./Finger, Matthias (Hrsg.), Grenzen der Privatisierung, Wann ist des Guten zu viel?, Bericht an den Club of Rome, Stuttgart 2006

Bernstorff, Andreas/Singh, Richard, Options available to property companies in the UK, in: White Page Ltd. (Hrsg.), REITs – Real Estate Investment Trusts, A new route up the property ladder, London 2006

Beyerle, Thomas, Der deutsche Immobilienmarkt im Visier ausländischer Investmentgesellschaften, in: DEGI Research (Hrsg.), Frankfurt 2005

Beyerle, Thomas, Das große Ringen: REITs vor der Tür?, in: Deutscher Investment Trust Gesellschaft für Wertpapieranlagen mbH (Hrsg), Analysen & Trends, Frankfurt 2006

BFW, Bundesverband Freier Immobilien- und Wohnungsunternehmen e.V. (Hrsg.), BFW: REITs nicht ohne Mietwohnungen – Wohn-REIT bietet mittelständischen Immobilienunternehmen neue Chance zu langfristigen Bestandsentwicklungen, Pressemitteilung, Berlin, 3.5.2006

BFW, Bundesverband Freier Immobilien- und Wohnungsbauunternehmen e.V. (Hrsg.), Gutachten empfiehlt: Keine Börsenpflicht bei Einführung von REITs – Zulassung nicht-börsengehandelter REITs erhöht Marktpotential auf langfristig 250 Mrd. Euro, Pressemitteilung, Berlin, 29.5.2006

Blümich, Einkommensteuergesetz Körperschaftsteuergesetz Gewerbesteuergesetz, Kommentar, Loseblattsammlung, Band I, II, III, in: Ebling, Klaus (Hrsg.), München (zitiert: Blümich/*Bearbeiter*, § ... Rz. ...)

Bone-Winkel, Stephan, Entwicklung der REITs weltweit – lessons learned für Deutschland, Frankfurt 2005

Brauer, Kerry-U., Einführung in die Immobilienwirtschaft – Einordnung der Immobilienwirtschaft in die Wissenschaften, in: BDO Deutsche Warentreuhand AG (Hrsg.), Praxishandbuch Real Estate Management, Stuttgart 2005

Brück, Michael J. J., Fit for REIT?, Chancen für Immobiliengesellschaften, in: KPMG Deutsche Treuhand-Gesellschaft Aktiengesellschaft Wirtschaftsprüfungsgesellschaft, deutsches Mitgliedsunternehmen der KPMG International, einer Genossenschaft schweizerischen Rechts (Hrsg.), Frankfurt 2005

Brüderle, Rainer, Wie attraktiv und notwendig sind REITs für den Wirtschaftsstandort Deutschland?, Vortrag, anlässlich: Kongress der FDP, Berlin, 6.7.2006

Bürgerinitiative „Wohnen ist Menschenrecht", Auswirkungen des Verkaufs der städtischen Wohnungen, der Stadtbauwohnungen und der Stadtbau, Freiburg im Breisgau 2006

Bull, Hans Peter, Vom Staatsdiener zum öffentlichen Dienstleister, Zur Zukunft des Dienstrechts, in: Bogumil, Jörg, u. a. (Hrsg.), edition sigma, Modernisierung des öffentlichen Sektors, Band 27, Berlin 2006

Burgi, Martin, Funktionale Privatisierung und Verwaltungshilfe, Staatsaufgabendogmatik, Phänomenologie – Verfassungsrecht, Tübingen 1999

Cadmus, Alan, REITs: Ein Vorbild für deutsche Immobilien-Aktiengesellschaften?, in: Rehkugler, Heinz (Hrsg.), Die Immobilien-AG, Bewertung und Marktattraktivität, München 2003

Cadmus, Alan, Projekt G-REIT, Anforderungen von Kapitalmarkt und Praxis, Berlin 2006

Clayson, Murray, The Impact of European Law and Treaty Relief on the UK Controlled Foreign Companies Rules, Intertax 1998, S. 326

Cordewener, Axel, Europäische Grundfreiheiten und nationales Steuerrecht – „Konvergenz" des Gemeinschaftsrechts und „Kohärenz" der direkten Steuern in der Rechtsprechung des EuGH, in: Schön, Wolfgang (Hrsg.), Rechtsordnung und Steuerwesen, Band 29, Köln 2002

Cordewener, Axel, Deutsche Unternehmensbesteuerung und europäische Grundfreiheiten – Grundzüge des materiellen und formellen Rechtsschutzsystems der EG, DStR 2004, S. 6

Dammann, Helge/Stoschek, Uwe, Großbritannien, Einführung von UK-REITs beschlossen, Die Bank, REITs – Sonderbeilage, Immobilien an der Börse, Real Estate Investment Trusts in Europa, 2006, S. 8

Dautzenberg, Leo, Abschlussbericht zur koalitionsinternen Arbeitsgruppe „REITs“, Berlin 2006

Debatin, Helmut/Wassermeyer, Franz (Hrsg.), Doppelbesteuerungsabkommen, Kommentar zu allen Doppelbesteuerungsabkommen, Loseblattsammlung, Band I, München (zitiert: für den offiziellen OECD-Musterkommentar: *Bearbeiter* in Debatin/Wassermeyer MA Art. ... MK ...; für die sonstige Kommentierung: *Bearbeiter* in Debatin/Wassermeyer MA Art. ... Rz. ...)

DEGI Research (Hrsg.), Immobilienanlageprodukte in Deutschland, Zwischen Fonds, REITs und Kundenwünschen, Frankfurt 2005

Deloitte, Der Regierungsentwurf zum REIT-Gesetz: Überblick, erste Analyse und offene Fragen, in: Deloitte & Touche GmbH Wirtschaftsprüfungsgesellschaft (Hrsg.), Real Estate News – Aktuell, Sonderausgabe, Düsseldorf 2006

Dettmeier, Michael/Pöschke, Moritz, IFRS und deutscher REIT – mögliche Stolpersteine für Gesetzgeber und Anwender, BB 2006, 1731

Deutsche Bank AG (Hrsg.), Der deutsche REIT, Informationen zur geplanten Einführung, Frankfurt 2005

Deutsche Bank Research, Wohnungsportfolios in Deutschland: Weitere Verkäufe programmiert, in: Deutsche Bank AG, DB Research (Hrsg.), Aktuelle Themen, Nr. 321, Frankfurt 2005

Deutsche Bank Research, Was Europa von US-REITs lernen kann, Lehren aus den Elfenbeintürmen, in: Deutsche Bank AG, DB Research (Hrsg.), Aktuelle Themen, Nr. 372, Frankfurt 2006

Dietz, Detlev, REITs in Frankreich, Ein Erfolgsmodell seit 2003, Die Bank, REITs – Sonderbeilage, Immobilien an der Börse, Real Estate Investment Trusts in Europa, 2006, S. 4

Di Fabio, Udo, Privatisierung und Staatsvorbehalt, Zum dogmatischen Schlüsselbegriff der öffentlichen Aufgabe, JZ 1999, S. 585

Dötsch, Ewald/Jost, Werner F./Pung, Alexandra/Witt, Georg (Hrsg.), Die Körperschaftssteuer, Kommentar zum Körperschaftsteuergesetz, Umwandlungssteuergesetz und zu den einkommensteuerrechtlichen Vorschriften der Anteilseignerbesteuerung, Loseblattsammlung, Band I, II, III, Stuttgart (zitiert: *Bearbeiter* in Dötsch/Jost/Pung/Witt, Kommentar zum KStG und EStG, § ... *Gesetz* Tz ...)

Droste, Klaus, Einführung REITs in Deutschland: Stand des Verfahrens und Ausblick, in: Deutsche Bank AG (Hrsg.), Frankfurt 2005

Durth, K. Rüdiger, Verkauf von Wohnungen wird in Berlin zum Politikum, in: Deutscher Bundestag (Hrsg.), Das Parlament Nr. 12/20.3.2006

Duvigneau, Hans Jörg, Die neue Rolle der Wohnungsunternehmen, Vom Instrument der Verteilungspolitik zum wirtschaftlich agierenden Dienstleistungsunternehmen mit sozialem Anspruch – kann das gut gehen?, Berlin 2001

Eekhoff, Johann/Arentz, Oliver, REITs aus gesamtwirtschaftlicher Perspektive – mehr Gemeinwohl, weniger Einzelinteressen, in: Deutscher Verband für Wohnungswesen, Städtebau und Raumordnung e. V. (Hrsg.), Berlin 2006

Egger, Wolfgang, Sozialverträgliche Wohnungsprivatisierung, in: BDO Deutsche Warentreuhand AG (Hrsg.), Praxishandbuch Real Estate Management, Stuttgart 2005

EPRA, European Public Real Estate Association (Hrsg.), EPRA Global REIT Survey, A comparison of the major REIT regimes in the world, Schiphol 2004

EPRA, European Public Real Estate Association (Hrsg.), Press Release, New Rules for Belgian SICAFI, Schiphol 2006

EPRA, European Public Real Estate Association (Hrsg.), Progress on REIT Regimes in Europe, Schiphol 2006

Ernst & Young AG (Hrsg.), Der deutsche REIT (G-REIT) – Ein neuer Weg zum Kapitalmarkt, Eschborn 2005

Ernst & Young AG Wirtschaftsprüfungsgesellschaft/Ernst & Young Real Estate GmbH/Luther, Rechtsanwaltsgesellschaft mbH (Hrsg.), Die Einführung des deutschen Real Estate Investment Trust (G-REIT), Aktuelle Entwicklungen, Eschborn 2006

Ernst, Werner/Zinkahn, Willy/Bielenberg, Walter/Krautzberger, Michael, Baugesetzbuch, Kommentar, Loseblattsammlung, Band IV, München (zitiert: *Bearbeiter* in: Ernst/Zinkahn/Bielenberg/Krautzberger, BauGB, § ... Rn. ...)

Eurohypo AG (Hrsg.), Professional, German REIT, Eine Frage der Zeit, Eschborn 2005

Eurohypo AG (Hrsg.), German REITs: Germany joining the party?, Real Estate Agenda, Issue 4, London 2006

Eurohypo Research, The outlook for the German residential property market, in: Eurohypo AG (Hrsg.), European Real Estate Issues, London 2005

Ewald, Isabelle, Privatisierung staatlicher Aufgaben, Brühl 2004

Finger, Matthias, Rechtsformen der Infrastruktur zwischen öffentlich und privat, in: Weizsäcker, Ernst Ulrich von/Young, Oran R./Finger, Matthias (Hrsg.), Grenzen der Privatisierung, Wann ist des Guten zu viel?, Bericht an den Club of Rome, Stuttgart 2006

Finger, Matthias, Keine Privatisierung ohne Regulierung – das Beispiel der Netzwerkindustrien, in: Weizsäcker, Ernst Ulrich von/Young, Oran R./Finger, Matthias (Hrsg.), Grenzen der Privatisierung, Wann ist des Guten zu viel?, Bericht an den Club of Rome, Stuttgart 2006

Flick, Hans, Vereinbarkeit des Steuerfluchtgesetzes mit Doppelbesteuerungsabkommen, BB 1971, S. 250

Flick, Hans/Wassermeyer, Franz/Baumhoff, Hubertus, Außensteuerrecht, Kommentar, Loseblattsammlung, Band I und II, Hrsg.: Wassermeyer, Franz/Piltz, Detlev J., Köln (zitiert: Flick/Wassermeyer/Baumhoff-*Verfasser*, § ... AStG, Anm. ...)

Franke, Thomas, Quartiersmanagement – Schlüsselinstrument integrierter Stadtteilentwicklung, in: Deutsches Institut für Urbanistik (Hrsg.) im Auftrag des Bundesministeriums für Verkehr, Bau- und Wohnungswesen, Strategien für die Soziale Stadt, Berlin 2003

Freedman, Howard, UK-REITs – key tax-related issues, in: White Page Ltd. (Hrsg.), REITs – Real Estate Investment Trusts, A new route up the property ladder, London 2006

Freie und Hansestadt Hamburg (Hrsg.), Der Verkauf der ersten beiden Portfolios von Büro- und Gewerbeimmobilien bringt Hamburg 815,5 Millionen Euro, Pressemitteilung, 31.1.2006

Fries, Ulrich Jacke, Wohnimmobilien im Fokus der Investoren – Was wird gesucht? (Teil 1), Der Immobilienbrief 2005, Nr. 80, S. 4

Fuchs, Michael/Korezkij, Leonid, Steuerbelastung von mehr als 90 % vermeiden, in: REITs in Deutschland (Hrsg.), 26.7.2006

Glanegger, Peter/Güroff, Georg (Hrsg.), Gewerbesteuergesetz, Kommentar, 6. Auflage, München 2006 (zitiert: *Bearbeiter* in Glanegger/Güroff, GewStG, § ... Anm ...)

Grabitz, Eberhard/Hilf, Meinhard (Hrsg.), Das Recht der Europäischen Union, Kommentar, Loseblattsammlung, Band I und II, München (zitiert: *Bearbeiter*, in: GH Art. ... EGV Rdnr. ...(... EL *Monat Jahr*))

Häußermann, Hartmut, Der Stadtumbauprozess – Möglichkeiten und Grenzen für eine Stadtentwicklung „von unten“, vhw FW 2004, S. 229

Hahn, Hartmut, Das ICI-Urteil des EuGH und die Hinzurechnungsbesteuerung gemäß §§ 7 ff. AStG, IStR 1999, S. 609

Haupt, Angela, US-REITs: Frisches Geld lässt die Party weitergehen, in: REITs in Deutschland (Hrsg.), 17.5.2006

Henn, Günter, Handbuch des Aktienrechts, 7. Auflage, Heidelberg 2002

Hickl, Tilman, Vergleich von offenen Immobilienfonds und Immobilien-Aktiengesellschafen, in: Rehkugler, Heinz (Hrsg.), Die Immobilien-AG, Bewertung und Marktattraktivität, München 2003

Hoffmann-Riem, Wolfgang, Verfahrensprivatisierung als Modernisierung, in: Hoffmann-Riem, Wolfgang/Schneider, Jens-Peter (Hrsg.), Verfahrensprivatisierung im Umweltrecht, Baden-Baden 1996

Hopt, Klaus J./Wiedemann, Herbert (Hrsg.), Aktiengesetz, Großkommentar, Band I, 4. Auflage, Berlin 2004 (zitiert: *Bearbeiter* in Großkomm AktG, § ... Rdn. ....)

HSBC Trinkaus & Burkhardt KGaA (Hrsg.), Shaping the G-REIT, Revealing the investors' view on the G-REIT structure, Deutschland 2005

HSH Nordbank, Der German Real Estate Investment Trust (REIT) und der deutsche Immobilienmarkt, in: HSH Nordbank AG – Real Estate Research (Hrsg.), Branchenstudie Immobilien, Hamburg 2005

HSH Nordbank, Wohnungsportfoliotransaktionen in Deutschland, Deutsche Wohnungsportfolios bleiben im Fokus der Investoren, in: HSH Nordbank AG – Real Estate Research (Hrsg.), Branchenstudie Immobilien, Hamburg 2006

Hübschmann, Walter/Hepp, Ernst/Spitaler, Armin (Hrsg.), Abgabenordnung – Finanzgerichtsordnung, Kommentar, Loseblattsammlung, Band II, Köln 2005 (zitiert: *Verfasser* in HHSp, § ... AO Rz. ...)

Hüffer, Uwe (Hrsg.), Aktiengesetz, Kommentar, 7. Auflage, München 2006

Hughes, Fraser/Arissen, Jorrit, SIIC II will drive the French market further, in: EPRA, European Public Real Estate Association (Hrsg.), Amsterdam 2005

Hughes, Fraser, Viewing UK-REITs in a global context, in: White Page Ltd. (Hrsg.), REITs – Real Estate Investment Trusts, A new route up the property ladder, London 2006

I.C.M.E. (Hrsg.), Studie zum REIT-Markt, Frankfurt 2005

Initiative Finanzstandort Deutschland (IFD) (Hrsg.), Einführung eines deutschen REIT („German REIT", „G-REIT"), Abschlussbericht und Empfehlungen der IFD, Frankfurt 2005

Initiative Finanzstandort Deutschland (IFD) (Hrsg.), Einführung eines deutschen REIT – Zusammenfassung und Empfehlungen –, Frankfurt 2005

Initiative Finanzstandort Deutschland (IFD) (Hrsg.), Sicherstellung der deutschen Besteuerung ausländischer REIT-Aktionäre – Kurzdarstellung –, Frankfurt 2005

Initiative Finanzstandort Deutschland (IFD) (Hrsg.), Finanzstandort Bericht Nr. 2, Juni 2006

Jeanjean, Patrick/Pancrazio, Lionel, Les SIIC face à l'externalisation, in: Immobilier et Bourse 2004, N° 38, S. 31

Just, Tobias, Ist die Einführung von REITs in Deutschland ökonomisch sinnvoll?, in: Deutsche Bank AG, DB Research (Hrsg.), Frankfurt 2004

Kämmerer, Jörn Axel, Privatisierung, Typologie – Determinanten – Rechtspraxis – Folgen, Tübingen 2001

Kann, Jürgen van/Just, Clemens/Krämer, Joachim, Der Regierungsentwurf eines Gesetzes zur Schaffung deutscher Immobilien-Aktiengesellschaften mit börsennotierten Anteilen (REIT-Gesetz), DStR 2006, S. 2105

Kellersmann, Dietrich/Treisch, Corinna, Europäische Unternehmensbesteuerung, 1. Auflage, Wiesbaden 2002

Kensington Investment Group (Hrsg.), Globalization of REITs, The Case for International Real Estate Securities, Orinda 2006

Kessler, Tim/Alexander, Nancy, Ist eine Privatisierung der Grundversorgung sinnvoll?, in: Weizsäcker, Ernst Ulrich von/Young, Oran R./Finger, Matthias (Hrsg.), Grenzen der Privatisierung, Wann ist des Guten zu viel?, Bericht an den Club of Rome, Stuttgart 2006

Kindahl, Andreas/Tuving, Peter, Rise Of The REITs In Europe, As The U.K. And Germany Plan Real Estate Investment Trusts, in: Standard & Poor's, a division of The McGraw-Hill Companies (Hrsg.), Ratings Direct, New York 2006

Klinger, Franz, Immobilienbilanzierung und IAS 40, in: REITs in Deutschland (Hrsg.), 17.8.2006

Klühs, Hannes/Schmidtbleicher, Roland, Feste Beteiligungsquote für G-REITs, ZIP 2006, S. 1805

Klühs, Hannes/Schmidtbleicher, Roland, Besteuerung ausländischer Anleger nach dem Regierungsentwurf zur Einführung deutscher REITs, IStR 2007, S. 16

Kluge, Volker, Das Internationale Steuerrecht, 4. Auflage, München 2000

Knobloch, Bernd, Euro Finance Week, Initiative Finanzstandort Deutschland, Vortrag, Frankfurt, 25.10.2004

Knobloch, Bernd, REITs – eine neue Asset-Klasse für den deutschen Kapitalmarkt?, in: Eurohypo AG (Hrsg.), Eschborn 2006

Köhler, Stefan, Aktuelles Beratungs-Know-how Internationales Steuerrecht, DStR 2002, S. 2156

Körner, Andreas, German Reference to the ECJ for a Preliminary Ruling: Unilateral Switch-over Clause and CFC Rules, Intertax 2006, S. 32

Kohl, Michael, Steuerlicher Belastungsvergleich in einzelnen Ländern: Welches Modell könnte für Deutschland Vorbild sein?, in: Ernst & Young AG Wirtschaftsprüfungsgesellschaft (Hrsg.), Frankfurt 2005

KPMG Deutsche Treuhand-Gesellschaft Aktiengesellschaft Wirtschaftsprüfungsgesellschaft, deutsches Mitgliedsunternehmen der KPMG International, einer Genossenschaft schweizerischen Rechts (Hrsg.), Einführung des Real Estate Investment Trust (REIT) in Deutschland, München u. a. 2005

Krautzberger, Michael/Stüer, Bernhard, Städtebaurecht 2004: Was hat sich geändert?, DVBl. 2004, S. 781

Kremer, Michael A., Abgrenzung von REITs zu anderen indirekten Immobilienanlagen, DB Real Estate Management GmbH (Hrsg.), Berlin 2005

Krings-Heckemeier, Marie-Therese, Differenzierung der Wohnungsmärkte bei veränderten Nachfragestrukturen, in: empirica AG (Hrsg.), Demographischer Wandel – Auswirkungen und Herausforderungen für die Städtepolitik, Berlin 2005

Krolle, Sigrid, Bewertung der Immobilien-AG über das Unternehmensergebnis, in: Rehkugler, Heinz (Hrsg.), Die Immobilien-AG, Bewertung und Marktattraktivität, München 2003

Kücherer, Kirstin, Wachsende Bedeutung, Plan, Ausgabe 3/2005, S. 4

Lang, Michael, CFC-Gesetzgebung und Gemeinschaftsrecht, IStR 2002, S. 217

Lemnitzer, Karl-Heinz, Aktuelle Aspekte der Prüfung von offenen Immobilienfonds, in: KPMG Deutsche Treuhand-Gesellschaft Aktiengesellschaft Wirtschaftsprüfungsgesellschaft, deutsches Mitgliedsunternehmen der KPMG International, einer Genossenschaft schweizerischen Rechts (Hrsg.), Frankfurt 2006

Lieber, Bettina/Rasch, Stephan, Mögliche Konsequenzen der Rechtssache „Cadbury Schweppes“ für die deutsche Hinzurechnungsbesteuerung, GmbHR 2004, S. 1572

Lieber, Bettina/Schönfeld, Jens, Sicherstellung einer angemessenen deutschen Besteuerung der ausländischen Anteilseigner eines deutschen REIT, IStR 2004, S. 126

Loipfinger, Stefan/Nickl, Ludwig jr./Richter, Uli, Geschlossene Immobilienfonds, Grundlagen, Analyse, Bewertung, Stuttgart 1994

London Stock Exchange plc. (Hrsg.), Listing a UK-REIT on the London Stock Exchange, London 2006

Loritz, Karl-Georg, Die deutsche Immobilienwirtschaft und die Diskussion über REITs, Der Immobilienbrief 2005, Nr. 85, S. 3

Loyens & Loeff/EPRA, European Public Real Estate Association (Hrsg.), European REIT Regimes and the Impact of the EC Treaty Freedoms, Schiphol 2005

Luck, Chris, The Listing Rules, in: White Page Ltd. (Hrsg.), REITs – Real Estate Investment Trusts, A new route up the property ladder, London 2006

Luck, Chris/Cant, Michael, How to qualify as a UK-REIT, in: White Page Ltd. (Hrsg.), REITs – Real Estate Investment Trusts, A new route up the property ladder, London 2006

Martin, Andreas, Glaubwürdige Signale gefragt, in: REITs in Deutschland (Hrsg.), 20.11.2006

Mast, Tatjana B., Immobilienaktien/REITs – Eine mögliche Bereicherung oder eine schiere Notwendigkeit für die Asset Allocation, in: Credit Suisse Asset Management (CSMA) Immo Germany, Controlling Funds/Treasury (Hrsg.), München 2005

Maunz, Theodor/Dürig, Günter, Kommentar zum Grundgesetz, Loseblattsammlung, Band I, München (zitiert: *Bearbeiter* in Maunz/Dürig, Komm. z. GG, Art ... Rdnr. ...)

Maurer, Raimond/Sebastian, Steffen, Immobilienaktiengesellschaften als finanzwirtschaftliche Substitute für Immobiliendirektanlagen, in: Mannheimer Manuskripte zu Risikotheorie, Portfolio Management und Versicherungswirtschaft (Hrsg.), Nr. 105, Mannheim 1998

McKinsey & Company Inc., Auf Schatzsuche, in: McK Wissen13: Public Sector, Düsseldorf, 2005

Morgan Stanley Bank AG (Hrsg.), Investing in German Residential Property, A Guide to Key Sector Dynamics, Frankfurt 2006

Müller, Mathias, Konsequenzen und Alternativen zum Ausverkauf des kommunalen Assets „Immobilien“ an Finanzinvestoren, Der Immobilienbrief 2005, Nr. 85, S. 19

Müller, Tonia Sophie/Stähler, Simon, Zur Privatisierung der „inneren Sicherheit“ in Frankfurt am Main, in: Weizsäcker, Ernst Ulrich von, Young, Oran R./ Finger, Matthias (Hrsg.), Grenzen der Privatisierung, Wann ist des Guten zu viel?, Bericht an den Club of Rome, Stuttgart 2006

Münchener Kommentar zum Aktiengesetz, Kropff, Bruno/Semler, Johannes (Hrsg.), Band I, 2. Auflage, München 2000 (zitiert: MünchKommAktG/*Bearbeiter* § ... Rn ...)

Münchener Kommentar zum Aktiengesetz, Kropff, Bruno/Semler, Johannes (Hrsg.), Band II, 2. Auflage, München 2003 (zitiert: MünchKommAktG/*Bearbeiter* § ... Rn ...)

Münchener Kommentar zum Aktiengesetz, Kropff, Bruno/Semler, Johannes (Hrsg.), Band III, 2. Auflage, München 2004 (zitiert: MünchKommAktG/*Bearbeiter* § ... Rn ...)

Münchener Kommentar zum Aktiengesetz, Kropff, Bruno/Semler, Johannes (Hrsg.), Band V/I, 2. Auflage, München 2003 (zitiert: MünchKommAktG/*Bearbeiter* § ... Rn ...)

Nabarro Nathanson (Hrsg.), How To Become A UK-REIT, London 2006

NAREIT, National Association of Real Estate Investment Trusts (Hrsg.), The REIT Story, Dividends & Diversification, Washington D.C. 2003

NAREIT, National Association of Real Estate Investment Trusts (Hrsg.), Frequently Asked Questions About REITs, in: Invest in REITs, Learn About REITs, Washington D.C. 2004

NAREIT, National Association of Real Estate Investment Trusts (Hrsg.), Forming and Operating a Real Estate Investment Trust, in: Invest in REITs, Learn About REITs, Washington D.C. 2004

NAREIT, National Association of Real Estate Investment Trusts (Hrsg.), Promoting More Flexible Investment in Property, Response to HMT & Inland Revenue, Consultation Document, Washington D.C. 2004

NAREIT, National Association of Real Estate Investment Trusts (Hrsg.), Changing With the Times, in: Real Estate Portfolio, Special Issue, Washington D.C. 2004

NAREIT, National Association of Real Estate Investment Trusts (Hrsg.), REITs: Spreading Around the World, in: Real Estate Portfolio, Washington D.C. 2004

NAREIT, National Association of Real Estate Investment Trusts (Hrsg.), REITs Outperform Leading U.S. Benchmarks, Compound annual total return in percent: Dec. 1975 – Dec. 2005, in: Invest in REITs: Reasons to Invest – Why Invest in REITs, Washington D.C. 2006

NAREIT, National Association of Real Estate Investment Trusts (Hrsg.), Historical REIT Industry Market Capitalization: 1972-2006, Washington D.C. 2007

NAREIT, National Association of Real Estate Investment Trusts (Hrsg.), Press Release, REITs Deliver Market Leading Performance For Seventh Consecutive Year, Washington D.C. 2007

Nawrath, Axel, Neue Asset-Klasse REITs, eine anspruchsvolle Gestaltungsaufgabe, Vortrag, anlässlich: Kongress der FDP, Berlin, 6.7.2006

Nord LB Volkswirtschaft (Hrsg.), Real Estate Investment Trusts, in: Global Markets Real Estate, Hannover 2005

Olbrich, Norbert, Aktivierung des kommunalen Immobilienbesitzes in Dresden, Immobilien & Finanzierung 2005, S. 760

Petrusek, Roman, Vom Verband zum Netzwerk ..., Die Bundesvereinigung der Landesentwicklungs- und Immobiliengesellschaften e.V., Die Veränderungsprozesse in den Mitgliedsunternehmen, in: LEG (Hrsg.), Berlin 2005

Pfnür, Andreas, Immobilien: Ein aktuelles Finanzinvestment – Die Investmentperspektive –, Darmstadt 2006

Plesse, Holger, Wohnungsprivatisierung in den neuen Bundesländern, in: Hübl, Lothar (Hrsg.) Beiträge zur angewandten Wirtschaftsforschung, Berlin 1999

Pluskat, Sorika, Neue Impulse für die geplante steuerbegünstigte Immobilienaktiengesellschaft (REIT) in Deutschland durch den UK-REIT, IStR 2006, S. 661

Pluskat, Sorika/Rogall, Matthias, Immobilienveräußerung gemäß §§ 3 Nr. 70, 3 c Abs. 3 EStG-E in der Fassung des Gesetzesentwurfs zur Verbesserung der steuerlichen Standortbedingungen – neuer Schub für den deutschen REIT?, BB 2005, S. 1251

Pohl, Andreas, „Management, Portfolio, Strategie", in: REITs in Deutschland (Hrsg.), Interview/Hintergrund, 13.4.2006

politikerscreen.de AG, Spagat zwischen Sozialauftrag und Schuldentilgung, Berlin 2006

Puhl, Oliver, Monetarisierungsoptionen für Wohnungsunternehmen, in: Morgan Stanley Bank AG (Hrsg.), Berlin 2005

Rättig, Horst/Protzen, Peer Daniel G., Praktische Folgen der Unvereinbarkeit der Hinzurechnungsbesteuerung mit der EU-Niederlassungs- sowie Kapitalverkehrsfreiheit – Eine nach Fallgruppen geordnete Darstellung der Unanwendbarkeit der §§ 7–14 AStG, GmbHR 2004, S. 503

Rausch, Günter, „Heuschrecken grasen ab und ziehen weiter" – Panikmache oder Prophezeiung?, Sozialextra, Oktober 2006, S. 37

Rehkugler, Heinz, Die Immobilien-AG – Chancen für Unternehmen und Investoren, in: Rehkugler, Heinz (Hrsg.), Die Immobilien-AG, Bewertung und Marktattraktivität, München 2003

Rehkugler, Heinz, REITs als attraktive Immobilienanlage, in: BDO Deutsche Warentreuhand AG (Hrsg.), Praxishandbuch Real Estate Management, Stuttgart 2005

Reimer, Ekkehart/Ribbrock, Martin, Steuerbefreiung von inländischen Vermietungseinkünften einer ausländischen Stiftung, IStR 2006, S. 675

Reiss, Dale Anne, Global Property Investment, Insider's Report, in: Ernst & Young LLP. (Hrsg.), Global Real Estate Newsline, New York 2005

Ringleb, Henrik-Michael/Kremer, Thomas/Lutter, Marcus/Werder, Axel von (Hrsg.), Kommentar zum Deutschen Corporate Governance Kodex, Kodex-Kommentar, 2. Auflage, München 2005

Roche, John, Future Bright for Offshore Property Funds, in: Pricewaterhouse-Coopers CI LLP (Hrsg.), London 2006

Roche, Matthias, Wie geht es weiter mit dem REIT-Projekt, Der modifizierte IFD-Vorschlag zur Implementierung von REITs, Steuerliche Grundlagen und Folgerungen für die Praxis, in: Ernst & Young AG, Berlin 2005

Roche, Matthias, UK-REIT: Ein erster Überblick, in: Ernst & Young Real Estate GmbH, Ernst & Young AG Wirtschaftsprüfungsgesellschaft, Prof. Weiss & Partner Projektsteuerungsgesellschaft mbH, Luther Rechtsanwaltsgesellschaft mbH (Hrsg.), Real Estate Trends, Eschborn 2006

Rödder, Thomas/Schönfeld, Jens, Mündliche Verhandlung vor dem EuGH in der Rechtssache „Cadbury Schweppes": Wird sich der Missbrauchsbegriff des EuGH verändern?, IStR 2006, S. 49

Roland Berger Strategy Consultants, REITs – Chancen für den deutschen Immobilien- und Finanzmarkt, Frankfurt 2006

Runde, Ortwin/Pronold, Florian, Heuschrecken vor der Wohnungstür?, Diskussionspapier zur Einführung von REITs (Real Estate Investments Trusts) in Deutschland, Berlin 2006

Runkel, Peter, Schwierige Privatisierung kommunaler Wohnungen, Frankfurter Allgemeine Zeitung, 15.12.2006, S. 49

Saß, Gert, Zur Vereinbarkeit der Hinzurechnungsbesteuerung nach dem AStG mit den EU-Grundfreiheiten, DB 2002, 2342

Schacht, Ulrich/Gänsler, Katrin, REITs in Deutschland und Großbritannien – ein Vergleich, IStR 2007, S. 99

Schäfer, Frank A. (Hrsg.), Wertpapierhandelsgesetz, Börsengesetz mit BörsZulV, Verkaufsprospektgesetz mit VerkPropV, Kommentar, Stuttgart, Berlin, Köln 1999 (zitiert: *Bearbeiter*/Schäfer, Wertpapierhandelsgesetz § ... Rz ...)

Schaumburg, Harald, Internationales Steuerrecht – Außensteuerrecht, Doppelbesteuerungsrecht, 2. Auflage, Köln 1998

Schimmelschmidt, Uwe/Tauser, Kian/Lagarrigue, Alexandre, Immobilieninvestitionen deutscher Investoren in französische REITs, IStR 2006, S. 120

Schmidt, Ludwig, Einkommensteuergesetz, Kommentar, 25. Auflage, München 2006 (zitiert: Schmidt/*Bearbeiter* EStG § ... Rz ...)

Schmidt, Stefan, Fit for REIT? Status Quo der Diskussion, in: KPMG Deutsche Treuhand-Gesellschaft Aktiengesellschaft Wirtschaftsprüfungsgesellschaft, deutsches Mitgliedsunternehmen der KPMG International, einer Genossenschaft schweizerischen Rechts (Hrsg.), Frankfurt 2005

Schmitt, Daniela, Offene Immobilienfonds – Der Immobilienbestand ausgewählter offener Fonds im Jahre 1999 und seine Veränderungen seit 1984, in: Bathelt, Harald/Schamp, Eike W., Institut für Wirtschafts- und Sozialgeographie der Johann Wolfgang Goethe-Universität Frankfurt (Hrsg.), Frankfurt 2001

Schneidereit, Nele/Weizsäcker, Ernst Ulrich von, Privatisierung und Demokratie auf kommunaler Ebene, in: Weizsäcker, Ernst Ulrich von, Young, Oran R./ Finger, Matthias (Hrsg.), Grenzen der Privatisierung, Wann ist des Guten zu viel?, Bericht an den Club of Rome, Stuttgart 2006

Schoch, Friedrich, Privatisierung von Verwaltungsaufgaben, DVBl. 1994, 962

Schön, Wolfgang, Hinzurechnungsbesteuerung und Europäisches Gemeinschaftsrecht, DB 2001, S. 940

Schön, Wolfgang, Besteuerung im Binnenmarkt – die Rechtsprechung des EuGH zu den direkten Steuern, IStR 2004, S. 289

Schönfeld, Jens, Hinzurechnungsbesteuerung und Europäisches Gemeinschaftsrecht, in: Schön, Wolfgang/Hüttemann, Rainer (Hrsg.), Rechtsordnung und Steuerwesen, Band 33, Köln 2005

Schomberg, Bärbel, Immobilienanlageinstrumente im Visier: Die Chancen von REITs in Deutschland, in: Dresdnerbank Investment Management Kapitalanlagegesellschaft mbH (Hrsg.), Update II/05, Sonderausgabe „Innovative Investmentkonzepte“, Frankfurt 2005

Schulte, Karl-Werner/Sotelo, Ramon, Deutsche REITs – Möglichkeiten und Voraussetzungen einer Realisierung, Zeitschrift für Immobilienökonomie, Ausgabe 2/2004, S. 31

Schultz, Florian/Harrer, Herbert, Der German Real Estate Investment Trust (G-REIT) – Zu den Empfehlungen der Initiative Finanzstandort Deutschland –, DB 2005, S. 574

Schulz, Andreas/Petersen, Sven/Keller, Claudia, Offene Fragen bei der Besteuerung von Immobiliensondervermögen und deren Anlegern, DStR 2004, S. 1853

Schulz-Wulkow, Christian/Kohl, Michael/von Goldbeck, Axel/Glöckner, Gunnar, G-REIT – Ein neuer Weg zum Kapitalmarkt, in: Ernst & Young AG, Berlin 2006

Schuppert, Gunnar Folke, Verwaltungswissenschaft: Verwaltung, Verwaltungsrecht, Verwaltungslehre, Baden-Baden 2000

Sieber, Henning-Wolfgang, Verkauf von Immobilienpaketen der öffentlichen Hand (Auszug zum Thema Sozialcharta), in: Freshfields Bruckhaus Deringer (Hrsg.), Berlin 2006

Simon, Stefan, Die Einführung eines German-REIT (G-REIT), NJW-Spezial 2006, S. 459

Sireo Research (Hrsg.), Immobilienmärkte unter der Lupe, Heusenstamm 2006

Sotelo, Ramon, Notwendigkeit von REITs für Deutschland und ihre optimale Gestaltung, Weimar 2006

Sotelo, Ramon/Bone-Winkel, Stephan/Pfeffer, Tobias/Schlump, Patrick/Becker, Martin, Bedeutung von nicht börsengehandelten REITs für den Erfolg von REITs in Deutschland, in: Bundesverband Freier Immobilien- und Wohnungsunternehmen e.V. (BfW) (Hrsg.), Kurzfassung, Berlin 2006

Sotelo, Ramon/Bone-Winkel, Stephan/Pfeffer, Tobias/Schlump, Patrick/Becker, Martin, Bedeutung von nicht börsengehandelten REITs für den Erfolg von REITs in Deutschland, in: Bundesverband Freier Immobilien- und Wohnungsunternehmen e.V. (BfW) (Hrsg.), Gutachten, Berlin 2006

Sradj, Martina/Mertes, Horst, Neuregelungen bei der Besteuerung von Investmentvermögen, DStR 2004, S. 201

Steih, Paul/Wader, Dominic, Sarbanes-Oxley Act – Auswirkungen auf Europa, in: Ernst & Young AG (Hrsg.), Mannheim 2002

Steinbrück, Peer, Reformen für den Finanzplatz Deutschland, in: Bundesministerium der Finanzen (Hrsg.), Frankfurt 2006

Steinbrück, Peer/Koch, Roland, Wachstumsorientierte Unternehmensteuerreform für Deutschland, Berlin 2006

Stock, Stefan/Teske, André, Einführung des REIT in Deutschland – Ein allgemeiner Überblick über den Stand der Diskussion –, DB 2005, S. 187

Streinz, Rudolf, Europarecht, 6. Auflage, Heidelberg 2003

Streinz, Rudolf (Hrsg.), EUV/EGV, Vertrag über die Europäische Union und Vertrag zur Gründung der Europäischen Gemeinschaft, München 2003 (zitiert: Streinz/*Bearbeiter*, EUV/EGV, Art. ... Rn. ...)

Terra, Ben J. M./Wattel, Peter J., European Tax Law, Fourth Edition, The Netherlands 2005

Thiel, Jochen, Der fortschreitende Einfluss des EuGH auf die Ertragsbesteuerung der Unternehmen – Aktuelle Urteile und anhängige Verfahren, DB 2004, S. 2603

Thomaschowski, Dieter/Rehkugler, Heinz/Nack, Ulrich, Der Net Asset Value als Bewertungskonzept, in: Rehkugler, Heinz (Hrsg.), Die Immobilien-AG, Bewertung und Marktattraktivität, München 2003

Tipke, Klaus/Kruse, Heinrich Wilhelm (Hrsg.), Abgabenordnung – Finanzgerichtsordnung, Kommentar zur AO und FGO, Loseblattsammlung, Band I, Köln (zitiert: Tipke/Kruse-*Bearbeiter*, § ... AO, Tz. ...)

Ulbricht, Thomas, Facility-Management und Bewirtschaftungsstrategien von Immobilien, in: BDO Deutsche Warentreuhand AG (Hrsg.), Praxishandbuch Real Estate Management, Stuttgart 2005

Vogel, Klaus, Internationales Steuerrecht, DStZ 1997, S. 269

Vogel, Klaus/Lehner, Moris (Hrsg.), Doppelbesteuerungsabkommen der Bundesrepublik Deutschland auf dem Gebiet der Steuern vom Einkommen und Vermögen, Kommentar, 4. Auflage, München 2003 (zitiert: *Bearbeiter* in Vogel/Lehner DBA, Art. ... Rz. ...)

Voigtländer, Michael, Der deutsche REIT – Grundzüge und steuerpolitischer Anpassungsbedarf, in: Institut der deutschen Wirtschaft (Hrsg.), IW Trends, Heft 1, Köln 2006

Voigtländer, Michael, REITs in Frankreich auch für den Fiskus ein gutes Geschäft, in: REITs in Deutschland (Hrsg.), 12.5.2006

Voigtländer, Michael, Der öffentliche Wohnungsmarkt in Deutschland, Eine Untersuchung aus ordnungspolitischer Sicht, in: Institut der deutschen Wirtschaft (Hrsg.), IW Positionen, Nr. 27, Köln 2007

Volckens, Hans Volkert, Termsheet, Das Einheitsmodell als Vorschlag zur Gestaltung einer deutschen REIT-Struktur, München 2005

Volckens, Hans Volkert, The German REIT Legislative Procedure, Status Quo of and Open Questions at the Current State of Discussions, Munich 2005

Volckens, Hans Volkert/Panzer, Andreas, Der US-amerikanische Real Estate Investment Trust – Rechtliche Rahmenbedingungen und Funktionsweise, IStR 2005, S. 104

Volckens, Hans Volkert, Einheits- versus Trennungsmodell, Plan, Ausgabe 3/2005, S. 12

Volckens, Hans Volkert, Richtige Mischung, Plan, Ausgabe 2/2006, S. 8

Wagner, Siegfried, Die Zukunft des internationalen Steuerrechts nach dem Manninen-Urteil, DStZ 2004, S. 325

Wahl, Rainer, Herausforderungen und Antworten: Das Öffentliche Recht der letzten fünf Jahrzehnte, Berlin 2006

Wassermeyer, Franz, Die Zurechnung von Einkünften einer ausländischen Untergesellschaft gegenüber ihrer ausländischen Obergesellschaft nach § 14 AStG, IStR 2003, S. 665

Wassermeyer, Franz, Steuerliche Konsequenzen aus dem EuGH-Urteil „Hughes de Lasteyrie du Saillant", GmbHR 2004, S. 613

Weiß, Wolfgang, Privatisierung und Staatsaufgaben, Privatisierungsentscheidungen im Lichte einer grundrechtlichen Staatsaufgabenleere unter dem Grundgesetz, Tübingen 2002

Weizsäcker, Ernst Ulrich von/Young, Oran R./Finger, Matthias/Beisheim, Marianne, Was lernen wir aus der Privatisierung?, in: Weizsäcker, Ernst Ulrich von, Young, Oran R./Finger, Matthias (Hrsg.), Grenzen der Privatisierung, Wann ist des Guten zu viel?, Bericht an den Club of Rome, Stuttgart 2006

Westerheide Peter, Cointegration of Real Estate Stocks and REITs with Common Stocks, Bonds and Consumer Price Inflation – an International Comparison –, in: ZEW – Zentrum für Europäische Wirtschaftsforschung GmbH (Hrsg.), Discussion Paper No. 06-057, Mannheim 2006

Willibald, Jakob, Immobilienprojektentwicklung – Konzeption, Planung, Realisierung und Vermarktung, in: BDO Deutsche Warentreuhand AG (Hrsg.), Praxishandbuch Real Estate Management, Stuttgart 2005

Zeller, Florian, Einkünfteermittlung bei Investmentfonds, DStR 2005, S. 899

ZEW – Zentrum für Europäische Wirtschaftsforschung GmbH/ebs – European Business School, Department of Real Estate (Hrsg.), Real Estate Investment Trusts (REITs), Internationale Erfahrungen und Best Practice für Deutschland, Teil des Abschlussberichts zum Forschungsprojekt 6/04 „Neue Assetklassen im internationalen Vergleich – Private Equity und REITs" für das Bundesministerium der Finanzen, Berlin, Mannheim 2005

Zitelmann, Rainer, 1. Stimmungsbarometer G-REITs, Welche Erwartungen richten die Vertreter der indirekten Immobilienanlagen in Deutschland an die Einführung von G-REITs, in: Dr.ZitelmannPB.GmbH (Hrsg.), Studie, Berlin 2005

Index